普通高等学校体育专业教材

体 育 史

主编　崔乐泉

高等教育出版社·北京

内容提要

本书为普通高等学校体育专业教材，涉及东西方体育上下数千年发展的历史，以及体育在长期发展过程中与政治、经济、文化等的交融与影响。全书结构完整、史料翔实、内容新颖，对体育的起源、古代东西方体育的兴起与演变、中世纪和文艺复兴时期的西方体育、近代体育的确立和传播、现代体育的世界融合与发展、当代中国体育的发展等问题，都做了深入浅出的独到分析，许多论述富于启发性。编写过程中，编写组在掌握现有文献资料、考古资料和相关研究成果的基础上，注重突出教材的历史性、科学性、全面性、客观性、创新性。

书中有大量珍贵的图片和阅读文献，每章末均附问题与思考、活动建议和拓展阅读文献等，可作为高等学校体育教育专业、社会体育或体育休闲类专业、民族传统体育专业和运动训练专业本科使用的教材，也可作为体育专业研究生的参考教材和体育教师、体育管理人员及广大体育爱好者的参考用书。

图书在版编目（CIP）数据

体育史／崔乐泉主编． -- 北京：高等教育出版社，2018.7（2025.5重印）

ISBN 978-7-04-049833-2

Ⅰ．①体… Ⅱ．①崔… Ⅲ．①体育运动史-世界-高等学校-教材 Ⅳ．①G811.9

中国版本图书馆 CIP 数据核字（2018）第 105218 号

体育史
Tiyu Shi

| 策划编辑 | 范　峰 | 责任编辑 | 廖倩雯 | 封面设计 | 张申申 | 版式设计 | 范晓红 |
| 插图绘制 | 于　博 | 责任校对 | 胡美萍 | 责任印制 | 刁　毅 | | |

出版发行	高等教育出版社	网　　址	http://www.hep.edu.cn
社　　址	北京市西城区德外大街4号		http://www.hep.com.cn
邮政编码	100120	网上订购	http://www.hepmall.com.cn
印　　刷	中农印务有限公司		http://www.hepmall.com
开　　本	787mm×960mm 1/16		http://www.hepmall.cn
印　　张	25		
字　　数	420千字	版　　次	2018年7月第1版
购书热线	010-58581118	印　　次	2025年5月第5次印刷
咨询电话	400-810-0598	定　　价	46.00元

本书如有缺页、倒页、脱页等质量问题，请到所购图书销售部门联系调换
版权所有　侵权必究
物　料　号　49833-00

编委会

顾　问　李重申　孙麒麟　罗时铭　曹守和

主　编　崔乐泉

副主编　孙淑慧　匡淑平

编写组成员（按姓氏笔画为序）

王　妍　王邵励　王荷英　孙　科　孙淑慧　邢金善
任瑭珂　李金梅　匡淑平　张　博　张红霞　张金桥
林　春　杨　珍　郭红卫　崔乐泉　黄福华

前　言

本教材从提纲拟定到成稿历时近两年，在具体编写过程中，既参阅了国内外的同类书籍，也注重吸收近年来国内外许多新的研究成果。全书内容涉及东西方体育上下数千年发展的历史，以及体育在长期发展过程中与政治、经济、文化等的交融与影响。编写过程中，在掌握现有文献资料、考古资料和相关研究成果的基础上，为了突出历史性、科学性、全面性和客观性，也注重创新性，编写组先后召开了数次研讨会，从提纲的拟定到编写的具体原则都进行了多层次、深度广泛的商讨，力求本书的编写质量。

本教材特聘兰州理工大学李重申教授、上海交通大学孙麒麟教授、苏州大学罗时铭教授和杭州师范大学曹守和教授为顾问。国家体育总局体育文化发展中心崔乐泉研究员任主编，成都体育学院孙淑慧教授和上海体育学院匡淑平副教授任副主编。编写团队既有国内各院校的体育史专业科研工作者，也有相关科研机构从事历史学和社会经济史研究的专家学者。具体分工如下：前言和绪论，崔乐泉研究员撰写；第一章，孙淑慧教授主持并具体撰写；第二章，江西师范大学黄福华教授主持，第二章第一节由深圳职业技术学院李金梅教授和兰州理工大学林春副教授撰写，第二章第二、第三、第四和第五节由黄福华教授撰写；第三章，由苏州大学王荷英讲师主持，第三章第一节由天津社会科学院出版社社长、总编张博副研究员撰写，第三章第二节、第三节、第四节和第五节由王荷英讲师撰写；第四章，东北师范大学王邵励教授撰写；第五章，郑州大学郭红卫副教授撰写；第六章，天津体育学院杨珍教授主持，第六章第一节、第二节和第五节由杨珍教授撰写，第六章第三节由张博副研究员撰写，第六章第四节由郑州航空工业学院邢金善教授撰写；第七章，苏州大学王妍副教授主持，第七章第一节由北京教育学院孙科副教授撰写，第七章第二节由洛阳师范学院任瑭珂副教授撰写，第七章第三节由王妍副教授撰写；第八章，陕西师范大学张金桥副教授主持，第八章第一节、第三节和第五节由张金桥副教授撰写，第八章第二节由滨州学院张红霞教授撰写，第八章第四节由匡淑平副教授撰写。全书由崔乐泉研究员统稿。

　　本教材在组织与编写过程中，得到了上海体育学院、洛阳师范学院、陕西师范大学、滨州学院和各位编写人员所在单位有关领导、专家的关心、鼓励与悉心的指导。高等教育出版社体育分社承担了本书编写与编辑出版的主要组织工作。范峰社长和王曼、廖倩雯编辑，以认真负责的精神和热情投入的态度，审读书稿、提出修改意见和建议，做了大量的编辑工作和相关事务，正是他们的辛勤努力使得本教材能够顺利出版。尽管如此，其中的不足和缺陷仍在所难免，我们诚挚地希望广大老师和同学不断发现问题和提出问题，以期本书质量获得进一步提升。

崔乐泉
2018 年 3 月于北京

目 录

绪 论   1

第一章 体育的起源   11
    第一节 体育起源概说   11
    第二节 人的起源进化与体育起源   21
    第三节 史前体育的特征与形态   28

第二章 古代东方体育的兴起（体育的出现—公元 3 世纪）   43
    第一节 古代中国体育的初兴   43
    第二节 古代印度体育   63
    第三节 古代埃及体育   69
    第四节 古代两河流域体育   77
    第五节 古代巴勒斯坦体育   81

第三章 古代东方体育的演变（公元 3—19 世纪）   85
    第一节 古代中国体育的发展和渐趋成熟   85
    第二节 古代印度体育的发展   98
    第三节 阿拉伯帝国体育   103
    第四节 古代日本的体育   107
    第五节 亚洲其他国家的体育   112

第四章 古代西方体育的形成（体育的出现—公元 5 世纪）   120
    第一节 古代希腊体育   121
    第二节 古代罗马体育   141

第五章　中世纪和文艺复兴时期的西方体育（公元 6—16 世纪）　163

第一节　中世纪和文艺复兴时期西方体育的发展背景和条件　163
第二节　中世纪和文艺复兴时期西方体育的主要形式　170
第三节　中世纪和文艺复兴时期西方体育的特点　193
第四节　中世纪和文艺复兴时期西方体育的历史地位　194

第六章　近代体育的确立和传播（公元 17—20 世纪）　199

第一节　近代西方体育确立的思想理论基础　199
第二节　近代西方体育的确立　206
第三节　近代中国体育的演进　220
第四节　近代西方体育在世界各地的传播　240
第五节　国际工人体育的兴起与奥林匹克运动的产生　251

第七章　现代体育的世界融合与发展（20 世纪—2016 年）　259

第一节　两次世界大战之间体育全球化的初步形成　259
第二节　第二次世界大战后体育全球化的持续发展　271
第三节　奥林匹克运动在世界范围内的发展　281

第八章　当代中国体育的发展（1949—2016 年）　304

第一节　当代中国体育的建立与初步发展（1949—1956 年）　305
第二节　当代中国体育的探索与曲折发展（1956—1978 年）　319
第三节　当代中国体育的改革与全面发展（1978 年—今）　334
第四节　当代中国少数民族传统体育　374
第五节　香港、澳门、台湾体育概况　379

绪　论

体育属于一种社会文化现象，是根据社会生产和生活的需要而逐渐产生并发展起来的。作为一种以身体与智力活动为基本手段，进而达到身心积极性改变的社会活动，人们对体育的产生与发展有一个历史的认识过程，而通过体育所展现出来的发展轨迹就是我们所认知的体育发展的历史。

一、体育与体育史

体育作为一种自然历史发展过程中产生的文化形态，是在人类为解决与外部自然关系而进行的一些早期活动中逐渐形成的。人类最基本的需要是生存需要，而体育活动的产生就是在人类为解决与外部自然关系需要的基础上发展起来的，它和人类改造自然的活动（生产劳动实践）有着直接的渊源。但是，作为一种概念，"体育"这个术语却是近代才出现的。

作为近代欧洲体育之源的古希腊，虽然涉及体育内容的文献记述随处可见，但有关体育的最基本术语也只有几个，如 $\hat{\alpha}\theta\lambda\alpha$（Athletics，竞技、运动）、$\overset{"}{\alpha}\sigma\kappa\eta\sigma\iota\varsigma$（Training，训练、尚武教育）、$\pi\alpha\iota\delta\iota\acute{\alpha}$（The play of children，游嬉）、$\gamma\upsilon\mu\nu\alpha\sigma\tau\iota\kappa\acute{\eta}$（Gymnastics，体操、竞技教练）。其中，"竞技"一词大约在公元前10世纪前后已开始使用；"体操"一词产生于公元前5世纪时的希腊奴隶制社会。虽然当时还没有出现与今天"体育"完全对应的词语，但古希腊的"体操"一词在概念上已经十分接近，许多学者往往直接把古希腊文献中的"体操"（$\gamma\upsilon\mu\nu\alpha\sigma\tau\iota\kappa\acute{\eta}$）译为体育。严格来说，这两个概念仍然有差别。今天我们所称的体育，不仅手段更为丰富，而且在广义上还包括了竞技运动，"体育"和"竞技"二者成了相容的概念。这与古希腊将"体操"与"竞技"作为两个外延相交又并列使用的概念是有区别的。

1733年，法国学者杜博斯（Dubos）在其比较艺术学研究的原版书《诗画论》中，最早使用了法语"education physique"一词。1748年，该书的第5版英译本在英国伦敦出版，第二卷中将法语译为英文的"physical education"。[①] 此后英语对译词"Physical education"产生并作为一个专门

---

① 郭红卫. Physical Education 和 Education Physique 出现时间考 [J]. 体育学刊，2013，20（1）：20~21.

术语出现在一些教育和体育著作中。这说明法语和英语中"体育"一词产生和应用的直接原因是艺术和教育学说的发展。

汉语"体育"一词的出现，最早见于明治时期的日本（日语假名为たいいく），是由日本明治时期的学者近藤镇三在翻译西方著作时，用来对译英语"physical education"创制的一个新词。清末，汉语"体育"一词由日本输入中国并逐渐为我国人民广泛使用。①

时至今日，反映教育一个组成部分的"Physical education"这一概念被应用得最多最广泛。但这个概念毕竟不能概括当今体育的全部内容，因此许多人又倾向于用 Sport 作为"体育"的大概念使用。②

随着新中国成立后我国体育事业的发展，为了把体育的各个组成部分（包括学校体育、社会体育和竞技运动等）概括在一个词语中，我国又从苏联引进了广义的"体育"（Физкульtypa）和"体育运动"（Физическая культура）等概念，但如何科学地表述这些概念，仍是一个有待解决的问题，至今人们还存在着较大的争议。

作为反映体育发展以及与社会生活各个方面广泛联系的体育史，是由多种因素构成的复杂统一体，是各体育学科特别是体育人文社会科学研究的基础。体育史通过对体育发展的总体和局部展示，可以客观地揭示人类体育活动形式的演化与发展规律，探索人类体育发展与成熟的根本机制，达到促进体育更加健康、协调、持久地发展，实现其为人类社会发展服务的目的。

体育史的研究对象，是以辩证唯物主义和历史唯物主义为指导，展示体育的物质形态、体育制度、体育风俗和体育思想的历史发展过程。体育史发展的全部运行要素，主要包括三个方面：即人们的体育行为和运动方式；支配、影响这些行为的观念和行为规范；人们在体育运动过程中结成的关系和组织方式。体育在其历史发展过程中，既作为一种历史的文化现象而存在，同时作为一种社会产物和社会的多种文化形态有着密切的关系。体育史便是由上述三个方面出发，探索体育运动发展的历史轨迹。

---

① 1897 年，由上海大同译书局出版，康有为收集并编辑的《日本书目志》中，即有日本学者所著《体育学》一书，说明当时汉语"体育"一词已传入中国。

② Sport 一词大约产生于 14 世纪末，本义为"乐"和"取乐"，后来逐渐具有了多项和本义有一定内在关联性的引申义。15 世纪晚期，sport 被用以指特定形式的娱乐活动，这些娱乐活动主要是运动、竞技，或者是赛马、打猎、钓鱼、斗兽、斗鸡等和动物有关的活动。19 世纪以后，sport 越来越多地指代运动和竞技比赛，在 20 世纪上半期表现得尤为明显。

二、体育史研究的发展

世界范围内体育史的研究可追溯至古希腊时期有关"祭礼竞技"和"身体锻炼"一类的文献描述。当然，多数还是作为宗教节日祭典竞技的记录被流传下来的，这也成为了世界范围内体育史研究的肇始。

14世纪兴起的文艺复兴运动，推动了人文主义者以新的眼光看待古希腊体育，对古希腊体育的历史研究也不追求单纯的趣味性、不局限于狭隘的研究方式，多通过发掘原著和手抄本以及借助学习希腊语的热情获得研究信息。16世纪，古希腊学者们关于古代奥林匹克竞技赛会的著作和古希腊诗人品达罗斯（Pindaros）歌颂古代奥林匹克竞技赛会的诗歌，激起了人们对古代奥林匹克竞技赛会的浓厚兴趣，促使古代奥林匹克竞技赛会成为文艺复兴运动中的一个热门话题。1569年出版的美尔库里亚西（Mercuialis）的《古典体育术》和法伯尔（Faber）的《竞技术》两部著作，分别对古典体育的概念和对象、身体锻炼的分类以及古希腊体育的起源、竞技设施、祭典竞技、竞技法和古希腊体育文献等进行了阐述和研究。这两部著作先后被译成多种文字，成为后人研究体育史的必读著作。

随着18世纪末人类史研究的广泛兴起，对身体运动的历史考察，成为体育史研究逐渐成熟的重要标志。而最具代表性的是德意志学者菲特（Vieth）所著的《体育史稿》，书中分绪论、人类史前时代、古代亚洲和东方各国时代、希腊与罗马时代、欧洲其他各国体育发展的历史以及世界各地（西欧民族除外）的体育动态6大部分。在这一著作中，虽然由于资料的局限，对西方体育的介绍要详于东方，但作者从未将西方体育史作为世界体育史的主流来看待，也未将东方体育史作为西方体育史的从属部分去处理。[①] 菲特的这种体育史研究方法，确立了世界体育史学的基本原则，形成了一套最基本而又合乎实际的研究方法，具有深远的意义。

菲特之后，德国、英国、法国也涌现出了一批体育史研究者，如德国体育史研究者巴龙（Baron）、沃伊勒（Euler）；英国的文化史学家斯特鲁特（Strutt）；法国竞技运动史学家朱索朗（Jusserand）等。受当时历史条件的限制，这些学者多把欧洲体育的发展过程描绘成了世界体育史的主干，而古代东方各国的体育史只不过是西方体育登台前的序曲。封建时代

---

① 颜绍泸，周西宽. 体育运动史［M］. 北京：人民体育出版社，1990：2~3.

的近、现代东方体育,也只是西方体育在世界各地的投影而已。虽然随着东西方学术文化的交流,西方学者对东方体育史的研究有了改观,但这种论点还是在世界体育史学的研究中产生了一定程度的不良影响。

20世纪初期,考古学和民族学的发展,尤其是世界各地诸多古代体育文物考古资料和民族学相关资料的陆续发现,为人类早期体育发展的历史研究提供了实证性资料。如美国人古林(Culin)在1907年出版的《北美印第安人的游戏》、达姆(Damm)于1922年出版的《印度尼西亚和南洋的运动竞技》等,都是利用考古学和民族学资料进行的体育史方面的研究。

第二次世界大战后,随着国际交往日趋频繁以及各国体育研究者获得东方体育史资料的逐渐增多,世界范围内体育史的研究日趋成熟。与此同时,相关的学术组织也纷纷涌现。1967年和1973年,国际体育科学与体育教育理事会体育史委员会(ICOSH)和国际体育史协会(HTSPA)先后成立。从20世纪70年代开始,北美体育史学会、非洲体育史委员会、亚太地区体育史学会以及东北亚体育运动史学会等地区性的体育史研究组织也陆续成立。1989年5月,体育史委员会和国际体育史协会合并,成立了统一的国际体育史学会(ISHPES)。随着体育史研究的日益成熟和国际学者联系的逐渐加强,体育史学者开始注重体育发展与社会历史、政治、经济、宗教和种族等方面关系的探讨,并取得了引人注目的成绩。体育史研究开始迈向一个更新的层次。

在中国,体育史研究开始于19世纪末的维新运动。最早从历史角度谈体育的是资产阶级启蒙思想家严复,1895年他在天津《直报》发表《原强》一文,讨论国家富强之道时,便以西方体育、教育和经济、军事发展的历史为依据,提出力、智、德之育是强国之本,认为"民之手足体力"是基础的基础。严复还在文中简略介绍了古希腊体育的概况。1904年梁启超发表了《中国之武士道》一文,系统阐述了中国古代的尚武精神,这是具有体育思想史研究意味的第一篇专论。1909年《教育杂志》第一卷第六期刊登了蒋维乔的《论学堂轻视体育之非》,其中也概括介绍了古希腊、罗马以及当时欧美各国学校体育的概况。1914年4月在上海创刊的中国体操学校校刊《体育杂志》也开设"体育史"专栏。

新文化运动以后,体育史成为一般专门体育学堂(系、科)的正式科目。1919年商务印书馆出版了我国第一部体育史专著——《中国体育史》,这本书是郭希汾(绍虞)先生为爱国女校体育专科和东亚体育学校开课准备的。作者从浩如烟海的各种书籍中摘录了大量有关体育的历史资料,分为体操术、角力、拳术、击剑、弓术、舞蹈、泅泳、游戏8个部分,概述了中国在20世纪以前一些体育活动的发展史，论述了中国体育学说与宗教的关系以及中西体操之异同。1926年，郝更生用英文发表了《中国体育概论》，书中较详细地记载了20世纪前25年近代体育在中国的发展情况。可以说，这两本书奠定了中国体育史学研究的基础。

20世纪30年代以后，体育史论著和译著逐渐增多，研究成果涉及世界体育史、奥林匹克运动史、西方体育史、地区和国别体育史等。1956年国家体委设立的运动技术委员会，着重开展了体育史料的搜集整理和研究工作。在此影响下一些高校也纷纷设立体育史研究室、体育史教研室。许多体育理论教师开始研究、教授体育史，并陆续出版了大量体育史料方面的研究成果。随着1979年中华全国体育总会体育文史资料编审委员会的成立，许多省、自治区、直辖市体育分会也成立了相应的组织，在一批体育工作者的积极努力下，体育史料纷纷付梓，掀起了一股体育史研究的新高潮，对当代体育史研究产生了深远的影响。特别是随着中国体育全面走向世界和1984年洛杉矶奥运会赛场上金牌"零"的突破，社会对体育的兴趣普遍增强，体育史研究在全国逐渐形成了一种蓬勃发展的局面。1986年国家体委文史工作委员会的成立、各体育学院（系）体育史课程的开设、1983年《体育文史》（2002年改名为《体育文化导刊》）杂志的创刊、1984年中国体育史学会（1990年并入中国体育科学学会，成为中国体育科学学会体育史分会）的成立以及不断举行的全国性体育史学术论文报告会和学术研讨会、各种体育史研究刊物与教材专著的大量出版等，反映出体育史在研究体系、研究领域和研究方法上，已经成为一门颇具特色的体育学科和历史学的分支学科。

进入21世纪，体育史在人才与资料积累、学校课程的设置等方面还存在着一些发展问题。随着党的十八大、十九大中央对弘扬中华优秀传统文化的高度重视与提倡，作为人类历史文化重要组成部分的体育史研究，将在既有雄厚传统理论的基础上，展露新的发展趋势，影响今后体育史乃至体育社会科学的总体格局与存在方式。

三、体育史发展的基本轨迹

历史的发展表明，人类的祖先大约在距今300万年前就已经生活在地球上。在这漫长的历史进程中，仅史前社会跨越的时间就占据了99%。就组织形式而言，人类先后经历了血缘家族社会、母系氏族社会和父系氏族社会三个社会发展时期。在史前社会，原始形态的体育是随着劳动等社会生活的发展而产生和发展起来的。其主要表现就是在生产劳动、部落战争和日常生活中逐渐产生的走、跑、射箭、攀登、搏斗、跳跃、舞蹈、导引等早期运动形式。伴随着人类社会的进步和史前体育形态的演进，原始体育先后经历了萌芽期体育、身体练习与娱乐活动、竞技运动、祭礼运动会的产生和初期发展等历程，并最终形成了体育的原始形态。[①] 根据人类学、民俗学以及考古学资料的分析，世界各地区、各民族的史前体育，虽然由于生存条件不同而有所差异，但它们在早期萌芽、发展的过程中都遵循上述规律。

当人类社会发展到距今5 000年左右的原始社会后期，世界绝大部分地区仍处于混沌、蒙昧状态之时，地处东方的原始体育，随着原始社会向文明社会的过渡首先开始迈入文明时代体育形态的门槛。它不仅对后来的西方体育，而且对整个世界体育都产生了积极的影响。

公元前11—前9世纪，东方体育已作为一个整体存在于人类社会并得到了充分的发展。但在欧洲文明的发源地——古希腊、古罗马却还处在神话时代，体育刚刚起步。经过公元前8—前5世纪的创造和发展，西方才形成了不同于东方体育并具有鲜明西方色彩的体育类型，世界体育也因此进入了一个由东西方两种不同类型体育交相辉映、平行而不同步发展的新阶段。

公元5世纪末，在奴隶制的西罗马灭亡之后，欧洲进入了封建制的中世纪时期。在动荡的社会条件下，中世纪早期的欧洲体育与古希腊体育传统出现了脱节，形成一定程度的萧条现象。相反，由于公元2—10世纪亚洲和北非的多数国家相继进入封建社会，其稳定的文化发展环境，使东方体育在良好的社会条件下继续保持兴盛发达的状况，并越来越趋向于成熟。

大约从公元12—13世纪开始至17世纪初，随着欧洲社会秩序的稳定、经济复苏并向资本主义社会发展，西方体育开始摆脱衰退状态，逐渐从战争和宗教活动中分离出来，最终成为一个独立完整的社会现象。特别是在公元17世纪90年代到19世纪中期，由于资本主义在欧洲取得胜利和近代自然科学的发展，使得人们对体育的价值观发生了改变，并逐渐意识到近代体育对培养全面发展的新时代所需要的人格以及体格的具体价值，近代西方体育进入了整体、自觉的发展状态。

---

① 颜绍泸. 体育的原始形态试析——史前体育探索之一［J］. 成都体育学院学报，1986（4）：29~30.

西方体育在19世纪末发展的直接结果是奥林匹克运动的产生。经过一个世纪的发展，西方体育终于成为一个超越体育范畴，影响波及国际政治、经济和文化的相对独立的社会现象。相较于西方，以中国、日本、印度、朝鲜等亚洲国家为代表的东方体育，大部分时间处于一种闭关自守的封建社会条件下，体育发展进入了一个停滞和衰落时期。随着包括中国在内的许多东方国家沦为半封建半殖民地社会，西方体育开始传入中国，形成了体育上"西学东渐"的局面。

当"西学东渐"在近代世界体育发展中成为定局时，东方体育不甘落后，开始在吸收西方体育先进成分的同时，努力发扬自身传统，以期改变落后状态。20世纪50年代以来，随着东方社会发生根本性改变，在经济、文化和科技发展上与西方的差距逐渐缩小，以亚洲诸国为代表的东方体育在与以奥林匹克体育为核心的西方体育的相互交汇、融合中迅速发展，并逐渐形成一种东西方体育相互迁移、相互竞争、共同提高的新格局，从而给现代世界体育的发展带来新的活力。世界体育也因此由"非同步平行发展"格局向东西方体育"双足并立、同步发展"的新格局过渡。[①]

四、学习和研究体育史的原则与意义

体育史研究的是体育发展的历史，即体育从起源到发展至今的全部过程，而体育史研究的对象理所当然地涉及人类体育发展过程中的一切历史现象。正因如此，我们对体育发展历史的学习和研究，必须遵循一定的原则。

首先，体育史既是体育学的组成部分，也是历史学的重要内容。学习和研究体育史，必须遵循历史主义的原则，以唯物史观和科学历史观以及方法论为指导。包括对体育历史的客观现实持最关注的态度、对特定对象持最忠实的态度、对特定对象的活动环境有实事求是的态度。总之，要遵照人类社会体育的本来面貌学习和研究体育发展的历史问题。

其次，体育史研究和展现的是世界范围内体育产生和发展的历史及过程，既包括了中国体育发展的历史也涵盖了其他国家和地区体育发展的历史；既涉及古代体育的演进轨迹，也包含近代和当代体育的发展进程。因而学习和研究体育史，必须要用发展的眼光，站在历史进步的立场上学习

---

① 徐本力.世界体育在东西方的形成、发展与相互迁移[J].成都体育学院学报，1993，19(1)：26~31.

和研究人类体育发展的历史。

第三，体育史研究和展现的对象都发生在一定的历史范围内，是已经发生和存在过的历史事实。它既包括历史人物，也涉及大量的体育历史事件，因而在学习和研究体育史的过程中，既关注历史上已经发生过的某一时期、某一地点、某一区域或某一独立的体育事实，也要注重体育历史进程中的内在联系。

第四，体育史是人类体育发展历史进程的展现，是一份独特的文化遗产。但是，经过长期的历史发展演进而来的体育文化遗产，会渗入与时代发展不相适宜的因素，所以我们学习和研究体育文化遗产，必须坚持历史与现实相结合的原则，以批判继承的眼光看待，并做好体育文化遗产的保护与传承工作。

除了遵循上述原则，我们学习和研究体育史还具有一定的历史和现实意义。

首先，体育史作为体育学的一门基础学科，与体育学以及其他相关学科领域有着密不可分的联系。通过学习和研究体育史，可以丰富史学知识，开阔眼界，并进一步认识体育的本质特征及其历史演变规律，为树立科学的体育观奠定基础。

其次，通过体育史的学习和研究，可以有效地提升学习者的历史文化修养，完善体育知识结构和思维结构，扩大知识面，加深对人类体育文化发展规律的了解，有利于丰富学习者的体育专业知识。

第三，体育史不但具有很大的吸引力，而且还可以延伸人类的体育记忆，通过对这些体育记忆的学习和研究，可以帮助我们更好地回顾体育历史、把握体育发展的现状并思考体育的未来，为自己打开一扇新思维方式的大门：历史性地认识和思考体育问题。

第四，体育史为人类提供的是广泛而翔实的系统知识，我们可以通过体育史的学习和研究，了解与掌握体育发展进程中所包含的文化信息，细致观察感兴趣的体育历史事件和人物，根据体育的历史经验展望其未来发展的方向。

第五，体育史是包罗万象的，随着历史的发展和现代信息量的扩大，研究体育发展所涉及的知识面也在被拓展和拓宽。因此，在学习和研究体育史的同时，学习者也会从与体育史相联系的体育哲学、体育社会学、体育人类学、运动生理学甚至体育行为学等学科中获得相关知识。

总之，体育史既具有变幻莫测的一面，也具有稳定发展的一面；既有助于人们更好地把握现在，也有助于人们准确地预测未来。

五、本书的体例安排

体育是人类历史上一种相对独立的社会现象，它没有绝对的自身发展的历史，其历史进程也受不同时期、不同地区社会政治、经济、文化等的影响和制约。另一方面，体育又是个多序列、多层次、多因素的综合体，而各序列、层次以及因素的产生、发展过程，都会对不同地区、不同时期体育的发展产生一定的影响。

以体育的起源和东西方两大体育实践类型的产生、发展以及相互影响、彼此联系为主线，结合世界体育发展的统一性和整体性，本教材各章内容编写如下：第一章体育的起源，根据不同地区的文物考古材料和民族学、人类学资料，对体育起源的动因、观点以及史前体育的产生和形态特点进行分析。第二章古代东方体育的兴起，着重讨论了夏商至秦汉时期古代中国体育，哈拉帕、吠陀、列国和帝国时期的古代印度体育，早期王朝至后期的古代埃及体育，古代两河流域体育和古代巴勒斯坦体育等东方区域体育文化的形成与演进道路，展现了东方体育早期的不同风采。第三章古代东方体育的演变，通过对魏晋至明清时期的古代中国体育、古代印度后期体育、阿拉伯帝国体育、古代日本体育以及亚洲其他国家体育发展进程的分析，阐明了古代东方体育随着社会经济的发展逐渐成熟并达到高峰的过程。第四章古代西方体育的形成，主要通过对古希腊体育和古罗马体育两大西方体育文明的分析，展示古代西方体育重视表现自我的竞技运动的辉煌历程。第五章中世纪和文艺复兴时期的西方体育，展现的是中世纪和文艺复兴时期西方体育的主要形式及其历史地位。第六章近代体育的确立与传播，阐述了17世纪西方体育在欧洲发生的飞跃式发展及其在世界各地的传播。这一时期，西方的体操（广义的）、户外活动、竞技运动作为新的体育形式固定下来，为现代体育打下了基础。相反，这一时期的东方体育则放慢了自身的发展速度，西方体育成为世界体育发展的主流。第七章现代体育的世界融合与发展，以第一次世界大战和第二次世界大战之间体育全球化的初步形成为标志，对战后竞技体育、大众体育、学校体育和奥林匹克运动的发展作了全面梳理。体育全球化的发展，使得"多元共存，和而不同"成为全球多元体育文化交流的基本价值取向。在西方体育居于主导地位的社会背景下，东方体育依然保留着固有的特色，并开始在世界范围内与西方体育局部合流。第八章当代中国体育的发展，对1949年以后当代中国体育发展的历史作了全面阐述，并简要介绍香港、澳门和台湾的体育概况。

　　本教材的体例编排力图从整体上全面、真实地反映人类体育发展历史进程的时代特点。但鉴于编者的水平，各章节能否有针对性地揭示不同时代、不同区域东西方体育发展的历史特点和总体趋势，还有待教学实践的检验。

第一章 体育的起源

章前导言

法国近代著名历史学家、考古学家、语言学家、宗教学家厄内斯特·勒南（Ernest Renan，1823—1892年）曾说：在人类的所有问题中，首先值得研究的是起源问题。20世纪奥地利著名作家卡尔·克劳斯（Karl Kraus，1874—1936年）也指出"起源就是目标"，他认为一切文明的真正起源实际规约了其后所有的繁衍孳乳。体育也不例外，体育起源问题是最基本的体育理论问题。不研究、不了解体育起源，就很难准确把握与认识体育的本质和规律。正因如此，体育起源一直是体育理论和体育史学家们所关注和研究的问题，也是学习体育史不可回避的基础问题。

学习目标

认识和理解体育起源问题的意义。
掌握有关体育起源问题的论述。
了解史前体育的形态和特点。

第一节 体育起源概说

据研究，约在500万—700万年前，人科动物与现代猿类的祖先"分手"，先后经历能人、直立人、早期智人等阶段，最终进化成为和今天人类相同的"现代人"，史前史研究揭示，"他们"（猿类祖先）变成"我们"，即社会及文化意义上的现代人真正形成大约是在2万—6万年前，即从旧石器时代中期向晚期过渡的时期（图1-1）。[①]

[①] ［美］克里斯·戈斯登. 走出黑暗——人类史前史探秘［M］.陈炳辉，陈星灿译. 北京：外语教学与研究出版社，2015：19.

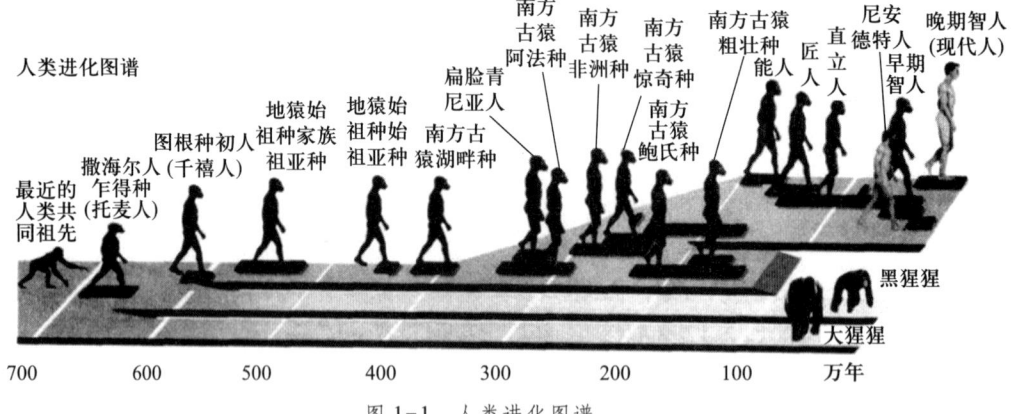

图 1-1 人类进化图谱

在几百万年的进化历程中，类似我们所讲的具有"体育"意义的行为与活动何时出现，又如何不断发展，即人类体育起源问题。这个问题是一个反思"体育"之于人类意义的重要切入点，是揭开人类体育历史进程之谜和搭建体育理论"大厦"的基础问题。

一、体育起源的内涵

概念是认识现象与事物的逻辑起点。分析和探究体育起源问题，首先需要明确体育起源的内涵。

（一）体育起源内涵具有多元性

要了解体育起源的内涵，则首先须明确"起源"一词的内涵，该词意义丰富，一般而言，人们在如下 5 个层面使用：

（1）指地理意义上的源头。（2）特定事物出现的时间、地点。（3）因果链条上的原因归属。（4）某物（或观念）的发明或发现。（5）与进化论相联系。

在谈及体育的起源问题时，第（2）（4）（5）层面的意义都有涉及，这从一个侧面反映出体育起源及体育本身意义的丰富与多元。

体育的本质仅仅从"发生"的角度来讨论是不够的，为了更深刻地认识体育对于人类生存和生活的意义，要对体育产生的必要性和可能性进行分析，并进一步找出体育的"原型"。

(二) "体育起源"和其他人类社会活动起源既有相关性又有其特殊性

体育起源问题一直以来备受研究者关注,国内外的学者们从不同视角提出了诸多体育起源的观点。在莫衷一是的体育起源观中有一点是共通的,即均不主张将体育的源头追溯至动物的嬉戏、追逐、奔跑,而强调体育是人类社会的独有活动。人类社会初期人们的活动(包括体育活动)没有明确的分工,常常是集体性的协作,这提醒我们体育起源和人类其他社会活动的起源具有相关性,体育活动和人类的其他活动交织在一起共同出现。但体育起源有其特殊性,有区别于其他人类社会活动起源的动因和发展过程。研究和学习体育起源,正是要寻找、发现和解释这种特殊的动因与过程。

(三) 整体现象的"体育起源"有别于具体运动项目及运动赛会的起源

讨论体育的起源总会触及一些具体的运动项目或运动赛会的起源,但是体育的起源不能用简单的"运动项目"起源来取代,两者是种属关系。众所周知,今天我们了解与触及的具体运动项目纷繁众多,有些项目具有悠久的历史,有些项目是新兴的,并且随着人们生活方式的不断变化,还将有更多新的运动项目不断产生,如果用体育运动项目的起源代替体育起源,会在一定程度上影响对于体育源头的追问。

在学习与研究体育起源时还应注意不能用运动赛会(特别是古代奥运会)等具体体育现象的起源来代替体育起源。很多古老的文明早期就出现了多种形式的竞赛或竞争,运动赛会的出现要相对晚些,体育活动中具有竞赛和竞争的一些内容和一定的"体制"和"精神"结合时,赛会方能产生。古老的体育赛会当中最为著名当属发源于古希腊的古奥林匹克运动会。学界公认,瑞士近代著名的史学家雅各·布克哈特(Jacob Christoph Burckhardt,1818—1897 年)首次对希腊赛会的起源进行过全面和系统的阐述。他认为,在古希腊,赛会真正成为一项全体公民能够参加的、带有普遍性的活动是在古风时期(公元前 8—前 6 世纪),由此可见,运动赛会是文明发展到相当程度时的产物,不能取代蛮荒时代原始体育的萌发。[①]

(四) 不能机械地套用今天的体育概念去认识与研究"体育起源"

著名体育史专家谷世权先生早在 20 世纪 80 年代就指出,对体育概念

---

① 孙家洲,陈桦. 人大史学研究论集 [M]. 北京:社会科学文献出版社,2011:466.

理解的不统一是体育起源说众说纷纭的原因之一。① 东西方的古代都没有和今天"体育"概念相当的术语,如果机械地套用今天的体育概念去考量体育的过去,有可能得出古代无体育的结论,也就更加无从追溯体育的起源。

综上,体育起源是指人类特有的整体体育活动的产生、出现的过程及这些过程背后的动因。研究与学习体育起源就是要探讨体育这种特殊的人类活动是在什么时间,什么样的情形下出现的?如何演化?进一步找出体育脱胎而出的事物或现象,或称为体育的"原型"。

二、体育起源观

体育起源观,即关于体育起源的观点和认识,这是体育史和体育理论领域的一个基本问题,也是一个至今仍莫衷一是的问题。关于体育起源的讨论由来已久。被日本体育史学家岸野雄三誉为体育史学科的创始人——德国学者菲特(G. U. A. Vieth)等人在 18 世纪时就讨论过体育起源问题。② 我国学者对体育起源问题的讨论,可追溯至 20 世纪二三十年代,如曾绍舆先生曾于 1925 年就有讨论体育起源的专文,方万邦、郭希汾、程登科也在他们 20 世纪 30 年代的著作中就体育起源问题做过阐述。由于不同时代人们对体育本质性问题不断地反思,体育起源观历久弥新,常议常新。③ 自 20 世纪七八十年代以来,我国体育领域的学者就体育起源又不断有新的见解,有研究者梳理了 1984—2016 年国内学者关于体育起源的观点(见表 1-1)。

表 1-1 体育起源研究维度一览表(1984—2016 年)④

研究维度	理论依据	学科基础	行为表现
宗教信仰	对自然力的崇拜	社会学	对"图腾"的崇拜和对"神"的崇拜
性行为	获得快感和求偶	心理学	体育运作中性交行为的"影射"
人类进化	种族内在冲动	生物学	以摔跤等对抗活动抉择的"择偶权"

---

① 谷世权. 体育理论与体育史论丛[M]. 北京:当代中国出版社,2011:58.
② [日]岸野雄三. 体育史学[M]. 日本大修馆书店,1983:122.
③ 曾绍舆. 体育之起源及其真义[N]. 京师学务公报,1925-01-05.
④ 钟永锋. 基于"本能思考"之"体育起源"——对巴西和委内瑞拉"雅诺马部落"的生态探究[J]. 山东体育科技,2016,38(5):12~116.

续表

研究维度	理论依据	学科基础	行为表现
种族繁衍	对人宿命的超越	人类学	体育运作中的对"多子"的祈盼
劳动起源	获得生存资料	哲学	制造各种工具"获得食物"
战争起源	提高竞争能力	历史学	训练军事体操"提高战斗力"
游戏学说	模拟的竞争行为	心理学	具备"基本规则"的各种原始游戏
精力过剩	攻击性的有效释放	心理学	各种"嬉戏"和"舞蹈"

本节重点讨论在我国影响较大的几种有关体育起源的观点。

（一）遗传本能论或生物起源论

这种观点认为，体育源自于人类的遗传生理本能甚至是人类以前的各种动物的本能活动，如：范祥善（时任商务印书馆编辑）在为郭希汾的《中国体育史》一书作序时称："人类的体育，其由于天然动作而起乎。试观禽兽昆虫，莫不以其爪牙头角羽翼，互相较量，以为健身自卫之用，盖高等动物，其生理之构造至为复杂……种种器官皆具有一种天然的动机，以发展个人生命之势力，人类高出于其他动物，天然的动机，发生尤甚，而所谓体育由此而起。"[①] 方万邦于20世纪30年代在其《体育原理》一书中也提出："人类活动的倾向，是早在遗传中决定了。在儿童脊髓中，潜伏着跑、跳、抛、攀等的动机。"[②] 此外，与之相类似的还有德国著名诗人席勒及英国著名社会学家斯宾塞等人就游戏起源的论说，也被我国诸多学者援引为体育起源的论说。[③] 该理论认为：游戏是由于机体内的剩余精力需要发泄而产生的。生物都有保护自己生存的精力，此种精力除了维持正常生活外，还有剩余。过剩的部分必须寻找方法予以消耗，发散于外，游戏是释放剩余精力的最好形式。剩余精力愈多，游戏就愈多。低等动物用在维持生命的精力较多，剩余的精力少，无游戏或很少游戏。高等动物用在维持生命的精力少，剩余的精力多，就有较多的游戏。[④]

---

① 郭希汾. 中国体育史 [M]. 上海：上海文艺出版社，1993：2.
② 程登科. 世界体育史纲要 [M]. 北京：商务印书馆，1912：2.
③ 谷世权. 中国体育史 [M]. 北京：北京体育大学出版社，2003.
④ 顾明远. 教育大辞典（修订合编本）[M]. 上海：上海教育出版社，1998：219.

这类观点主张在我国受到颇多质疑：一是认为过分夸大了体育的生物性，没有将人与动物区别开来；二是认为混淆了体育与游戏的界线，尽管体育与游戏之间有着十分密切的关系，但两者间是有区别的。"遗传本能论"或"生物起源论"讨论更多的是体育如何"发生"，从此意义上讲，它们确实揭示了体育发生的一些生物学及心理学方面的条件，可为认识体育起源提供一定的借鉴。

（二）生产劳动起源论

这种理论和观点是恩格斯"劳动创造了人本身"命题的延伸，主要用来解释教育的起源。我国学者引用其阐释体育的起源并认为：人类社会初期，在生产劳动过程中人类逐渐认识到，他们生存资料的获得在很大程度上取决于自己与被猎对象（动物）之间在速度、耐力、力量等各种身体素质方面的竞争。于是，他们有意识地提高身体素质，提高自己的体能。最初仅限于劳动和对生存中跑、跳、投掷、攀登等技能的练习，后来慢慢地形成了不以劳动、生存为直接目的的体育游戏活动形式。[1] "生产劳动起源论"强调体育为人类社会所特有，将其与动物的嬉戏、打闹、奔跑、跳跃区别开来，彰显了人类体育活动的目的性、意识性及文化性等方面的特性。但对这种观点的理论依据，即"劳动创造了人"在学界有一定存疑：不可否认，劳动在人类起源过程中的确起着重要作用，但也必须认识到，人类在认识自然的同时，也在不断加深着对自身和对社会的认识。劳动促进了人类的进化，推动了人类思维、身体机能和社会组织等方面的发展，同时人类其他方面的进步，也促进了劳动的发生、发展。特别是事关身体机能变化的体育在其中更有自己的地位和作用，即劳动、人、体育等的发展是互动的，绝非线性因果关系。而且把包括体育在内的一切人类的社会活动都简单地归于"劳动"这一原因，事实上并没有找出体育起源真正科学的原因，这是我们在认识体育起源问题时需要注意的。

（三）心理冲突起源论或需要起源论

20 世纪 80 年代，我国一些学者针对体育起源于劳动这一理论的不足，提出了"心理冲动论"或"需要说"。这派观点主要认为：为适应生理和心理的需要，人类会产生一些受生理、心理规律支配的"本能活动"，"在

---

[1] 周务农. 高等教育体育论［M］. 北京：北京理工大学出版社，2013：4.

长期生活积累中,这些身体活动带来的好处逐步被人类所认识。当人类智力发展到有能力对事物进行抽象概括的阶段后,一些动作被固定下来,形成有一定层次和一定节奏的活动,而与本能活动区别开来,这种形态的活动即是最早期或最原始的运动"。① "需要说"的提出给体育起源理论本身及其研究方法带来了一些新的启示,也确实揭示了体育运动的部分起源。但仔细研究不难发现,这种理论是"劳动起源说"的逻辑延伸,而且从其论述来看,从"需要"到"体育"之间是有中间条件的,即人类智力有能力对事物进行抽象概括。从这一点来看,很难确定体育的起源究竟是"需要"还是"人类智力水平",正因如此,这派观点也在其出现后受到质疑。

(四) 巫术起源论

"巫术起源论"是至今为止解释旧石器时代艺术起源最有影响的理论,也被我国一些学者援引,用于阐述体育起源。19世纪末20世纪初,艺术与原始宗教之间的联系成了相当一部分人类学家所热衷的课题。1903年,S·雷纳克在《艺术与巫术——关于驯鹿时代绘画和雕塑的谈话》中第一次把旧石器时代的艺术产生原因和交感巫术联系在一起,并把旧石器时代艺术看作是史前人巫术信仰的一种证明。② 英国人类学家爱德华·泰勒在他的《原始文化》一书中提出艺术起源于"巫术"的主张,他认为,原始人思维的主要特征是万物有灵,他们相信狩猎、养儿育女、健康等都需要神灵的帮助,因而产生了图腾崇拜、原始宗教、魔法巫术、祭祀礼仪等活动,而这些活动一般都离不开舞蹈及其他身体"艺术",舞蹈和身体艺术这些是部分体育项目的原型。"巫术起源论"出现后的接受程度很高,也在相当程度上揭示了原始体育发生的某些动力,但其忽视了人类的物质生产活动,因而也不能完美地解释原始体育发生的真正原因。

上述有关体育起源的观点,均从某个侧面揭示了体育的"原型",在学习与研究体育起源观时,始终要意识到体育起源问题是一个具有多面性与复杂性的问题。

原始人类的生活是浑然一体的,诸如人的生理、心理以及社会、文化等活动互相交织,相互联系。原始人的体育活动也正蕴藏在这些错综交织

---

① 熊晓正. 体育概论[M]. 北京:北京体育大学出版社,2008:25.
② 朱狄. 原始文化研究——对审美发生问题的思考[M]. 上海:生活·读书·新知三联书店,1988:56.

的活动中，很难独立出来。① 英国冰河时期艺术权威专家保罗·巴恩（Paul Bahn）在研究史前艺术时指出：对史前艺术进行总括性的解释是很危险的。他进一步指出，我们应当看到那些合情合理的解释具有潜在的价值，但是通用、速成的解释是我们应当避免的。相反，每一种理论的有用部分都需要有所保留。② 这也同样适用于对体育起源的解释与探究。由此，本书所提及的遗传本能、生产劳动、生理和心理需要、巫术等种种要素，它们不可分割地交织在一起，共同促成了人类体育的产生，片面地强调某一方面在人类起源中的绝对作用，是不真实和不科学的。

三、研究"体育起源"的途径与推测

体育起源问题是一个历史问题，因时代久远，既缺乏口碑，更无文字记载，无法回归远古进行实证研究。同时，体育起源是一个和人类其他活动相互杂糅且缓慢渐进的过程，故有关体育起源的研究，多是一种推测性研究。综合来看，目前我国对体育起源问题的研究主要是通过吸取和援引艺术学、教育学、心理学、人类学、社会学等学科中对人类其他社会活动起源的理论进行推理。综合来看，目前有关人类社会起源的研究途径主要有4个方面，这些途径和方法均可用于研究与认识体育的起源。

（一）依据史前遗迹进行推测

考古学是根据古代人类活动遗留下来的实物来研究人类古代情况的一门学科。我国著名考古学家夏鼐先生曾指出：考古学利用的资料虽然是物质遗存，但是它所要恢复的古代人类历史包括各个方面，不只限于物质文化。考古学可以通过物质遗存了解古代社会的结构和演化、美术观念以及宗教信仰等精神文化的历史等。运用考古学和史迹研究人类起源是人们广为信服的方法。人类体育活动的起源也可借助考古学视角依据史前遗迹进行推测和考察，对此，中外体育史领域已有一些成熟的成果，如早在20世纪90年代，我国就有学者提出要创建体育考古学学科的构想。③ 进入21世纪，一些高科技被广泛应用到考古学当中，如随着科技的不断发展，遥感与航空摄影技术和地面物探技术被广泛应用到考古发掘中，而年测技术

扫一扫1-1：
考古发现中的
陶球

---

① 韦毅. 复杂性问题——教育起源新论［J］. 南京社会科学，2006（6）：115~120.
② 李世武. 国外巫术与艺术之界限研究述评［J］. 世界宗教文化，2014（3）：110~115.
③ 崔乐泉. 创建体育考古学学科体系的理论思考［J］. 体育科学，1998（4）：32~34.

及基因技术等也被运用于考古资料的研究、分析中,从而不断推出新的考古成果,刷新着诸多已有关于早期人类的认识,人类也期待着不断更新的考古成果能为我们破解更多的体育起源之谜。

(二) 依据现代尚存的原始民族的考察进行推测

英国著名美学家李斯托威尔(Listowel)曾指出:"当代的一些原始民族是史前社会唯一的残存者,独一无二的证人,他们是进化发展突然受到阻碍所产生的结果,因此,在原始人类和史前人类的社会生活与艺术活动之间,存在着一定的类似。但必须承认,这只是大体上的类似。"① 其实不止艺术活动,根据原始民族来考察史前人类的社会活动的方法,在 19 世纪的文化人类学研究中十分盛行,如美国著名的社会学家摩尔根对原始社会的研究等,文化人类学家运用这种方法推测史前人类的教育、战争与冲突、宗教、艺术等活动,涌现出了一批优秀的成果。摩尔根的理论备受经典作家马克思、恩格斯的推崇,因而这种研究方法也广泛影响了我国的一代学者。但这种研究模式现也受到一些质疑,有学者指出:当代的原始民族与其他任何民族一样,已经经历了几千年的发展历史,其间的沧桑变化,即使最富有想象力的人也难以推测。再者,他们所处的生态环境以及与相邻的人群集团的关系,也早已不是数千年前的原始形态,所以在缺乏旁证的情况下将时代相差数千年、地区相隔数万里的技术水平相同的民族作简单的类比,是一件很危险的事。② 尽管受到质疑,但在不可能获得史前人类活动直接证据的情况下,借助现代原始民族的活动作为旁证,对史前人类社会活动进行假设和推测,不失为一种重要的途径,值得我们在进行体育起源研究时借鉴。

扫一扫1-2:
最优秀的猎手

(三) 通过对幼童生活活动的观察进行类比和推测

教育学和心理学领域研究人类教育与心理起源时多通过对幼童生活活动进行类比和推测,如教育学领域有学者通过观察个体儿童心理现象的发生来讨论人类教育的起源。本章所列举的体育生理起源说也是借用的这种方法,艺术学领域研究艺术起源也有类似的方法,我国一些学者多从教育、体育及艺术具有社会性的角度,给予这种方法以质疑甚至否定。但不能简单否定这种方法,在人类进化的历史进程中,个体与人类的发生具有

---

① [英]李斯托威尔. 近代美学史评述[M]. 蒋孔阳译. 上海:上海译文出版社,1980:199.
② 潘蛟. 中国社会文化人类学/民族学百年文选[M]. 北京:知识产权出版社,2009:365.

一定的辩证一致性,这点首先在哲学领域得以阐发。恩格斯曾经在《自然辩证法》中指出:"正如母腹内的人的胚胎发展史,仅仅是我们祖先从虫豸开始的几百万年的肉体发展史的一个缩影,孩童的精神发展是我们的动物祖先、至少是比较近的动物祖先的智力发展的一个缩影,只是这个缩影更加简略一些罢了。"① 这些论断已不断被生物学及心理学研究证明,如当代瑞士著名的心理学家皮亚杰用经验科学的研究方法,对儿童的行为和思维活动进行了观察研究,阐明了个体认识的发生过程与史前人类的概念形成过程的相似之处,再次确认了儿童智力发生的主要特征同人类智力进化史之间的异质同构关系,由此肯定了发生机制的普通适应性原理。这也为以考古学和人类学研究成果为主要参考材料来推断史前人类体育起源的基本轮廓和线索提供了可能,故此,我们认为研究体育起源可以借用这种方法。

(四) 通过神话传说进行推测

以色列特拉维夫大学历史学教授的约瑟夫·马里约(Joseph Mali)曾指出:"一则神话无论多么富有传奇意味,它并不表示编造或纯粹的虚构,因为它通常包括共同体历史中所包含或涉及的关键问题……"② 考古学与人类学领域的一些研究成果也表明,曾被现代人认为玄幻甚至荒诞的神话传说往往本身包含着有确切年代证据的部分"信史";或是包含着虽然无法找到直接对应的年代或事件,但却有与之相关的物证或古文字记载的史料。有些神话传说虽然由于现有证据的缺乏,尚不能被当作"信史",但它们能够为年代相近或文化范畴相当的考古文化提供某种程度的参照。③ 由此,20世纪七八十年代以来,神话传说在历史学研究尤其是在考察文明起源的研究中广受中外历史学家的青睐。

中外的神话传说中有许多和体育相关的传说,如关于古代奥运会起源就有多种传说。中华先民在悠长的发展过程中,所创造的丰富多彩的神话传说也有一些和体育相关,如我们都耳熟能详的"夸父逐日"故事。这一传说中的"夸父"与太阳赛跑,为赛而跑,正是体育的特征之一。再如我国少数民族中也有许多和体育相关的神话传说,如传说彝族火把节是由于上古时期地上的力士和天上力士进行摔跤、角力比赛,天上的大力士被地

扫一扫1-3:古代奥运会神话传说

---

① 丁海东. 儿童精神: 一种人文的表达[M]. 北京: 教育科学出版社, 2009: 19.
② 王倩. 神话如何进入历史: 张光直神话研究述略[J]. 中国矿业大学学报(社会科学版), 2016, 18(6): 45~51.
③ 何顺果, 陈继静. 神话、传说与历史[J]. 史学理论研究, 2007(4): 42~51, 158~159.

上的大力士战胜，天神迁怒于人间，遣派大量害虫到人间糟蹋庄稼，人们点燃火把到田间驱除虫害。这些神话传说是认识和研究我国体育起源的重要参考，可以让我们一窥中华先民的体育生活，借此推测中华民族也有热爱体育的远古"基因"。早在20世纪八九十年代，国内就有学者开始运用神话来研究和考察我国的史前体育。

以上4种研究体育起源的途径和方法，从不同侧面揭示了体育起源之"迷"，在学习体育起源问题时，我们应当用一种综合性思维来考察与运用这些方法，随着研究方法的"突破"，人们对体育起源观的认识可能出现新的见解。

第二节 人的起源进化与体育起源

研究体育的起源，离不开对人类起源的研究，体育的起源某种程度上就是人类自身的起源问题，而人的起源问题在很长时间一直都是很多学科领域研究中的重要课题。

一、人类起源进化的基本历程与体育的起源时间

19世纪中叶达尔文和赫胥黎论证人类起源于古猿，随后，不同时期的人类化石被陆续发现，越来越多人接受人类起源于古猿的理论。根据目前的考古学发现，迄今所知最早的人类化石是非洲肯尼亚的原初人图根种以及2002年报道的撒海尔人乍得种的头骨，其年代大约都在600万—700万年前。考古学家将这一时期视为人猿分野的界线，自此，人类开始了漫漫的进化征程。考古学家研究表明，历史上先后有托麦人（撒海尔人乍得种）、千禧人（原初人图根种）和地猿始祖种及成员众多的南方古猿家族等人类远祖代表在这个星球上生活过。① 显然，体育的起源不能无限追溯至人类远祖时期。确切地说，上述人类的远祖代表，还只是处于"非人非猿"的阶段，称其为人科（Hominidae）动物更恰当些，尽管他们已经和我们一样能够直立行走，但是其头部和脑量及体态仍还保留着很多猿类特点，所以他们更像是动物而非真正的人类。只有从现代人类起源探寻体育的起源才有助于认识体育的本质。目前，学界一般认为，大约在260万年

扫一扫1-4：
人类的起源：
我们来自哪里？

扫一扫1-5：
人类起源谱系

---

① 陈淳. 考古学与人类起源［J］. 大众考古, 2013（1）: 57~60.

前，南猿中的惊奇种开始制造石器工具，然后经能人、直立人、早期智人，最终进化为现代人类。但何时、何地出现"现代人"等有关现代人类起源问题至今仍有许多谜题和争议。本节采用美国史前史专家、牛津大学皮特河博物馆馆长——克里斯·戈斯登（Chris. Gosden）在《走出黑暗——人类史前史探秘》一书中有关现代人类起源的观点，提出从文化和社会意义来界定真正意义上的现代人。他指出大约在6万—2万年前，即从旧石器时代中期向晚期过渡时，真正意义上的现代人形成，据此，可认为在这一时期，人类社会出现了体育现象。

扫一扫1-6：现代人起源之争

二、体育产生的条件

讨论体育起源问题必然会谈及体育产生的条件。国内有许多学者提出了自己的看法，如《体育史》一书中认为：体育产生的条件是人类一定的抽象思维能力，较为复杂的生产手段和相对稳定的社会结构。[①] 崔乐泉认为：体育产生的条件一是生物学前提，即现代体质形态的人类形成；二是集体传习活动的生成机制，即人类开始有了以群体形式进行的多种实践活动；三是物质前提，主要指工具的制造和使用为人类从事身体活动提供的前提；四是仪式化前提，即产生了原始的信仰和崇拜现象。[②] 杨桦等人所编撰的《体育史》中则强调了人类"身体意识"的出现等。综合这些观点分析不难发现，这些观点都和"真正意义"上的现代人的出现相关。本书认为体育产生的条件，具体分析如下：

（一）完全的直立行走人的出现

这一前提或条件是人之为人的标准或条件之一。"直立行走"是现代学术界所认同的区分人和猿的主要标准。然而，考古学家通过对古人类化石进行的解剖分析表明，至少在420万年前甚至可能在600万年前，人类就成为双足动物，开始直立行走了。但在200万年前出现的物类还存留有猿的结构特征。如南方古猿上肢与下肢相对长度比人类大，且上肢的肱骨粗壮。故有学者提出了"完全的直立行走"的概念，且认为人类完全直立行走出现在石器时代之后（图1-2）。[③]

---

① 编写组. 体育概论［M］. 北京：北京体育大学出版社，2013：25~29.
② 崔乐泉. 原始体育文化起源的考古学研究［J］. 山东体育学院学报，2002（2）：12~19.
③ 刘小明. 生物演化基本规律与人类进化独特性（1）［J］. 生物学通报，2015，50（5）：4~8.

图 1-2 人类直立行走过程

人类在完全的直立行走后,从身体形态来看,上下肢都发生了一系列改变:如下肢结构的改变保证了人的身体在直立状态下的平衡和灵活性,从而能做出跑、跳、投等与体育有关的基础身体活动;上肢也不再是支持和行动的器官,而演化为抓、握,为以后手臂灵活多变地参与利用体育运动器械提供了生物性的支持等。由此可见,"直立行走"这种行为对于体育的重要性。此外,还有学者提出,人类在完全的直立行走之后,内脏位置等发生改变,为一些生理疾病埋下了隐患,也对人类的体育健身行为提出了要求。概而言之,完全的直立行走是人类体育起源重要的生物学基础,而这一特征是在人类进化到现代人阶段时才形成的。

(二)人类"现代行为"的出现

体育的出现,离不开人的体能、柔韧性、力量等身体形态的要素,同时对自身身体技能和周遭环境等的认知、判断的思维能力也不可或缺,作为人科动物的远古祖先尚不具备这些能力。考古学家们用"现代行为"(modern behavior)来涵盖人类进化过程中的思维发展,"现代行为"同时也被认为是区别现代人与其他古人类的重要标志,即这些行为使得拥有它们的古人类成为文化意义上的现代人类,即现今人类的直接祖先。[1] 考古学家们认为,真正的现代人行为中最重要的是认知行为,而最有代表性的就是象征符号。早期的象征符号包括两种:身体的装饰品(如穿孔贝壳、身体彩绘等)以及居住环境的装饰品。这些装饰品的出现,表明人类对于

---

[1] 李锋,陈福友,高星. 水洞沟遗址第 2 地点古人类"行为现代性"及演化意义 [J]. 人类学学报,2014,33(4):510~521.

世界的认知已经发生了本质变化,即有了附加于符号上的思维,从此意义上讲,我们将"现代行为"的出现,视作是体育产生最重要的条件之一(图1-3)。

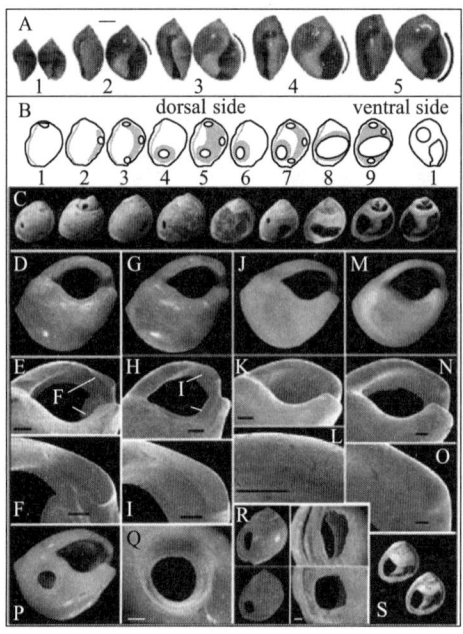

图1-3 南非Blombos出土的贝壳串珠

复杂的石器工具技术、雕凿的骨制工具、投射武器投枪(图1-4)、弓箭等,先进的用火技术、洞穴艺术、珠链和其他个人装饰品等类似物品及行为被考古学家视为人类"行为现代性"的证据,其中装饰品被认为是最为重要的证据。[①] 装饰品的出现,说明人类已有能力将一些意象、符号在大脑里重新组合,意味着人类已经在头脑中有了自己所认知的世界,开始进行抽象的思考并暗示了语言的出现。

进入21世纪后,考古学者先后在阿尔及利亚的Oued Djebbana、土耳其黎凡特地区的Ucagzili、黎巴嫩的Ksar'Akil、俄罗斯阿尔泰地区的Denisova及我国的水洞沟等遗址中发现了大量装饰品,如穿孔的兽牙及兽骨、带有几何形刻画图案的储石块、贝壳及鸵鸟蛋皮制成的串珠或挂饰等(图1-5、图1-6、图1-7)。

---

① 陈明远,金岷彬. 历史考古的新观点(之一)古生物学意义和人文科学意义的"人——Real Human"[J]. 社会科学论坛,2014(1):38~57.

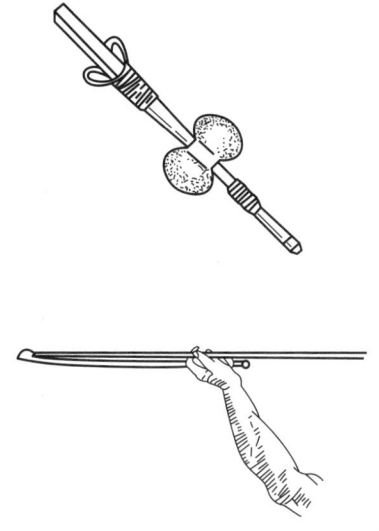

图 1-4 附有碟形器的投枪器使用方法
(选自纽约自然史博物馆藏品及使用示意图)

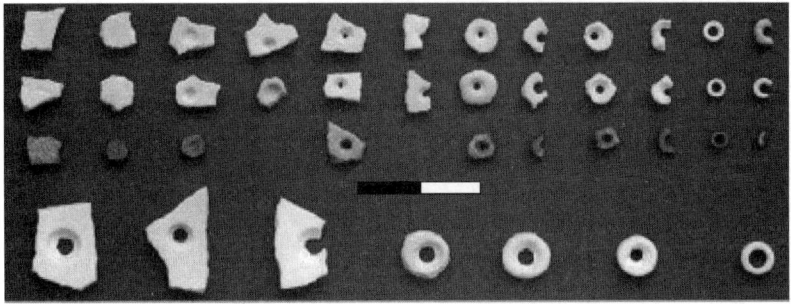

南非开普敦北部KN2005/067地点

南非开普敦西部Nora、Shelly、Pottery、Toaster地点

图 1-5 南非旧石器遗址出土的鸵鸟蛋皮串珠

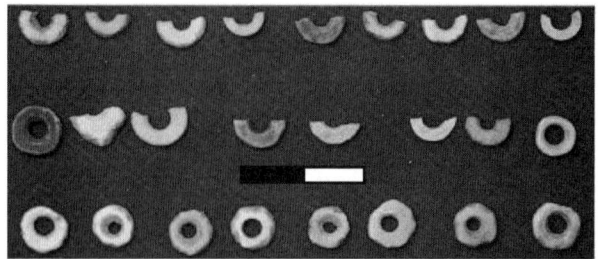

图 1-6 中国旧石器时代水洞沟遗址出土的鸵鸟蛋皮串珠

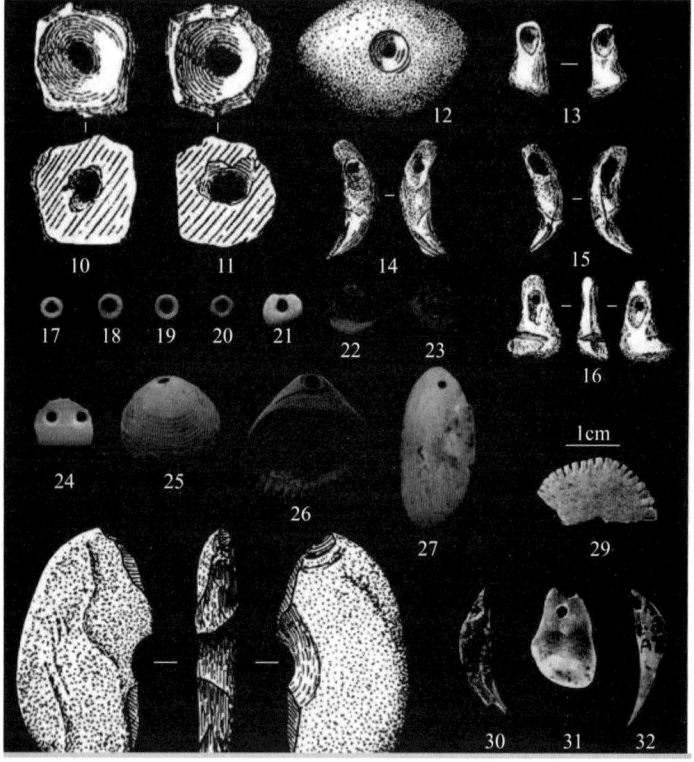

图 1-7 中国早期装饰品的发现

尽管这些装饰品存在的年代尚存有争议,但目前学界普遍认同至少在距今 4 万年前的非洲南部,人类开始制作鸵鸟蛋皮串珠作为装饰品使用,该时期人类出现了"现代行为"。①

我们还应注意,人类的进化过程不仅漫长且十分复杂。考古学家认

---

① 魏屹,Francesco D'ERRICO,高星. 旧石器时代装饰品研究:现状与意义 [J]. 人类学学报,2016,35(1):132~148.

为，人类演化过程中，体质特征的进化存在镶嵌现象，如集"直立人性状"与"智人性状"于一身；人类行为的演进同样存在着"古老"与"现代"因素的镶嵌现象，某些现代人行为因素可能产生于解剖学上的现代人类出现之前。① 因此，单独和偶然的行为因素并不能可靠地代表现代人行为，而多个因素的组合才构成较为稳定的指标。据此可推断，稳定的现代人行为的出现是在4万年前（旧石器晚期），体育的起源与出现也应当在这一时期（表1-2、表1-3）。

扫一扫1-7：
300万年前类人生物已懂得举行仪式

表1-2 "行为现代性"的考古发现一览表

生态	生态：居住区域的扩大，如热带低地森林、岛屿、欧亚大陆北端；食谱拓宽。
技术	技术：石器技术创新，如石叶、细石叶、琢背技术等；工具类型标准化；装柄与复合工具；新型工具材料的使用，如骨、角等；特殊目的工具，如抛射尖状器、几何形器等；石器类型的多样化；工具类型的时空多样性；很好地控制用火。
经济与社会组织	长距离的原料获取和交换；外域原料的高强度利用；大型、危险动物的特定猎取行为；资源开发的计划性和季节性；资源开发的强化，特别是水生和植物资源；遗址再利用；长距离的交换网络；通过人工制品的风格进行群体或个体自我认同；有组织地利用遗址内空间。
象征行为	人工制品地域风格；个人装饰品，如串珠和饰品；颜料的作用；带锯齿或雕刻的产品，如骨、蛋皮、石头；图画和画像；具有随葬品、仪式用品的陪葬。

表1-3 世界范围内早期装饰品的发现②

遗址 （Sites）	地区 （Area）	年代 （BP）	种类 （Spesies）	数量 （n）	出处 （References）
Qzfzeh Cave	以色列	公元前8000—前1万年	Glymeris insubrica	10	Taborin, 2003. Bar-Yoesf Mayer et al, 2009
Skhul	以色列	公元前1万—前1.35万年	Nassarius gibbasulus	2	Vanhaeren et al. 2006

---

① 吴新智. 中国远古人类的进化 [J]. 人类学学报，1990（4）：312~321.

② 魏屹，Francesco D'ERRICO，高星. 旧石器时代装饰品研究：现状与意义 [J]. 人类学学报，2016，35（1）：132~148.

续表

遗址 (Sites)	地区 (Area)	年代 (BP)	种类 (Spesies)	数量 (n)	出处 (References)
Oaed Djebbana	阿尔及利亚	公元前 9000 年	Nassarius gibbosulus	1	Vanhaeren et al. 2006
Taforalt (Grootte des Pigeons)	摩洛哥	公元前 8200 年	Nassarius gibbosulus	19	Bouzouggar et al, 2007 D'ERRICO et al, 2009
Rhafas	摩洛哥	公元前 6000—前 8000 年	Nassarius gibbosulus	5	D'ERRICO et al, 2009
Ifri n Ammar	摩洛哥	公元前 8300 年	Nassarius gibbosulus Columbella rustica	2	D'ERRICO et al, 2009
Contrebandiers	摩洛哥	公元前 9600—前 1.22 万年	Nassarius gibbasulus Nassarius corniculus	很多	D'ERRICO et al, 2009; Jacobs et al, 2011
Blombos Cave	南非	公元前 7500 年	Nassarius Kraussianus	41	D'ERRICO et al, 2005
Sibudu	南非	公元前 7000 年	Afrolittorina africana	3	D'ERRICO et al, 2006
Border Cave	南非	公元前 7400 年	Conus ebraeus	2	Beaumont and Bedarik, 2013

第三节　史前体育的特征与形态

剖析与梳理史前体育的特征与形态，有助于更为具体而深入地认识体育起源问题。史前体育的特征和史前人类的生产生活特点密切相关，史前人类的生产生活特点决定了史前体育的特征，也"规定"了史前体育的形态。

史前人类的生产生活及娱乐休闲等活动不像今天一样有较为明显的分界，往往浑然一体，混杂交织在一起，史前体育的种种特征都和这一特点密切相关。除此之外，史前体育的发展是一个十分漫长而曲折的过程，其特征也融于数万年历史发展变迁之中。

一、史前体育的特征

(一) 史前体育缺乏"独立性",具有随境性

体育成为一个相对独立的文化领域是在人类社会进入工业文明社会之后,在漫长的古代社会,人类的体育活动、运动文化往往是渗透在其他活动之中,而这一特点在史前社会更为明显。史前体育活动渗透、掺杂于史前人类生活的诸多方面,随原始人从事的具体活动(如生产、生活、宗教、战争、庆典等)自然展开。换句话说,在远古时代,体育活动是原始人生活的一部分,随情境而发生、发展和结束(图1-8)。

图1-8 博克斯格罗夫原人猎马图

(二) 史前体育具有较强的"公共性"

史前体育的公共性依然是由原始人类的特征决定的。一般认为,史前人类缺乏个体与集体的明确区分。如法国著名的社会学家列维·布留尔所说,原始人类往往把自己想象为集体的一个部分,原始人并不觉得这有什么矛盾。史前人类的这种思维模式决定了史前体育很多情况下是在某种集体精神的驱使下,为了集体而进行的公共行为,它表现出的是集体意志,具有公共性。

(三) 史前体育带有鲜明的实用目的

列维·斯特劳斯谈及原始艺术特点时曾指出:"一切所谓的原始艺术都可以在双重意义上称作是实用的:首先很多作品都是技术性的物品;其

次即使那些看起来最脱离实际的作品也具有确定的目的。"① 这一特点同样适用于原始体育。原始人的跑、跳、投及舞蹈等直接指向的是"生存"，包括对食物的需求，对生殖繁衍子孙的需求和克服对死亡恐惧的需求等。

（四）史前体育具有较为明显的地域性

由于史前体育和人们的生产生活融于一体，不同地域的生产、生活方式使得史前体育呈现出明显的地域特征。如同史前艺术有明显的"猎人的艺术"与"农人、渔人的艺术"之别，史前体育也可分为"猎人的体育"和"农人、渔人的体育"。② 如在欧洲旧石器时代晚期，天气比较寒冷，冬季时大多数人生活在洞穴中，体育形式多为狩猎及巫术舞蹈等；而中国史前人类所处的地理位置主要在江河沿岸的平原地带，较早地进入农耕社会，人们以渔猎、农耕、采集生活为主，体育的萌芽形态自然体现了农民及渔人生活的特点，有恬淡、娴静之感。最典型的是1973年青海省大通上孙家新石器时代马家窑文化墓葬中出土的彩陶舞蹈纹盆，此盆属马家窑文化半山类型（马家窑文化集中反映了甘肃、青海地区的原始文化，马家窑文化的制陶业发达，创造了灿烂的彩陶文化），尽管目前仍有考古学对盆绘图案有新解释，但盆的内壁用黑彩绘有舞蹈人纹，共分3组，每组5人。③ 人们手拉手，跨步为舞，头戴头饰，每组成为一个独立的舞蹈场面。画面中，人物突出，神态逼真，饱含欢乐的气氛和纯真的情趣（图1-9）。

图1-9 新石器时代舞蹈纹彩陶盆（青海大通上孙家寨出土）

---

① [法] 克洛德·列维·斯特劳斯. 野性的思维 [M]. 赵建兵译. 北京：中国社会出版社，1999：42.
② 郑泓灏. 史前"猎人的艺术"与"农人、渔人的艺术" [J]. 艺术教育，2011 (10)：40~41.
③ 朱立春. 中国历史常识全知道——家庭必备典藏版 [M]. 北京：中国华侨出版社，2015：11.

二、史前体育的形态

史前时期，人类体育活动尚未从生产生活中分离出来，由于其距离遥远，又无文字记载，现代人只能通过一些考古遗存及原始先民的生产和生活活动来推知史前体育的形态。

(一) 史前体育器具

考古遗存是反映史前体育形态最重要的证据之一，考古学家们已陆续在一些石器时代（含旧石器时代）的遗址中发现一些器具：如石球、石斧、弓箭等。这些器具，最初是生产工具，更准确地讲属于狩猎器具。随着生产生活的发展，这些器具的形制趋于"美观"，在一定程度上反映了史前体育的萌芽及其与生产活动的"分途"。

1. 石球

石球为旧石器时代考古研究中一种常见的石器类型。关于石球的功能，学界有4种推测：一是制造、加工石器所用的石锤，二是砸击工具，三是狩猎工具，四是原始体育游戏用具。[①] 前3种功能在石器时代的早期较强，第4种功能则在石器时代中晚期得到强化。原因在于：在石器时代中晚期，远射程的先进武器弓箭已广泛使用，石球在狩猎中的作用退居其次，逐渐向体育游戏工具发展。如西安半坡村遗址中发掘出许多生产和生活的石器。"石球是石器里比较特殊的一种，不但数量多，而且磨制得光滑而又规则，直径约1.5~6厘米。"磨制得光滑又规则的石球，不可能是狩猎用的飞索石，也不可能是装饰物，因此，只可能是玩具。这在半坡村一座小女孩的墓葬品中得到进一步验证，她的陪葬品有陶瓶、陶钵和三个石球等（图1-10）。[②] 与石球相关和相类似的还有投石索和飞去来器等，有学者认为在现代奥林匹克运动中，依然留有远古狩猎工具的遗存——石球对应于铅球，投石索对应于链球（图1-11）。[③]

---

① 仪明洁，高星，裴树文. 石球的定义、分类与功能浅析 [J]. 人类学学报，2012，31 (4)：355~363.

② 石兴邦. 新石器时代村落遗址的发现——西安半坡 [J]. 考古通讯，1955 (03)：7~16，5~10.

③ 陈明远，金岷彬. 历史考古的新观点（之三）木石复合兵器——投石索、投石器、投石机 [J]. 社会科学论坛，2014 (3)：32~42.

图 1-10　陕西西安半坡村落遗址出土的女孩墓穴

图 1-11　史前石球使用复原图

2. 弓箭（矢）、石制长矛类

弓箭是一种复合工具，一般是把镞附在箭杆上，使用时利用弓的弹力将镞与箭杆一起射向远方。20 世纪考古成果表明：约 3 万年前人类发明了弓矢（弓和箭），这是人类进入"现代人"阶段的一大标志。1963 年，在我国山西朔县峙峪村遗址中发现了一枚用燧石打制的石镞。据推测，该遗址的年代约为距今 28 000 年（图 1-12）。中外大量的考古遗存表明，新石器时代，镞的类型大大增加，说明弓箭在新石器时代得到很大发展，其作用得到了较大的发挥（图 1-13）。

弓箭的射程远远超过一般的投掷工具，可达 80~100 米，是猎获善于奔跑的动物如鹿、野羊、野牛、羚羊等的有力工具。除用作狩猎的工具外，弓箭也被作为捕鱼的工具。渔人站在凸起的岩石或木舟上，当看见鱼浮

图 1-12 旧石器时代石镞
（山西峙峪遗址出土）

图 1-13 新石器时代打造的石镞
（内蒙古自治区博物馆藏品）

近水面时，举弓引矢射向游动的鱼。恩格斯曾说："弓箭对于蒙昧时代，正如铁剑对于野蛮时代一样，乃是决定性的武器。"考古遗存还证明，在漫漫的史前时期，弓箭除了作为狩猎或渔猎的生产性工具外，也是人们相互械斗的武器。如在西班牙中石器时代的卡斯特洛岩画中有一幅表现人们械斗的场景：7人各持一弓箭，3人及另外4人各为一方，相互射击（图 1-14）。

图 1-14 西班牙卡斯特洛岩画械斗图摹绘图

随着历史的演化，弓箭的社会文化功能不断得到强化。如 2013 年 11 月我国浙江省文物考古研究所在跨湖桥文化遗址中发现了一件漆弓。据研究，跨湖桥遗址年代距今约为公元前 8000—前 7000 年前，而所发现的漆弓上附着的漆皮呈雀色，表面光洁，无杂质，反映出跨湖桥文化时期，古代先民已在弓箭上赋予了超越其实际功效的价值而具有了一定的体育意义。

扫一扫1-8：人类50万年前即会制造石质长矛？

此外，在新石器时代的山东滕州北辛、陕西西安半坡村、浙江余姚河姆渡、江苏常熟圩墩及其他遗址中，还发现了不少矛的制品。其中河姆渡第四文化层发现有迄今最早的木矛遗物 12 件，用硬木制成，器身修长，矛尖锋利，器身后段刻有凹口，便于安装在竹木杆上。①

3. 具有体育意义的其他史前遗存器物

除数量较大，具有普遍意义的石球和弓箭外，还有一些其他遗存器物反映了史前时期体育的萌发。2005 年新疆阿勒泰市一位农民在汗德尕特蒙古民族乡敦德布拉克发现一些岩画，其中一处岩画上出现"脚踏雪板"的人物形象：其绘有 4 人尾随牛马等动物的图形，有 3 人踩在一长条形物件上，手持一根长棍，姿态与目前阿勒泰地区部分蒙古族、哈萨克族农牧民的滑雪姿态惊人的相似（图 1-15）。据考察，敦德布拉克岩画为距今 8 000~10 000 年前的遗存，由此我们可推测在 8 000~10 000 年前的先民们已掌握了雪地滑行的技巧。

图 1-15　古阿勒泰人穿着短雪板，拉弓射向野兽的岩画摹绘图

---

① 中国社会科学院考古研究所. 新中国的考古发现和研究[M]. 北京：文物出版社，1984：145~149.

另据 2011 年浙江省文物考古研究所发布的田螺山遗址发掘报告中称，在该遗址发现了大量细小遗物，其中包括陀螺等玩具和娱乐工具。浙江省余姚市田螺山遗址距离著名的河姆渡遗址 7 千米，与河姆渡遗址基本处于同时代，约在 5 500—7 000 年前；无独有偶，2011 年在青岛北阡大汶口文化遗址发掘中也发现了先民们娱乐用的陶制陀螺。考古人员介绍说，这是国内考古界迄今为止发现最早的陶制陀螺。这两个陶制陀螺的出土，对研究北阡大汶口文化时期人类娱乐方式提供了重要信息，由此也充分说明，6 000多年前的先民们在劳作之余也有了带有体育性质的娱乐生活（图 1-16）。

扫一扫1-9：《史前一万年》节选

图 1-16 新石器时代陶陀螺（青岛北阡大汶口文化遗址出土）

（二）人类其他社会活动中的史前体育形态

1. 史前教育活动中的体育要素

"教育"是人类最重要的活动，对于远古先民的意义和在当下的意义同等重要。当人称其为"人"时，史前教育便产生了。但原始形态的教育无专门的内容，原始人类生产、生活的边界几乎都是教育的边界，其中一些与身体技能相关的经验在一代代的传承中，演变为今天的体育活动，如利用弓箭和投枪在离野兽较远的地方进行射杀技术的传授与学习等。人类学研究发现，15 世纪末期仍处于原始时期的印第安男性从学会走路开始，父母就对他进行各种训练，如带他学习游泳，熟悉水性，掌握捕鱼的本领；把木制的弓箭作为玩具交给孩子使用，鼓励他用其去射击小动物；在寒冷的冬季，让赤身裸体的孩童到雪地里跑步，以培养他不畏严寒的坚强意志。在密西西比河沿岸的印第安男孩还经常进行射箭比赛，主要目的是为以后参加氏族战争做准备。另外，生活在我国大兴安岭一带的鄂温克族，在新中国成立前还处于父系氏族公社阶段。据调查，鄂温克族的小男孩长到 5、6 岁，即开始学习一些传统的和具有狩猎意义的游戏，如学习打熊、打犴等；再长大一些，则要加强身体锻炼，学习跳高、撑杆跳、滑雪板。除掌握这些技能并培养勇敢的品质外，孩子们还用老人专门给他们造的弓箭，练习打靶，举行射击比赛等。① 与鄂温克族同样在新中国建立之初处于父系氏族公社阶段的赫哲族青少年中也盛行着许多游戏项目。其中影响最大的游戏项目叫"叉草球"游戏。把活灵活现的"草球"看作是水中的游鱼，林中的走兽，久而久之，人们便熟能生巧，练就一身捕鱼猎兽的过硬本领。许多赫哲族年轻人正是通过这种接近于实战的技术演练，叉鱼（兽）技术有了明显提高。但从上文可看出，"叉草球"游戏具有明显的体育比赛特征。摔跤也是一项备受赫哲青少年喜爱的游戏项目，通过人与人之间身体的接触和力气的较量，旨在锻炼他们的大脑和四肢，以增强身体的协调性和灵活性等（图1-17），依据这些原始人群教育活动中的体育内容，可推测出史前教育活动中有相当一部分的体育内容与形态。②

图1-17 当代赫哲族的叉草球游戏

2. 史前娱乐活动中的体育因素

英国哲学家洛克认为，消遣、工作和食物对于人们同样重要，现代人类如此，史前人类概莫能外。尽管生产力低下，但史前人类也绝非是把全部的时间都用来应对生存。美国学者约翰·麦克哈勒研究发现，在原始社会，人的一生约有16.6%的自由时间。③ 其他考古学家和人类学家的研究也揭示，在远古时代，人类实际也存在着原始的休闲娱乐愿望，并在生产活动之余，有一定的休闲和娱乐活动。位于捷克斯洛伐克东部摩拉维亚

---

① 李子彪.鄂温克族人是怎样培养猎手的——原始社会的自然形态教育［J］.教育与进修，1983（5）：36~37.

② 童姗.浅谈古代赫哲族社会教育的形式及特点［J］.黑龙江民族丛刊，2008（2）：150~153.

③ 黄永林.20世纪中国大众文学的现代转型及其品格［M］.武汉：华中师范大学出版社，2013（8）：115.

(Moravia)一处距今3万年之前的采沙场的古遗址中,发现了"用于人体装饰的穿孔贝壳和牙齿串珠"和经过"精心钻孔的兽骨"所做的"笛子"。这说明3万年前的人们极有可能已在利用闲暇时间开展娱乐活动——伴着原始乐器骨笛演奏的原始音乐一起唱歌、跳舞。而且据进化心理学家研究,聚会是人类的原始本能,聚集成群且有节奏地一起移动是人类远古祖先与他人密切联系、交流以及生存的一种方式。大量的史前岩画中印证了史前人类确有聚会娱乐的活动。如澳大利亚东南部新英格兰的姆恩比发现一幅红赭石画的壁画,描绘了人们跳舞的场面。有的摇首顿足,有的大步跳跃,气氛十分热烈。我国云南省的沧源岩画第1地点2区上方,绘有一条横线,上面站着6个舞蹈者,分为两组,3人一组,两组间有一段距离,6个人一律左臂向上扬起,右臂下垂,身体均向右方略倾(图1-18)。在沧源崖画第2地点1区下部的一组图像上,还有3位舞者排成横排拉手舞。有研究者指出,这种组舞属于原始先民自娱性舞蹈。

图1-18 史前时期组舞图像岩画摹绘图(云南沧源崖画第1地点2区)

在我国距今约1万年的江苏连云港将军崖岩画中,也有一组舞蹈造型:人物造型依次相偎在禾苗之上,劳作的间隙直起身板纷纷起舞。人物头部角度稍稍倾斜,充分体现了在田间劳作的过程中自娱特征。①

3. 史前仪式中的体育形态

19世纪下半期法国最著名的古史学家菲里泰尔·德·库朗士(1830—1889年)提出,要理解古代社会制度,必须研究古代的信仰,且主要是通过研究古老的仪式来完成。② 史前人类很早就用诸多仪式以求神灵庇护和保佑他们。考古发现,在旧石器时代中期,欧洲莫斯特文化(Mousterian,约3.5万年前)就有埋葬死者、随葬动物骨骸或驯鹿角的迹象,到旧石器时代晚期更是出现了在尸体上撒上红色的储石粉的现象。考古学者贝萨拉特认为,红色粉末和随葬品是承载巫术及宗教意义的"象征物",具有仪式的功能,这意味着在旧石器晚期已有了史前仪式的萌芽,而且在史前人类生活中占据极为重要地位的巫术、宗教及祭祀等活动中都有仪式活动,

---

① 付少武. 江苏文艺研究与评论[M]. 南京:南京大学出版社,2013:12.
② 刘涛. 神圣与世俗:人类学仪式与社会研究[J]. 青海民族研究,2016,21(3):54~59.

仪式行为的方式往往包括杀牲、洒血、焚牲及人体动作姿态等。① 美国象征人类学家克里斯蒂·特纳强调人类的仪式符号中包含行为形式的符号，如行动、姿势、手势、舞蹈、歌唱、演奏行为以及仪式角色的扮演等。② 从此意义上讲，史前仪式和体育颇具渊源，对于此，诸多国内外学者均有讨论。如日本学者山崎正和在《世界文明史——舞蹈和神话》一书中指出：从礼仪中派生出的舞蹈，在后世的古希腊时期产生了体育的萌芽。他引用法国史前史专家勒鲁瓦·古朗对中国与日本宫廷中的蹴鞠的看法印证其观点，勒鲁瓦·古朗认为蹴鞠这种像球技的集体运动，实际上是信仰太阳的礼仪，是理解都市空间意识的典礼。这种球技场由表示东西南北的4种树木围绕，4人一组的竞技者们按春分、秋分、夏至、冬至4个点循环蹴鞠。③ 本章内容多次提及世界各地的考古遗存，如岩画上均有反映狩猎、丰产、祭祀等内容场景，这些场景很多属于行为仪式，可视作体育的萌发。如在法国奥端纳文化（Aurignacian，约公元前3.4万—前2.9万年）出土的洞穴岩画中，有一幅描绘一名男子头戴鹿角，饰以长须和马尾，披着兽皮舞蹈的形象。历史学家综合附近的其他岩画推测：岩画所在洞穴是当时一位巫师召集氏族成员进行宗教仪式的地方。民族志研究的成果也可以窥探"原始仪式"和"体育"之间的关系，如列维·斯特劳斯在《忧郁的热带》中描述的波洛洛人的马里多舞："两个男人抓住两个'马里多'（由于是用新鲜的棕榈杆做成，故很重），把'马里多'高举于空中开始跳舞，由于举着重物，跳一阵就累了，等跳得筋疲力尽时再让竞争者接手。""仪式已变成竞技，身强力壮的男人在一片汗渍、摇摆指互相挑战与挑拨之中炫耀其体力和肌肉。"④

扫一扫1-10：《疯在原始人》片段

4. 史前医疗活动中的体育形态

古代病理学（研究史前期疾病史和病征的学科）研究表明，疾病与地球上的生命几乎同时出现。在古代动物中不仅发现有骨折，而且有龋齿和寄生性疾病。据调查，数万年来，疾病一直伴随着人类的祖先。⑤ 有疾病

---

① 何勇. 象征符号与仪式传播：人类传播起源的重构 [J]. 全球传媒学刊，2016，3 (2)：64~83.
② 张琴. 中国古代的巫及巫术仪式研究 [D]. 重庆：重庆大学硕士论文，2012：32.
③ [日] 山崎正和. 世界文明史——舞蹈与神话 [M]. 方明生，方祖鸿译. 上海：上海译文出版社，2014：155.
④ [法] 克洛德·列维·斯特劳斯. 忧郁的热带 [M]. 王志明译. 上海：生活·读书·新知三联书店，2005.
⑤ [意] 阿尔图罗·卡斯蒂廖尼. 医学史（上）[M]. 程之范，甄橙主译. 上海：译林出版社，2013：11.

就有疾病治疗，许多考古发现证明原始人已能从事人类特有的，以自觉能动性为特征的医疗活动。例如 19 世纪 60 年代，美国的一位人类学家斯奎尔在秘鲁发掘到一个石器时代的人类颅骨，这个头骨上有惊人的痕迹：两条切割得极精确的平行细沟槽与另外两道沟槽相交，四条整整齐齐的沟槽围住了一块头骨，这种手法类似于今天外科手术中的环切术。① 考古学家们认为，大约在旧石器晚期伴随医疗活动的产生，人类也有了养生和锻炼的意识及"行为"。如我国昆山市卓墩遗址出土的史前良渚文化时期女性随葬品——玉琮，医学史研究专家认为其是古人用于刮痧、石疗的治病工具，即砭石疗法。砭石疗法除可消肿、凉血、祛腐、排脓外，作用于患者身体某一部位时，可消除疲劳乏力，有养生的效果。② 我国上古神话中还有阴康氏发明"阴康舞"的传说。《吕氏春秋·古乐篇》记载："昔阴康氏之始，阴多滞伏而湛积，水道壅塞，不行其原，民气郁阏而滞着，筋骨瑟缩不达，故作为舞而宣导之。"可见"阴康舞"实际上就是一种类似于气功导引的养生方法。基本作用是宣达腠理、通利关节，保持身心健康，这和我们今天所讲的现代体育的形态、功效基本吻合。"阴康舞"的传说可以作为中华先民医疗养生中体育形态的证明。世界著名的原始文化学家柯文斯在考察了大量原始文化现象之后曾指出："早在旧石器时代后期，人类已开始跳舞了。"而且他还指出："可以断言，原始跳舞具有纯粹锻炼的性质。"③

5. 史前人类冲突与战争中的体育形态

现代体育中有许多项目与军事训练有关，一些学者认为人类战争是体育产生的源泉之一。"战争"并非人类的本性，其出现大约在史前史相当晚期时，与作为中央集权及等级制的政治组织——国家的出现密切关联。据人类学家考证，在公元前 7500—前 7000 年，战争还很罕见或根本不存在，历史上狩猎采集的游牧群体没有战争。④ 但是，在这一时期却出现了与之相关且类似并性质迥异的竞技运动。如民族志调查发现，原始人往往通过举行某种比赛而不是打斗来进行诉讼、裁决及惩处，如爱斯基摩人的社会里，有了冲突，往往举行摔跤和撞头比赛，而且这些比赛在大众面前举行，胜利的人就被大家认为赢了这场诉讼。另有一些原始狩猎社会在私

---

① 欧阳军. 人类最早的脑外科手术 [J]. 中等职业教育，2012（15）：37~38.
② 夏养培. 砭石疗法的考古发现 [A] //中国针灸学会砭石分会筹委会. 首届全国砭石疗法学术研讨会论文集 [C]. 中国针灸学会砭石分会筹委会，2001：1.
③ 张荣明. 中国古代气功与先秦哲学 [M]. 上海：上海人民出版社，2011：6.
④ [美] 莱斯利·E·施蓬泽尔，陆象淦. 和平与非暴力人类学 [J]. 第欧根尼（中文版），2015（2）：107~134.

人争端发生时的解决办法是用掷标枪决斗：争斗往往发生在一个原告和一个被告之间，原告按照常规站在固定距离外向被告掷标枪，被告闪躲。大家会为掷标枪的速度、力量与准确度喝彩，也可以为闪躲的技巧喝彩。随着一方喝彩渐渐超过另一方，大家的意见趋于一致。当被告明白大家认为他有罪，他就不再闪躲标枪，而让自己身上某个多肉的部分被标枪刺到。就原告方来说，当他认为自己不对的时候，便不再投掷下去。①

随着人类的发展，大约在公元前4000—前3000年，农业和作为定居点的村庄开始出现，等级制随之兴起，普遍的战争状态就开始出现，与军事训练相关的体育内容逐步兴起。现代体育中的许多运动项目，都可在古代人类的格斗方式中找到影子，如现代运动项目的射箭、击剑、拳击、摔跤、掷标枪等都带有明显古代战争的痕迹。

扫一扫1-11：
出土器物透露战争信息

本节主要讨论了考古遗存及史前教育、娱乐、仪式、医疗保健、冲突战争等种种活动中的体育要素。需要注意的是，史前人类的生活事实上是浑然一体的，各类活动往往交织在一起，如原始教育就是以神秘性、情景性和仪式性为主要特征的一种教育活动，即所谓"以巫为师"，再如，原始人认为巫师就是医。而在宗教、巫术的仪式中大都会有舞蹈。史前体育应当是融合在种种活动之中，这也从一个侧面反映出史前体育普遍性和情境性的特征。

本章小结

追根溯源是我们认识事物与现象本质的重要途径，本章主要讨论了和体育的起源相关的"4W"问题，即：何谓体育起源（what）；为何要研究体育起源（why）；体育因何而出现（why）；体育何时出现的（when）。体育的出现和真正意义上的人类即"现代人"的出现密切相关，是一个缓慢而纷杂的过程，大约是旧石器晚期在世界的不同地方出现。我们不可能真正"穿越"亲自体验体育的起源。今天有关体育起源的看法、观点，都还只是推测与假想，其中考古遗存是推论最重要的依据，今后，期待不断发展的考古学能在将来的某一天为我们进一步揭秘"体育的起源"。

---

① ［美］弗洛姆. 人类的破坏性剖析［M］. 李穆等译，北京：世界图书北京出版公司，2014：111~112.

问题与思考

1. 请简述为什么要学习和研究体育起源。
2. 简述史前体育的特征。
3. 举例说明史前体育在人类活动中的体现。

活动建议

1. 搜集1~2则有关人类起源及含有体育活动内容的中外神话传说。
2. 观看电影《史前一万年》和《疯狂原始人》。
3. 参观博物馆,观察是否有和体育起源相关的内容。

参考文献

[1] 刘放桐. 西方哲学前沿 [M]. 上海:上海人民出版社,2015:166.

[2] [美] 克里斯·戈斯登. 走出黑暗——人类史前史探秘 [M]. 陈炳辉,陈星灿译. 北京:外语教学与研究出版社,2015:4.

[3] 陈淳. 考古学与人类起源 [J]. 大众考古,2013(1):57~60.

[4] 谷世权. 体育理论与体育史论丛 [M]. 北京:当代中国出版社,2011:58.

[5] 郭希汾. 中国体育史 [M]. 上海:上海文艺出版社,1993,9(2).

[6] 程登科. 世界体育史纲要 [M]. 北京:商务印书馆,1912.

[7] [日] 岸野雄三. 体育史学 [M]. 日本大修馆书店,1983:122.

[8] 顾明远. 教育大辞典(修订合编本)[M]. 上海:上海教育出版社,1998:219.

[9] 周务农. 高等教育体育论 [M]. 北京:北京理工大学出版社,2013:4.

[10] 熊晓正. 体育概论 [M]. 北京:北京体育大学出版社,2008:25.

[11] 朱狄. 原始文化研究——对审美发生问题的思考 [M]. 上海:生活·读书·新知三联书店,1988:2.

[12] [英] 李斯托威尔. 近代美学史评述 [M]. 蒋孔阳译. 上海:上海译文出版社,1980:199.

[13] 崔乐泉. 史前人类的社会生活与原始体育形态——中国原始体育文化论纲 [J]. 山东体育学院学报,1996,18(3):6~9,18.

[14] 王倩. 神话如何进入历史:张光直神话研究述略 [J]. 中国矿业大学学报(社会科学版),2016,18(6):45~51.

[15] 何顺果,陈继静. 神话、传说与历史 [J]. 史学理论研究,2007(4):42~51,158~159.

[16] 曾绍奥. 体育之起源及其真义 [N]. 京师学务公报, 1925-01-05.

[17] 钟永锋. 基于"本能思考"之"体育起源"——对巴西和委内瑞拉"雅诺马部落"的生态探究 [J]. 山东体育科技, 2016, 38 (5): 12~16.

[18] 韦毅. 复杂性问题——教育起源新论 [J]. 南京社会科学, 2006 (6): 115~120.

[19] 陈淳. 考古学与人类起源 [J]. 大众考古, 2013: 57~60.

[20] 刘小明. 生物演化基本规律与人类进化独特性（1）[J]. 生物学通报, 2015, 50 (5): 4~8.

[21] 李锋, 陈福友, 高星. 水洞沟遗址第2地点古人类"行为现代性"及演化意义 [J]. 人类学学报, 2014, 33 (4): 510~521.

[22] 陈明远, 金岷彬. 历史考古的新观点（之一）古生物学意义和人文科学意义的"人—Real Human"[J]. 社会科学论坛, 2014 (1): 38~57.

[23] 魏屹, Francesco D'ERRICO, 高星. 旧石器时代装饰品研究：现状与意义 [J]. 人类学学报, 2016, 35 (1): 132~148.

[24] 吴新智. 中国远古人类的进化 [J]. 人类学学报, 1990 (4): 312~321.

[25] 王春雪, 马宁, 李锋. 古人类爱美么？——以鸵鸟蛋皮串珠（OES beads）为例谈旧石器时代的装饰品生产 [J]. 化石, 2009 (4): 74~80.

[26] 李子彪. 鄂温克族人是怎样培养猎手的——原始社会的自然形态教育 [J]. 教育与进修, 1983 (5): 36~37.

第二章 古代东方体育的兴起（体育的出现—公元3世纪）

章前导言

东方是世界古代文明的发祥地，这里诞生了古代中国、古代印度、古代埃及和两河流域等早期人类文明。体育是古代东方文明的重要组成部分，在世界体育发展史上占据着重要的地位。一方面，古代东方体育在形成过程中的某些特征类似于古代西方体育，如军事体育的高度发展，这是体育发展具有世界同一性的表现。另一方面，在较落后的科技水平和交通条件下，古代东方世界较为封闭，使得东方各民族的体育发展具有鲜明而又异于西方体育的地域特色。本章将分别对古代中国、古代印度、古代埃及、两河流域以及古代巴勒斯坦这几大古代东方文明区域的体育活动的兴起和早期发展展开论述。

学习目标

基本了解古代东方世界的主要文明区域在时间和地域上的划分。

基本了解古代东方各文明区域的生活方式、哲学思想、阶级秩序和信仰体系变迁对体育的兴起和早期发展的影响。

掌握我国夏商周时期、春秋战国时期、秦汉以及三国时期体育发展的基本特点。

第一节 古代中国体育的初兴

原始社会末期，经历了漫长的战争岁月，奴隶制最终取代了氏族制，我国诞生了历史上第一个奴隶制王朝——夏。商是继夏之后的我国第二个奴隶制王朝，约有500余年的历史。西周是继夏商后中国历史上最后一个奴隶制王朝。在夏商西周时期，奴隶社会的发展和华夏民族的形成，孕育了包罗万象、延绵不绝的华夏文明。随着频繁的战争、学校、教育的兴起和各种巫术祭祀等宗教仪式的出现，作为华夏文明重要组成部分的古代体育初具雏形。

春秋战国时期，奴隶制崩溃，封建制确立。官僚和地主阶级展开了一系列社会变革，思想文化上也出现了"百家争鸣"的局面。"文武兼备"思想的形成，"六艺"教育的兴起以及教育家和思想家对养生实践的理论化等，为中国古代体育的进一步丰富和发展打下了基础。

秦汉三国时期，中国社会的政治、经济和文化都发生了很大变化。尤其是农业、手工业和商业的发展，带来了城市的初步繁荣，在一定程度上促进了科学文化的发展。而体育作为社会文化的重要内容，也同样适应了新时代的要求，在继承先秦体育与引入外来体育的基础上有所扬弃，形成了后世体育发展的基本格局。

一、夏商西周时期的体育

（一）战争与军事体育的形成

在古代人类社会，体育的形成和军事的发展有着千丝万缕的联系。夏商西周时期，战争连绵不断，大大推动了军事体育的形成和发展。首先是射术的发展。根据考古发现，夏商西周遗址中出现了大量用石、骨、蚌等材质制作的矢镞，即箭头。镞既是战争兵器，也是狩猎工具，反映了早在夏商西周时期人们已广泛运用弓箭。随着社会的发展，冶炼技术的发明和进步，军队开始使用青铜铸造各种兵器，包括铜制箭镞。在我国各地区的考古出土文物中也可以发现大量青铜镞。另外，在甲骨卜辞中也有大量关于射术的记载。

御车最早出现在夏商西周时期，是指在战争、狩猎、典礼以及竞技等重大场合驾驭马车，在当时已达到很高的制作水平。御的技艺有专门的要求，御者的身份条件也有专门的规定，并非一般人所能胜任。据《周礼·地官·保氏》记载，御有"五驭"：一为"鸣和鸾"，指马车轼木上的和铃与挂在衡木上的鸾铃在驾车过程中发出轻快而有节奏的振荡声。二为"逐水曲"，指驭手驾车能适应复杂危险的地形。三为"过君表"，要培养驭手立身做人的品质，驾车时不得浮躁，不得丧失基本的礼节和品德。四为"舞交衢"，指驭手驾车过街串巷时不得横穿乱撞。五为"逐禽怿"，指驭手在田猎和战争时应把狩猎对象或敌人驱赶在左侧，利于马车上的弓箭手拉弓引箭。这五御合而为一，展现出当时精湛的御车技术。学习御术必须经过严格训练，才能达到上述5项标准要求。

武舞是一种蕴含搏杀技术的操练方式。夏商西周时期，军队常常以集体的武舞演练来增强军队士气。传说夏舜统治时就已有《执干戚舞》。商和西周时期的武舞则具有一定的实践性，这可以从武王伐纣时的巴渝舞得到证实。西周时的《象舞》是以军事操练的击刺动作组成的武舞，出土的西周青铜器上的铭文对此有详细的描述。著名的西周时期"六代舞"中的《大濩》和《大武》也属武舞之列。

西周时期，田猎是校阅军队的重要手段之一，春夏秋冬四季都会举行大规模的田猎活动，分别名为"春蒐""夏苗""秋狝""冬狩"。田猎把军事训练和狩猎活动结合在一起进行，既能达到增强体质、提高武艺的作用，又能使军事训练的内容更加丰富。《诗经》中关于田猎的描述表明田猎是当时贵族的日常竞技娱乐活动。田猎一般以车猎为主，在田猎过程中，主要通过诸如追逐、徒手出击、借助兵器（棍棒或弓箭）、设置陷阱、投放诱饵、焚烧火攻等方式来捕获猎物，其中涉及体育的内容诸如兵器训练、徒手搏斗、射御技能、奔跑、跳跃、个人体能训练、战阵之法等内容，以此达到军事训练的目的。

夏商西周时期，奴隶主为了防止奴隶反抗，十分重视对士兵手搏技术的训练，把徒手搏斗作为一种专门的技艺实行推广。在徒手搏斗的同时，与其相关的"拳"技也开始显现。《诗经·小雅·巧言》载："无拳无勇，职为乱阶"。① 《毛诗故训传》载："拳，力也。"② 这说明古人认可"勇力"的作用，视"力"为武艺之基础。除徒手搏斗外，人们在狩猎和军事训练活动中也提高了奔跑和跳跃等能力。在考古发现的商和西周时期的甲骨文、金文等文献中，已有关于长跑运动的记载，如西周初期的青铜器《令鼎》上的铭文：周王驭车，令和奋两位武士为周王车之

---

① 朱熹. 诗经集传［M］. 上海：上海古籍出版社，1987：96~97.
② 《毛诗故训传》是研究《诗经》的重要文献，共30卷。其作者和传授渊源，自汉迄唐，诸说不一。

先导，周王欲试二人奔跑的能力，结果快速奔跑的令和奋先于奔驰的马车抵达宫殿，周王便对这二位武士赐予了丰厚的奖赏（图 2-1）。

《史记·律书》载有夏桀和商纣能"足追四马"的记述，说明在当时的军事训练中特别重视对武士的奔跑速度和耐力的训练。跳跃，在商和西周时称为"逾高绝远"，是军事训练必不可少的内容。《六韬》载有姜太公姜尚与周武王的对话："有逾高绝远、轻足善走者，聚为一卒，名曰寇兵之士。"说明当时跳跃和竞走之类的体育活动已成为训练武士的重要内容。

图 2-1　西周《令鼎》铭文拓本（选自《中国古代体育文物图录》）

（二）敬神与重礼中的体育

敬神与重礼是中华民族文明起源时期的显著特征。在夏商西周时期，许多体育活动的产生和发展都与敬神和重礼的文化心理有着紧密的联系，其中有两项特征比较明显的体育活动：一是射礼，二是乐舞。

射礼的起源与弓箭和射术的发明是两个不同的过程。弓箭产生于远古社会的狩猎活动，其原始形态为用来发射弹丸的弹弓，先民们在弹弓的基础上发明了弓箭。而射礼起源于更为复杂的社会文化背景。弓箭崇拜是汉先民的一种具有悠久历史的民族心态。"羿射九日"的传说，既反映了先人神奇的射技，也表现了民众对善射者的崇拜心理。为了维护奴隶主内部的统治秩序，许多日常生活都被赋予了礼的色彩。当然，射箭作为生产、军事以及体育的重要内容，也被统治阶级赋予了德育教化的色彩。射礼就是在这样的风气之下，融合射艺、音乐、舞蹈、礼仪和仁义、道德于一体而成。据文献《周礼·夏官·大司马》记载，在当时的军事训练中已出现有狩猎祭祀，而《礼记》中有记载射礼伴随饮酒之礼在堂上举行。另外，《礼记》中还有一些关于射礼的记载，可以看出古人有关射与祭祀的古老观念，即射的原本目的在于试探神的意志，并且射的过程是一项非常神圣的仪式。到了西周后期周王提倡的射礼更趋于常规化和仪式化。①

---

① 陈戍国. 中国礼制史·先秦卷 [M]. 长沙：湖南教育出版社，2011：7.

射礼包括射牲、射余获、射侯、大射礼、宾射礼、燕射礼、乡射礼、学射、军中射礼、巫术性射礼和由射礼演变而来的投壶礼等。不同种类的射礼其起源不同。例如，射牲起源于田猎获取祭祀所需鲜牲的仪式；射余获起源于田猎的禽兽分配仪式；射侯起源于巫术诅咒仪式；大射礼起源于射侯选贤进能仪式；宾射礼、燕射礼起源于宴享宾客臣下之娱乐礼仪；乡射礼起源于交际之情；学射礼起源于贵族学校的军事教育；军中射礼起源于军事训练；巫术性射礼起源于巫术诅咒仪式；投壶礼衍生于燕射礼和宾射礼。西周时期作为六艺之一的射是国子必修的军事训练课程，射箭是统治阶层不可缺少的技能。同时，射也是一种礼仪，在射的教学中，除了传授有关射的知识和技能，还着重与礼、乐之教相配合。可见，我国古代的射礼已经从普通的射箭比赛上升到"哲学"和"弓道"的层面，它不仅仅是射箭，更是一种道德体验。射礼要求选手注重体魄和心性的统一与和谐。射箭练习或竞赛已经成为一种人生态度和人生哲学。

夏商时期，宫廷朝会、祭祀庆典、节庆宴饮等多以舞蹈相伴。当时舞蹈的内容主要分为文舞与武舞两大类，之后又出现了乐舞、傩舞、歌舞、巫舞等不同形式。以巫舞为例，根据学者的考古研究发现，巫舞是当时的一种宗教性舞蹈，手势就是在举行祈祷祭祀礼仪时作为人与神、神与鬼、鬼与人相互沟通的媒介，传达信息的外在符号，表达思想感情和意图的图像标记。由此可知，巫舞主要目的是悦神，也是与鬼神沟通的桥梁。在甲骨文卜辞中有："今夕奏舞，有从雨。"[1] 这说明当时已有巫师用巫舞来求雨。因此，巫舞作为一种宗教性舞蹈，既有巫师在请神或其他宗教活动中跳的巫师舞，也有包括自然神舞、图腾舞、社会神舞和祖先神舞在内的神舞。

到了西周，舞蹈得到了进一步的发展，不仅有祭祀庆典的舞蹈，还有宴饮娱乐的舞蹈。学校教育中把"舞"归属在"乐"的教育之中，舞蹈主要分小舞和大舞两种。小舞是少年的必修课，它以所持舞具的不同可分为帗舞、羽舞、皇舞、旄舞、干舞、人舞 6 种。大舞就是历史上著名的"六舞"，它由大司乐教之，共有《云门》《大咸》《大韶》《大夏》《大濩》《大武》6 种舞蹈。周代用这 6 种乐舞作为教育手段和方式，并以课程形式实施，学生在学习时往往还要以诗伴舞，以舞合节。由于舞蹈在学校教育中具有强大的教化作用，其包含了体育和道德两方面的修养和陶冶作用，从而使受教育者的身心健康得到全面的发展。

---

[1] 郭沫若. 殷契粹编［M］. 北京：科学出版社，1965：744.

（三）养生思想的产生与养生体育的出现

随着人类文明程度的不断推进、社会生产力和经济文化水平的不断提高，古代中国人开始主动重视养生。夏、商、西周时期，人们除了进行一些身体力行、与生活实践有关的养生活动外，也开始注重对养生活动的形式进行总结，并逐步归纳出一些有价值的、对后代产生重要影响的养生思想。

据《吕氏春秋·古乐》记载，在原始社会末期的伏羲时代，古人就有"昔阴康氏之始，阴多，滞伏而湛积，水道壅塞，不行其原，民气郁阏而滞著，筋骨瑟缩不达，故作舞以宣导之"的描述。① 这是先祖们在生活实践中，逐渐萌生出的养生思想，它是伏羲时代产生的一种医疗健身舞，也是后来形成的导引术、按摩术等古代体育养生方法的雏形。

殷商时的典籍《尚书·周书·洪范》述："五福：一曰寿，二曰富，三曰康宁，四曰攸好德，五曰考终命。"② 其中"寿"、"康宁"、"考终命"都是关于健康长寿的。文中又提出"六极（祸）"，分别指："一曰凶、短、折，二曰疾，三曰忧，四曰贫，五曰恶，六曰弱。"其中的"凶、短、折（短命夭折）""疾（疾病）""忧（忧伤）""弱（身体衰弱）"是妨碍健康长寿的。说明当时人们对健康长寿已有了充分的认识，而且成为人们的追求目标。

到了西周时期，养生思想进一步发展。据《周礼·天官·疾医》载："四时皆有疠疾：春时有痟首疾，夏时有痒疥疾，秋时有疟寒疾，冬时有嗽上气疾"。表明当时人们对四季不同气候与疾病的关系已有所认识。同时，西周时期还设有食医，专门掌管周王与贵族阶层的饮食，指导"六饮、六膳、百馐、百酱"等多方面的饮食调理工作，提出调理要与四季气候相适应的养生理论；设置了专门主管环境卫生的职官，日常工作如"庶氏掌除毒蛊""翦氏掌除蠹物……以莽草熏之""壶涿氏掌除水虫"使水清洁。

夏商西周时期，"动以养生"的思想逐渐成熟，人们形成了"劳"和"动"两方面内容的养生观念。《荀子·天论》中指出："养备而动时，则天不能病；养略而动罕，则天不能使之全。"③ 所谓"动"，就是运动，这是中国古代可贵的养生思想。

---

① 按"阴康氏"原作"陶唐氏"，从许维遹《吕氏春秋集释》校正。
② 顾颉刚，刘起釪. 尚书校释译论 [M]. 北京：中华书局，2005：1288.
③ 《荀子·天论》是战国末期儒家思想家、教育家荀子的著作，其主旨是揭示自然界的运动变化有其客观规律，和人事没有什么关系，即"天行有常，不为尧存，不为桀亡"。

二、春秋战国时期的体育

(一) 军事征战和训练与体育的发展

春秋战国时期,战争频繁,兵器和作战装备得到进一步发展。作为主要军事技术的射箭,其形制在沿袭前朝的基础上又有了新的变化。一方面,箭镞改用三棱锥体以增强穿透力和杀伤力;另一方面,弓的制作工艺水平也大幅提高。《韩诗外传·卷六》记载:"昔者楚熊渠子夜行,见寝石,以为伏虎,弯弓而射之,没金饮羽,下视,知其为石。"《史记·周本纪》记载:"楚有养由基者,善射者也,去柳叶百步而射之,百发而百中之,左右观者数千人,皆曰善射。"成语"百步穿杨"便典出于此。《左传·成公十六年》记载:"潘尪之党与养由基蹲甲而射之,彻七札焉。"铠甲的甲片称为"札",因其开状似箭札而得名。能"彻七札",可见当时箭矢穿透力之强。

在射箭形式上,骑射得到进一步普及和发展。考古资料表明,骑射技艺早在商代就已经出现,至春秋战国时期,骑射已经较为广泛。[①] 这为骑射技艺的进步创造了条件,但对当时的骑射发展影响最大的还是北方草原的胡人骑射。据《战国策·赵策二》记载,战国中期,作为游牧民族的胡人以在草原上"射猎兽为生业"。他们常常攻入赵国境内,掠夺牲畜、财物和人口。赵国的步卒和战车在与胡人骑兵交战中常处于被动。于是赵武灵王下令推行改革,命国人改穿胡人服装,其式样为上身着短衣,长不过膝,下身穿长裤,束腰用带钩的革带,足蹬短靴,头戴皮弁,干净利落,便于马上行动,这便是历史上著名的赵武灵王"胡服骑射"的典故。赵武灵王运用数年时间培养和训练出一支精锐的骑兵队伍。之后,各国纷纷仿效赵国,建立或扩大骑兵,骑射亦因此得到迅速发展。

为了适应步兵近战的需要,剑开始成为步兵的重要装备之一,因而铸剑技术和击剑技艺在这一时期也达到了较高的水平。与此同时,戟、戈、矛、殳等长兵器,作为先进的格斗兵器已为步兵和南方的水兵所应用。当时,斗剑、佩剑之风盛行,剑术理论也得到相应发展。而剑术的兴起与当时统治阶层的爱好和提倡是分不开的。战国时期的四君子(即楚春申君黄

[①] 温少辉,袁庭栋. 殷墟卜辞研究——科学技术篇 [M]. 成都:四川省社会科学院出版社,1983;267.

歇、魏信陵君魏无忌、赵平原君赵胜、齐孟尝君田文),各有门客数千人,其中就有不少是剑士。赵胜的哥哥赵惠文王家的剑士就多达3 000人。这些剑士是统治阶级寻欢作乐的工具,是以击剑为业的谋生者,也可称得上是一批职业击剑手。在好剑之风的浸染下,社会上形成了不少与剑有关的习俗。当时,佩剑是一个人身份和地位的标志,也是男子显示仪表和风度的饰物,因而,佩剑的习俗,如君侠的"剑养"、"剑之属",均含有标志或饰物之意。

春秋战国时期,出于船战的需要,南方诸国相继建立了水师。水师特别重视对士兵游泳技能的训练。战国兵书《六韬·龙韬·奇兵》记载:"奇技者,所以越深水渡江河也。"这说明当时水兵游泳技能的高超。现存于北京故宫博物院的战国时期的《镶嵌宴乐攻战纹铜壶》纹饰上,就有展示水战时的游泳画面(图2-2)。① 牵钩是当时配合水战的另一种军事技能。文献记载鲁班给楚国设计和制造了一种在战船上进行水战的兵器,称为"钩强",敌船败退时,可用"钩强"钩住敌船,使其不能逃脱;敌船行进时,又可用"钩强"顶住敌方船只,使其不得靠近。牵是拉的意思,钩指钩拒,这一技能用于军队水战的训练中,可以锻炼水军战士作战时勾拉或强拒的能力,故称为"牵钩"。当时,楚国在训练水军时,是用薄竹片劈成细条做成的"篾缆"代替长钩,将士分成两队,各执篾缆的一端进行对拉。后来,楚国的这项水军"教战"项目,逐渐普及到民间,广为流传。

图2-2 战国镶嵌宴乐攻战纹铜壶展开图(1965年四川省成都市百花潭中学出土)

举重也是春秋战国时期重要的军事体育锻炼方式之一。古人把双手举物称为"扛","扛鼎"就是用手把鼎举起来。鼎是一种三足两耳的铜制金属器具,用来烹调牲畜以供祭祀。"扛鼎"有单手举和双手举两种方法。兵书《吴子·料敌》载:"一军之中,必有虎贲之士,力轻扛鼎,足轻戎马。搴旗取将,必有能者。若此之等,选用别之,爱而贵之,是谓军命。"② 说明扛鼎已成为当时军队校阅士兵力量的

---

① 崔乐泉. 中国古代体育文物图录 [M]. 北京: 中华书局, 2000: 131.
② 吴起. 吴子·料敌·武经七书注译 [M]. 北京: 解放军出版社, 1991: 450.

重要内容。战国时,任鄙、乌获、孟说都是著名的大力士。《史记·秦本纪》载:"武王有力好戏,力士任鄙、乌获、孟说皆至大官,王与孟说举鼎,绝膑。八月,武王死。族孟说。"① 这里说秦武王力量很大,与孟说比赛举鼎,由于力不胜任,结果折断了膝盖骨,至八月死去。孟说也因此惨遭灭族之灾。湖北随州战国时期曾侯乙墓出土的全套编钟与整幅钟架结构巧妙,铜人托举编钟与横梁,顶天立地,稳如磐石,体现了墓主人曾侯乙尚武崇力的思想追求。

春秋战国时期的军事训练中还包含了多项体育运动,如奔跑、距跃、曲踊与投掷等。我国古代的奔、走、驱、疾行等,都属于跑,这是在军事和田猎中必须具备的能力。《史记·周本纪》中载有"百夫荷罕旗以先驱",② 是指周时每遇出征,皆由军中士卒扛着旗跑在队伍的最前面开路。春秋时期著名的军事家孙武在协助吴王治军时,常向吴王阖闾建议,要注意训练士兵们的奔跑能力;另一名魏国军事家吴起,也十分重视对士兵进行武装竞走的训练,并采用测验的方法,提高士兵负重快速行军的能力。《左传》中记载,吴国攻打鲁国,鲁国战败,鲁国的大夫微虎,准备对吴军进行一次夜间的突袭。他要精选一批勇敢而又善于跳跃的壮士。挑选的方法是"三踊于幕庭",即在自己庭室的帐前,设置一个逾高的标志,凡能跳过三次的就算选中。结果筛选出了善于跳高的 300 名勇士,其中还有孔子的学生冉求。③

(二)"文武兼备"思想与"六艺"教育

古代中国"文武兼备"思想的形成源自"士"的社会功能的转变。春秋早期,随着奴隶制的瓦解和封建制的兴起,为适应战争的需要,新兴地主阶级对"士"的需求大大增加。统治阶级既需要能征善战的武士,更需要运筹谋划的文士,这就促成了士阶层的文武分途。原先的士中有一部分人专门转为从文,他们将原属上层贵族独占的三代礼乐文化承袭下来,既有文化,又知礼乐,这便是最初的儒士。礼中的射礼、投壶,乐中的文舞、武舞,再加上剑术、御术,都是儒士们需要修习的项目。这部分人知

---

① 司马迁. 史记·秦本纪 [M]. 北京:中华书局,1959:177.
② 司马迁. 史记·周本纪 [M]. 北京:中华书局,1982:129.
③ 《左传》相传是春秋末年鲁国的左丘明为《春秋》做注解的一部史书,与《公羊传》《谷梁传》合称"春秋三传"。它也是中国第一部叙事详细的编年体史书,共三十五卷,是儒家经典之一且为十三经中篇幅最长的一部,在四库全书中列为经部。记述范围从公元前 722 年(鲁隐公元年)至公元前 468 年(鲁哀公二十七年)。

识丰富，观察敏锐，善于思考，可以说是"文武合一"的典型代表，也改变了"古代之士，皆武士也"的社会结构。后来，孔子首创私学，明确提出了"文武兼备"的教育思想。《史记·孔子世家》中就载有"有文事者必有武备，有武事者必有文备"的教育观。孔子从文武兼备的角度出发，继承并发展了西周的传统教育。

春秋末期，社会崇尚六艺，即礼、乐、射、御、书、数6项基本技能，并将其作为教学内容。掌握这6项技能是参与贵族政治并取得一定地位的前提。孔子以"食无求饱，居无求安"的顽强精神，学通了六艺，并运用自如，集毕生精力于教育实践。据《史记·孔子世家》记载："孔子以《诗》《书》《礼》《乐》教，弟子盖三千焉，身通六艺者七十有二人。"[1] 孔子继承了自西周以来逐渐占据主导地位的文武兼备的教育思想，并以此开展教育实践活动，而"射"和"御"是孔子进行体育教育的重要内容，它既受制于"礼"，又以独特的体育教育方式存在于他的教学实践中。

《礼记·射义》记述了孔子带领弟子在"矍相之圃"演习"乡射礼"，颇为生动具体地展示了孔门射艺教学的历史情景。[2] 从中可以看出，孔子射艺之精湛。《论语·述而》曰："子钓而不纲，弋不射宿。"[3] 弋射是在箭矢尾部系有一根细索的射法。"弋不射宿"是说孔子教射，从难从严，不射停下来的鸟，专射飞着的鸟。《论语·八佾》记述了孔子对射的德行和礼仪方面的要求："君子无所争，必也射乎。揖让而升，下而饮，其争也君子。""射不主皮，为力不同科。"[4] 意思是作为道德高尚之人，心境豁达，不为名利相争；如果竞争的话，可以通过射箭比高低。即使是比射也要讲究礼仪，相互尊重，赛后饮酒叙怀。因各人的力气不一，不必强求一致，比射箭时也不一定要穿透靶心，要把靶子当作目标来瞄准。发而不中，要从自己身上找原因。这才是君子应具有的气质和风范。

御，即驾驭车马。春秋战国时期，御与勇力等军事活动有着密不可分

---

[1] 司马迁. 史记·孔子世家 [M]. 北京：中华书局，1982：1911.

[2] 射礼有四种。一是大射，是天子、诸侯祭祀前选择参加祭祀人而举行的射礼；二是宾射，是诸侯朝见天子或诸侯相会时举行的射礼；三是燕射，是平时燕息之日举行的射礼；四是乡射，是地方官为荐贤举士而举行的射礼；射礼前后，常有燕饮，乡射礼也常与乡饮酒礼同时举行。

[3] 《论语·述而》出自《论语》，共包括38章，也是学者们在研究孔子和儒家思想时引述较多的篇章之一。本章提出了孔子的教育思想和学习态度，对仁德等重要道德范畴的进一步阐释以及孔子的其他思想主张。

[4] 《论语·八佾》是儒家典籍《论语》的第三篇，《八佾》篇包括26章。本篇主要内容涉及"礼"的问题，主张维护礼在制度上、礼节上的种种规定。

的联系。《论语·子罕》记载了孔子之语:"吾何执?执御乎?执射乎,吾执御矣。"① 表明孔子对御术十分精通,并通过驾驭之术来教育学生。孔子知兵而善御,其弟子中,有若、冉有、子路、公良儒等都是知兵尚勇之士。

孔子的"六艺"教育中包含了多方面的教育内容,它既重视思想道德,也重视文化知识;既重视传统文化,也重视实用技能;既重视文事,也重视武备;既要符合礼仪规范,也要求内心情感修养。"六艺"教育是当时"文武兼备"思想的最好体现。

(三) 民间体育活动的普遍发展

春秋战国时期,民间体育活动的发展在一定程度上突破了等级礼仪等传统思想观念的束缚。以游戏、竞技、娱乐与健身为目的体育活动在民间得到了广泛发展。

踏歌是春秋战国时期非常盛行的一种民间歌舞,自娱性很强。它是一种"相抱聚蹈""踏地为节"的集体歌舞活动,它的特点是用踏步来加强歌拍,反复歌唱一调或以鼓乐伴奏协调。《资治通鉴》有注:"踏歌者,连手而歌,踏地为节。"② 从很多史料和出土文物可见踏歌的悠长历史。例如,考古工作者在山东章丘绣惠女郎山一号战国墓的发掘中,曾出土了战国时期的彩绘乐舞陶俑(图 2-3)。1955 年云南昆明滇池还出土了战国时期的舞蹈纹青铜器(图 2-4),这些都是对当时歌舞活动的形象展示。

弄丸,也称"跳丸"或"抛丸",是深受社会大众喜爱的抛接类技巧项目。参与者需要将两个以上的小球连续抛向空中,边抛边接,使物不坠地。为了增加抛接的观赏性,有的参与者在抛掷的小球上凿有小孔,因受

图 2-3 战国彩绘乐舞陶俑(山东章丘绣惠女郎山一号战国墓出土)

---

① 《论语·子罕》篇共包括 31 章。涉及孔子的道德教育思想,孔子弟子对其师的议论。此外,本篇还记述了孔子的某些活动。
② 司马光. 资治通鉴(二六零卷)[M]. 北京:中华书局,1956:6533.

图 2-4　战国时期舞蹈纹青铜器（1955 年云南昆明滇池出土）

气流影响，小球在空中会发出悦耳的哨声。抛接可采用单手，也可以是双手，但必须练就熟练的手感和时空感。春秋时期，与跳丸类似的抛接杂耍还有"弄剑"。弄剑与跳丸的相似之处是，速度要均匀，动作要敏捷，判断要准确，眼、心、手高度一致。《列子·说符》载："宋有兰子者……弄七剑迭而跃之，五剑常在空中。元君大惊，立赐金帛。"① 兰子一次能耍 7 把剑，并踩着跷，充分说明杂耍技巧在春秋时期已达到了极高的难度（图 2-5）。

春秋战国时期，斗鸡在民间也较为风行。据《左传·昭公二十五年》载："季、郈之鸡斗。季氏介其鸡，郈氏为之金距。平子怒，益宫于郈氏，且让之。"② 这里所说的是"介"和"金距"，据有关学者研究，"介"应解释为盔甲，即鸡的头部或胸部戴的护具，而"金距"指的是鸡腿上所缚的一种进攻性的金属利器。"介鸡"即

图 2-5　兰子弄剑图（选自任熊绘《剑侠图》木刻年画）

"芥鸡"，是在鸡翅膀上撒了芥末，以使两鸡相斗时，能以辛辣的芥粉眯乱对方的眼睛。另外，斗鸡时"以狸膏涂其头"，在鸡头上涂抹狸膏，让对方闻到狸的味道而产生恐惧感。可见当时的斗鸡活动已使用了专门的技术。

棋戏是中国文化的重要组成部分，自古以来就深受社会各阶层青睐。

---

① 诸子集成·列子·说符 [M]. 北京：中华书局，1979：241.
② 杨伯峻. 春秋左传注·昭公二十五年 [M]. 北京：中华书局，1990：433.

六博和围棋是最具代表性的棋类游戏,在春秋战国时期非常盛行。《史记·魏公子列传》曾记载:战国时,魏国的宫廷里盛行六博。一次,魏安釐王与其弟子玩六博,忽然快马来报,说赵国举兵欲侵入北方边境,魏王大惊,把棋局一推,马上就要召集文武大臣商议御敌之计。其弟却不慌不忙地说:"赵王不过是狩猎,不会进攻魏国,请大王放心下棋好了。"在战国时期,围棋活动也日益盛行。弈秋,是古代文献中记载的我国第一位围棋国手。弈秋教人学围棋说明当时已有了围棋教育,围棋技艺已变得较为复杂,需要专心学习才能与人对弈。弈秋能成为围棋国手,说明当时已经有了规模可观的围棋比赛。

春秋战国时期的投壶活动是宫廷王公大臣的娱乐活动之一。其实不只是在宫廷中开展,投壶活动在民间也普遍流行,而且男女都可以参加。投壶由"射礼"演变而来,是一种投壶者站在离壶有一定的距离(约5~9步)处,把箭投向壶中来计算筹(得分)的多少以决胜负的一种君子之争的娱乐活动。投壶规则要求:必须将矢的尖头投入壶内方算投中;宾主双方交替投矢,一方不得连续投;比赛分成两队,宾客为一队,在右边投,主人为一队,在左边投;每人四支矢,每投中一矢可得一"筹",四矢全部投完称为一局,得"筹"多者可得一"马";如果一局当中双方均未能投中,称为"败壶",必须重来;如此一共进行三局,得"马"多者为胜,输者须饮酒。

此外,盛行于春秋战国时期的休闲娱乐体育活动还包括风筝、拔河、垂钓、登山、秋千、竞渡、角抵以及品类多样的球戏(图2-6)。

图2-6 战国角抵图透雕铜牌饰摹绘图
(1955年陕西省西安市长安区客省庄出土)

(四) 养生思想与养生体育趋向成熟发展

春秋战国时期，在诸子百家如庄子、老子、吕不韦等的影响下，中国传统养生思想和文化得到了较快发展。特别是《黄帝内经》的问世，标志着华夏民族独特的养生方法开始走向理论化。①《黄帝内经》主张"重人贵生""天人合一""天人相应""我命在我""养生有道""年寿可变""防于未然"等一系列养生思想，同时也为养生体育逐步趋于成熟奠定了比较完整的理论基础。

1975年，考古学家在长沙马王堆挖掘出土了春秋战国时期的行气铭玉杖首。在这件呈十二面体柱状的玉器表面，刻有一段关于"行气"的铭文，共45字，"定则固，固则萌，萌则长，长则退，退则天，天几舂在上，地几舂在下。顺则生，逆则死。"② 按郭沫若先生的考释，大意为，吸气深入则多其量，使它往下伸，则定而固；然而呼出，像草木之萌生，往上长，与深入时的经路相反，退到绝顶。这样，天机便上动，地机便朝下动，顺此生则生，逆此生之则死。这件玉杖首主要阐述了行气的要领、过程与作用，和后世导引功法的"气沉丹田"的理论与方法基本相似（图2-7）。

这段铭文所述的"行气"法则与《庄子·刻意》中的"吹呴呼吸，吐故纳新"、《吕氏春秋·序意》所述的："天曰顺，顺维生；地曰固，固维宁"基本一致。③ 可见我国早在春秋战国时期，人们对人体"气"的作用已有了基本认识，认为"气"是人类生命的重要环节。因此，古人创造了导引、行气等深呼吸的方法来增进人们肺脏的通气量，亦增进人类的身体健康。

图2-7 战国行气铭玉杖首
（天津市历史博物馆藏）

---

① 《黄帝内经》分《灵枢》《素问》两部分，是中国最早的医学典籍，传统医学四大经典著作之一（其余三者为《难经》《伤寒杂病论》《神农本草经》）。

② 郭沫若.《行气铭》释文//郭沫若文集（十六卷）[M]. 北京：人民文学出版社，1957：406.

③ 《刻意》以篇首两字作为篇名，意思是磨砺自己的心志。本篇内容是讨论修养，不同的人有不同的修养要求，只有"虚无恬淡"才合于"天德"，因而也是修养的最高境域。

三、秦汉三国时期的体育

(一) 军事武艺的进步与体育的发展

秦始皇统一天下后,为了牢固政权,在全国范围内收缴兵器,并在民间实施禁武方针,从而在很大程度上抑制了当时军事体育的发展。然而,到了汉代,尚武精神被统治阶级大力提倡。特别是在西部边陲地区,匈奴等西部游牧民族不断侵犯边界,使得汉军与之长期斗争。频繁的战事使得军事武艺在汉代得到了快速发展。汉军中不仅出现了一批尚武嗜勇的将领和士兵,他们为了击败善于骑射的匈奴,还在军事武艺上采取了重大的改革。骑兵迅速发展壮大成为主要兵种,练习骑术和射术成为军事体育活动的主要内容。这一时期,盛行的射箭活动和多样化的射箭技术,促使了射箭技术理论的发展和成熟,出现了一大批有关射箭技术的论著。仅《汉书·艺文志·兵书略》中收录的射箭著作,就有《逢门射法》2篇、《阴通成射法》11篇、《李将军射法》3篇、《魏氏射法》6篇、《强弩将军王围射法》5卷、《望远连弩射法具》15篇、《护军射师王贺射书》5篇、《子弋法》4篇等。这些关于射术的专门书籍,反映了当时射箭技术已相当成熟,且形成了不同特点的射法。除射术、骑术之外,一些锻炼体质、耐力与灵活性的民间体育项目也被广为提倡,体育娱乐与军事训练互为表里,相辅相成,成为这一时期军事体育活动的一大特色。

扫一扫2-2:
《礼记·射义》
节录

除此之外,佩剑之风大行于汉,上自天子下至百官无不佩剑,并有一套严格的佩剑制度,就连百姓都认为佩剑是君子必需的装备,是其身份的象征。西汉时期,社会上出现了一批精通剑术、寄食于人的"剑客"。当时不仅有文人撰写了《剑道三十八篇》的剑术理论专著,而且还出现了剑术的简单套路,如"剑舞"表演。著名的典故《鸿门宴》中"项庄舞剑意在沛公"就是最好的佐证。

除了剑和刀,戟和矛也是汉代和三国时期军中的重要兵器。当时戟和矛的使用非常普遍,《后汉书·百官志》中就有"持戟百万"、"长戟百万"的记载。在当时基层组织中均配有戟、矛,说明此类兵器在当时普及面很广。除了在军队中,关西诸郡妇女也都会用戟、矛。除上述兵器外,当时还出现有双戟、手戟、长刀、双头矛、斧、盾、狼牙棒、锤、匕首等兵器,这对丰富兵械武艺起到了促进作用。

秦汉三国时期兵械武艺的发展,对使用兵器的技能提出了更高的要求。其中，长、短剑并用，进一步提高了使用剑的技能；随着骑兵发展所出现的环柄刀，劈砍时更具有杀伤力；戟和矛等长兵器的直刺技能有了新的提高。在军队训练中，长短兵器的结合使用还形成了一系列专门的训练方法，大大提高了当时军队士兵的身体素质和武艺技能。

秦汉以来，角抵一直是非常重要的军事训练内容。秦始皇在收天下之兵和罢"讲武之礼"后，对可用于娱乐与表演的角抵活动仍十分提倡。据《史记·李斯传》记载，秦二世在甘泉宫宴饮群臣时曾作"觳抵优俳之观"。[①] 当时的角抵已成为军事习武与娱乐相结合的活动，人们经常以角抵取乐。汉武帝十分喜好观赏角抵戏，他先后在元封三年、六年两次举行大规模的角抵戏表演。山东临沂金雀山汉墓曾出土有一幅角抵图帛画，画面中有一对健壮的武士，双肩宽阔，肌肉发达。一人头戴小冠和面具，一人戴箭形头饰，双臂佩戴红绸，两人挽袖对视，准备决一胜负。旁立一人，拱手而立，似为裁判员或教练员。这幅用以殉葬的帛画，包括天上、人间、地下共三部分。而角抵戏的场面竟占了整个画面的1/5，反映了逝者对角抵之喜好，以致埋葬时后人还为其安排了角抵表演，供他人"观赏"。另一方面，角抵戏也为人们所乐见。

手搏，以攻防格斗技术为运动特征，以提高掌握各种兵械技术水平为目的，是汉代选拔羽林军等的重要考核项目，表明这一时期的拳技已发展成军事武艺中的一项专门技能。汉画像石中，这类拳技形象屡见不鲜。山东莒南延边区东兰墩、嘉祥五老洼村及浙江海宁中学等地出土的汉画像石中均刻有拳技图案。其中，莒南东兰墩的拳技画像石，是一石阙阀身，画面分4层。第一层又分4组，其中第4组即为拳技，两人中左一人屈腿、弓腰，右一人站立、屈臂，均作握拳相击状。此外，湖南长沙杨家山304号西汉墓出土的贴花漆盒、广西贵县罗泊湾西汉墓出土的漆绘铜盆等亦绘有拳技图案，反映出当时拳技是极重要的一项体育活动。

（二）民间体育活动的盛行

在先秦时期已十分盛行的蹴鞠活动，在秦王统一六国后曾一度被冷落。但进入汉代，随着社会经济、文化的发展，蹴鞠活动重新兴盛起来。从汉初一直到三国，这项活动长盛不衰，发展成为一项专业化的体育运动。当时的蹴鞠活动除了在上层统治者中间流行，还是民间的一种时尚运

---

① 司马迁. 史记·李斯列传（第7、8卷）[M]. 北京：中华书局，1959：2552.

动。在许多汉代画像石和画像砖上都出现了描绘汉代民间开展蹴鞠活动的画面,这些画像反映了蹴鞠已成为当时汉人的重要娱乐方式之一。

秦汉时期,棋类游戏空前繁荣,并形成了一种内容丰富的休闲文化。当时最为流行的棋类游戏包括六博、樗蒲、波罗塞戏、双陆、围棋和象棋等。以六博为例,在秦汉时期,达官显贵均好六博之戏。汉文帝、景帝、武帝、昭帝、宣帝在朝廷曾专门设立棋博士。当时,六博不仅成为"赌业",而且还被赋予了一定的宗教色彩,出现了"神仙棋话""仙人六博"等故事,并广为流传。人们把玩六博和神仙过的日子相比拟,反映出六博对当时的社会生活所产生的影响。在四川、山东考古出土的汉代画像砖和画像石中均有不少六博的图像,湖南长沙马王堆西汉墓中出土有六博的博具(图2-8),陕西汉阳陵博物馆藏有一套六博俑,广西林县出土的有博戏俑等。

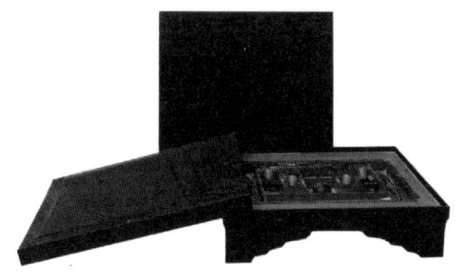

图 2-8　西汉黑漆朱绘六博具(湖南长沙马王堆3号汉墓出土)

马伎也是当时盛行的一项民间体育活动。从汉代的石刻中,可以看到马伎的形态。如在河南登封少室石阙画像上,绘有两匹疾驰的马,其中一匹马的背上有一个表演者在做倒立动作。在山东沂南汉墓出土的画像石上,有两幅形象的汉代马伎图。一幅刻画的是一位伎师在疾驰的马上进行双手倒立的场景;另一幅刻画的是一位伎师站立在奔驰的马背上,一手舞剑,一手舞动彩绳的精彩表演。山东滕县万庄出土的画像也有类似的马伎表演图,一人在马背上做前翻动作,身体呈反弓形,两手撑马背,两脚将落还至马背。马的前后都有人站立,说明马处于静止状态。除了单人马伎表演之外,还有集体马伎表演。同时,汉代的马伎往往和戏车综合进行,马队配合着竖有高橦的马车,在马队的疾驰之中,表演者做各种惊险动作。

秦汉时期,乐舞继续盛行于民间。当时的民间乐舞可分为三种:以手和袖为容的舞蹈、手执武器的舞蹈、手执乐器的舞蹈。其中,手执武器的舞蹈如秦汉时代的"剑舞"极为盛行。刀剑既是当时的战斗武器,又是表演的舞器。剑是古代文人、武士随身佩带用以防身、御敌的武器,持剑起舞可以起到开拓心志、陶冶性情的作用。另外,手执武器的舞蹈还包括手执棍的棍舞、手执干(盾)的盾牌舞、手执斧的斧蹈、手执刀的舞蹈等,这些持兵器的舞蹈为日后中华武术器械套路的形成产生了重要的影响。

"百戏"最初称"角抵戏",是由先秦时的"讲武之礼"发展而来。据文献《通考》记载,秦并天下,罢"讲武之礼"的角抵。而到了西汉初期,角抵却深受欢迎,并吸收了西域诸国和南方地区乐舞杂技内容,"角抵戏"成为文化艺术、运动竞技无所不包的综合竞技表演形式,东汉后称之为"百戏"。百戏之"百"者,多也,可见其内容丰富。东汉张衡在《西京赋》中汪洋恣肆的文笔,为后人留下了京都演出"百戏"的壮观景象。秦汉时期在民间开展较为普遍的百戏包括倒立、柔术、寻橦、冲狭与燕濯、弄丸与跳剑、履索与投壶等。以倒立为例,江苏徐州出土有汉代倒立滚球的画像石,其难度很高,观赏性也很强;山东嘉祥武氏祠出土有一块画像石,刻有一幅"盘舞倒立"的图像,一人倒立,双手支撑在盘中,而在倒立者的左腿上又有一位艺人表演单手水平支撑动作。[1] 河南洛阳涧西七里河东汉墓出土有一件百戏陶奁,在奁的口沿上雕塑有3人进行组合倒立的造型,是独立的倒立中最复杂的一种表现形式。这件陶奁的提手用倒立伎人的造型图像做成,2人据奁边起顶,各用一足掌对接成拱形,另1人用双手握住下面2人悬于空中的膝盖处,向上倒立,精彩异常。[2]

先秦时期已出现的龙舟竞渡活动,发展至秦汉三国时期,有了较为固定的形式。当时,中原地区就出现了以龙舟为娱乐的水上舟楫活动。船上的娱乐除了演奏外,还有唱歌。当时龙舟活动形式,既有祭祀,也有竞渡和娱乐。

踏青这种节令性的民俗活动,源于远古农耕祭祀的迎春习俗。在西周,万物萌动之时,迎春郊游于野外就成为礼制。汉代基本上承袭了这一习俗,除皇帝率百官举行"迎春仪"外,各郡县也有迎春之礼。在春和景明的季节里,帝王贵族们常借迎春之仪游览春色。《汉书·武帝纪》载:"三月,行幸河东,祠后土。令天下大酺五日……"[3] 后汉明帝、章帝、和

---

[1] 朱锡禄. 武氏祠汉画像石 [M]. 济南:山东美术出版社,1986:25.
[2] 洛阳市博物馆. 洛阳涧西七里河东汉墓发掘简报 [J]. 考古,1975(2):49~56、67、76~78.
[3] 班固. 汉书(第6卷)[M]. 北京:中华书局,1962:198.

帝、安帝、灵帝、献帝都常于春季出游；郡县官吏也常以劝农为"春行"。汉代还有春日采风习俗，西汉时期，这种劝民农桑的迎春之仪，已远不止"礼拜"而已，而是在演礼的基础上，增加了许多赏心悦目的余兴节目。关于民间春秋郊祭，《盐铁论·散不足》中说："今富者祈名岳，望山川，椎牛击鼓，戏倡舞像。中者南居当路，水上云台，屠羊杀狗，鼓瑟吹笙。贫者鸡豕五芳，卫保散腊，倾盖社场。"[1] 足以说明当时的踏青风俗十分盛行。

汉代舞龙的前身源于汉代以前的"鱼龙曼延"之戏。据《汉书·西域传赞》载："孝武之世，……设酒池肉林以飨四夷之客，作巴俞都卢、海中砀极、漫衍鱼龙、角抵之戏以观视之。"唐颜师古对此注解云："曼延者，即张衡《西京赋》所云'巨兽百寻，是为曼延'者也。鱼龙者，为舍利之兽，先戏于庭极，毕乃入殿前激水，化成比目鱼，跳跃漱水，作雾障日，毕，乃化成黄龙八丈，出水敖戏于庭，炫耀日光。"这里的"黄龙八丈"之龙，很可能是类似龙灯而经人耍弄的模型。在山东沂南北寨村东汉晚期画像石墓中，室东壁上的乐舞百戏石刻，即有汉代鱼龙之戏的形象资料。画像中所展现的场面与颜师古注中所云有所不同，可能属于另外一种舞龙形式。舞龙中龙的形态有文龙和武龙之分。文龙主要是表现龙的气质和神态，动作稳健端重。武龙重于技巧，着重表现龙的雄伟气魄，动作矫健灵活。据汉董仲舒《春秋繁露·求雨》记载，汉代求雨因节令不同而祭礼有所不同，但都离不了舞龙。

（三）传统养生体育的进一步发展

秦汉三国时期，诸子百家思想对中国传统养生体育继续产生重要影响，特别是儒家。由孔子创立的儒家学派以"修身、齐家、治国、平天下"为己任，很重视养生。儒门弟子在日常生活中，把"礼"作为一切行为的准则。他们认为思想、行为以至饮食、起居符合礼仪则治，不符合礼仪则乱。清代学者颜元说："孔门司行礼、乐、射、御之学，健人筋骨，和人气血，调人性情。"这句话指出了儒家体育养生的效果。同时，儒家还主张劳逸有度，认为过劳和过逸都会致病。

导引在两汉时期有了较大的发展。与先秦的导引术势相比，汉代导引术势大量增加，重视动作幅度，而且导引与行气相互渗透与交融，这标志

---

[1] 恒宽. 盐铁论·刺权篇 [M]. 北京：中华书局，1992：171.

着以疗治疾病为目的的单势导引术已趋向成熟。在此基础上，汉代形成了独具特色的中国古代导引体操套路体系。1973年湖南长沙马王堆3号墓出土的一幅帛画《导引图》中绘有44个运动姿势各异的人物图形（图2-9）。1984年，考古工作者在湖北省江陵张家山对三座西汉古墓进行挖掘时，发现了用隶书写成的竹简《引书》。它的第一部分论述了四季行气与生活调理，第二部分论述了导引姿势，第三部分总结了导引行气和健身治病的关系。《引书》还总结了导引对身体24个部位的益处，并将身体部位分为筋脉、五官、咽喉、肩颈腋下、躯干、下肢6个区位。

图2-9　西汉《导引图》复原图（湖南省长沙市马王堆3号西汉墓出土）

秦汉三国时期，我国出现了许多传统养生运动方面的专家，如华佗和嵇康，他们为中国传统养生运动的发展做出了卓越的贡献。华佗的养生术（即五禽戏）提出："人体欲得劳动，但不当使极耳，动摇则谷气得消，血脉流通，病不得生。譬犹户枢，终不朽也。"这意味着秦汉时的养生导引术，已发展到用阴阳五行思想与精、气、神原理阐释呼吸健身理论。嵇康主张内外兼养、全面养生的原则，提出了节饮食、戒色欲、避风寒、饮醴泉、服灵芝、沐朝阳、赏音乐等措施。他还把导引锻炼之"呼吸吐纳"看成是与"服食养生"同样重要的防病健身之法。

（四）中外体育文化交流

在两汉时期，我国体育发展进入了中外体育文化交流与融合的历史阶段。汉武帝于公元前138年和公元前119年先后两次派使臣张骞率大型使团出使西域，促成了东西方文化交流，开启了中外文化交流的新纪元。尤其是丝绸之路开通后，西域诸国的优秀文化，如音乐、舞蹈、幻术、杂技、体育等，相继传入中国。当时中外交流和融合程度较高的体育活动包括各种舞蹈、象戏、双陆和马球等，中亚、西亚、南亚的舞蹈也经丝绸之路传入敦煌和长安等地区。狮子舞从波斯经丝绸之路传入中国后，融入了中国文化元素，最终形成了别具风格的南北两派狮子舞。

中国与日本早在汉代就有所往来，体育交流也比较频繁，如蹴鞠、马球、围棋、投壶、相扑、橦技、弓射、斗鸡、双陆、弹棋、藏钩、竹马等体育活动都曾经由中国传至日本。此外，中国与朝鲜的来往在秦汉时也已经十分频繁。据文献《旧唐书·高丽传》记载，中国的围棋、投壶、蹴鞠、狮舞、舞蹈等相继传入高丽。

第二节　古代印度体育

"古代印度"并非指一个统一的国家，而是一个地理范畴的概念，它包括现在的印度、巴基斯坦、孟加拉、斯里兰卡、尼泊尔和不丹等在内的整个南亚次大陆。作为近邻，古代中国人很早就开始了解印度。西汉时中国人称古印度为"身毒"，东汉时则称为"天竺"，直到唐朝时才改称为"印度"。古印度文明发源于公元前3千纪，共历经了哈拉帕文化时代、吠陀时代、列国和帝国时代三大漫长的发展阶段。古代印度体育在这个过程中逐渐形成了自己的基本特征。虽然在阶级社会中产生的严格的种姓制度及与之密切相关的宗教思想对印度体育的最终形成和发展产生了一些消极的影响，但古代印度依然为人类世界创造了丰富多彩且独具特色的体育文化。

一、哈拉帕文化时代的体育

有关古代印度哈拉帕文明的文字记载十分有限，对它的研究主要是根据对出土文物所做的推断。19世纪早期，探险家和考古学家在今天巴基斯坦的旁遮普地区发现了一座达罗毗荼人建立的巨大古城的遗址，取其名为"哈拉帕"。后来，学者们把这一古代遗址所在的文明时期称为"哈拉帕文化时代"。20世纪早期，考古学家在印度河西岸（今巴基斯坦的信德地区）发现了另一座哈拉帕文化时代的古城遗址——摩亨佐·达罗。这两座古城均设计复杂，保存的文物形式多样。考古学家至今已经出土了2 500多枚印章，它们的材质包括天青石、陶土、象牙和青铜等

(图 2-10)。① 随着对这两座古城以及后来陆续出土的其他文化遗址的深入挖掘和考察，古代印度的哈拉帕文明才渐渐呈现在世人眼前。在时间跨度上，学者们一般认为哈拉帕文明始于公元前 3 千纪中叶，衰于公元前 2 千纪中叶。

图 2-10　古代印度哈拉帕文化时代的印章（摩亨佐-达罗遗址出土）

早在哈拉帕文化时代，古印度的冶金技术就达到了相当高的水平，人们广泛地使用铜或青铜制造斧、锯、凿、锄、鱼钩、剑、矛头和匕首等工具和兵器。② 在这个时期，古印度人普遍使用的军事武器还包括弓、箭、钉头锤和投石器等。③ 出土的岩画和图章中可发现古印度人狩猎的场面，如在比姆贝特卡出土的一幅哈拉帕文化时代的狩猎岩画，其画线简洁稚拙，描绘了 5 个身材魁梧的猎人围着一头熊手舞足蹈的场景，其中站在最右侧的猎人手执弓箭。④ 另外，其他一些岩画也有关于骑马和骑象等场景的描绘，但目前还没有足够资料证明，这些体育活动是否已经或在某种程度上成为当时军事或娱乐活动的内容。

体育活动是哈拉帕文化时代古印度人闲暇消遣的重要内容。古印度人能歌善舞，在摩亨佐·达罗出土的一尊青铜制舞女像展现了当时的舞蹈体

---

① 佚名. 印章引发的思考——哈拉帕文化衰落之谜 [J]. 文化博览，2007（8）：2~4.
② 牛建军，吴冰洁. 古印度的秘密 [M]. 郑州：中州古籍出版社，2014：100.
③ 许海山. 古印度简史 [M]. 北京：中国言实出版社，2006：40.
④ 杨俊明，张齐政. 古印度文化知识图本 [M]. 广州：广东人民出版社，2007：136.

态。舞者头部微微昂起，右臂弯曲，手背贴在身后；左臂下垂，搭在微抬的左腿之上，整体造型优美自然。颈上的项链，双臂上的手镯和臂钏也格外引人注目（图2-11）。①

闻名于世的印度瑜伽历史悠久，哈拉帕文化时代的古印度人已经开始从事瑜伽活动。在两大古城遗址出土的一些石雕和印章就刻有人们进行瑜伽冥想和不同瑜伽坐法的图案。在摩亨佐·达罗的发掘物中也有数量众多的孩童游戏器具，有小马车、红脚鸟、爬竿的动物、手臂能活动的木偶、男女陶质烧像、弹子、小球、玩具泥车等。② 哈拉帕文化时代的出土文物中还有大量的骰子和棋盘。骰子有立方体、圆柱体和三棱体多种形态，由象牙或石头制成。棋盘刻在砖上或是由黏土烧制而成，没有标准的形式，大多数棋盘呈正方形，其上刻有许多横竖线条，有时也有对角线。③

图2-11 古代印度哈拉帕文化时代的青铜制舞女像（摩亨佐·达罗遗址出土）

二、吠陀时代的体育

公元前3千纪，哈拉帕文明达到顶峰后很快就进入了衰退期。公元前2千纪中叶，来自中亚或高加索地区过着游牧生活的雅利安人开始进入印度河流域，并统治了印度次大陆，占印度进入"吠陀时代"。在这一时期，雅利安人创造了古印度的新文明，使古印度逐渐完成从原始社会向阶级社会的过渡。直到公元前6世纪，吠陀时代结束。与哈拉帕文化时代不同，吠陀时代拥有丰富的历史记载。《吠陀本集》有如《荷马史诗》之于古希腊史研究的巨大贡献，较完整地反映了雅利安人征服大自然和异族以及关于他们的社会生活和思想形态的真实历史。《吠陀本集》包括《梨俱吠陀》《沙摩吠陀》《耶柔吠陀》《阿闼婆吠陀》四部作品，其中又以《梨俱吠陀》最具代表性。《梨俱吠陀》收录了不同时期不同作者的颂歌和神曲10卷，共1 028首，为后人提供了很多了解吠陀时代古印度体育的

---

① 赵伯乐.永恒涅槃——古印度文明探秘[M].昆明：云南人民出版社，1999：39.
② 许海山.古印度简史[M].北京：中国言实出版社，2006：40.
③ 杨俊明，张齐政.古印度文化知识图本[M].广州：广东人民出版社，2007：156.

文字。

在吠陀时代，战争和祭祀在古印度人的社会生活中占据十分重要的位置。这些战争既包括雅利安人族内的争斗，也包括雅利安人与外族之间的大规模战斗。因此，与战争相关的体育活动极受重视。拳击无论在人与人斗或是人与兽斗中都是重要的攻击手段。因此，拳击是雅利安人在整个吠陀时代都十分重视的体育项目。① 从《梨俱吠陀》可知，跑步、射术、游泳和摔跤等也是吠陀时代雅利安人普遍应用于军事训练的体育活动，而在当时被广泛使用的军事武器包括弓箭、匕首、斧头和棍杖等。狩猎在吠陀时代不仅是觅食求生的手段，也是军事训练的重要内容。雅利安人的狩猎方式多种多样，包括撒网、设陷阱和发射弓箭等，猎杀对象则包括狮子、野猪、水牛和羚羊等。②《梨俱吠陀》第10卷第40首中有关于雅利安人把被追逐的猎物当作敌人捕杀，以达到实战演习目的的记载，也有叙述猎人追逐野象的场景。值得注意的是，无论是雅利安人还是异族人，女性在吠陀时代均可自由地享受参与体育运动的权利，包括参与以军事训练为目的的体育活动，这种情况在古代东方世界中并不多见。

吠陀时代的印度人休闲生活丰富多彩，其中包括很多与体育运动相关的娱乐活动。作为游牧民族的后代，掌握一定的骑术是雅利安男人的标志，因此赛马成为雅利安人广泛开展的竞技性娱乐活动。在吠陀时代，赛马常常在村寨和部落内举行，有时也会成为部落之间联络感情或比试高低的大型聚会，获胜者获得物质奖励的同时，也提高了自身的社会地位。③

扫一扫2-3：骰子的侵蚀

据《梨俱吠陀》记载，当时的木工除了制造农具，还负责制造马车；这些马车除了装载货物，还被用于战争。这些马车一般由两匹马牵引，车上可载两人，制作轻巧。后来，驾驭战车成为王室贵族的娱乐活动，有时还是宗教祭祀仪式的一部分内容。雅利安人是一个好赌的民族，他们有着各式各样的赌博形式，骰子赌博是其中最为风行的一种。《梨俱吠陀》中就描述了一名赌徒先输光了身上的钱财，又接连输掉了牛、房子和妻子，一边痛哭流涕，一边仍紧握骰子，不肯罢手的画面。《吠陀本集》对舞蹈的记载甚多。到了重要的节庆喜日，男女老少就会欢聚一堂载歌载舞，甚至通宵达旦。笛子和击板是当时为舞蹈伴奏的主要乐器。此外，战舞在吠陀时代的印度军队中十分流行。现世流传于印度的一些土著战舞便可溯源至

---

① 林太.《梨俱吠陀》精读［M］.上海：复旦大学出版社，2008：230，237.
② 赵伯乐.永恒涅槃——古印度文明探秘［M］.昆明：云南人民出版社，1999：71.
③ 杨俊明，张齐政.古印度文化知识图本［M］.广州：广东人民出版社，2007：156.

此，如瓦尔特曼和维尔浦密地区的拉依维歇舞和迦底舞等，可能就是吠陀时代的战舞经几千年演变而来的。[①]《吠陀本集》中还述及多项盛行于吠陀时代的民间体育活动，如杂技，包括攀竹竿、踏木桩和走绳索等；虐畜游戏，包括斗鸡、斗羊和斗鹌鹑等。这些体育活动的参与者中不乏女性。

三、列国和帝国时代的体育

自公元前6世纪起，印度北部特别是恒河中下游地区出现了许多城邦国家，城邦之间不断征战。公元前4世纪下半叶，强大的摩揭陀国征服了大部分城邦，于公元前321年建立起孔雀王朝。随着孔雀王朝的日渐繁盛，列国时代终结，古代印度进入孔雀帝国时代。国力强盛的孔雀帝国建立了中央集权制，把古代印度文明推向了新的高度。孔雀帝国于公元前187年衰亡，在公元4世纪初旃陀罗芨多建立封建制国家前，印度处于漫长的分裂期。

在列国和帝国时代，宗教对古代印度人的社会生活产生了巨大的影响，同时也深远地改变了古代印度体育的发展轨迹。早在哈拉帕文化时代，达罗毗荼人仅崇拜自然神，如山神、雨神、动物神等。而雅利安人既信奉自然神也信奉祖先神灵，他们把这种宗教信仰带进印度并向当地的达罗毗荼人广泛传播。到了吠陀时代后期，婆罗门教最终形成。雅利安人为了达到征服和奴役达罗毗荼人的目的，利用婆罗门教提供的神学依据建立了一套森严的种姓制度。婆罗门教宣扬每个人的地位在出生时就已确立，种姓决定了一个人的职业定位、社会地位和受教育机会。印度的种姓被分为4个等级：祭司贵族以"婆罗门"为姓；军事贵族以"刹帝利"为姓；农业和工商业者以"吠舍"为姓；被奴役者以"首陀罗"为姓；而土著的达罗毗荼人被当作贱民，排除在4大种姓之外。[②] 各个种姓世代相传，种姓之间互不通婚。

种姓制度对列国和帝国时代印度体育的发展产生了十分深远的影响。这主要表现在三个方面：

第一，古印度人参与体育活动的类别与其所属的种姓有着密切的联系。例如，负责宗教事务的婆罗门通常是练习和传授一些有卫生保健作用的宁心静志术；刹帝利则主司战事，因而平时必须学习射箭、骑术、剑

---

① 颜绍沪，周西宽. 体育运动史 [M]. 北京：人民体育出版社，1990：47.
② 牛建军，吴冰洁. 古印度的秘密 [M]. 郑州：中州古籍出版社，2014：102.

术、攻防等作战技术；吠舍命里注定是干粗活，身体可在劳动中间接得到锻炼；首陀罗充任仆役，社会并不重视他们的身体训练问题。①

第二，许多体育项目对其参与者有着严格的种姓限制。例如，骑马、瑜伽及其他一些军事体育等，都只有雅利安人才能参与。刹帝利也不屑于参加吠舍种姓中流行的"低级游戏"，如舞蹈和杂技等。不同种姓之间也不会同时参与同一项体育活动。《摩诃婆罗多》中就描述了英雄卡尔纳向王子挑战但遭拒绝的情节；车夫的儿子想与贵族的儿子比赛武艺，但是贵族儿子离开赛场，拒绝和他比赛。②

第三，种姓制度和婆罗门教教义均宣扬来世转生的思想观念，来世的种姓等级由今世的造业好坏程度决定。在这种观念的影响下，清心寡欲的思想追求充斥着古代印度社会内部。古印度人把希望投放在虚无的来世，却对现世过度地强调精神思想的修炼，而忽略了身体能力的提升。在当时，过分的克制欲念催生了一些自我摧残的极端修炼行为和身体活动形式。但从积极方面来看，一些以修养身心为目的的体育活动得以繁荣发展，如瑜伽及卫生保健术。瑜伽在列国和帝国时代的印度已经形成了一些重要的流派，包括吉纳纳瑜伽、卡尔摩瑜伽、巴特克瑜伽、罗贾瑜伽、哈塔瑜伽等。诸如运动按摩等多项卫生保健术在这一时期也得到长足发展，为后来印度发达的卫生和体育保健理论奠定了坚实的基础。

确实，严格的种姓制度和追求清心寡欲的社会风气导致原本发展迅猛的古代印度体育出现了一定程度的衰退。然而，体育运动是人类社会生活的重要组成部分，其发展轨迹是由时代需求所引领的，宗教思想以及种姓制度难以阻挡列国和帝国时代的印度体育继续向前发展。

首先，人类同属于自然世界和社会世界，清心寡欲在本质上就是一个矛盾体。在社会世界里，人类消灭欲望的期盼本来就是理想化的行为，要实现十分困难甚至是不可能；在自然世界里，人类作为生生不息的物种，从事身体活动是其本能，人类很多体育的行为都是与生俱来的，因而在客观世界中要完全戒除体育运动是无法实现的。

其次，为了迎合列国和帝国时代强烈的军事发展需要，很多体育活动无可避免地成为军事训练中的重要项目，从而得以保留和发展。在摩揭陀国的鼎盛时期，军队的兵种就包含了步兵、骑兵、战车兵和水兵等；至末代王朝已发展了步兵20万人，骑兵2万人，战象3 000头，战车200辆，

---

① ②　颜绍沪，周西宽. 体育运动史 [M]. 北京：人民体育出版社，1990：48~49.

且战车上配有御者、盾手、弓箭手。① 《摩诃婆罗多》记载了数量众多的人、车、马、象在残酷的战斗中相互冲撞，战士们用斧、大刀、利剑、长矛互相拼杀的场面。《摩诃婆罗多》也记载道，国王的儿子们由特聘的武士教授和习练军事武艺。武艺内容包括乘战车、骑战象、跨战马、徒步格斗、投掷标枪和飞镖以及射箭。② 狩猎也受到王室的青睐。军事体育发达的背后，往往带来兴盛的民间比武活动。《往世书》中记录了很多摔跤和拳击比赛场景，且比赛配有裁判，观众的座位按种姓编排。射箭也是当时流行的比武方式。《摩诃婆罗多》中有一段描述比赛射箭的文字："这里有一张弓和一些箭镞，箭靶就设在那里，谁能准确地连续5箭射中箭靶上的小圈，他就可以娶我的妹妹做妻子。"

扫一扫2-4：《摩诃婆罗多》中对于战争场面的描述

国家经济的发展和城市文明的进步促进了列国和帝国时代印度休闲文化的繁盛发展，体育活动在其中扮演着重要的角色。在节日庆典期间，印度人喜欢参加赛车、赛马、摔跤、射箭等各种比赛，也喜欢观看各种精彩的杂技和魔术表演等，女性也是其中活跃的参与者。③ 舞蹈是重要庆祝活动中必不可少的内容，当时的舞蹈题材广泛，包括宗教、神话传说、宫廷轶事以及日常生活等。④ 游泳和跳水是流行在上层阶级中的体育活动。王宫和一些贵族的官邸中都建有游泳池，池水清澈见底，宛如水晶玻璃。《摩诃婆罗多》中也有描述众王子在城门附近踢球的场景："王子在城门附近踢木球，一不小心把球踢进水井里。这口井水很深，他们无法把球捞上来，于是一名武士使用标枪把球拉上来。"骰子依旧是列国和帝国时代最受印度人欢迎的民间游戏之一，棋类游戏在当时的发展也达到相当高的水平。

第三节　古代埃及体育

古代埃及是四大文明古国之一，开始使用象形文字是其文明发端的重要标志。古代埃及于约公元前2950年立国，都城设在孟菲斯城（今开罗西郊），米尼兹为第一任法老（即国王）。从立国至公元前525年被波斯人

---

① 西代锡，陈晓红. 失落的文明：古印度 [M]. 上海：华东师范大学出版社，2003：36.
② [印] 毗耶娑，[苏] B. 埃尔曼. 摩诃婆罗多 [M]. 董友忱译. 长沙：湖南人民出版社，1984：21~22.
③ 颜绍沪，周西宽. 体育运动史 [M]. 北京：人民体育出版社，1990：50.
④ 杨俊明，张齐政. 古印度文化知识图本 [M]. 广州：广东人民出版社，2007：145.

扫一扫2-5：《古埃及法老帝国》

征服，古代埃及只被三个外来民族统治过，且统治时间并不长，因此古代埃及社会较为稳定而保守。古代埃及的漫长历史一般被划分成包括31个王朝在内的5个发展阶段和3个中间期：早期王朝时期、古王国时期、第一中间期、中王国时期、第二中间期、新王国时期、第三中间期以及后期埃及时期。

古代埃及位于非洲东北部的尼罗河中下游地区，东面是阿拉伯沙漠，南面是努比亚沙漠和尼罗河大瀑布，西面是利比亚沙漠，北面是尼罗河三角洲。优越的地理条件为古代埃及的发展提供了良好的天然屏障，使它不易遭到外邦侵犯，同时也不易受到外来文化的影响，从而形成了独特的古代埃及文化，包括体育文化。

一、早期王朝及其以前的体育

第一王朝和第二王朝为古代埃及的早期王朝时期（约公元前2950—前2640年）。上埃及和下埃及在第一王朝时期得到初步统一，但直到第二王朝末期，古代埃及的专制政权才真正稳定下来。在这一时期，国王设立了诸多国家机关，王室对国家所有政治、经济、文化生活实行绝对控制。同时，王位开始实行世袭制，国王的权威开始被神权化，法老制度逐渐形成。"神王合一"是古代埃及王权统治制度的重要特征。"法老"即国王，这一称谓的使用是在新王国时期以后。在古代埃及，精神生活中，法老（国王）被认为是神的化身或者神的使者，被赋予主宰世间万物的无上权力。

扫一扫2-6：尼罗河沼泽狩猎

古代埃及的体育发展深受宗教和王室教条的影响，使得神权化的体育活动成为古代埃及体育的主要内容之一。神权化的体育活动，通俗的理解就是国王拥有超越众神的伟大力量，自然也是无可匹敌的运动能手。神权化是贯穿整个古代埃及体育史的明显特征，这一特征的历史渊源可追溯至早期王朝以前的社会。在史前埃及，部族首领一定是身体健壮、威猛十足的斗士，能一人匹敌或者带领族人战胜诸如狮子和大象般的猛兽。他们的主要任务是保护族人，帮助族人战胜大自然的挑战而求得繁衍生息。在漫长的游牧生活中，首领必须是出色的猎手，能为族人猎获食物，并负责教授族人在大沙漠和大草原上捕食的技巧。在从游牧生活向农耕生活过渡的历史变迁中，首领带领族人开荒垦地，抵御各类猛兽的袭击，如击退河马和鳄鱼等。早在第一王朝时期，国王德文猎杀河马的两个场景就被刻印在他的圆筒印章上。第一个场景描绘了国王划着一艘小船接近一头河马，第二个场景则描绘了他徒手把河马摔倒在地的强悍形象。至于首领和国王们是如何习得如此强大和超群的身体和力量，古埃及人无法解释，往往将其归咎于超自然的精神想象，而首领和国王们为了维护其统治权力，则宣称神体附身。

从法老制度形成开始，国王的运动能力被进一步神权化。从出土文物可见，古代埃及王室的节庆活动中有不少与运动技能相关的内容。这些活动表明了国王借助"天赋神权"的精神枷锁以达到臣服百姓，维持统治地位的目的。每逢"大赦年"，古埃及王室会举办很多宗教典礼来宣扬国王作为统治者的权威和功绩，其中一个十分重要的环节就是"礼跑"，即国王仪式性地进行奔跑。一方面，礼跑表明了超群的奔跑能力是国王作为法老的主要神力之一；另一方面，礼跑的顺利完成昭示了法老的无上力量再次达到最佳状态，或是年长的法老借礼跑以达到力量重生，向平民宣示其统治权威。考古学家在德文的墓穴中发现了他的王章，王章上刻有两幅有关礼跑的图画。在第一幅图画中，德文头戴上埃及的皇冠，向一只静坐着的、手捧圣水的狒狒奔跑，狒狒向其赐杯，这预示着德文从此继承了法老的神力。在第二幅图画中，德文与阿匹斯神牛一起奔跑。阿匹斯神牛通常勇猛无畏且具有强大的生殖能力，象征着男子气概。德文这次礼跑不但彰显了他至高无上的王权和无可匹敌的神力，并且预示着埃及的风调雨顺、五谷丰登。

二、古王国与中王国时期的体育

古代埃及的古王国时期自第三王朝起至第八王朝结束，即从约公元前2640年—前2134年。金字塔的修建始于此时期，因此古王国时期也常常被称为"金字塔时期"。古王国时期的埃及社会较为安定，农业、手工业、商业、建筑业等各项事业均得到较好的发展。当时，埃及形成统一的奴隶制国家，各级政权机构逐渐完善，以官僚体制为基础、国王独裁的专制统治进一步加强。除了国王以外，贵族官吏、神庙僧侣等集团开始进入奴隶主阶层，并依靠国家权力压榨剥削农民、手工业者等平民阶层。他们的势力日益强大，渐渐对王室构成严重的威胁，最终导致古王国的衰朽，古代埃及进入国家四分五裂的第一中间期（第九王朝至第十王朝，约公元前2134—前2040年）。在中王国时期（第十一王朝和第十二王朝，约公元前2134—前1785年），埃及统治阶级恢复了国家的繁荣稳定，政治和经济实力得到显著的巩固，文化、艺术、文学和建筑等事业发展平稳。然而，在中王国后期，奴隶和贫民起义频发，各种王权争斗使埃及再次陷入分裂状态，古代埃及进入黑暗动荡的第二中间期（第十三王朝至第十七王朝，约公元前 1785—前 1551 年）。

在古王国和中王国时期，上层阶级享受着各种社会特权，包括独自参与部分体育活动的特权，并把下等阶层排除在外。神权化的仪式性体育运动依然发挥着控制精神的效能，以帮助国王维持其统治权威。上层阶级的其他成员（如王室贵族和新兴奴隶主）为了展示实力，也开始积极参加一些能展示身体力量的体育活动，如跑步、射箭和驾驭战车等。此外，随着阶层划分的加剧，上层阶级逐渐形成了与体育活动相关的休闲方式。从贝尼哈桑出土的古墓壁画中可见，体育观赏是上层阶级参与体育活动的主要方式之一。在古王国时期，他们喜爱观看平民用矛刺鱼的竞赛；而在中王国时期，他们喜爱观看平民的摔跤比赛。

总体来看，埃及体育在古王国和中王国时期得到快速发展，内容丰富、形式多样的体育活动无论是在上层阶级还是平民阶级都得到广泛开展。

（一）奔跑

古埃及人的奔跑竞赛中，长跑是主要项目之一。这些长跑竞赛的奔跑路程很长，参赛者常常需要奔跑 10 小时以上才能完成。因此，当时的长跑竞赛允许中途停顿和休息。

（二）跳跃

跳跃是古王国和中王国时期受古埃及人欢迎的基础体育活动之一。考古学家在第五王朝的墓穴壁画中发现了一项跳远和跳高相结合，类似于今天的跳背游戏的跳跃活动：两人正对直坐，双手双脚伸直，双方手指尖和脚趾尖相连，跳跃者须跳过手结。此外，在中王国时期的墓穴壁画中还发现一些对跳高场景的描绘。这些跳高主要以垂直起跳为主，技术上则有别于现在的跳高。贝克提三世墓穴中的 6 幅壁画描绘了一名女子从预备起跳、起跳到垂直向高处跳跃的场景；在第十二王朝官员安提福科的妻子赛尼特的墓穴中也发现了类似的垂直跳跃运动。

（三）水上运动

尼罗河得天独厚的水域条件使水上运动成为古王国和中王国时期埃及人广泛参与的体育活动。游泳不仅是战争期间重要的军事技能，还是古埃及人闲暇消遣的主要活动之一。即使是对于女性而言，游泳也是最为常见的体育活动。为了方便游泳，有的国王甚至在宫殿中修建游泳池，如第十一王朝的查尔。"船战"是古埃及人喜爱的另一项水上运动。该运动一般由 3~4 艘船上的水手参与，以一艘船上的水手用船竿挑落另一船上的水手为赢，船上其他水手则负责划船和保持船身的平衡。

（四）摔跤

摔跤是古代埃及社会开展最广泛、历史最悠久的体育活动之一。埃及立国后不久，摔跤的场景就被用于制造象形文字，文字中的比赛双方分别是太阳神荷鲁斯和干旱之神赛特这两位古代埃及神话中的主要神祇。在中王国时期的出土文物中，考古学家发现了大量与摔跤有关的内容。例如，贝尼哈桑附近的安蒂洛普地区有一处属于中王国王子的墓穴群。墓穴的数量多达 31 个，其中 4 个墓穴中刻有描述摔跤场景的画像。在其中一个画像中，可以看到有 219 对摔跤者同时比拼的场景（图 2-12）。

图 2-12　古代埃及中王国时期摔跤壁画（贝尼哈桑附近的贝克提三世墓穴出土）

（五）球戏

现今出土的文物表明各式各样的球戏也受到古埃及人的青睐。第十一王朝法老莫伊伯科的墓穴中刻有一幅描绘 4 名女子玩手球的图画。4 名女子分为相向的两队，每队中一名队员骑在另一队员的背上，与对方背上的队员互相抛接球。在中王国时期的出土墓穴中，还可以发现其他的球戏场景，如男子的马上球戏。骑马者需在马上抛接好几个球，这无论是对他们的骑术还是抛接球技巧都有着较高要求。除了抛接和杂耍的游戏功能外，古代埃及的球类运动有时还被用于祭祀。

（六）舞蹈和杂技舞蹈

在古代埃及，舞蹈同时盛行于上等阶层和平民阶层。上层贵族常常在节庆和祭祀时表演舞蹈，而平民则热衷于在闲暇时起舞。杂技舞蹈是古代埃及舞蹈中的特色舞种，它们最早出现在古王国时期，习练难度比一般舞蹈高。当时，埃及已经出现了职业舞蹈者，他们在宫廷中以舞技供贵族赏玩。第六王朝大臣卡吉姆尼的墓穴中刻着一幅关于杂技舞蹈表演的壁画：左侧 2 名女子站立拍手，在她们的右侧有 5 名身穿短裙的女子，仰面，同时右脚撑地，左腿高抬，左脚尖向上，背部后弯几乎与地面平行，双臂向上抬高以保持整个身体的平衡。在第十二王朝安提佛科的墓穴中则刻画了另外一幅杂技舞蹈的图：左侧 2 名女子俯卧，双手撑地，头部和双腿向上弯曲抬高，并向中间靠拢，脚底几乎和头顶相接；右侧 2 名身着长裙的女子站立拍手。[①]

（七）棋盘戏

古代埃及王室中流行着一些特别的娱乐方式供国王和王妃休闲消遣，如棋盘戏。其中以塞尼特棋戏最具代表性。赛尼特棋盘呈 3 列，每列 10 个格子，因此也被称为"三十格戏"。据说，最初设计此棋盘是为了计时，后来才被用于游戏中，该游戏还有让死去之人苏醒的意义。在乃佛赛车穆塔夫的墓穴中，考古学家发现了一副刻在石壁上的早期塞尼特棋盘。[②]塞尼特棋戏后来有很多变型，如蛇戏和盾牌戏，它们在法老制结束后还流传了多个世纪。

（八）孩童游戏

在古王国和中王国时期的古墓出土物中，考古学家发现了不少孩童游戏，有一些与现存的十分相似，只是在开展形式上有所区别。如从第六王朝大臣枚汝卡的墓穴壁画可见，古王国时期的孩童拔河是没有绳索的，而是两队双方第一名队员拉紧对方的手，其他队员紧抱前一名队员的腰；又

[①] [②] Wolfgang Decker. Sports and Games of Ancient Egypt [M]. New Haven and London: Yale University Press, 1992: 137~138.

如贝克提三世的墓穴壁画所见，当时的孩童举重比赛使用的是沙袋（图2-13）。此外，当时流行的其他孩童游戏还包括平衡力、陀螺和拔河篦等。

图2-13　古埃及中王国时期举重壁画（贝尼哈桑附近的贝克提三世墓穴出土）

三、新王国与后期埃及时期的体育

在第十八王朝古代埃及再次得以统一，进入了稳定繁荣的新王国时期（第十八王朝至第二十王朝，约公元前1552—前1070年）。这一时期古代埃及对外不断出兵扩大版图，对内强化中央集权以维护奴隶制度，从而使其政治、经济实力较前期大大增强，国力更加强盛，对外交往更加频繁。然而，从第二十一王朝起古代埃及再次进入了分崩离析的第三中间期（约公元前1070—前712年），直到第二十四王朝才结束。

新王国时期以前，古代埃及很少受到外族入侵，体育活动的发展较好地保留了自身的传统特色。直到进入第二中间期，希克索斯人的大规模入侵才使古代埃及与外部世界产生实质性的文化接触和交流，同时也在一定程度上改变了古代埃及体育传统。自新王国时期起，特别是在第十八王朝，部分民间体育活动（如游泳和舞蹈）继续盛行的同时，古代埃及的许多体育活动在与外族的战争中发生了一些变化。

一方面，体育活动在国王及王室贵族的节庆活动中的地位进一步加强。在新王国时期，王室节庆活动的宗教仪式更为丰富，也包含了更多与体育活动相关的项目和内容。在"大赦年"庆典上，除了狒狒和公牛等大型动物外，国王进行礼跑的对象还包括花瓶、船桨和雀鸟等小型物体。同时，长期纷繁的战乱让一直宣称天赋神力的法老们面临重大压力。国难当前，他们必须真实地展示出强大的身体能力和力量以维护其统治。因此，王室节庆活动上的体育活动增加了很多充分体现力量、技巧和意志的格斗类体育运动,如拳击、摔跤和棒击等以及具有表演性质的骑马、箭术和狩猎等体育活动。根据古文献记载,在阿蒙霍特普三世统治时期的第三届塞德节上,伴随着舞蹈和音乐表演,有6组拳手分别上演了拳击比赛。考古学家在第十八王朝法老图坦卡蒙的墓穴中发现了一幅节庆活动上表演棒击的壁画。画中,表演者手持约1米长,上端装有金属球体,下端装有把手的棍棒,他们的额头、前臂和手指上戴有类似盾牌的保护物。在这一时期,王室范围内的体育活动在一定程度上趋于世俗化,但是法老的权威依旧不能动摇。为此,王子们要在宫廷学校里进行长期的训练,这些训练中包含大量的体育内容。据传,阿蒙霍特普二世当太子时就曾被送到宫廷学校学习,他曾多次在赛跑、划船、射箭和其他竞技比赛中战胜对手。碑文记载他能一口气开硬弓300次,并能一箭射穿4个铜靶。①

另一方面,平民阶层的体育参与权利受到进一步限制,而上层阶级独占部分体育活动的特征更为明显,如狩猎、驾驭战车和射箭。狩猎在古代埃及社会历来是国王和王室贵族专属的闲暇活动,这一限制到了新王国时期甚至上升到了法律层面。除了国王,任何人猎杀狮子、大象和犀牛等大型动物都会受到相应惩罚。希克索斯人的统治为古代埃及带来战车和合成弓箭,这两样重要的军事装备后来逐渐成为古代埃及王室贵族和其他上层阶级的专属工具和身份象征。很多新王国时期皇陵的出土文物中都能发现与马和战车相关的陪葬品,可见当时的国王们热衷于驾驭战车。斯芬克斯石碑上还刻有关于阿蒙霍特普二世痴迷马术以及特摩斯四世与同伴进行驾车比赛的文字记载。射箭在古代埃及早期主要用于战争和狩猎。到了新王国时期,射箭成了上层阶级的表演性体育活动。其中一个原因是王室贵族,特别是国王,直接参与体育活动的意愿增强;另一原因则是合成弓的引入。做工精美的合成弓不仅能大大提高中标率,同时还是上层阶级爱不释手的玩物。据古文献记载,第十八王朝的多位国王,如阿蒙霍特普二世和图特摩斯二世等,都是大名鼎鼎的弓箭射手。相传,图特摩斯二世亲自参与全埃及范围内的射箭比赛并赢得了冠军。此外,很多出土文物中都可以发现描绘和刻画国王亲自教太子射箭、纠正太子射箭的场面。②

扫一扫2-7:
古埃及人的打猎场景描述

在后期埃及时期(约公元前712—332年),古代埃及国势渐衰。自公元332—641年,先后被努比亚人、亚述人、波斯人、马其顿人和罗马人征服。在这漫长的战争岁月中,古代埃及体育不断遭受外来体育文化的同化

---

① ② Wolfgang Decker. Sports and Games of Ancient Egypt [M]. New Haven and London: Yale University Press, 1992: 37~38.

和改造。然而，古埃及人依然为古代东方体育文化书写了浓墨重彩的一笔，直到今天，源于古代埃及的一些传统体育项目，如拔河，依然流行于埃及的一些传统村落中。

第四节　古代两河流域体育

古代两河流域，也称美索不达米亚，是底格里斯河和幼发拉底河冲积而成的平原地区，地处于亚洲西南部，即大概在现今的伊拉克及其附近区域。两河流域虽然气候炎热干燥，但下游地区土地肥沃，因而形成了发达的农业。两河流域文明的存在时间约从公元前6千纪—公元前1世纪。两河流域是世界上最早出现的古代文明区域之一，使用楔形文字是两河流域文明形成的重要标志。与古代埃及不同，两河流域缺少天然屏障，民族和邦国之间战事不断。因此，古代两河流域体育紧密地伴随着军事发展而演进，且呈现出多民族体育文化融合共生的特点。

一、苏美尔城邦与古巴比伦王国时期的体育

公元前4千纪—前3千纪，生活在两河流域的先人逐渐完成了从新石器时代的部落文明向城市文明的过渡。这一时期的两河流域由数量众多的城邦组成，城邦之间长期发生激烈的冲突和血腥的战争。约公元前2334年，阿卡德人结束了南部苏美尔地区城邦之间的常年征战，在两河流域建立了第一个帝国——阿卡德帝国。阿卡德帝国的存在经历了前后不到200年时间，随着末代君主去世，帝国崩溃。此后的约200年，苏美尔地区又历经了库提王朝和乌尔第三王朝的统治。约公元前2006年，乌尔被埃兰人攻陷，两河流域再次陷入城邦纷争。公元前19世纪中期，古巴比伦王国建立并逐渐崛起。在第6位国王汉谟拉比统治期间（约公元前1792—前1759年），古巴比伦王国先后攻陷了两河流域的主要城邦，实现了两河流域的基本统一。汉谟拉比死后，古巴比伦王国存在了一个半世纪，在约公元前1595年被赫梯人所灭。

扫一扫2-8：《古代两河流域文明》片段

搏斗类体育活动的兴盛是苏美尔城邦时期体育发展的明显特征。第一，从原始社会氏族内部的地位争斗到城市文明下城邦之间的割据混战，胜负在很大程度上都是由直接的身体较量决定的。出土文物表明，在苏美尔文明的最早期，即约公元前3000—前1500年，拳击和摔跤均已十

分流行。① 第二，当时两河流域的各个城邦拥有各自的守护神，统治阶级常常通过参与搏斗以追求身体的强健和美感，借此彰显天赋神力的权威。例如，苏美尔最有名的国王之一吉尔伽美什（约公元前 2700 年）被刻画成能通过一己之力摔死一头雄狮，拥有超人类、超自然力量的史诗般的搏斗英雄。② 第三，在战争频繁的年代，搏斗类体育活动是用来训练士兵、增强军事力量的重要方式。出土的一尊苏美尔时期的铜像生动地刻画了两名士兵摔跤的场景：双方互锁头部，双手紧抓对方臀部腰腹上系着的腰带，两人各头顶一小壶。此壶可能是用于判定摔跤比赛的胜负，首先失去平衡导致小壶跌落的一方为败，也可能是出于一定宗教原因的装饰物。③

在苏美尔城邦和古巴比伦王国时期，体育运动与军事发展密切相关。除了搏斗类体育活动，射术、跑步、游泳等运动也是军事训练中必不可少的项目。而马术的发展和战车的发明无疑是对本时期军事体育发展的最大贡献。但由于当时驯养和训练马匹的技术都相对低下，马匹和战车的数量不多，因此一般只有国王和少部分上层贵族能够享用。战车的发明，驾驭战车技术的提高以及射术在战车上的应用都开始于这一时期的两河流域，这对古代东方其他地区的军事发展产生了很大的影响。

参与体育活动也是苏美尔城邦与古巴比伦王国时期平民百姓休闲娱乐的重要方式。苏美尔人喜欢划船、钓鱼等水上运动，也喜欢拼图和棋盘游戏。考古学家在伊朗南部的一座古城遗迹中发现了多项古巴比伦时期的儿童游戏，包括：弹弓、陀螺、小型马车、跳绳、弹弓、弓箭、回飞镖、掷棒等。此外，当时的两河流域已有较高的卫生保健水平，类似于中国的气功和印度瑜伽的保健术在两河流域发源并得到进一步发展。

二、亚述帝国与新巴比伦王国时期的体育

古巴比伦沦陷后，赫梯人和胡利安人先后在两河流域建立王国，但它们最终被亚述人于公元前 14 世纪中期征服，亚述帝国自此成为两河流域最具影响力的王国。公元前 12—前 10 世纪，亚述不断遭到外族袭扰，国家发展处在低谷期。从公元前 9 世纪开始，亚述开始西征，一边驱逐游牧民族、收复失地，一边攻打邻国，使得亚述帝国的版图不断扩大，国家发展

---

① ② ③ Robert Mechikoff, Steven Estes. A History and Philosophy of Sport and Physical Education: From Ancient Civilizations to the Modern World [M]. New York: McGraw-Hill Higher Education, 2009: 9, 5, 10.

进入鼎盛时期。然而，过度扩张引发各国不断起义反抗，也最终成为亚述帝国衰落的主要原因。公元前625年，势力复燃的巴比伦大规模攻打亚述，并于公元前605年击败亚述，建立了新巴比伦王国。虽然新巴比伦王国很快就进入辉煌复兴的阶段，如大量建造神庙，还修建了被称为"世界七大奇迹"的巴比伦空中花园，但是新巴比伦王国仅仅存在了66年就被外来的波斯帝国攻陷。

亚述帝国的兴衰历程都伴随着长期的战乱。因此，亚述人对古代两河流域体育的最大贡献就是推动军事体育的快速发展。第一，战车是亚述帝国的制胜武器。当时的战车由2~4匹马牵引，车上载有2名驾驭手，其中1人负责驾驶战车，1人负责拉弓射箭，有时还有第3名驾驭手负责保护战车后方。战车一般被用来冲散敌军的战斗阵列，有时候也被用于快速传达作战指令。第二，亚述人使用多种先进的军事武器，如剑、矛、弓箭、投石器、匕首等以及多种铁制军事装备，如盾牌和头盔等。当然，只有将领们才能披上全身盔甲。此外，亚述军队是最早使用攻城武器去攻占堡垒和坚固城池的军队之一。例如，他们利用大铁槌敲破城门或用空中跳台越过城墙。第三，亚述人还创造了先进的战阵，且军队内部分工细密，兵种还包括了步兵、骑兵、驾驭兵等。

从出土文物可以发现，狩猎也是亚述帝国上层阶级开展的较为广泛的体育活动。亚述的上层阶级喜欢猎取狮子、大象和鸵鸟等大型动物，而猎狮则是国王的专属体育活动。当时，亚述军队中还有专门辅助国王猎狮的分部队，士兵们先把狮子控制住，然后用身体围成一圈，把狮子困在里面，然后由国王进入圈内射杀狮子。这个过程很危险，士兵经常被狮子咬伤或咬死，但同时也体现了他们的无畏精神和对国王的忠诚。亚述帝国著名的国王之一亚瑟巴尼帕尔就因为拥有高超的狩猎能力而闻名于世。在位于亚述首都尼尼微（现埃及和伊朗之间）的皇宫遗迹里，考古学家发现了一些歌颂亚瑟巴尼帕尔是一位英勇的猎手和勇士的碑文以及一些描述他进行猎狮时的浮雕。在其中一幅浮雕上，亚瑟巴尼帕尔身披长袍，往倒下的狮子身上泼酒，这昭示着他拥有驱魔的神力（图2-14）。据古文献记载，亚述国王提格拉特帕拉沙尔一世曾猎杀了920头狮子，其中800头在战车上猎杀，120头是站在地面上猎杀的。此外，他还猎杀了10头大象和6头野牛。①

扫一扫2-9：亚述宫廷浮雕中的狩猎场景

---

① Robert Mechikoff, Steven Estes. A History and Philosophy of Sport and Physical Education：From Ancient Civilizations to the Modern World［M］. New York：McGraw-Hill Higher Education，2009：7.

图 2-14 亚述帝国时期国王亚瑟巴尼帕尔狩猎图（尼尼微出土的皇宫浮雕）

三、波斯帝国与安息、萨珊王朝时期的体育

波斯帝国位于西亚的伊朗高原地区，由居鲁士二世于公元前 550 年建立。从此，波斯帝国不断大规模攻打邻国，很快就占领了延绵数千公里的疆土。公元前 539 年，居鲁士二世率领大军攻陷巴比伦城，刚建立的新巴比伦王国沦为波斯帝国的一个都城。公元前 4 世纪，马其顿帝国的亚历山大三世击败波斯帝国。但他英年早逝，由他的一位将领后来统治了两河流域，并建立了塞琉古帝国。当时，巴比伦人被大规模迁移，两河流域逐渐变得荒芜。在此后的数百年间，两河流域经历了安息王朝（约公元前 247—224 年）和萨珊王朝（约公元 224—651 年）的统治，但这两段历史对两河流域的政治和文化影响十分有限。随着自然环境的变化，两河流域最终成为干涸的陆地和沼泽，曾经辉煌数千年的古代文明被沙尘掩埋，并逐渐被人们遗忘。直到 19 世纪中期，伴随考古发掘的开始和亚述学的兴起，越来越多的相关文物被出土，同时楔形文字被逐渐破解，尘封的两河流域古文明才慢慢呈现在当今世人面前。

新巴比伦王国沦陷后，两河流域的外来统治者均十分重视士兵教育和军事训练。以波斯帝国为例，骑马、射箭、狩猎、投掷、标枪、游泳以及马上球戏等，不仅仅是体育活动和闲暇游戏，更是当时十分重要的军事教育内容。国家对青少年教育的最终目的之一就是培养骁勇善战的士兵，特别是骑兵。到了萨珊时期，骑兵的作战武器得到大幅度的提升，士兵在骑乘马匹的同时，还身披金属盔甲，且马匹上还装有弓和枪。其他多种兵器如盔甲、剑、矛、长枪、战斧、钉头锤、鞭子等，都在安息和萨珊时期得到进一步改良和发展。无疑，外来统治者先进的军事技术在某种程度上改

扫一扫2-10：
历史上最早的学校

造了古代两河流域的体育。然而，两河流域的本土体育文化并未随之消亡，因为波斯帝国和马其顿帝国利用希腊化的文明同化两河流域的实际效果并不理想，巴比伦时代的宗教和习俗在民间也得以保留。

第五节　古代巴勒斯坦体育

扫一扫2-11：
古代两河流域
的王室狩猎活
动

一、犹太教产生前的体育

公元前3千纪，迦南人从阿拉伯半岛进入巴勒斯坦定居，并创造了著名的"迦南文化"，发达的农业、手工业及青铜冶炼技术是其主要标志。公元前12世纪，希伯来族人入侵巴勒斯坦，并征服了迦南人。作为游牧民族的希伯来人吸收了迦南文化，开始在巴勒斯坦定居，建立了希伯来王国。然而，希伯来王国不断遭到"海上民族"腓力斯丁人的入侵。在战争过程中，希伯来王国在公元前10世纪分裂成两个国家，北部为以色列王国，南部为犹大王国。自此，以色列王国与犹大王国一面相互攻打，一面还不得不抵御邻国入侵。公元前722年，亚述帝国攻陷以色列王国，迫使以色列王国的王室及臣民共两万多人迁往两河流域。公元前596年，新巴比伦王国攻陷犹大王国，把上至国王、下至庶民的5万多希伯来人掳掠到巴比伦城，制造了世界历史上有名的"巴比伦之囚"事件。公元前539年，波斯帝国消灭新巴比伦王国，希伯来人得以重返巴勒斯坦，而巴勒斯坦则成为波斯帝国的一个行省。

无论是在希伯来王国，还是在后来的以色列王国和犹大王国，战争从来都是当时社会发展的主题。因此，与同时期古代东方世界的其他民族相似，希伯来人的体育带有明显的军事色彩。跑、跳、投掷类项目由于同军事的密切联系而受到特别重视。希伯来人临海生活且长期与海上民族争斗，因此游泳不仅是他们基本的求生技能，也是他们十分重要的军事训练项目。舞蹈是希伯来人宗教生活的重要内容，《圣经》上有很多记载希伯来人以舞敬神的段落，如《旧约》的诗篇中载有女先知米里亚姆在芦苇海领舞的场景。此外，希伯来人的舞蹈还用于表达愉悦的情感，祈求风调雨顺或庆祝战胜敌军等。舞蹈也是希伯来人引以为豪的闲时体育活动，他们认为跳舞能达到去除痛楚、洁净心灵和团结族人的效果。当时的希伯来舞蹈在内容和形式上已经十分丰富。至今，在德国、罗马尼亚、也门等国的犹太人社区里，还能看到这些舞蹈或由它们衍生而来的其他舞蹈。①

二、犹太教形成后的体育

犹太教的起源大约可追溯至公元前 12 世纪，但直到公元前 6 世纪被囚禁在巴比伦城的希伯来人重返巴勒斯坦后，犹太教的教义才被固定下来。希伯来人从此时开始被后世人称为犹太人。犹太人返回巴勒斯坦后开始广修神殿，试图重建希伯来文明。然而，此后的数百年间，巴勒斯坦又分别被希腊帝国、马其顿帝国和罗马帝国占领和统治。希伯来文明不但没有成功重建，犹太人还作为"异族"不断被驱逐出他们的故乡巴勒斯坦。公元 135 年，在对罗马帝国发起了数次大规模起义但均宣告失败后，犹太人不得不彻底逃离巴勒斯坦，向世界各国流散。

扫一扫2-12：
犹太教诞生记

犹太人的宗教信仰经历了崇拜自然神到崇拜祖先神灵，再到崇拜抽象的上帝，从崇拜多神到崇拜一个神的过程。他们把众多神灵的各种自然和社会功能归属到一位独一无二、万能超凡的世界最高神——耶和华身上。②犹太人对上帝耶和华忠贞不二，排斥其他所有神祇，为此创立了很多严格的戒律。这些戒律后来扩大到犹太人的个人道德修养和生活方式等方方面面，使得巴勒斯坦地区的体育发展发生了一系列变化。在从多神崇拜到一神崇拜的转变过程中，舞蹈的发展受到一定程度影响，主要表现在舞蹈的宗教色彩有所淡化，但它依然是日常节庆活动中不可或缺的环节。狩猎因有违犹太教"禁杀惜生"的戒律而遭到禁制；许多球类活动也因与异教文化有关而受到犹太人的排斥，在斋戒期间或安息日之类的宗教忌日里，球类活动则被完全禁止。当然，严格的宗教戒律，如斋戒和沐浴，也帮助犹太人建立起良好的卫生习惯，促进了巴勒斯坦体育保健理论的形成。③

希腊帝国、马其顿帝国和罗马帝国统治巴勒斯坦后，为了扩大本族文化的影响，不断向当地传入其体育形式。例如，希腊统治者分别在巴勒斯坦的 30 多个城市修建起希腊式的竞技场。在这些竞技场内，希腊人在向犹太人传播其体育项目和体育竞赛形式的同时，还通过各项仪式向犹太人展示其政治和文化实力，以达到震慑和同化犹太人的目的。当然，一些有违

---

① Leonard Jay Greenspoon. Jews in the Gym: Judaism, Sports and Athletics [M]. Indiana: Purdue University Press, 2012: 1~2.
② 沐涛，季惠群. 失落的文明：犹太王国 [M]. 上海：华东师范大学出版社，2001：61.
③ 颜绍沪，周西宽. 体育运动史 [M]. 北京：人民体育出版社，1990：41.

犹太教教义的体育项目则无法传入巴勒斯坦，如罗马的斗兽等。然而，从后来犹太人参加奥林匹亚祭神竞技会的事实表明，犹太民族实际上或多或少地接受了外来体育文化，使古代巴勒斯坦的体育发展出现文化融合的特点。①

本章小结

　　与古代世界中的其他文明区域一样，古代东方体育的兴起和早期发展在很大程度上是由军事的发展推动的。然而，古代东方各民族随着社会发展，形成了独特的生活方式、哲学思想、阶级秩序和信仰体系，从而影响着古代东方体育的发展轨迹。第一，古代东方各民族主要生活在大河流域，清净淡泊的生活方式使得古代东方体育包含了诸多偏于保健和养生的身体活动形式。第二，古代东方各民族注重身体与心境、人与自然的和谐统一，使得古代东方体育在实践内容上又与古代东方的医学理论紧密结合。第三，古代东方各国在政体上长期实行君主制，使得上层统治阶级独占了部分体育活动，平民阶层无法享受完整的体育参与权利。第四，多种影响世界的宗教信仰发源于此，使得古代东方体育的发展充斥着浓厚的宗教色彩。

问题与思考

　　1. 古代中国、古代印度、古代埃及、古代两河流域和古代巴勒斯坦的体育发展各自有什么特点？

　　2. 兴起于古代东方的体育活动中，有哪些项目流传至今？它们的开展形式发生了什么样的变化？请列举三例。

　　3. 中国古代哲学思想包括哪些重要流派？它们对古代中国体育的初兴产生了怎样的影响？

活动建议

　　1. 登录大英博物馆官方网站，进一步涉猎有关古代东方体育兴起时期的出土文物数字资源，了解古代中国、古代印度、古代埃及、古代两河流域和古

---

① Leonard Jay Greenspoon. Jews in the Gym: Judaism, Sports and Athletics [M]. Indiana: Purdue University Press, 2012: 1~2.

代巴勒斯坦体育发展的特点。

2. 以本章内容为例，举办一场以"体育与宗教关系"为主题的讨论会。

参考文献

[1] 郭沫若. 殷契粹编 [M]. 北京：科学出版社，1965.

[2] 温少辉，袁庭栋. 殷墟卜辞研究——科学技术篇 [M]. 成都：四川省社会科学院出版社，1983.

[3] 崔乐泉. 中国古代体育文物图录 [M]. 北京：中华书局，2000.

[4] 许海山. 古印度简史 [M]. 北京：中国言实出版社，2006.

[5] 赵伯乐. 永恒涅槃——古印度文明探秘 [M]. 昆明：云南人民出版社，1999.

[6] 林太.《梨俱吠陀》精读 [M]. 上海：复旦大学出版社，2008.

[7] 牛建军，吴冰洁. 古印度的秘密 [M]. 郑州：中州古籍出版社，2014.

[8] 酉代锡，陈晓红. 失落的文明：古印度 [M]. 上海：华东师范大学出版社，2003.

[9] 杨俊明，张齐政. 古印度文化知识图本 [M]. 广州：广东人民出版社，2007.

[10] [印] 毗耶娑，[苏] B. 埃尔曼，[苏] 捷姆金. 摩诃婆罗多 [M]. 董友忱译. 长沙：湖南人民出版社，1984.

[11] Wolfgang Decker. Sports and Games of Ancient Egypt [M]. New Haven and London：Yale University Press，1992.

[12] Robert Mechikoff, Steven Estes. A History and Philosophy of Sport and Physical Education：From Ancient Civilizations to the Modern World [M]. New York：McGraw-Hill Higher Education，2009.

[13] 沐涛，季惠群. 失落的文明：犹太王国 [M]. 上海：华东师范大学出版社，2001.

[14] 颜绍沪，周西宽. 体育运动史 [M]. 北京：人民体育出版社，1990.

[15] Leonard Jay Greenspoon. Jews in the Gym：Judaism, Sports and Athletics [M]. Indiana：Purdue University Press，2012.

第三章 古代东方体育的演变（公元 3—19 世纪）

章前导言

自公元 2 世纪开始，亚洲的多数国家陆续进入了封建社会。东亚的中国、日本等由于受外来势力侵扰的程度较小，社会生产力获得了相对稳定的发展；阿拉伯帝国的征服者则保存了前人创造的文明，还在东西方贸易中起着中介作用。亚洲各国文化逐渐发展，东方体育在这一沃土里得以充分发展并趋于成熟。本章介绍的是公元 3—19 世纪东方体育的演变过程，内容涵盖古代中国体育、古代印度体育、古代阿拉伯体育、古代日本体育及亚洲其他国家体育的发展概况。本章有助于学习者对于古代东方各国体育的演进及发展变化有进一步认识，以便更好地理解今天的中国体育和世界体育。

学习目标

掌握古代中国体育的发展过程。
了解伊斯兰教与古代阿拉伯体育的关联。
了解古代日本、印度等国的体育发展概况。

第一节 古代中国体育的发展和渐趋成熟

自魏晋南北朝至清代中前期，是中国古代体育发展和渐趋成熟的阶段，不同的历史时期，体育项目发展的轨迹也大不相同。随着中外文化交流的日益频繁，中国的传统体育项目呈现出相互交融和对外传播两种不同的发展路径。伴随着商品经济的发展，市民文化的繁荣，以对抗性为主的传统体育项目，逐渐演变为更具娱乐休闲功能的体育项目。

一、魏晋南北朝时期的体育

魏晋南北朝时期，战乱不断，社会动荡不安。长期的战乱虽然阻碍了体育文化的正常发展，但民族融合却为体育文化注入了新的活力。这一时期，中国体育文化发展呈现出如下特色：民族大融合推动体育文化的交流、体育项目向多元化发展、民俗体育体系初步形成、中外体育文化交流日渐频繁。

（一）民族大融合与体育文化日渐丰富

魏晋南北朝时期，随着中外文化交流的扩大，乐舞和技巧类运动已经各具特色，但它们之间的联系仍然非常紧密。从舞蹈的内容来看，南方的舞蹈仍然保持了旧有的内容，北方则呈现出胡汉交融的特点。南方的主要舞蹈为公莫舞、杯盘舞、白纻舞和鞞舞。此外，南方舞蹈还有拂舞、拍张舞、大垂手和小垂手等舞蹈。北方受胡舞影响较大的是大面舞和城舞。从出土文物来看，这一时期的乐舞充分反映了西域乐舞艺术与中原乐舞交融发展的艺术特色。

魏晋南北朝时期的百戏技巧内容丰富多彩，娱乐性和表演性明显增强。这一时期的百戏主要有扛鼎、舞轮伎、跳丸、弄剑、角抵等。据《魏书》记载，当时北方的技巧类项目主要有角抵、鱼龙、鹿马仙车、跳丸等，而且这些流行在北方的百戏技巧类活动，很多是外来节目，如"吞刀吐火"、"腾骧"等均为来自西域和中亚地区的项目。

（二）体育项目多元化发展

魏晋南北朝时期，由于社会动荡不安，因而军事体育在这一时期发展迅速，传统的射箭之风遍及各地。各种兵器运用广泛，角力项目得到空前发展。"相扑"一词最早出现在晋代，当时的宫廷内外都有不少相扑的好手。少林武术也发轫于这一时期。

值得注意的是，魏晋南北朝时期棋类活动内容丰富，活跃异常。其中，围棋活动深受当时名士们的重视，并迅速普及。东晋时已有对棋手进行评价的记载。南朝时，载有关于棋手排名的《棋品》问世，并每隔一定的年份就重新修订。棋手分品定级，标志着中国古代的围棋达到了新的高度。北魏时期，现行的19道围棋盘已经开始出现，与当今流行的棋盘别无二致，并出现了《棋经》等专著（图 3-1）。兴起于汉代的弹棋在魏晋时期依然流行,并主要风行于上层社会,这是一项具有竞技性的体育活动。樗蒲作为一项融技巧性与赌博为一体的比赛项目在魏晋南北朝时期最为盛行。起源于先秦时期的投壶活动,在魏晋南北朝时期进一步向娱乐化发展。投壶的技巧和形式较之前代均有一定的变化。

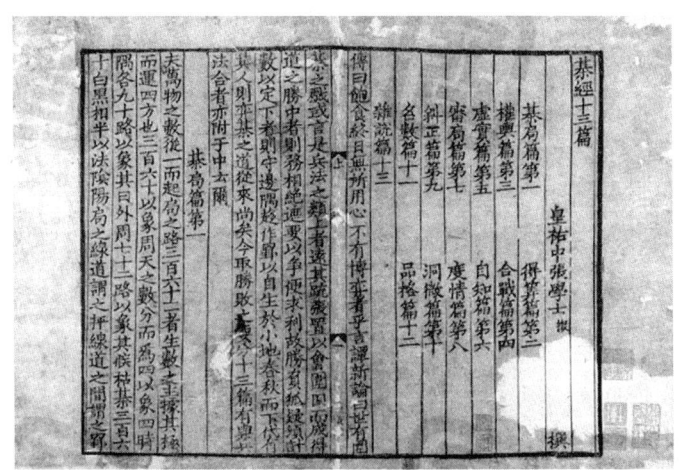

图 3-1　南北朝时期《棋经》(甘肃敦煌莫高窟石室出土)

(三) 民俗体育体系的初成

魏晋南北朝时期,尽管战乱和政治分裂的格局在一定程度上影响了体育文化的发展,但各地、各民族之间的差异也使得这一时期的民俗体育异彩纷呈。

秋千是立春时盛行的一项民俗体育项目,是魏晋南北朝时期的一项重要游戏内容。这一活动不需要太多的力量又稍带刺激,受到妇女和儿童的喜爱。

起源于先秦时期的端午龙舟竞渡在这一时期逐渐规范化。魏晋以前,龙舟竞渡以祭祀的形态存在,具有一定的仪式化特色。到南北朝时期,龙舟竞渡的竞技特色逐渐浓厚,并成为江南地区较为普遍的民间传统体育活动,此时的龙舟竞渡也从原始崇拜的内容转向对历史人物的祭奠。

除了龙舟竞渡外,人们也在端午这一天进行斗百草活动。这是魏晋时期常见的休闲活动,既能让人在休闲中放松身心,又能积累植物知识。

九九重阳节是魏晋南北朝时期非常重要的节日。登高是重阳节最为重要的内容,也是古代重阳节的标志。在古人眼中,重阳节登高既可以强身健体,又可以驱邪避厄。因此,魏晋南北朝以后,上自帝王将相,下到黎民百姓,均在这一天登高,成为节日休闲娱乐的重要内容。

(四) 中外体育文化交流

魏晋南北朝时期,我国政治上处于分裂状态,但并没有影响对外的文化交流。我国与周边地区通过陆路和海路保持着商贸、文化交流,体育文化交流也成为中外文化交流的一项重要内容。

1. 与朝鲜半岛和日本的体育文化交流

魏晋南北朝时期,朝鲜半岛处于后三国时期,高句丽、百济和新罗成三足鼎立之势。当时的百济王国曾向刘宋王朝上书,表求腰弩等物,并得到宋文帝的准予。长期的交流和对中国文化的吸收,使得百济王国的文化、风俗等与中国相同。据《周书》记载,此时的百济王国有"投壶、樗蒲等杂戏,然尤尚弈棋"。朝鲜半岛还是中日体育文化交流的"桥梁",围棋就是这一时期通过朝鲜半岛传入日本的。《北史》记载,日本曾向百济求得佛经,因此才"知卜筮,好棋博"。这是围棋通过朝鲜半岛传入日本的有力证据。中国古代的相扑运动,也是在这一时期传入日本的,后来发展成日本的"国技"。[①]

2. 与中亚、西亚地区的体育文化交流

中国与这一地区各国的体育文化交流,主要体现在乐舞的引进上。自汉代开始,就有中亚和西亚的技艺人进入中国。这一时期,来中国定居的中亚、西亚各地的人口达数万人,也将当地的乐舞进一步引入我国。此外,通过丝绸之路,养生保健等知识也实现了中国与亚洲其他地区之间更多的互动与交流。

二、隋唐五代时期的体育

隋唐时期中国再次形成大一统的格局,此时的体育运动形成了宫廷体育与民间体育互动的格局,养生体育进一步发展,武举制的出现,使得军事体育进入了规范化时期,中外体育文化交流日益频繁。

(一) 宫廷与民间体育的互动

唐代宫廷体育的代表项目是马球运动,这一运动深受唐朝历代皇帝的

---

① 罗时铭. 中日相扑传承关系探析 [J]. 体育文史, 1997 (1): 24~27.

喜爱。唐玄宗、唐宣宗更是马球运动的好手。玄宗年轻时，还曾经带领唐朝的马球队与吐蕃马球队进行过激烈的比赛，并赢得了胜利。当时的长安宫城、王府和达官显贵的私宅都曾经修筑有专门的球场。由于唐王朝上等阶层的喜欢和大力提倡，这项运动也逐渐普及到民间，就连当时的文人也以打马球为乐。中唐时期，士子及第后，还要到月灯阁打马球。

扫一扫3-1：唐代马球竞技图（壁画）

隋唐五代时期，蹴鞠运动得到进一步发展，并逐渐从对抗性的运动转变为娱乐性的体育项目。这一时期，无论从"鞠"的构造还是场地的设置都出现了新的变化。这一时期，充气气毬已经出现，使得毬的弹性更好，并出现没有毬门的蹴鞠比赛。出现从"一人场"到"十人场"的比赛形式。而踢高毬也成为民间百姓娱乐的一种形式。如王维《寒食城东即事》写道："清溪一道穿桃李，演漾绿蒲涵白芷。溪上人家凡几家，落花半随东流去。蹴鞠屡过飞鸟上，秋千竞出垂杨里。少年分日作遨游，不用清明兼上巳。"而这种蹴鞠的新变化，也从民间传递到了宫廷。唐文宗和唐武宗都是蹴鞠运动的爱好者。唐代还从少数民族地区引入了踏球运动，即双足立于球上，让球滚动。唐玄宗时期，踏球被李隆基引入宫廷，供宫女作为体操之用。此外，流行于隋唐五代时期民间的体育运动抛球也被引入宫廷。

扫一扫3-2：捕风捉影球（蹴鞠）

隋唐五代时期，围棋运动进一步发展，普及范围更广，并发展成为人们休闲娱乐的重要形式。这一时期，围棋理论和实战技巧进一步发展。而在宫廷，设立了棋待招，负责供奉皇帝以及教宫里人下棋。

扫一扫3-3：中国古代高尔夫——捶丸视频节选

（二）养生体育的新发展

隋唐时期的养生术，既充分吸收了魏晋南北朝时期的养生思想和方法，在实用方面又有新的发展与突破。由于唐王朝统治者对道教的推崇，因而，魏晋南北朝时期发展起来的外丹术在这一时期发展亦迅速。

隋唐时政治上的相对安定和经济的发达，为养生术的发展打下了良好的基础。此时医学的发展和人们对医学的探索，为养生术的实践应用提供了丰沃的土壤。隋朝的巢元方主持编撰了《诸病源候论》一书，此书集魏晋以来养生医家之大成，至今仍有一定的影响。该书从保健养生的角度，对养生和导引进行了原则性区分，并指出养生保健的前提是防病治病。唐代名医孙思邈（约581—682年）著有《千金要方》《千金翼方》《摄养枕中方》等多部医学著作，这些著作中包含有大量的保健养生内容（图3-2）。因此，孙思邈是我国养生学发展史上具有承前启后作用的一代名医。孙思邈首先继承和发展了《黄帝内经》的"治未病"思想，强调养性是预防疾病、保持身体平和的一种很好的方法。此外，孙思邈奠定了我国食疗养生的基础，重视妇幼保健，并积极推广导引、吐纳、按摩等养生功法。

图3-2 唐代孙思邈《备急千金要方》与《千金翼方》书影

道教作为中国土生土长的宗教，在隋唐时期受到统治者的推崇。道家的导引、炼丹等养生修炼术得到了广泛传播，其中行气等养生保健法具有一定的价值，但也应注意到道教以成仙为最终修炼追求的思想是不可取的。隋唐时期，社会上出现了服食丹药的风气。

（三）武举制与军事体育

隋唐时期的统治者非常重视军事制度，隋朝开创了科举制度，武周二年创设了武举制度，其主要目的是为了选拔武官。

据《新唐书》记载，武举主要考核的内容有长垛、马射、平射、筒射、马枪、翘关、负重等内容。上述各项内容可以分为三大类：第一类是考核应试者的武艺，主要内容为射术和枪术；第二类是考核应试者的力量和体力，主要内容为翘关和负重；第三类是考核应试者的身材和言语。武举制度的开设，为唐王朝培养了大批军事人才，带动了唐朝人习武的积极性，对军队的习武活动起到了一定的推动作用。

值得注意的是，隋唐时期的军事体育活动发展迅速，社会尚武风气浓厚。射箭是一项非常重要的军事技能，军队的士卒配备大量的弓箭设备，推动了当时器械的发展。如唐代的弓分为长弓、角弓、稍弓和格弓4种，分别供骑兵、步兵、狩猎和皇家禁卫军使用。弩也分为伏远弩、擘张弩和角弓弩等，作为远程作战的工具，弩的应用不及弓箭广泛。由于射箭技术的不断发展，隋唐时期还出现了研究箭术的理论著作。《新唐书·文艺志》就记载了当时《射经》《射记》《弓箭论》三部有关射箭的理论著作。

隋唐时期，长兵与击打兵械得到广泛应用并不断发展完善。枪是隋唐时期的主要长兵器，由槊矛演变而来，唐代善于使枪的人很多，且身手不凡。到了五代十国时期，枪在军事上的应用更为广泛，军队中的许多将领都使用铁枪。戟也是一种长兵器，主要应用于官署仪仗，但也有武将使用戟作为兵器。如唐朝名将薛仁贵就使用戟作为兵器，并屡建奇功。长刀、棍棒等作为长兵类器械也在隋唐时期的军队中得到广泛使用。隋唐时期，击打类兵器的使用，进一步提升了兵器的技术水平和灵活程度，反映了隋唐时期兵器武艺的新变化。击打类兵器中，最为典型的就是铁锤和铁鞭。从唐朝至五代十国时期，军队中的著名将领均是使用铁锤和铁鞭的好手，这种特殊形制的兵器已经成为军中武艺的重要组成部分。

（四）中外体育文化的频繁交流

隋唐时期，我国疆域辽阔、文化发达，中外交流频繁。这一时期，我国与周边国家和地区的体育交流也日渐增多。

隋唐时期，中日体育文化交流进入了一个全新的阶段。从隋代初年，日本就向中国派遣遣隋使、留学生和学问僧，专门到中国学习哲学艺术和先进的技艺等。唐朝建立后，日本向中国派遣遣唐使、留学生、僧人以及其他各类专业人才，到唐朝学习中国的先进文化，其中中国古代的体育文化是他们非常重要的学习内容。双方的体育文化交流与互动内容丰富多彩，涉及蹴鞠、射箭、围棋以及百戏等多种体育项目。射箭是一项全球性的体育活动，中日两国古代的射箭运动具有悠久的历史。唐高宗年间，曾有日本的射箭高手来中国进行射箭表演。起源于先秦时期的蹴鞠运动此时也已经东传日本，日本古代典籍《蹴鞠九十九个条》明确指出"鞠始于大唐"，日本皇室非常重视和喜欢蹴鞠运动，并将这一运动推广到日本列岛。此外，围棋运动也于隋唐时期传入日本，日本正仓院所藏棋局与我国安阳地区出土的隋唐棋局为同一制度（图3-3）。

图3-3 唐代紫檀木画围棋局
（日本奈良正仓院藏）

隋唐时期，中国与朝鲜半岛的体育交流内容丰富。在乐舞方面，高丽乐、新罗乐等乐舞传入中国。中国的百戏传入朝鲜半岛，如抛接绣球、百戏幻术舞、剑器等。朝鲜半岛各国派遣留学生赴唐朝学习，这些留学生学成后，将流行于唐代的其他体育项目带回自己的国家。同时，中国与朝鲜半岛的体育交流项目也明显增多，如起源于先秦的围棋，在这一时期是体育交流的重要内容。中国曾经派遣擅于弈棋的杨季鹰出使新罗，并与新罗的围棋好手比赛。此外，隋唐时期，中国与西亚和南亚地区的体育文化交流也十分活跃。印度的乐舞、导引、瑜伽和百戏等活动也陆续传入中国。

三、辽宋夏金元时期的体育

辽宋夏金元时期，中原王朝与来自北方的少数民族政权长期处于对抗之中，此时的体育文化受到了影响。在传承前代体育运动的同时，初步形成了以宫廷礼仪为主导的体育运动体系，市民体育文化和民俗文化交融发展，多民族间的体育文化互动显著，一些体育项目发生了质的变化。同时，中外体育文化保持着平稳的交流态势。

（一）宫廷体育体系的构建

扫一扫3-4：
《宋太祖蹴鞠图》

两宋时期，宫廷体育项目增多，并且初步形成了宫廷体育体系。从球类项目上看，尽管唐朝的马球、蹴鞠已经成为宫廷体育的组成部分，但是到了宋代，这两个项目向更加规范化的方向发展。另外，宫廷中的女子还从事水球运动，并以抛球的远近作为胜负的标准。

扫一扫3-5：
军中打球

据《宋史》记载，蹴鞠运动在北宋初年就已经成为宫廷御宴和接待外国使臣的必备娱乐项目。此时，宫廷中已经出现专业的蹴鞠艺人，蹴鞠成为宫廷礼仪的重要组成部分。除了蹴鞠外，盛行于唐代宫廷的马球运动，依然是宋代宫廷体育的组成部分。宋代的马球运动分为大打和小打两类。大打即唐朝以来流行的形式，小打即女子马球或驴骡打球。相比于唐朝，宋代宫廷马球的运动打法和规则更加规范，皇帝何时出场，大臣何时打球，打球时的礼仪、乐曲等都有明确规定。辽金时期，辽帝和金帝喜欢马球运动的也很多，《辽史》和《金史》中关于历代皇帝打马球的记载非常多。《辽史·本纪·穆宗上》记载，应律二年（952年）"三月庚寅（穆宗）去应州击鞠。丁酉，汉遣使进球衣及马。"

宋代，围棋依旧是宫廷棋类项目的主要内容，并仿效唐朝设立棋待诏制度。此外，象棋也进入宫廷，统治者设立了象棋棋待诏，这是宫廷棋类运动有别于之前的标志。围棋棋待诏是皇室供养的国手，技艺水准相当高，并陪同皇帝于政事之余下棋。象棋在宫廷受重视的程度不亚于围棋，甚至要高过围棋，这一点从《武林旧事》的记载中可看出端倪。当时宫廷棋待诏共有15人，围棋待诏5人，象棋待诏多达10人。辽金时期的帝王也喜欢围棋运动。

在北宋的宫廷中，还有专门从事角抵的相扑队，这些相扑选手是从北宋军队中选调出来的，每当北宋朝廷举行郊拜、明堂大礼时，这些选自军中的"内等子"都要穿戴整齐，陪伴皇帝的车驾左右。角抵运动也为辽、金、元三个朝代的帝王们所喜爱，并成为宫廷娱乐项目。

辽、金、元时期，宫廷体育出现了新的变化，游牧民族的骑射狩猎成为宫廷体育的重要组成部分。辽、金、元时期，宫廷礼仪中就包括了"射柳"，主要内容就是射箭，此外，还有射兔、射虎、射鹿等。西夏的射猎也是宫廷体育的常态运动。辽代时，宫廷垂钓活动盛行，并形成了按照季节不同而在不同区域垂钓的习俗。此外，猎鹰是辽代皇家体育的专利。由于北方的气候原因，辽金时期皇家冰上运动也很受欢迎。

（二）体育项目的新发展

宋代是蹴鞠项目发展过程中的高峰时期。这一时期，由于皇室的推崇，蹴鞠运动广泛开展。除宫廷艺人外，在民间出现了专业的组织机构，蹴鞠技艺水平不断提高。当时的专业组织名为蹴鞠打球社，又被称为圆社或齐云社。这些组织把从事蹴鞠和喜爱蹴鞠运动的人组织起来，并有相关要求。宋代时，有两种不同的蹴鞠比赛方式，一种是中间有球门，两支队伍穿着专业比赛服装进行比赛，以能够踢过两队中间的球门洞或踢中次数多者为胜。另外一种方式则发展了唐朝时期的白打，并规定了1~10人入场比赛的名称。宋代的文献中，关于蹴鞠的记载很多，如《宋朝事实类苑·书画技艺》记载："蹴鞠以皮为之，中实以物，蹴踢为戏乐也，亦谓为球焉。今所作牛彘胞，纳气而张之，则喜跳跃，然或俚俗数少年簇围而蹴之，终无坠地，以失蹴为耻，久不坠为乐，亦谓为筑球鞠也。"①

在球类项目中，宋代进一步发展了唐朝末年兴起的捶丸运动，至元朝还出现了专门的捶丸书籍《丸经》。捶丸的打法类似今天的高尔夫球。球窝设置在地下，以球杖击球，球滚入窝内为胜。当时女子从事捶丸运动的较多。元代的捶丸运动还通过书籍传到了朝鲜半岛。此外，角球也是儿童喜爱的球类运动。

扫一扫3-6：
元代捶丸壁画

---

① 江少虞. 宋朝事实类苑（卷五十二）——书画技艺［M］. 上海：上海古籍出版社，1981.

在棋类项目中，围棋发展到宋代出现了职业和业余之分。一些文人雅士喜欢研习围棋，如范仲淹、王安石等人。不仅如此，宋代市民弈棋现象也非常普遍。女子弈棋者非常多。围棋项目还出现了《棋决》《棋经》《忘忧清乐集》等围棋理论著作。象棋运动发展史上的重要转折点也在这一时期。北宋初期，象棋的形式尚未统一，至北宋末年，象棋形制已与今天大体相同。

投壶发展到宋代出现了新的变化，北宋时期，司马光认为当时的投壶不合礼制，他整理和修订了历代的投壶格谱，撰写了《投壶新格》，在某种程度上限制了投壶的娱乐性。

长跑类项目在这一时期达到了一个新的高度。随着辽、宋、夏、金、元时期通信方式的演进，马递和步递并行。其中步递多用于传送官方文件，有日行五百里和日行四百里等多种方式，这就要求驿卒的长跑能力要强。《元史·兵志》记载，铺兵走递时，"皆腰革带，悬铃，持枪，挟雨衣，赍（带）文书以行，夜则持炬火，道狭则车马者、负荷者，闻铃避诸旁，夜亦以惊虎狼也"。元代产生了贵由赤（长跑）这项中国古代的马拉松运动，每年分别以河西务和滦水为起点，终点为元大都和元上都。

起源于先秦时期的百戏发展到宋代时，已经花样翻新，各种表演不断推陈出新。比如宋代在继承前朝跳丸、飞剑之术后，技艺日益精湛。踢弄之术内容繁多，此外，还有上竿、打筋斗、弄球、走索等多种百戏形式。

（三）民俗体育的新变化

两宋时期，民间体育运动如角抵、百戏和水嬉等逐渐成为民俗文化的组成部分，民间还形成了职业相扑选手和相关的相扑组织。当时民间的相扑选手一般都在娱乐场所中进行比赛，比赛场地被称为瓦子，相扑比赛既是娱乐项目，也是一种赌博形式。南宋时期，最著名的相扑场设在护国寺，在这里比赛获得胜利，能够赢得丰厚的奖赏。这一时期，还出现了女子相扑表演并成为一项市民娱乐观赏的项目。

宋代的水嬉，包括弄潮、水秋千、龙舟竞渡等多种形式。弄潮以观江潮时最为热闹。每当大潮来临之时，弄潮儿执旗迎潮而上，踏浪而行，场面蔚为壮观。

（四）中外体育文化交流

从公元10世纪初至公元14世纪中叶，在中国的版图内，出现了中原王朝与少数民族政权对峙的局面。元朝统一后，存在的时间也不长。但这种政治上的纷争，并没有影响中外的体育文化交流。

在这一时期的中外体育文化交流上，中日体育文化交流非常频繁。从宋朝开始，日本的刀剑等武器已经成为中日贸易的重要商品。这一时期，中国的养生体育对日本影响很大，当时日本的养生体育主要是模仿和继承中国的古代养生体育。唐朝时期传入日本的蹴鞠运动，此时在日本得到进一步发展，并盛行不衰。这一时期，日本已经出现了蹴鞠的著作和相关的图谱。及至幕府时期，每年正月都要进行蹴鞠会。幕府将军非常热衷于蹴鞠运动。据记载，镰仓二代将军赖家在任将军的最初五年，至少进行过35次蹴鞠运动。

中国与朝鲜半岛的体育文化交流依旧保持较高水平的互动。《朴通事谚解》出版于公元14世纪中期（即元代末期），这是为来华的朝鲜人编撰的汉语教科书，该书就记载了诸多中国的体育项目。包括中国古代的捶丸运动、贵由赤（长跑）和摔跤等。该书对捶丸的记载尤其详细，包括捶丸的打法、场地要求和器材规格等。此外，当时朝鲜半岛的高丽国与元朝的贸易内容包含了诸多体育器材，比如刀、剑等。

提及元代的中外体育文化交流，不得不提及马可·波罗（Marco Polo, 1254—1324年），马可·波罗于1275年抵达元大都，1291年离开中国，1295年回到他的家乡威尼斯。后来，他的口述经后人整理成为《马可·波罗游记》。这部书中有大量关于当时中国传统体育的描述，如中国人对射箭运动的喜爱、女子游泳和女子摔跤等运动。这些内容不仅使得西方人能够了解中国古代的体育文化，也为中国古代体育留下了宝贵的史料。

四、明清时期的体育

明清时期是中国封建王朝社会盛极而衰的时期，长期的政治统一和商品经济的不断发展，使得这一时期的体育文化依然具有鲜明的特色，突出地表现在市民文化与休闲体育文化的新发展方面。此外，民间武术此时也形成规模，并对军事体育产生了一定的影响。

（一）市民文化与休闲体育的新发展

明代以后，传统对抗类体育项目逐渐减弱，由于市民文化的进一步发展，休闲娱乐类的体育项目成为明清时期的主流。宋代以前，蹴鞠以有球门的对抗运动为主，明代以后，蹴鞠基本上以没有球门的休闲娱乐为主。除部分皇室仍热衷蹴鞠运动外，蹴鞠已经成为民间的杂技艺人、女子、儿童和文人休闲娱乐活动的内容。其中，女子蹴鞠的发展尤为引人注目。

随着明代商品经济的进一步发展，社会娱乐氛围越来越浓厚，棋类成为城市市民的重要娱乐方式。过去以宫廷供养棋待诏为棋手谋生的手段，至明代民间娱乐空间逐渐扩大，一般棋手能够以围棋的一技之长谋得生路。明清时期，出现了以地区为标志的围棋派别，满足了日益增长的市民娱乐需求。此时，有《棋史》等数十部围棋理论著作出版发行。象棋在这一时期也成为市民日常生活休闲的手段，著名画家唐伯虎对象棋棋谱就非常熟悉。这一时期，象棋的棋谱《橘中秘》刊行，集明代以前全局和残谱之大成，并以开头炮做出划时代的总结，影响至今。清代的围棋、象棋棋谱刊行增多，这两项运动在清代得到进一步普及。

扫一扫3-7：
刘伯温弈棋

明清时期出版业的发展，各地地方文献整理和出版规模的不断扩大，为后人了解明清时期各地的体育文化活动提供了资料基础。这一时期，关于龙舟竞渡的记载逐渐增多，并呈现出由南向北并扩展至全国的趋势。明清时期，龙舟竞渡的方式非常丰富，以端午节当天举行竞速比赛为主。此外，以妇女儿童为主要运动群体的打秋千活动也在清明时节广泛开展。无论是宫廷还是乡野，都可以看到关于这一运动的相关记载。与此同时，清明节前后放风筝的活动更加普遍。值得注意的是，这一时期，击壤活动五花八门，中原地区叫打瓦，满族人称之为打得烤，南方人称之为栲棒。此外，打陀螺也风靡民间。清代，因为满族兴起于北方，冬天的冰上运动也开始流行起来，其中冰上蹴鞠、滑冰、冰球等项目深受民间百姓的喜爱。踢毽子运动在清代也得以普遍开展（图3-4）。

扫一扫3-8：
冰上游戏

图3-4 清代踢毽子图（选自《北京民间风俗百图》）

(二) 军事体育和民间武术的新发展

明清时期，军事体育得到长足发展，民间的武术运动也有了新的变化。明代抗倭运动中，涌现出了戚继光、俞大猷等一批著名的军事将领。他们在军事实践中总结出一整套军事武艺训练方法，极大地丰富了我国军事武艺的形式和内容。在军事器械方面，明代的军队中，枪是主要装备。而当时民间的枪法较为烦琐，不利于军事战争。戚继光在总结民间枪法的基础上，推出简单、实用的枪法。短兵训练中，还有长刀、腰刀等多种短兵器械训练。此外，戚继光等人对军队的射箭技艺也有明确的标准和要求，推动了军事射箭技艺向前发展。戚继光将其军事训练的方法总结成《纪效新书》和《练兵实纪》两部军事理论著作（图 3-5）。

图 3-5 戚继光《纪效新书》书影
（清代道光二十一年原版影印版，中国武术研究院藏品）

此外，明代末期的军事将领茅元仪将其练兵心得总结为《武备志》一书，并刊行于世。书中总结了各种军事器械和军事武艺的方法，极具价值。明代的武举制在培养军事人才方面也发挥了重要的作用。清代的军队盛行满族和蒙古族的摔跤运动，军队中有专门的善扑营。

明清时期，民间习武之风盛行，各地形成了具有地域特色的武术技法。明代，民间武术技法已经形成了较为成熟的武术套路。其中，刀术和拳术套路为目前已知最早的有明确记载的武术运动。当时的各家拳法和十八般武艺技法形成了不同的派别。据记载，明代就有棍法 31 家，刀法 15 家，枪法 16 家。另外，此时已经出现内外家之分。在主要器械方面，关于棍术、枪法、剑术、刀术等主要器械均有相应的理论著作问世。少林武术此时也已兴起并进一步发展。清代，除少林武术进一步发展外，形意拳、太极拳、八卦掌等均出现新的变化并影响后世。

(三) 中外体育文化交流

明清时期，中国与日本继续保持着密切的体育文化交流。在项目方面，棋类项目和武艺武术类项目仍然是重点，而民俗体育文化交流方面也有新的进展。围棋项目是这一时期中日棋类项目交流的重要内容，日本学问僧虚中就曾在明代弘治年间定居杭州，并与多位中国棋手进行交流。此外，中国学者编撰的有关日本的图书中，非常详细地介绍了日本开展围棋运动的情况。中日武器武艺类项目交流扩大，日本倭刀在明代一度年进口量达到 3 万多把。随着倭刀的引入，中国武林人士对该类项目的技术也非常重视，并通过朝鲜半岛将在中国已经失传的双手剑法重新引入。此外，日本体育史学界经过研究认为，1621 年赴日本的陈元赟是日本柔术的鼻祖。清朝时，正值日本德川幕府时期，为加强自身的军事力量，德川幕府引进中国的优良马种和骑射技艺，雍正年间，多位骑手和马医前往日本教授骑射技术。日本著名教育家贝原益轩还曾经专门研究过中国古代的体育思想，并在其著作中充分吸收了中国古代的养生理论。

由于地理位置的因素，中国与朝鲜半岛的体育文化交流热度始终未减。在援朝抗倭的斗争中，明朝大将骆尚志赴朝鲜半岛专门传授剑术。

随着大航海时代的到来，中外航海家将中国的体育远播海外。如围棋就随着航海家传到了欧洲，而刀剑等武器也随着郑和下西洋传到非洲地区。明末清初来华的传教士，将中国的体育文化向西方传播。同时，他们也将流行于欧洲的国际象棋等项目引入中国。如 1582 年来华的利玛窦就曾经将国际象棋与中国象棋进行了详细比较，并写入《利玛窦中国游记》之中。他不仅让中国人了解了西方的国际象棋，也让西方人进一步了解了中国古代的象棋，为中外棋类项目的交流提供了平台。当时的中国人也非常关注西方的国际象棋，明朝人陈维崧就曾经在其《湖海楼词》中留下了西方人在华演示国际象棋的记载。

第二节 古代印度体育的发展

印度是一个历史悠久的国家，与中国同是古代东方文明的主要发源地，对于东方和世界历史文化的发展做出过突出贡献，产生过深远的影响。公元 4 世纪初，笈多家族逐渐崛起并建立笈多王朝，印度由古代奴隶制社会向封建社会过渡，到 7 世纪时发展相对成熟。但在随后的 1 000 多年，由于未能形成统一的中央政权，印度国内小邦林立，内战不断，18 世纪印度被英国侵略并沦为英国的殖民地。这样的社会环境对于印度体育的发展来说不算理想，但存在几个相对有利于体育发展的物质基础和文化条件的时期。例如被人誉为印度历史上"黄金时代"的笈多王朝（公元320—540年）的早期、中期以及戒日王朝（公元606—647年）和莫卧儿王朝（公元1526—1761年）的初期。① 从总体情况看，长达几个世纪的外族入侵以及连绵不断的内战，在某种程度上促进了印度军事体育的发展。

一、军事体育

随着外族骑兵的入侵，战车兵失去了昔日作用，它从印度军队的兵种中逐渐消失；火器的出现使得象兵也失去威力。巴卑尔是莫卧儿帝国的奠基者，也是早期火兵器的使用者，曾在1527年采取骑兵协同炮队作战的方式，战胜了拥有8万骑兵和500人象军的北印度最强大的拉其普特领袖拉那·桑伽；1529年又击溃了拥有千头战象、兵力四倍于己的10万阿富汗人联军。虽然以火器为主的新式武器不断出现，但是印度的军事作战技术依旧是以弓箭、短剑、弯砍刀等传统武器为主。其中弓箭和短剑是主要作战武器，军队训练中尤为重视这两项。印度军人的打斗技术在频繁战争的推动下有了较大提高，印度传统的摔跤术也在军队中广为开展。

印度的贵族阶层需要参加征战，所以必须学习骑射等作战技术及军事理论，他们的训练条件比普通军人优越且配有专门的指导教师。此外，他们还可以在一些宗教性教育机构里接受射箭、游泳和登山等更多课程的训练。经历过严格训练的国王一般也是技艺超群的军人。例如，随着势力的扩展建立了笈多王朝的笈多一世，自称为"伟大的王中最高的王"；第二代国王笈多以武功著称，在漫长的统治生涯中到处征战，拓宽了印度的版图；第三代国王笈多二世自称超日王，继承了前代君主的武力开边政策，将势力范围再次扩张。这三位国王，在印度的扩张战争中都显示出了杰出的作战能力，带领士兵英勇击敌，使印度免受外族侵略。王位继承者的训练受到历任印度国王的重视，其中以对克什米尔王子的训练最具代表性。夏天，他需要在酷暑中赤脚并负重前行；冬天，他需要在寒雪中身穿单衣行军。笈多王朝时期的妇女也十分擅长射箭和骑马，以身着戎装为荣；妇

---

① 培伦. 印度通史 [M]. 哈尔滨：黑龙江人民出版社，1990：147.

女们有时还充任宫廷守卫,甚至看守囚徒。

二、瑜伽术与医疗体育

瑜伽术随着医学的繁荣而产生新的流派。公元 4~5 世纪,印度流行以沉思冥想为主的哈特"静态"瑜伽。"哈特"即手的姿势,此法强调静坐调息,配合手与肢体的姿势达到身心修炼的目标。① 公元 8 世纪时,出现了"动态"瑜伽,如冈达罗克派。它是一种利用身体动作达到训练效果的瑜伽练习方法。此时的瑜伽术出现了两种不良倾向:一是更加神秘化;二是禁欲主义的色彩加重。神秘指的是少数瑜伽高手独占技法,瑜伽动作复杂难懂,没人指导很难掌握。禁欲主义加重是指不少瑜伽者独自一人到野外苦练,过着与世隔绝的生活。

扫一扫3-9:
古印度托钵僧
日常生活图

印度的医疗体育在前人的基础上,又有了进一步发展。妙闻、瓦杰巴塔、卡拉克奇亚等医生和学者都对这一理论的补充和完善做出了自己的贡献。

生活在约公元四五世纪的妙闻是印度外科的"鼻祖",他所著的《妙闻本集》涉及医学通论、解剖学、病理学、药理学、外科学和各种疗法。② 作为传统医学体系的生命吠陀,主张人通过饮食、医疗和养生等手段来祛病、健身和延寿。妙闻十分重视体育的医疗作用,认为体育运动可以使人身强力壮、肢体匀称,还能使人心情舒畅、精力充沛。他建议采用适当的室内外游戏来治疗一些慢性病。瓦杰巴塔则从生理学角度解释了体育的保健功能。他指出,体育锻炼能促进人的内脏和机体发育。卡拉克奇亚医生结合了古印度医学理论进一步提出,要想健康长寿,首先要调节人体的内在平衡。

古印度的体育医疗理论在医者的传播下,快速传到阿拉伯地区和欧洲各国,对世界医学体育理论的形成和发展产生了很大影响。

三、竞技运动和休闲娱乐活动

摔跤是印度的传统体育项目,分为本土摔跤、蒙古式摔跤和伊斯兰式摔跤,其中以印度本土的瓦吉拉—穆什特摔跤最为流行。该项目的比赛选

---

① 郝勤. 体育史 [M]. 北京:人民体育出版社,2006:23.
② 孙士海,葛维钧. 印度 [M]. 北京:社会科学文献出版社,2003:424.

手分为两类：一类是预备摔跤手，年龄要求是 20~30 岁；另一类是职业摔跤手，年龄要求为 30~32 岁，满 32 岁退役。摔跤在印度十分普及，从王室贵族到普通百姓都是摔跤爱好者。

摔跤手在专职人员的辅导下进行训练，每天黎明起床，除了进行蹬、打、踢等专项训练外，还要举沙袋、舞重棒、跑步和游泳，同时系统地学习擒拿、反击等打斗技巧。平时，他们极其注重饮食起居，从不与妇女交往，甚至不窥视妇女，保持清心寡欲，以免损伤自己的神志。

摔跤比赛相当隆重，选手们分别乘坐大象，在锣鼓伴奏下涌向竞技场。入场后，先敬神祇再互敬然后比赛。印度传统摔跤的动作基本上是在倒地之后的缠斗中进行。摔倒或者双肩着地不代表比赛结束，只有击伤对方，使其丧失继续比赛的能力才算结束，这是古代摔跤与现代摔跤之间的最大不同。若二人相持不下，彼此都不能制服对方则算作平局，获胜者享有丰厚的奖品（图 3-6）。

图 3-6　双手合十跪地行礼的哈奴曼，印度教中理想的信徒形象，由于体格过人，他也受到摔跤、拳击和体操运动员的崇拜

13 世纪伴随入侵者带来的马球是最具时代特点的球类活动。马球场是一个边长为 200 米的正方形，东西两端各设一球门，四周有栅栏。球杖长约 2 米，手柄处裹以红色皮革；木质球的外面也附着红色皮革。双方各有 8~10 名队员，将球攻入对方球门方可得分。一般比赛结束后，还会安排精彩的骑术表演。马球深受国王们的喜爱，他们经常挑灯夜战。15 世纪的南印度曾在威扎晏那哥尔建有一个可以容纳 10 万人的体育场，每年举行一次为期 10 天的庆祝活动，射箭、骑马、摔跤、拳击等精彩比赛相继进行，

获奖选手可能得到奖金，也可能是政府官职的奖励。16 世纪初，巴卑尔率莫卧儿军将历时 300 多年的德里苏丹国家推翻，建立莫卧儿帝国。他不仅是一名出色的军人，还喜欢打马球，此后马球成为印度贵族中一项热门的运动。①

人与兽斗是最具印度民族风格的古代娱乐活动，其中斗象是典型代表。斗象必须选择雄性大象，先喂药物再灌酒将其催狂，然后用黑布蒙上双眼。在斗象士和骑手的轮番挑逗下大象横冲直撞，如果斗象士能安然无恙的躲过冲击，就算获胜还可以得到奖赏。一般在斗场旁还可欣赏到舞蹈表演。

印度人能歌善舞，在出土的印度河文明遗物中，就有舞女青铜像和男性舞者的石雕像。在印度的神话传说中，神明是最初的舞者，印度教的三大神之一的湿婆是印度舞蹈的始祖。② 印度舞蹈起源于宗教祭祀仪式，舞者表演舞技以取悦神灵。舞蹈在印度已有 3 000 多年的历史，公元 2 世纪婆罗多所著的《舞论》指出，舞蹈是印度所有重要庆祝活动必不可少的内容，它是印度所有古典舞蹈形式的理论源泉。

印度舞蹈大都取材于印度神话，分为南北两大体系和四大流派。第一派古典舞蹈是流行于南印度泰米尔的婆罗多舞。这种舞蹈是一种独舞，原系敬神舞蹈，重点在手势，通常由一名女演员演出。演员必须屈膝而舞，同时要把表情、曲调和节拍三者融为一体，题材多取自吠陀经典中的神话。

第二派古典舞蹈是流行于南印度喀拉拉邦一带的卡塔卡利舞。"卡塔卡利"的意思是"故事表演"。这种舞蹈承袭了古代梵剧形式的舞剧，至今仍以梵语诗歌伴唱。该地区流行演出舞剧，内容为神话传说，卡塔卡利舞就从中演化而来。舞者均为男性，运用 24 种基本手势、面部表情和动作叙述剧情，面部还要化类似京剧脸谱的妆容。

第三派古典舞蹈是流行于北印度的卡塔克舞。"卡塔克"的意思是"说书人"。它是婆罗多舞和卡塔卡利舞的混合物，后来又吸收了伊斯兰教的舞蹈艺术，形成了典型的北印度舞蹈。男女舞者可以对舞蹈段落自由发挥，强调旋转和足部动作。舞者以脚功见长，它的脚功主要表现在脚底和脚趾的动作变化，踝系脚铃，脚掌配合鼓点快速踏击。卡塔克舞蹈意义通俗易懂，比较大众化。

第四派古典舞蹈是流行于北印度的曼尼普里舞。这是一种有浓厚宗教

---

① 刘欣如. 印度古代社会史 [M]. 北京：中国社会科学出版社，1990：279.
② 孙士海，葛维钧. 印度 [M]. 北京：社会科学文献出版社，2003：392.

色彩的集体舞,也是一种抒情舞蹈。舞蹈旋律古朴,对表演者的要求最严格,训练也最全面。舞姿敏捷欢快,有丰富的动作变化和节奏感,舞者通过腰身和四肢的轻柔来表达情意。

舞蹈是人们生活中的重要组成部分,大多数古典舞蹈起源于民间舞。印度各地有许多富有地方色彩的民间舞蹈,表现形式多样,种类繁多。民间舞蹈一般分为工作性、季节性、演武性、宗教性和仪式性5种舞蹈场合。舞蹈动作以模仿自然和劳动为特点,表达欢乐的心情。

扫一扫3-10:
印度与亚洲各
地的联系

第三节 阿拉伯帝国体育

阿拉伯半岛位于亚洲西南,面积320多万平方千米,约为欧洲面积的1/4,是世界上最大的半岛。古阿拉伯的游牧人通常被称为"贝都因人"。大约从6世纪起,阿拉伯开始步入阶级社会。在7—13世纪,阿拉伯人建立了一个横跨欧、亚、非三个洲的封建大帝国。为了区别归入帝国统治下的波斯人、叙利亚人、埃及人及其他各族人,这时的"阿拉伯人"统指所有说阿拉伯语、在血统上属于阿拉伯部落且本身或祖先出生于阿拉伯半岛的人。世界三大宗教之一的伊斯兰教在此产生,它影响着古代乃至今天阿拉伯人的生活。由于地理位置的特殊性,它将古代东西方的先进文化加以发展,从而创造出包括体育在内的辉煌的阿拉伯文化。

一、伊斯兰教的兴起与体育

伊斯兰教兴起以前,阿拉伯人信仰多种宗教。犹太教、基督教、拜火教、摩尼教等在阿拉伯半岛都拥有各自的信徒。伊斯兰教的兴起,实际上是一种宗教、政治和社会的变革,是阿拉伯历史上的重大转折点。公元570年3月,穆罕默德出生于麦加。同一年埃塞俄比亚人率象军进攻麦加,全军覆灭,因此这一年被称为"象年"。象年战争以后,阿拉伯人在贸易交往中受到多方面的影响,眼界日益开阔,思想也发生了巨变,从而促成了伊斯兰教的形成。伊斯兰教反对多神崇拜,信仰唯一的真主安拉,主张一个政体,实现民族统一。伊斯兰教就是在犹太教和基督教的基础上形成的一门新的宗教,不仅反映社会生活和自然界之间的矛盾,还反映社会阶级之间矛盾,其社会基本矛盾为奴隶主和奴隶之间的矛盾,各氏族部落之间的矛盾和民族矛盾。

阿拉伯人的"先知"穆罕默德从小了解自己的民族,熟悉犹太教、基督教及其他宗教思想。他根据当时阿拉伯半岛的社会状况和民族特点，创立了伊斯兰教。公元610年伊历9月（斋月）27日或28日的夜间，他宣布奉行使命在麦加进行传教活动，《古兰经》称此夜为"尊贵之夜"（格德尔之夜）。伊斯兰教从此成为维护统治阶级利益的精神武器。它是适应7世纪初阿拉伯社会的政治变革和经济要求而产生的，结束了阿拉伯民族的分裂状态，助其建立了统一国家。

敬事安拉、顺服主命、遵守教律、忍耐服从的伊斯兰教义遏制着体育活动的开展。从阿拉伯教育中就可以明显看出伊斯兰教对体育的影响。16岁以下的阿拉伯男性，从小就被父亲告知，真主是唯一的崇拜对象。16岁以上的青年在清真寺学习，主要阅读内容是《古兰经》和圣训，没有体育活动。宫廷教育中也存在忽视体育的现象，如欧麦尔二世便要求教师给王子们上课时，首先告诫他们要远离各种娱乐活动，否则真主会降罪世人。

随着伊斯兰国家的扩张，阿拉伯人走出半岛，与具有不同文化并继承了古老文明的民族混居，主要是波斯人和罗马人。这些国家的文化丰富了阿拉伯文化，也使阿拉伯的经济状况得到改善，阿拉伯人由艰苦的生活转向奢靡享受，削弱了人们的宗教信仰。在相对自由的环境中，阿拉伯人吸取其他民族的体育成分，将其融入传统体育内容中，创造出新的体育活动形式。

伊斯兰教对卫生保健活动的开展起到了推动作用。因为宗教的学问和身体的学问是先知认可的两大学问。因此教规规定，信徒要讲究卫生，需要经常沐浴，城乡之中，到处澡堂林立。根据《巴格达志》记载，公元10世纪，巴格达城有澡堂6万座，而居民不过150万人，平均25人有一间澡堂，这使得古代阿拉伯的公共卫生状况达到极高的水平。

二、阿拉伯帝国的体育

伊斯兰教兴起前，阿拉伯人以部落为单位，逐水草而居，没有军队。每当部落之间发生冲突时，全体男子出动，以弓箭、长矛、刀剑为武器。伊斯兰教兴起后，所有的信奉者都是战士，平时经商、放牧、种地，各司其事，战时拿起武器去战斗。倭马亚王朝（约公元661—750年）时代的国家军队除海军外，全部由阿拉伯人组成。陆军分为步兵与骑兵，步兵配刀剑、执长矛；骑兵则以长矛和弓箭相配合。阿拉伯人善骑射，作战中常以弓箭为先，弓箭发挥了十分重要的作用，弓箭手是阿拉伯军队的主要组成部分。哈里发时期（约 632—661 年）的近卫军经过严格训练，由骑兵队、步兵队和弓弩队组成。阿拉伯军人使用长矛、刀剑、弓箭，围城时使用弩炮、破城槌以及"希腊火"（由松香、硫磺、树脂等混合而成的易燃物）。这些近卫军平时的训练就是阿拉伯帝国典型的军事体育的代表。

阿拉伯人属于闪米特人（Semite，旧译"闪族"）。体育运动与其说是闪族文明的特征，不如说是印度—欧罗巴文明的特征。对他们来说，为锻炼体力而从事体育运动是一个荒唐的观念。① 阿拉伯人的性格是在沙漠和旷野中磨炼而成的。沙漠生活中的各种危险，使得他们必须骁勇善战。他们始终要和人、野兽、严峻的自然环境等战斗。"宝剑是他的防护，马背是他的堡垒，忍耐是他的武器"。② 因此，阿拉伯人的室外游戏项目主要有箭术、马球、铁圈球（一种槌球或曲棍球）、剑术、掷标枪和赛马，更重要的是狩猎。据记载，陪伴哈里发娱乐的人，必须具备这几种技能：会射箭、会狩猎、会打球、会下棋。在这些方面，他们可以同主人公分庭抗礼，而无大不敬之罪。所以，阿拉伯上层社会人士必须掌握狩猎、球戏、棋类和射箭 4 种技能，这些也是最受重视的娱乐项目。

狩猎曾是阿拉伯人主要的生存手段，随着生活条件的改善，狩猎又成为阿拉伯贵族消遣娱乐的活动。在哈里发时代，狩猎不仅是一种娱乐，更是一种风尚。由于哈里发和王公大臣酷爱狩猎，还成立了专门的狩猎团体，在幼发拉底河岸修筑了马蹄形围墙，先撵入大量野兽然后进行围猎。狩猎也是一种重要的练兵手段，综合训练士兵的耐力、坚韧、胆略、体能、技巧和战术。阿拉伯半岛上有很多马、骡、驴、羊、狗等家禽和鬣狗、狼、蛇、野牛等野兽，还有鸵鸟、鹭、沙鸡、野雁等飞禽，这些给狩猎活动的开展提供了充沛的物质基础。阿拉伯古代留下了大量吟诵狩猎的诗歌，早期的阿拉伯语著作中有许多关于狩猎、捕捉、放鹰的论述。由此可见，人们对于这些活动有着极高的兴趣，用鹰隼来狩猎的方法，是从波斯传入的。在伊朗、伊拉克、叙利亚，直到现在还用鹰和鹞来狩猎，方法和《天方夜谭》里所描绘的几乎完全一样。

古代阿拉伯贵族喜欢玩一种球术，可能是网球的祖先。丁尼斯是尼罗河上一个城市的名称，在中世纪以出产夏布闻名于世，这种夏布可能是最初制造网球的材料。③ 阿拉伯贵族最热衷的球戏则是从波斯传入的马球活

---

① ③ ［美］希提. 阿拉伯简史［M］. 马坚译. 北京：商务印书馆，2016：84，87.
② ［黎巴嫩］汉纳·法胡里. 阿拉伯文学史［M］. 郅溥浩译. 银川：宁夏人民出版社，2008.

动。阿拉伯盛产马匹，为这一运动的开展提供了良好条件。印度的象棋经波斯传入阿拉伯，很快也在上层社会流行起来。由于军事需要，射箭、掷标枪、击剑活动在贵族中相当普及，且击剑更受贵族重视，有不少人都是剑术精湛的高手。赛马源自古老的沙漠生活时代，到帝国时代有了进一步的发展。哈里发们对组织赛马活动相当热心，哈里发希沙姆率先建造赛马场，并将自己的骏马和其他贵族的良马集中起来进行赛马大会，总数多达4 000多匹。随着赛马运动的发展，有关骑术和养马的专著也陆续问世。

在阿拔斯王朝（约公元750—1258年）的初期，不仅上层妇女有优越的地位，在国家事务中颇有势力；阿拉伯的普通女子也经常走上战场，指挥作战。她们还会作诗，在各种文艺活动中与男子竞争；在社交场合，以她们的机智、音乐才能和歌唱才艺，活跃气氛。诗人汉萨就是一名家喻户晓的传奇女子，她既是女诗人，也是女英雄。她不仅独自参加过部落战争，而且鼓励自己的4个儿子出征。到10世纪末期，严格的深闺生活制度和两性之间绝对的隔绝，使妇女的地位一落千丈。

阿拉伯帝国横跨欧、亚、非三洲，它又是各种民族歌舞的荟萃之地。人们喜欢用歌舞表达自己的感情，这在《一千零一夜》（又译《天方夜谭》）中有多次描述。歌舞也是宫廷娱乐和社交的重要内容，会定期在宫中举行歌舞会。

伊本·西那（拉丁名为阿维森那）生于公元980年，卒于1037年，他是伊斯兰哲学的泰斗，也是"伊斯兰医学的王子"。他是一个学识渊博的人，精通哲学、医学、语言学和教义学。他一生著作很多，最著名的就是《医典》。该书集当时医学之大成，全书共分5卷，100多万字，两卷论述医学原理，两卷论述治疗方法，一卷论述药科。从13世纪拉丁语译本的《医典》问世直至17世纪，该书一直为西方各大学的医学读物。《医典》是古代阿拉伯民族医学理论和实践的经验总结，书中提出的基本原则为体育医学和保健打下了基础，这些理论对欧洲文艺复兴时期的体育产生了极大的影响（图3-7）。

图3-7 《医典》的作者伊本·西那

伊本·西那哲学的核心是实现人与自然的和谐与平衡。从这一前提出发，他实施体育的原则是促成人的生活和工作、理智和情感、心理和生理各方面的和谐。在具体实施过程中，他强调人所获取的营养和付出的精力、睡眠和活动、个人卫生和环境卫生、体育运动和音乐诗歌都应当平衡和搭配合理。他在《医典》的结语中，对这一原则做了更加简练概括的说明："保健之道是对影响身体健康的各种因素都处于平衡的前提下加以考虑的方式。"

他提醒锻炼的人们要根据气候的变化、人的年龄、性别以及自己的身体状况来选择活动内容；他鼓励人们多参加户外锻炼，因为在户外可以享受充足的阳光、新鲜的空气，并利用冷水浴来增强人的抵抗力。为了促进身体健康和增强锻炼效果，他建议人们首先要制订合理的作息制度并严格遵守执行。

他还根据体育医疗过程的规律性，将其分为"准备"和"恢复"两个环节。这两个环节被现代体育医疗继承下来。根据活动形式的不同特点，他将户外游戏、竞技运动会以及一些具体的身体练习形式，如四肢活动、扩胸运动、腰部运动等，作为不同功效的卫生保健和体育医疗手段使用。按摩术和沐浴则被伊本·西那作为主要的恢复手段使用。他的理论对文艺复兴时期欧洲体育的发展产生了很大影响。

第四节　古代日本的体育

进入6世纪，日本的社会矛盾日趋严重，政治上实行大化改新，由贵族社会向封建社会过渡。公元8世纪，新兴的武士阶级即地主武装阶级随之产生。12世纪，日本的封建制度确立。武士的形成与以天皇为首的中央集权制的瓦解和庄园制的发展相关联。[1]从镰仓（约1185—1333年）幕府成立到明治维新，武士阶级统治日本长达700年之久，是日本历史上存在时间最长的政权形态。古代日本在长期的生产和生活实践中也形成了基本体育活动，具有民族个性的武士训练和养生术等体育内容，在封建时代得到了进一步发展。

日本和中国自古往来密切，7—8世纪是隋唐文化输入时期，13—15世纪是宋、元、明文化输入时期，中国文化对日本人的生活产生了广泛的影

---

[1] 赵建民，刘予苇. 日本通史 [M]. 上海：复旦大学出版社，1989：61.

响，这种影响在日本体育的形成和发展过程中也充分体现出来。

一、武士体育

武士是从地方上的富农中产生的新兴势力。武士的兴起意味着从农民群众中培植起来的下层势力企图取代自弥生时代（约公元前 300—250 年）以来连续掌握统治权的古代国家统治阶级。① 11 世纪初期后，武士势力更加强大，逐渐形成了超越庄园范围的地区性武士集团。

理想的武士造诣是文武兼备，但实际培养过程中只重视武艺。在武士教育上，首先注重遵守品质的培养，并不重视思维、知识、辩论等智力才能。武士教育对知识仅给以相对附属的地位，学问获取在他的活动范围之外，只在与武士的职责有关的限度内来利用它。② 在学习方面，文学主要作为消遣的娱乐来学习，哲学则是为了阐明军事或政治问题，或作为有助于培养遵守的品质来学习。

体育训练是武士学习的主要内容。时代不同，武士训练的内容也不同。德川（约 1603—1867 年）幕府时代以前武士必学的是弓术、马术、枪术、剑术、炮术和柔术以及兵学，即"六艺一学"。其中弓术和马术的地位最为重要。《三国志·魏志》记载了邪马台国军队使用的武器，"兵用矛、盾、木弓，……竹箭，或铁镞，或骨镞。"③ 随着火器的出现以及西方近代武器的传入，弓马术在军事作战中的威力和在六艺中的地位渐弱，反而肉搏近战中必用的剑术地位猛升，位列六艺之首，炮术和枪术的地位也得到大力提升。由于日本四面环海，武士阶级出现后，游泳逐渐成为军训的主要项目，其地位仅在六艺之后。游泳技术因军事需要不断发展，到了江户时代，出现了很多游泳派别和相关书籍。

"武士"一词虽然在 10 世纪以前就已经出现，但同样含义的词语还有"兵"（つわもの）、"侍"（さぶらい）、"武者"（もののふ）等。这几个词语间稍有区别："兵"，以战争为职业者；"侍"，贵族的警卫；"武者"，政权中的武人。日本学者认为这三个词语反映了同一实体的不同侧面，到 12 世纪时三者统一为"武士"。④

扫一扫3-11：古代日本人游泳活动浮士绘图

---

① ［日］家永三郎. 日本文化史［M］. 刘绩生译. 北京：商务印书馆，1992：86.
② ［日］新渡户稻造. 武士道［M］. 张俊彦译. 北京：商务印书馆，1993：58.
③ 王金林. 简明日本古代史［M］. 天津：天津人民出版社，1984：35.
④ 北京大学日本研究中心. 日本学（第七辑）［B］. 北京：北京大学出版社，1996：203.

刀是武士之魂，是力量和勇敢的象征。少年武士从小就开始学习使用刀，年满5岁需穿上全套武士服装，站在棋盘上腰间配真刀来代替此前的玩具刀，由此才被承认武士资格。在进行武士门的最初仪式之后，需要时刻佩戴象征武士身份的刀才能出门。最初几年佩戴的是木刀，然后是钝刀，满15岁成年时就可以拥有一把锋利的真刀且刀不离身，① 这是一种忠义和名誉的象征。

武士道教育中教授的课程由于阶层不同，所学内容也有差异。上层武士因社交活动的需要，偏重于箭术和马术的训练；下层武士因实战的需要，大多进行柔术和矛术等项目的训练。武士在技能学习之余还要接受思想教育，孔子、孟子的教诲是武士道最丰富的道德教义来源，从战国时代（约1467—1615年）到德川幕府时代，武士思想教育从以儒家思想为核心的武道，发展为"智、仁、勇"的武士道。武士道在字义上意味着武士在其职业上和日常生活中所必须遵守之道，简单来说就是"武士的训条"，也是随着武士阶层的身份而来的义务。

为了更好地控制广大武士，日本于1615年（元和元年）颁布了武士戒归，史称"元和令"，共有13条；后来又进行了增补与修订，变为21条，史称"宽永令"，之后的武家法令均在此基础上做增删。② "元和令"中关于武士体育的主要内容有：武士的基本职责是"专心致志，修炼文武艺能"；"弓马之事乃武家之要领"，切不可停止和放松练习。

二、保健养生术

日本人堪称世界上的长寿之国，"食八分饱，睡充足觉"是普通百姓对于健康养生的基本认识。平安时代（约794—1192年）的982年，丹波康赖撰写的《医心方》是日本的医典名著，也是第一部关于养生的著作，全书共有30卷，内容主要根据我国的《千金方》《养生要集》《抱朴子》等医学和养生著作编写而成。③ 镰仓（约1185—1333年）时代，荣西的《吃茶养生记》问世，对于日本人而言，茶是日常生活中的重要组成部分，茶道则是日本室内传统艺术的组成部分。茶道强调清、静、和、寂，同时也具有趣味性和游乐性。1713年发行的贝原益轩的名著《养生训》第一节

---

① ［日］新渡户稻造. 武士道［M］. 张俊彦译. 北京：商务印书馆，1993：76.
② 王金林. 简明日本古代史［M］. 天津：天津人民出版社，1984：332.
③ 郝勤. 体育史［M］. 北京：人民体育出版社，2006：52.

就写道："养生之术须先去自身之物，自身之物为内欲和外邪。内欲为喜怒忧思悲惧惊七情之欲。外邪为天之四气，云风寒暑温。"① 该书是室町时代日本保健养生术的另一重要代表作，书中围绕成人健康卫生的方法进行了具体阐述，提倡"少内欲，防外邪"可以永葆天年。

日本养生术深受中国的养生理论和实践的影响。理论上主要提倡节性欲、控饮食、慎言语、保精神，注重精神和身体的双重养护。在实践层面则提倡静坐、调息、按摩，这些属于主静养生法。

随着武艺在日本越发受到重视以及19世纪西方卫生保健学的传入，武艺和舞蹈也成为养生的手段。这些与传自中国的彭祖导引法、老子导引法、十八罗汉导引法、华佗五禽戏等养生锻炼方法并存。日本的保健养生术由主"静"派向主"动"派转变。

三、竞技运动和休闲娱乐活动

大和时代（约公元3世纪—646年），狩猎已经成为日本上层社会的流行娱乐活动。贵族们利用骑射获取猎物，且狩猎活动还能起到军事训练的作用。公元7世纪中叶，日本颁布了禁猎令，提倡放兽归山、还鱼归水，狩猎活动转入低潮。但这些举措并没有使得狩猎活动消失，上层的贵族因娱乐消遣而狩猎；下层的猎户为生存而偷猎。到了平安时代（公元8—12世纪）狩猎活动再次兴盛起来。

射箭也是日本古代体育活动中的一项重要内容。射箭者一般左手持弓，所以日本人直到现在仍将左手称为弓手，足见射箭对日本文化的影响很深。射箭分为步射和骑射两种。步射包括射礼、赌弓、悬赏比射三类。

射礼源于中国，也称"大射"。射礼的参赛者大多来自亲王和六卫府。赛前选手们要预练两日。比赛时一般以击钟报成绩，凡射中靶外轮者，击1响；射中中轮者，击2响；射中内轮者，击3响，参赛者按成绩领赏。9世纪初，赌弓出现在步射比赛中，其比赛内容是争夺天皇下赐的赏物，参赛者主要为近卫军。悬赏比射则是公卿以下官员进行的一种射箭比赛活动。不管是射礼、赌弓还是悬赏比射时，日本天皇都会亲临现场，可见射箭活动在古代日本的地位之高。

5月5日被称为日本民间的骑射节，于公元727年5月5日首次举行。

---

① 范作申.日本传统文化［M］.上海：生活·读书·新知三联书店，1992：272.

骑射表演有专门场地，它是一种在飞速骑行过程中的开弓射箭活动，中靶多者为胜。后来演化出"马上三物"，即悬竿、流镝马和犬追物三种骑射活动。悬竿是射者在射场策马奔驰，到规定射位后放箭的一种比赛活动。射靶多以竖竿充之，亦可用贴于木板上的皮革代替。流镝马是射手在疾驰中连射3块箭靶子的比赛，箭头用木料或鹿角制成，中留小孔，箭离弦后，能发出呼啸声，因而该项目又名"响箭骑射"。因比赛时一般将狗用作追杀物，故比赛名"犬追物"，它是由狩猎活动演变而来的一种比赛活动。参加追猎者分为两组，每组18人，每次上场各6人。被追猎犬150只，每场以10只充作猎物，10场猎完，击杀犬数多的队为胜。由于这种狩猎方式不受季节限制，所以它得到广泛普及，有取代实地狩猎的趋势。由于贵族和武士阶级热衷赛马，到公元982年赛马成为骑射节的固定内容（图3-8）。

相扑是从中国传入日本的一种运动，约从大和时代起开始在日本流行。① 到公元8世纪时，每年的7月7日被规定为相扑节（后有所变动）。最初由文部省统管，后交由兵部省组织相扑节。到镰仓时代，相扑运动成为各地神社活动的重要内容，如镰仓地区的放生大会、京都地区的祭神大会期间都会举行相扑比赛。由此，相扑运动逐渐形成一套严格的等级制度和训练体系（图3-9）。

图3-8 手持弓箭骑于马上的日本武士画像

图3-9 古代日本浮世绘作品：相扑手正在施展他们的力量和技巧

---

① 郝勤. 体育史［M］. 北京：人民体育出版社，2006：51.

剑道形成于镰仓时代，在江户时代得到更加广泛的传播和发展，它是武士训练的基本内容，也是日本传统体育的重要内容。另外，从中国传入的蹴鞠、马球、投壶等项目也得到了快速传播，成为日本传统体育项目的组成内容。

日本平安时代流行"鸡合"，也就是今天所说的斗鸡。以公鸡参加斗鸡游戏，平时饲之以肉，养其精力，斗鸡时可以更加凶猛。宫廷斗鸡还会配有奏乐，由文武大臣一起观看，一般斗鸡以10次定胜负。由于斗鸡深受普通百姓的喜爱，所以民间很流行这项活动。

平安时代还流行"草合"，即斗草，起源于中国游戏。参加游戏的人分为左、右两边，一边拿出菖蒲叶，另一边则需拿出菖蒲花。根据以上规律，以花对叶。如果拿不出相应的花便算输。这曾是日本宫廷贵族的一种典雅游戏，后传入民间，广受欢迎。百姓以容易采集到的莲花、蒲公英、紫花地丁等来进行斗草游戏。每年的端午节时，日本民间会举办斗草比赛。

由中国传入日本的围棋是日本民众主要的室内游戏之一。8世纪围棋刚传入日本时，最初只在宫廷贵族间流传。日本围棋以唐制为基础，纵横19条，36目。围棋盘上有几个黑点称为井目，横盘正中央的黑星称为天元，棋盘格子与阴历一年的天数361天相同，所以黑、白棋子各361个。[①] 日本古时称围棋对局为手谈、手合。从室町时代（约1338—1573年）开始直到今天，日本人始终信守让客人执白棋，自己执黑棋，他们认为这是下棋者应具备的基本礼仪。

17世纪陈元赟将中国拳术带到日本，促使"柔术"产生。19世纪嘉纳治五郎吸取各派之长，创立了柔道。20世纪中叶，柔道成为世界性竞技项目。

第五节　亚洲其他国家的体育

这一时期，除了前述的古代中国、印度、阿拉伯、日本外，亚洲的其他国家也进入了封建社会。频繁的战争首先推动了各国军事体育的发展，在长期的劳动和生活中则形成了各具特色的娱乐体育、竞技体育等活动，这些体育活动在之前的基础上有了更进一步的发展与成熟，为亚洲近代体

---

① 范作申. 日本传统文化 [M]. 上海：生活·读书·新知三联书店，1992：176.

育的发展奠定了基础。

一、朝鲜半岛的体育

公元前57年—668年，朝鲜半岛的高句丽、百济、新罗三国相继建立，直到7世纪中叶，新罗征服其他两国，史称"三国时期"。① 这一时期由于铁器的广泛生产和运用，加快了政治上的统一和权力与财富的集中，也促使了许多体育活动项目的开展，如狩猎、打斗、射箭、舞蹈、投壶、蹴鞠、骑马、围棋等（图3-10）。935年高丽王国统一了朝鲜半岛，成立新的封建王国。在高丽时期，秋千、跳板等传统娱乐体育项目已经广为开展；游泳活动也因军事需要而得到提倡。李朝统治朝鲜的500多年间，体育呈现出一片繁荣景象。冰上运动、球戏和其他户外运动在社会各阶层中都十分流行。②

图3-10 （朝鲜）金俊根绘制的古代风俗画《投壶》

朝鲜人民的歌舞一般和劳动相关，其中"五月下种讫"、"十月农功毕"是劳动人民歌舞活动发展的高潮时期。③ 歌舞活动表现的是劳动生活和农业丰收的喜悦，具有广泛的群众性，由群众集体创作和演出。

打斗术在古朝鲜就广为开展且具有相当高的水平。出于军事需要，高句丽、新罗、百济各国都极为注重对青年的军事训练。新罗国在军事体育方面的成就最具典范。新罗国为贵族青年设立了专门学校，对他们进行伦理、宗教以及军事方面的综合培养，到8世纪形成了专门的贵族思想和行

---

① ③ 韦旭升. 朝鲜文学史 [M]. 北京：北京大学出版社，1986：2.
② 颜绍泸，周西宽. 体育运动史 [M]. 北京：人民体育出版社，1990：140.

为准则。这个准则的核心目标是"忠、孝、仁、义、勇"。剑术和射术是贵族青年们学习的重点内容。这种精英培养方式在朝鲜体育史上获得了很高赞誉,并且对日本武士道的产生也有影响。这些精心培养出来的青年贵族是新罗统一朝鲜时非常重要的中坚力量。

高丽时代,技击流派繁多,其中名为"拳朴"的打斗术备受统治阶级重视。直至李朝时代,"拳朴"改名为"跆拳",形成了包括控制呼吸和以脚踢、身体摔撞等动作以及精神修养教育等内容的一套训练体系。1945年后,"拳朴"被定名为"跆拳道"。

二、泰国的体育

泰国在古代称为"暹罗"。由于战争的原因,泰民族的体育史料几近消失,但从零星的资料可以看出,这个民族的体育发展有着鲜明特色。

在古代的中南半岛上,古代泰族军队是一支具有相当威力的武装力量,其兵种有著名的象军、水军、步军等。在古代战争中,无论是作战还是运输,大象都极为重要,所以乘象骑战为泰国军人所重视。[1] 在阿瑜陀耶王朝时期(约1350—1767年),国王膺陀罗阁去世后,他的两个儿子便用骑象决斗来解决王位继承权的问题。

在古代,泰国不论军队还是民间都普遍开展的是徒手打斗活动。泰民族在长期抵御外族侵略的搏斗中,逐渐形成了本民族特有的徒手搏击术。泰拳是一种泰式拳术,也是一种自卫术。它始于素可泰王朝时期,在阿瑜陀耶王朝时期盛极一时,是泰国传统的体育运动项目。阿瑜陀耶时代著名的武术天才那雷斯恩王把泰拳作为战斗时使用的格斗招数加以普及,这就是泰拳的起源。[2] 泰拳主要运用拳、肘、膝、腿等身体部位进行搏斗。

泰拳比赛前选手会对神灵进行膜拜,这是泰拳格斗中十分重要的精神力量。腰带、图腾纹身是泰拳选手的重要造型,因为泰拳选手相信这些不仅能吸引人们爱慕的目光,还能抵御利器的伤害。图腾要经过特定的仪式才能成为身体的一部分。泰拳和西方拳击最大的不同在于:泰拳选手除了不能咬人或用头部攻击对手外,可以运用身体的任何部位来攻击对手。泰拳在格斗形式上,最初以条状马革缠捆双拳进行格斗,后来改用麻绳缠拳,即"缠麻"式拳斗,再后来又改用棉条缠拳,并用混有石屑的黏液浸

---

[1] 中山大学东南亚史研究所. 泰国史 [M]. 广州:广东人民出版社,1987:68.
[2] 田禾,周方冶. 泰国(第三版)[M]. 北京:社会科学文献出版社,2016:363.

泡棉条使其粗糙坚硬，增强了杀伤力。

古代君王需要亲自领军杀敌，不少王侯本身就是泰拳高手。战场上士兵近距离搏斗也是以泰拳为主。拳斗也成为军中的一种娱乐活动。随着宫廷拳师与士兵的年老返乡，拳斗技能逐渐传入民间，到大成王朝鼎盛时期，拳斗风靡泰国，从儿童到成人，皆习泰拳，成为民间流行的一种娱乐活动（图3-11）。

由于佛教在泰国极为盛行，僧侣构成了一个独特的社会的群体，不仅具有强大的精神力量，还掌控着大量的物质财富。佛教寺院还是人们接受教育的场所，佛教

图3-11 古代泰拳的训练方法

的传播和发展推动了泰国早期教育事业的发展，也促进了泰拳的发展。人们习惯于将子弟送入寺庙当僧人或作短期出家，以便在寺院习文识字，接受佛学知识和修身养性，这被视为人生必不可少的受教育的过程。到18世纪时泰拳被僧侣列为青年教育的一个内容，因而这段时间可能是泰拳被加工、整理的时期。

藤球是泰国的一个传统男子体育项目，已经有上千年的历史。藤球由藤条切细晒干后编制而成，长约42厘米，重约100克。藤球在泰国的农村和城市非常流行，因为它对场地、时间、气候、器材的要求比较简单。藤球运动规定除了不能用手触球外，可以用身体的任何部位触球，使藤球围绕身体旋转而不落地，对技巧的要求很高。

放风筝也是泰国传统的体育项目之一，旱季是放风筝的最好季节。泰国民间广泛流传着许多带有娱乐色彩的活动，如收获时节的斗鱼、斗鸡、斗牛活动等，它们都表现了泰国人民热情奔放的性格，展现了泰国浓郁的民族色彩。

三、菲律宾的体育

菲律宾具有悠久的历史和文化，它经历过原始社会、奴隶社会和封建社会等人类社会发展的各个阶段。古代的东方，在原始社会走向瓦解的过程中，农村公社制度曾经作为基本的生产形态而长期存在。菲律宾的"巴朗圭"社会就是这种形态在特定环境下的一种类型。"巴朗圭"时代的菲律宾人民，他们用自己的辛勤劳动，推动了社会经济的发展，创造了丰富

的物质文化和精神文化。

狩猎是菲律宾内山地区很重要的生产方式，使用的猎具有弓箭、长矛、吹枪等，有的还使用猎犬。在16世纪西班牙殖民者入侵前，菲律宾人民已经拥有丰富多彩的体育运动形式，如水中嬉戏、芦苇掷远、石块掷准、沙地摔跤、各种舞蹈等。

菲律宾的搏斗术分为徒手和器械打斗两类。其中名为"达莫格"的徒手搏斗最为激烈，比赛时或互抓腰带，或抱腰，只要一方将对方摔倒着地即可获胜。① 根据使用器械的不同，器械打斗术有三种主要形式，即木剑、军棍和双棍，其中双棍打斗术最难掌握。

当打斗术同舞蹈结合起来练习时，就形成了具有军事训练价值的武舞。两队相向使用砍刀的西努诺格舞，再现战争场面的比纳巴雅尼舞，还有使用波纹短剑的西拉特舞，都属武舞。菲律宾人在长期的生产、生活中还创造了许多表达自己情感和生活的舞蹈。比萨扬人的采椰制酒舞，马兰瑙人的战士舞，八打雁的爱情歌舞等都是优秀的民间舞蹈。② 菲律宾北部地区则是以群众性舞蹈为主，比如在婚礼、祭祀、庆祝丰收等各种活动中，以锣鼓伴奏，载歌载舞来表达心情，菲律宾的舞蹈可以分为独舞、双人舞以及群舞三大类别。

四、缅甸的体育

缅甸位于亚洲中南半岛的西北部，它的形状宛如一只长菱形的风筝，是中南半岛上面积最大的国家。缅甸同东南亚其他国家的发展既有相似之处，也有其自身特色。公元前后，缅甸从上古原始社会过渡到早期阶级社会。从公元1世纪至公元10世纪，缅甸境内产生了由骠、掸、孟等不同民族建立的国家，其中最主要的是骠国。

骠国人民能歌善舞，音乐、舞蹈、艺术有着较高水平。公元802年，骠国访唐，随行使团就有一支歌舞乐队，其中伴奏乐工35人，携带了22种乐器，共弹奏了12首缅甸古乐，轰动长安。白居易在《新乐府·骠国乐》中描述到："德宗立仗御紫庭，黈纩不塞为尔听，玉螺一吹椎髻耸，铜鼓一击文身踊。"③

---

① 颜绍泸，周西宽. 体育运动史［M］. 北京：人民体育出版社，1990：143.
② 金应熙. 菲律宾史［M］. 开封：河南大学出版社，1990：71.
③ 杨长源，许清章，蔡祝生. 缅甸概览［M］. 北京：中国社会科学出版社，1990：209.

藤球是缅甸传统体育运动项目，所需场地小，易于开展，十分普及。骠国时期藤球就已经出现且骠人喜好踢藤球。藤球编制方法同泰国藤球一样，也是由藤条切细晒干后编制而成，重约100克，长度略短于泰式藤球，约32厘米。[①] 骠人文化中的舞蹈和体育活动等内容都对后来缅甸文化的发展有着深远影响。

缅甸的掸族人喜歌善舞，孔雀舞蹈就是他们世代相传的集体娱乐民族艺术。无论是佛事节日，或是赶集、婚嫁喜庆，孔雀舞是必不可少的传统节目。缅甸舞蹈分为两大类，一类是自古以来在民间流传的以鼓舞为主的民间舞蹈；另一类是从戏剧中移植出来的舞蹈。民间舞蹈主要有大鼓舞、象脚鼓舞、背鼓舞、短鼓舞、腰鼓舞、神舞等。许多鼓舞从农业生产活动中来，在插秧或收获季节，为祈求风调雨顺、五谷丰登，也为了鼓舞劳动热情。象脚鼓舞和背鼓舞则可以多人边走边跳，配上对唱快板，是一种充满欢乐气氛的群众性歌舞。一般会在泼水节、布施会、庙会、募捐等活动中表演。

1044年阿奴律陀在蒲甘建都，一般将此作为蒲甘王朝的开始。缅甸统一的封建国家于11世纪形成。蒲甘王朝时期为缅甸封建社会政治、经济制度和宗教文化的发展奠定了基础。此后的8个世纪中，富有缅甸特色的文化逐渐形成并得到发展。蒲甘王朝时期，军队分为步兵、骑兵（马军）、象兵和水兵，其中象兵是陆地作战的强势兵种。军中提升有明文规定，步军身经十战者提升为马军，马军经十战者提升为象军，象军身经十战者提升为水军。[②] 这些士兵平时所进行的训练内容，就是缅甸体育中打斗体系的主要组成。

缅甸体育经历了与其他亚洲国家体育类似的产生、形成、发展的过程，既在实践中形成自身的体育特点，同时也吸取邻国的体育因素，形成了徒手和器械两大类打斗体系。在古代缅甸，僧人们为传授各项知识和技能，为继承和发展民族文化做出了很大的贡献。这些打斗体系经僧人的不断总结、加工、整理，得以提高和流传。概括地说，缅甸文化的构成和发展与佛教有着密切联系，缅甸体育的传承和发展同样与此有关。1885年缅甸被英国统治后，国内政治、经济、文化等各方面随之发生变化，徒手和器械类打斗类体育活动都转为秘密传习。

---

① 贺圣达，李晨阳. 列国志：缅甸 [M]. 北京：社会科学文献出版社，2005：330.
② 贺圣达. 缅甸史 [M]. 北京：人民出版社，1992：61.

五、印度尼西亚的体育

印度尼西亚是世界上最大的群岛国家,素有"千岛之国"的称号,岛屿周围是广阔的海洋。该国部分体育活动与海、河有着密切的关系,划船、游泳是军事训练和娱乐活动中的主要内容。公元前后由于海上交通的发展,不少印度人来到印度尼西亚。通过印度僧侣带来的瑜伽术,流行于印度尼西亚的宫廷和寺庙。

彭特吉克·西拉特自卫术是一种有着固定步伐和攻防动作的打斗术,常在音乐伴奏下进行练习。① 它有时使用叉形兵器对人进行点穴;有时采用保密的带有宗教色彩的术势,可使人混沌不清。中国、印度、阿拉伯的古代文献中,有时也泛称印度尼西亚群岛为爪哇。古代爪哇人尤为好剑,上至官员下到普通百姓,都要随身佩戴一支短剑。普通人用来防身壮胆,富人则用来彰显身份。13世纪末,伊斯兰教进入印尼,由于穆斯林人擅长使剑,促使剑在印尼军队中的地位逐渐上升,成为主要作战武器之一。印尼军人擅长使用有一种名为"克列旺"的武器,形状若剑,但功用似刀。它和矛、砍刀一样在战斗中都属于很有用的武器。同其他亚洲民族一样,弓箭在印尼也广为使用。

扫一扫3-12:
古代东南亚历史文化的重要地位

本章小结

公元3—19世纪是古代东方体育的发展和成熟时期。不同国家的体育都有着类似的产生、形成、发展的过程,既在实践中形成自身的体育特点,同时也吸取邻国的有利因素。亚洲文化是世界文明中不可分离的重要组成部分。东方各国体育在上一时代的丰富经验和理论成果的基础上得到充分发展并逐渐成熟起来。主要表现在东方各民族的军事体育、民俗民间体育、卫生保健术在理论和实践上日臻完善,一些主要的身体练习形式也基本成型,成为民族体育中传统的稳定形式,在后来东西方体育的融合过程中,或为世界体育所吸取,或作为民族体育活动形式流传后世。

---

① 颜绍泸,周西宽. 体育运动史 [M]. 北京:人民体育出版社,1990:144.

问题与思考

1. 古代中国体育的渐趋成熟表现在哪些方面？
2. 简述伊斯兰教对阿拉伯体育发展的影响。

活动建议

1. 分组讨论古代中国体育如何进行对外传播与交流。
2. 收集亚洲各国古代体育的相关资料，在课堂展示并进行专题讨论。

参考文献

[1] [美] 希提. 阿拉伯简史 [M]. 马坚译. 北京：商务印书馆，2016.

[2] 梁志明，李谋，杨保筠. 东南亚古代史 [M]. 北京：北京大学出版社，2013.

[3] 刘欣如. 印度古代社会史 [M]. 北京：中国社会科学出版社，1990.

[4] 王金林. 简明日本古代史 [M]. 天津：天津人民出版社，1984.

[5] 贺圣达. 缅甸史 [M]. 北京：人民出版社，1992.

[6] 培伦. 印度通史 [M]. 哈尔滨：黑龙江人民出版社，1990.

[7] 郝勤. 体育史 [M]. 北京：人民体育出版社，2006.

[8] 谭华. 体育史 [M]. 北京：高等教育出版社，2009.

[9] 颜绍泸，周西宽. 体育运动史 [M]. 北京：人民体育出版社，1990.

[10] [日] 家永三郎. 日本文化史 [M]. 刘绩生译. 北京：商务印书馆，1992.

[11] 田禾，周方冶. 泰国 [M]. 北京：社会科学文献出版社，2005.

[12] 孙士海，葛维钧. 印度 [M]. 北京：社会科学文献出版社，2003.

[13] 韦旭升. 朝鲜文学史 [M]. 北京：北京大学出版社，1986.

[14] 纳忠. 阿拉伯通史 [M]. 北京：商务印书馆，2005.

[15] 范作申. 日本传统文化 [M]. 上海：生活·读书·新知三联书店，1992.

[16] [日] 新渡户稻造. 武士道 [M]. 张俊彦译. 北京：商务印书馆，1993.

第四章　古代西方体育的形成（体育的出现—公元5世纪）

章前导言

　　古代西方文明主要包括希腊文明和罗马文明。希腊文明兴起于地中海东部的希腊半岛海域，萌生于公元前2000年，鼎盛于公元前5世纪左右的古典时代，结束于公元前4世纪后半期马其顿的征服。古希腊体育拥有爱琴文明时代和荷马时代积淀下来的深厚传统，在城邦时代通过雅典和斯巴达等城邦的身体实践，形成了浓郁的人本主义体育传统。此后，地中海东部及至亚洲西部的广大地区与北非地区建立了庞大的亚历山大帝国，希腊式的竞技传统随希腊化时代的东西方文化交融而扩展到亚非地区。罗马文明兴起于公元前8世纪地中海西部的亚平宁半岛，在王政时代、共和时代之后，于公元初年进入强盛的帝国时代。罗马赛会和大型体育表演因历代统治者的支持和民众的欢迎而成为典型的罗马体育样式。古代奥林匹亚竞技会是古代西方世界贡献给人类体育的优秀遗产。古奥运会勃兴于公元前8世纪的希腊古风时代，在希腊的城邦时代达到高潮，又随着希腊化时代的传播和罗马君主的支持而一直延续到罗马帝国中期。基督教的兴起冲击了古代奥运会。公元5世纪，也就是罗马帝国走向分裂和衰亡的历史时期，古代奥运会逐渐退出历史舞台。

学习目标

　　了解希腊体育的历史分期及各时期的典型体育现象，理解希腊体育总体上展现出的人本主义特征。

　　了解罗马赛会和大型体育表演的历史由来与发展趋势，解释罗马体育特征形成的历史背景。

第一节 古代希腊体育

> 掌握古代奥运会由盛而衰的历史过程，概括古代奥运会所遗留的宝贵的体育文化遗产，比较古代奥运会与现代奥运会的不同。

第一节 古代希腊体育

古代希腊是西方文化的源头，也是西方体育的发祥地。当今世界为全人类所共享的一些体育文化遗产，如人本主义的体育观念和现代奥林匹克运动会等，都得益于古希腊人的创造。古代希腊的地理范围大于今天的希腊。古代希腊人以巴尔干半岛南部为中心，向四周广大地中海区域拓展，形成了一个包括南欧、小亚和埃及与北非地区的广大的希腊世界。古代希腊的历史大致可以划分为5个阶段。第一个阶段是从公元前2000年左右至公元前1100年的爱琴文明时代，古代希腊的文明先后从克里特和迈锡尼两地起源。第二个阶段是从公元前1100年至公元前800年左右的荷马时代，这个时代没有文字记录，只有一部《荷马史诗》口耳相传。第三个阶段是从公元前800年至公元前500年的古风时代。此时，希腊世界出现复兴迹象，城邦开始形成，希腊世界的地理范围大大扩展。第四个阶段是从公元前500年至公元前330年的古典时代。这个时期号称是希腊历史上的黄金时代，雅典的民主政治达到顶峰，商品经济和文化艺术也十分繁荣。开启和结束这个时代的两场著名的战争，一是希腊人反抗波斯入侵的希波战争，二是希腊人的内战，即由雅典和斯巴达领导的两大城邦集团之间的伯罗奔尼撒战争。内战之后，希腊城邦世界开始走向衰落，希腊北部的马其顿人趁机南下，先征服整个希腊，后出兵东征，建立了庞大的亚历山大帝国。从亚历山大东征到罗马占领东地中海世界的这段时期，即从公元前330年至公元30年的希腊化时代，是古代希腊历史的第五个阶段。

一、爱琴文明时代的体育

（一）克里特的"公牛舞"和"少年拳击"

克里特是位于爱琴海南端的一个岛屿，与希腊半岛隔海相望，那里发现了希腊文明的最早起源遗迹。考古发掘表明，公元前2000年前后，克里特出现了宏伟的宫殿。宫殿的壁画上，表现了克里特人的一种独特的体育活动喜好——公牛舞。一头健壮的公牛双角前顶，低头弓背，四蹄蹬开，作奔跑状。一个清瘦敏捷的表演者倒立在牛背上，从他弯曲的腿部动作看，很有可能是从牛角一直沿着牛背的方向翻滚。在牛的前后，各有一人，手里拿着某种用具，辅助表演者做高难度动作。这种表演很受欢迎，有些壁画表现了盛装打扮的克里特贵族妇女，很可能她们就是公牛舞表演的观众。从今天的"体育"标准来看，这种表演与当代体育有相当大的差别。可是，由于远古历史研究材料有限，我们只能从这幅壁画来窥探古代希腊先民最初的身体运动方式（图4-1）。①

图4-1 克里特王宫壁画中的"公牛舞"

克里特的公牛舞不是一般的公众娱乐表演，它在王宫举行，场面盛大，很可能带有某种宗教意味，是克里特王宫的一种祭奠仪式。在有关克里特的希腊古老传说中，有一则著名的"米诺神牛"的神话故事。传说克里特王后生下一个牛首人身的怪物，专吃童男童女。克里特国王专门为神牛修建了克诺索斯迷宫，将它圈养在迷宫深处，每年掠俘童男童女供它享用。当时雅典国王爱琴之子提休斯自告奋勇前往克里特岛，在克里特公主的帮助下斩杀了神牛，成为受人爱戴的英雄。克里特壁画中的公牛舞，是否与"米诺神牛"的历史文化传统有关？据历史学家推断，克里特公牛舞中表演者在公牛身上不断翻越的动作，很有可能是对征服米诺神牛事迹的仪式化重演。在材料极其有限的情况下，我们只能根据一幅壁画和一则传说来大体推断希腊世界最初的体育活动场景。对于远古时代的体育研究而言，考古文物资料和口传史料的综合运用，可以在一定程度上弥补文献史

---

① 崔乐泉. 图说古代奥林匹克运动会［M］. 西安：世界图书出版公司，2008：12.

料不足的缺憾。

公牛舞是国王和贵族的游戏,王宫之外的平民都从事哪些体育与休闲活动?古希腊的一幅壁画中展现了两个少年,赤裸着上身,挥舞双拳相向而立,一场精彩的拳击比赛即将开始。这大概是西方历史上最早的拳击比赛记录。[①] 从中得知的有限的体育史信息为:拳击大概是克里特先民喜闻乐见的一种运动和消遣游戏方式。即使是古老文明时代的平民,也一定有属于自己的多样化体育活动,只是由于距今久远,史料缺少,后人知之不多。

(二)迈锡尼的"赛车"与狩猎

公元前1450年前后,来自陆地的希腊人攻占了克里特王宫,迈锡尼文明取代了克里特文明,成为古代希腊文明的另一个起源地。爱琴文明就是由克里特文明和迈锡尼文明共同组成的。

迈锡尼人继承了一部分克里特的体育文化遗产,比如,它的壁画中也有表现人在牛背上翻滚的"逗牛"的题材。但迈锡尼人还有一些特点鲜明的体育活动发明,最典型的就是"赛车"和狩猎。穿过威严的迈锡尼巨石狮子门,步入迈锡尼王宫的遗址,可以看到壮观的迈锡尼壁画。其中一些壁画表现了战士立足于马拉的赛车之上,手握缰绳,策马飞车。另一些壁画则展现了迈锡尼人手执投枪、弓箭等武器,捕猎野兽的场景。[②]

尽管"赛车"和狩猎不能代表迈锡尼人全部的体育与游戏活动,但还是可以从中看到迈锡尼体育的鲜明特色,那就是体育与军事活动密切相关。迈锡尼人生活在希腊半岛南端的陆地上,军事活动频繁。迈锡尼的王宫明显具有军事防御功能。比照克里特人,迈锡尼民风更为粗犷,有尚武之传统。因此,源于战场的骑射活动直接影响了贵族的日常体育、游戏和表演,展现了西方最早的军事体育的面貌。

(三)爱琴文明时代的体育特征

由克里特和迈锡尼时代的历史遗迹,可以归纳出爱琴时代的希腊体育活动具有如下一些特点。

首先,史料所发现的体育活动都是王宫贵族的体育,都具有比较明显

---

① 崔乐泉. 图说古代奥林匹克运动会 [M]. 西安:世界图书出版公司,2008:13.
② 王以欣. 神话与竞技:古希腊体育运动与奥林匹克赛会起源 [M]. 天津:天津人民出版社,2008:16.

的社会阶层封闭性。无论是克里特的公牛舞，还是迈锡尼战车比赛，只有贵族才能参与其中。在王宫的体育壁画中，鲜见平民百姓的身影。

其次，爱琴时代的体育同其他古老文明时代的体育一样，还没有完全独立。那个时代既没有体育的概念，也没有专门的体育活动。体育活动都是包含或附属在其他社会生产生活实践当中，具有娱乐之外的特定的社会功能。如公牛舞是一种敬神的仪式，战车比赛和狩猎是为战争做准备。它深刻地说明西方体育在发源之初就与社会生活紧密结合在一起。体育固然有娱乐、表演和游戏的成分，但同时也受到特定时代历史环境和社会背景的深刻影响。

再次，我们今天对于爱琴文明时代体育的认识是极其不完整和零散的，主要受史料所限。有限的王宫壁画和片段化的神话传说是目前推断这一时期体育历史的仅存史料。有关西方和希腊体育最初阶段历史的探索，有赖于更充沛的考古学证据的发现。

二、荷马时代的体育

(一)《荷马史诗》与荷马时代

约公元前13世纪，迈锡尼人渡过爱琴海，远征位于小亚地区的另一座希腊城邦特洛伊，这就是著名的特洛伊之战。迈锡尼人虽然取得了最后的胜利，可是也耗尽了国力，从此一蹶不振。迈锡尼人征伐特洛伊的战争，被希腊的歌手和民间故事说唱家整理加工成故事，通过口耳相传的形式不断传承和丰富，最终汇集为《荷马史诗》。《荷马史诗》分为两部，上部名为《伊利亚特》，讲述迈锡尼人组织希腊半岛联军征伐特洛伊的故事；下部名为《奥德赛》，叙述希腊英雄奥德修斯在特洛伊战争结束后渡海返乡的艰险历程。由于在迈锡尼覆灭之后相当长的历史时期内没有任何文字记载，所以这部史诗就成为后人了解当时最主要的资料。《荷马史诗》中有很多神话传说，直到19世纪德国考古学家谢里曼等人发掘了特洛伊战场和迈锡尼王宫的遗址，发现了确凿的文物证据，才断定《荷马史诗》所描绘的特洛伊战争并非空穴来风。现在，学者们一般认为，《荷马史诗》能够反映迈锡尼文明末期一直到古风时代初期，也就是公元前1100年至公元前800年的希腊历史，这一时期被称作"荷马时代"。对于这一时期希腊体育历史的了解，也主要依据对《荷马史诗》的批判性解读。

(二)《荷马史诗》中的"竞技会"

《荷马史诗》主要记述了人与人之间的战争和人与自然之间的抗争,也描绘了希腊人进行体育锻炼和参加体育比赛的生活片断。纵观这部著作,最典型、记载最为详细的竞技会共有两次,一次是阿喀琉斯为纪念其亡友而举办的葬礼竞技会,一次是腓尼基人为款待奥德修斯而举办的欢迎典礼竞技会。

尽管史诗有艺术加工的成分,但还是向后人展现了荷马时代体育竞技活动的某些真实面貌,如竞技举办的初衷与动机,竞技的组织者和参加者,竞技会的项目与程序,竞技会的奖品以及竞技所反映出来的体育竞技观念等。

扫一扫4-1:荷马时代的车马竞技

扫一扫4-2:品"奥林匹亚颂之一:献给叙拉古的赫松"

(三) 荷马时代体育的特点

本节将从荷马史诗关于竞技会的记述当中,看荷马时代的希腊体育活动具有哪些特点。

首先,从竞技项目上看,荷马时代已出现相当丰富的体育比赛内容。最重要的竞技项目包括赛跑、赛车、掷石饼、投枪、拳击、摔跤和格斗以及射箭等。可见,当时贵族的体育运动有多种多样的选择。如果用现代体育术语来讲,荷马时代的体育在田径和近身格斗等项目上已初具雏形。这些项目也是西方体育乃至后世全球体育普遍接受的基本体育项目。在公元前8世纪中期兴起的奥林匹亚竞技会上,主要的竞技项目都可以在荷马时代的竞技会上寻根觅源。正因为在竞技项目上的相似性或极可能存在的历史继承性,一些历史学家断定:古希腊鼎盛时代的节庆竞技会,直接起源于荷马时代的葬礼竞技会。

另外,荷马时代的竞技项目同迈锡尼时代的体育活动一样,与军事活动密不可分。赛跑、投掷、格斗、射箭、驾驭赛车等,既是日常竞技的项目,又是战场上非常实用的军事技能。竞技会多在战争的间隙举行,可以说,每一次比赛就是一次演兵与训练。竞技场就是没有硝烟的战场,是模拟的实战。史诗中的英雄既是战场上的豪强,也是竞技场上的佼佼者。要想在战争中取胜,赢得士兵的尊重,尤其需要有过硬的军事素质和体育素质。

其次,从竞技功能上看,荷马时代的竞技会具有一定的仪式感和开放性。体育的出现是文明的重要标志,是摆脱了野蛮流血争夺的有秩序的体能与身体技巧较量。荷马时代的竞技会不是说比就比,怎么比都行,而是遵循着一定的程序与规则。如对竞技会的纪念与欢庆意义的强调，奖品的设置，对优秀运动员的邀请，项目的次序安排以及对竞赛规则的认真执行等。说话和做事一切都井井有条，以礼相待，按部就班。这种竞技会上的比拼，不是闭门修炼，而要置于大庭广众，接受集体检验。从史诗描绘来看，竞技的过程和结果一样引人注目。赢要赢得精彩，输要输得惨烈，竞技场上的奋力比拼使竞技的过程具有很强的集体观赏性。总之，荷马时代的竞技会已经超越了只愉悦个体或少数几人的私密状态，演变成具有一定规模和影响力的公共活动。后来的城邦竞技会和泛希腊竞技会，就是对这种体育开放性与公共性的发扬光大。

　　再次，从竞技价值观上看，荷马时代的体育活动具有更高层次的精神追求。这个时代的竞技，不仅仅是炫耀体能与运动技巧，放松身心或获得奖品，更是为了赢得大家的认可，收获众人羡慕的荣誉，证明自己卓尔不凡的素养。这从奥德修斯的经历可以得到明证，他本想保持沉默，做一名观众，可是当受到讥讽，被人说"更像个小商贩，而不是运动健将"的时候，他愤然离席走向赛场，以骄人的比赛成绩证明了自己的能力。这说明，在荷马时代的英雄们看来，运动员是令人敬佩的，这一称谓至少比商人高贵许多。身份高贵的英雄应当具有综合素养，拥有健美的身体、娴熟的竞技技术并且在竞技比赛中拔得头筹是不可或缺的一项。在古希腊语中，有一个词汇浓缩了这种价值观，中文可译作"阿瑞忒"。它包含了卓越、美好、阳刚、力量、高贵和美德的含义，而体育竞技，则被视为激发和展示"阿瑞忒"精神的手段，是对希腊人所信奉的神的有价值的奉献。荷马史诗中赞颂的"阿瑞忒"精神，也是流行于荷马时代的主流的贵族体育价值观。

　　最后，从竞技参与者来看，公开参加竞技比赛是贵族的特权，一般的士兵或随从则只能充当围观者。无论是大名鼎鼎的阿喀琉斯和奥德修斯，还是那些下场比赛取得名次的运动员，个个有名有姓，大多系出名门。从另外一个方面来看，希腊贵族头领们参加比赛，也是想借助骄人的运动成绩炫耀自己显赫的家世，在公众中强化自身的地位。运动与竞技是希腊精英必备的素养，而普通百姓则无权展现自己的运动才能，他们只能通过围观和呐喊助威，增添贵族运动员们的荣耀。从某种程度上讲，荷马时代的竞技会，是希腊贵族或社会上层的竞技会，是一个排斥平民的、仅供权贵阶层享用的封闭圈子。运动竞技会的开放性是有限定的，对贵族全面开放，对平民则是有限开放，这体现了荷马时代公共体育活动在参与主体方面的局限。

三、城邦时代的体育

(一) 城邦时代的到来

古希腊的城邦时代包括古风时代和古典时代,经历了从公元前 800—330 年的数个世纪。令人对这个时代体育的了解,要远多于之前的爱琴文明和荷马时代。古风时代的希腊,从荷马时代的落后状态中复兴,是古希腊繁荣发展的铺垫期。到公元前 5 世纪时,希腊社会的发展达到了前所未有的高度,遂进入古典时代。古风和古典时代的最大历史特征就是出现了城邦,城邦时代由此得名。

城邦是古希腊特有的一种社会组织单位。在古代希腊的版图上,不存在一个像今天一样统一的现代国家,而是星罗棋布地分布着许多城邦。城邦的中心有一座城市,四周环绕着乡村。城邦在地理上有边界,在政治上独立,但在经济上有密切往来,在文化上彼此认同。各个城邦组成各自的政府或公民大会,管理各自的社会秩序与日常事务,不容外部势力干涉。在贸易上各城邦互通有无,交换商品;在文化上都承认彼此是希腊人,是希腊世界的组成部分。没有一个希腊城邦愿意孤立,自避于希腊世界之外。城邦的这些特征深刻影响了希腊城邦时代的体育。各自为政的城邦体制,造就了多样的城邦体育发展模式与面貌,雅典和斯巴达两个城邦的体育就各具特色。从另个一方面看,城邦世界的一体化,又促进了城邦间的体育交流,四大泛希腊竞技会,尤其是全希腊最认同的奥林匹亚竞技会的召开,为城邦体育的交往和希腊体育文化总风格的形成,搭建了广阔的舞台。

除了城邦的形成与发展之外,城邦时代还发生了很多新的历史变化,这些变化都直接或间接地影响了希腊体育的演进。比如,城邦时代发生了大殖民运动。老城邦中的一部分公民迁出,到另一个地方建立新的独立城邦。这样,希腊城邦世界的范围不断扩大。哲学家柏拉图形容说,地中海上星罗棋布的城邦,仿佛池塘边上的蚂蚁和青蛙。城邦世界扩大的过程,其实也是希腊体育在地中海世界传播和扩张的过程。泛希腊竞技会之所以驰名地中海世界,就与大殖民运动的体育积极传播有关。再比如,城邦时代造就了希腊民主的繁荣。城邦的民主体制,使得每一位城邦公民都可以参与到公共集体生活当中。城邦举行的各种节庆竞技会,也是城邦的集体生活,公民都有权参与,城邦也号召和鼓励公民参与。民主制度给平民体育带来了福音。又比如，城邦时代发生了两次战争，一场是希腊与外敌波斯的战争，一场是希腊人的内战——伯罗奔尼撒战争。几乎所有的城邦都卷入了这两场战争，体育也因战争的发生而深受影响。在斯巴达，城邦体育成为培养合格战士的训练手段。在奥林匹亚竞技场上，各邦的运动员如同战场上狭路相逢的战士，拼命为自己的城邦赢得胜利。在战争的重压下，体育成了城邦可以使用的政治和外交工具。

（二）雅典的体育

古希腊有很多著名的城邦，如底比斯、科林斯、麦加拉、德尔斐、以弗所和米利都，但最有名的希腊城邦莫过于雅典和斯巴达。城邦时代的体育，也可以由这两个风格各异的城邦来代表。

雅典是古希腊最负盛名的城邦。雅典有许多事迹彪炳史册：它的民主制度最为成熟，创造了能够代表希腊的经典思想与文化，是领导其他城邦坚决抵抗波斯入侵的领导者，也是希腊内战中的重要一方。

雅典人重视教育，体育是教育的重要内容。雅典教育的最终目标是为城邦培养合格的公民，而合格的公民既需要高尚的道德、丰富的思想、善辩的口才，也需要健康的身体。因此，雅典人追求身体健康和心智健全的协调发展。

雅典公民家庭的男童首先在家接受父母和家奴的启蒙教育，其中包括球类等简单的游戏。稍大一些会学习较为正规的体操，以塑造良好的身姿并培养运动习惯。青少年时期有些富家子弟会到体育馆接受进一步的身心教育。在城邦的鼎盛时代，雅典城有很多体育馆，有的面向全体公民开放，有的仅供私家使用。最有名的三家体育馆是阿卡迪米体育馆、吕克昂体育馆和塞诺萨戈斯体育馆。最初的体育馆建在河边，为了方便锻炼及锻炼后的洗浴。后来，雅典的体育馆不但有专门的训练场地和洗浴设施，而且配备了锻炼的器械，增设了休息和专供学习讨论的区域。雅典男青年来到这里，不仅可以锻炼身体，学习各种运动技能，还能够跟随老师学习文化，通过辩论锻炼口才，丰富思想，启发智慧。可见，雅典的体育馆是体育与文化教育并重的大课堂和身心兼修的综合学校。

通过这种全面的身心教育，雅典的政治家们到底希望培养什么样的公民？公元前5世纪，也就是雅典民主政治的黄金期，雅典民主派领袖伯里克利在演讲中说："当我们工作完毕的时候，我们可以享受各种娱乐，以提高我们的精神。一年之中，有各种定期的赛会和祭祀；在我们的家庭中，有华丽而风雅的设施，每天怡娱心目，使我们忘记了忧虑。……我希望我们的公民能够在生活的各个方面都表现出独立自主,并且在表现独立自主的品质时能够特别展现出温文尔雅和多才多艺的特点。"① 可见,在希腊政治家眼中,体育具有不可替代的教育功能。各种赛会和家庭生活中的娱乐,不但愉悦身心,滋养精神,更有助于人成长为独立自主和全面发展的城邦公民。

在伯里克利提到的"定期赛会和祭祀"中,最有名的当属泛雅典娜节。节庆的举办是为了献祭雅典城的守护神——雅典娜。公元前6—5世纪,这个节庆每4年举行一次,每次持续6天。节庆以清晨的采集和奉献新火种为起点。接着,雅典人从圣地接回雅典娜神像,在雅典城中举行盛大的欢迎和游行仪式,将神像安置在卫城的雅典娜神庙中。然后就是精彩纷呈的竞技会,项目有赛跑、投掷(图4-2)、拳击、赛车、健美比赛以及诗歌朗诵和音乐比赛。后来,节庆比赛的影响日益扩大,吸引了外邦人的参加,泛雅典娜节庆遂成为整个希腊世界的体育文化节。

图4-2 古希腊雕塑艺术家米隆作品《掷铁饼者》

(三) 斯巴达的体育

同为希腊的著名城邦,雅典和斯巴达却有很多不同。雅典实行公民民主制,倡导自由和全面发展的人本主义教育;斯巴达则实行相对集权的贵族寡头政体,倡导绝对服从、全民皆兵的军国主义教育。这种政治和文化上的不同,深刻影响了两个城邦的体育。

斯巴达是伯罗奔尼撒半岛上陆军实力最强大的城邦。它以军事征服起家,同时也靠常年备战、不断强化军事实力来维系自己的城邦霸主地位。军事在城邦生活中的优先发展地位,决定了斯巴达的体育首先是为城邦军事与战争服务的。锻炼身体不是为了个人身心愉悦与全面发展,也不是为了体型健美与供人品评,而是为了终有一天走向战场,杀敌立功,为斯巴达夺取更多的利益。

据古代传记作家的记载,斯巴达男婴自降生时起,就要置于室外,经

---

① [古希腊]修昔底德. 伯罗奔尼撒战争史 [M]. 谢德风译. 北京:商务印书馆,1960:130~131.

历严酷的自然环境考验,以挑选出那些身体条件良好者。7岁开始,所有的男孩一律告别父母,进入斯巴达集体训练营,在艰苦的条件磨砺中,进行跑步、游泳、格斗、摔跤、拳击、骑马、射箭与投掷等科目的训练。他们的训练置于检察官的全程监督之下。斯巴达法令规定,每隔10天,年轻人须赤身裸体立于众人面前,接受检察官的督检。如果肌肉结实、体能充沛,站如雕像般挺拔有型,检察官会予以表扬鼓励;如果因懒惰少动而致肌肉松弛,乃至赘肉横生,等待他们的将是暴打与体罚。就这样,斯巴达的年轻人日复一日地接受着机械的体能与战斗技能训练。他们在身体素质单方面发展的同时,几乎没有得到任何思想上的启发和文化愉悦,他们唯一接受的理念灌输就是:为国锻炼,为国战斗;不怕牺牲,绝对服从。

到20岁时,那些体能合格的青年就成为斯巴达战士,他们先发誓忠诚斯巴达,然后正式走上战场。由最严格与苛刻的体育与军事训练所锻造出来的斯巴达军队,所向无敌。斯巴达战士的身体不属于自己,而是城邦统治者刻意训练和生产出来的工具。凭借这些活的工具,斯巴达实现了称霸希腊的野心。斯巴达的体育,严格说来不是教育,这种体育只是完全针对身体的教育,而不是以实现个人身心协调发展为目标的通过身体的教育。这种体育有悖人性和身心发展的自然规律,背离了体育教育以人为本的初衷。

斯巴达与奥林匹亚圣地同处伯罗奔尼撒半岛,自奥林匹亚竞技会发展为泛希腊竞技会之时起,斯巴达就一直努力争取控制这个泛希腊盛会,成为竞技会的东道主,甚至不惜以武力相威胁,却一直未能如愿。但斯巴达人还是千方百计借助竞技会来扩大自身的影响力。作为极端的全民军事体育的副产品,斯巴达运动员的竞技水平一直在希腊城邦中名列前茅。古代作家曾留下一部《奥林匹亚竞技会冠军名录》,根据这份名录,在第50届奥运会也就是公元前576年之前的历届奥运会上,斯巴达人取得的单项冠军数最多。但这种依靠畸形训练所创造的"泡沫体育"不会长久繁荣,对于普通斯巴达民众的身心发展也无太大的实际意义。

与雅典和许多希腊城邦不同的是,斯巴达的女性享有公开锻炼身体的权利。这在以男性公民为特权主体的古希腊世界,实属特例。可是,不能高估斯巴达妇女拥有体育锻炼权利的积极意义。如果追问这种现象的原因,就会发现,斯巴达妇女锻炼身体的目的,同斯巴达男性接受训练的目的一样,不是为了自己的健康与发展,而是服务于斯巴达穷兵黩武的扩张事业。一名斯巴达贵妇人这样看待自己的使命:只有健康的母亲,才能生育健康的战士。从这个意义上看,积极锻炼身体的女性,实际上也是被城邦所利用的生育机器。因此,综合来看,斯巴达体育留给后人的是一笔值得深刻反思和批判的历史遗产。

(四) 哲学家的体育思想

体育不仅是城邦关注的事业,也是希腊思想家们讨论的话题。在希腊城邦时代的鼎盛期,涌现出三位大哲学家:苏格拉底、柏拉图和亚里士多德。他们都表达了自己关于体育的观念与理想。

苏格拉底是希腊哲学史上一个具有标志意义的人物。在他之前,哲学家关注宇宙和自然万物的起源,从他开始,哲学家的目光聚焦于人和人所组成的社会。可惜的是,苏格拉底没留下什么著作,他的一些语录,多被其弟子另一位大哲学家柏拉图所记。由于很难区分这些记载到底是苏格拉底的原话还是柏拉图的阐释,我们只能在通读柏拉图作品的基础上,对这两位思想家的体育观做一个大概的描述。

总体来讲,这两位哲学家尽管不反对体育锻炼,但都认为体育锻炼应当服从于精神的修炼。据柏拉图所记,苏格拉底表达过这样的思想:灵魂是人身上最可贵的部分,只有灵魂才能够穿透世事纷扰,获得最纯粹的知识和真理。身体是囚禁灵魂的地方,会诱使灵魂偏离对真理和美德的追求,因此,灵魂应当尽可能摆脱身体的束缚。

柏拉图基本上继承了苏格拉底的身体观,但他更多地明确肯定了体育的特定价值,即身体和灵魂应当和谐发展。柏拉图有一个政治理想,他设计了一个由"哲学王"统治的"理想国"。每个国民都应当接受灵魂的引导和身体的教育。体育的独特价值就在于,它可以让人净化灵魂,提升道德。这两方面的教育,可以让理想国的国民既能理解"哲学王"的治国智慧,又不乏御敌为国之术。健康的身体,有助于精神集中关注最有价值的事情。如果身体有病,将妨害精神的发展。可见,柏拉图虽然承认身体和灵魂的和谐发展,但在他的思想里,体育的首要价值还是为了灵魂的健康发展。

亚里士多德是柏拉图的学生,他从城邦善治这个角度进一步强调了体育的作用。他认为,理想的教育,应当包括修辞、体育、音乐和绘画。体育可以培养人的勇敢,尽管他也强调"关心身体是为了灵魂",但与柏拉图的身心"和谐发展观"不同,亚里士多德提倡优先发展体育教育。其理由是:先有身体,后有灵魂,所以应当先关心儿童的身体,再关照儿童的灵魂。"既然在教育方面习惯先于理性,身体先于思想,由此,应把儿童交给体育教师和角力教师,这些人分别能造就儿童的体质和教给他们身体方面的本领。"① 年轻人应当积极锻炼身体，因为健康的思想和灵魂依赖健康的身体。健康的公民可以在战争中保卫雅典，可以在和平时期为城邦服务。

总体来说，古希腊的大哲学家都认识到了人由身体和灵魂两个部分构成。从获得真知、实现至善的理想目标出发，哲学家们设计了各自的理想社会模型，并由这个出发点，强调了健康的身体对于健康的灵魂和健全的社会的作用。

（五）泛希腊竞技会

泛希腊竞技会是与城邦竞技会相对的概念。如果在某个城邦举办的竞技会，吸引了外邦运动员的参加，甚至在整个希腊世界都产生了重要影响，成了全希腊人公认的竞技会，它就可以被称作泛希腊竞技会。古希腊有四大泛希腊竞技会：奥林匹亚竞技会、皮提亚竞技会、地峡竞技会和尼米亚竞技会。

这四大泛希腊竞技会在城邦时代拥有广泛的号召力。各个城邦的运动员，每隔两年或四年，定期云集于各大圣地，以祭神的名义，参加竞技比赛，同时开展各种文化交流，维系着希腊城邦世界的整体存在。如今，各个泛希腊竞技会的比赛场地早已化作残垣断壁。对于这段历史的了解，要么出自于考古学家的发掘成果，要么依赖于古代作家的考察记录。在众多的史料中，应尤其看重罗马时代旅行家鲍桑尼阿斯的游记。公元 2 世纪左右，他曾走遍希腊的山山水水，亲眼目睹了各大圣地遗留的希腊竞技会遗迹，并且采集了许多关于竞技会起源、发展的传说及可信史实（图 4-3）。②

图 4-3　古希腊瓶画描绘的泛希腊节赛跑者

---

① ［古希腊］亚里士多德. 政治学［M］. 吴寿彭译. 北京：商务印书馆，1983：413.
② Pausanias. Description of Greece［M］. Leob Classical Library, Cambridge（MA）/London：Harvard University Press, 1918, 1926, 1933.

皮提亚竞技会的声望和规模仅次于奥林匹亚竞技会，举办地在德尔斐，是为了献祭给太阳神阿波罗。德尔斐是古希腊著名的占卜中心，很多人来这里求取神谕，敬献祭品。考古学家在这里发现了很多作为祭品的雕像，其中包括很多著名运动员的雕像。据鲍桑尼阿斯所记，公元前586年，在皮提亚举办的宗教节庆首次引入了体育比赛。公元前582年，正式以月桂冠作为冠军的奖励，这一年就被公认为皮提亚竞技会的元年。皮提亚竞技会全面仿效奥林匹亚竞技会，也每四年举行一次，先举行宗教祭祀典礼，然后是集体圣餐，接着是音乐比赛，最后是体育竞技——先举行裸体竞技，包括短跑、长跑、搏击类项目和五项全能等，再举行马赛。比赛分年龄段举行，有少年组、青年组和成人组。

地峡竞技会的举办地在科林斯，这里正处于连接南北希腊半岛的交通要道——地峡，是城邦争夺的战略要地。地峡竞技会每两年举行一次，献祭给海神波赛冬，体育比赛项目也分为裸体竞技和马赛两大类，同时设音乐比赛。首届竞技会举办于公元前580年。早期的冠军会荣获一顶松冠，后来也用野芹冠奖励优胜者。鲍桑尼阿斯在游记中写道："地峡竞技会起源于葬礼竞技会。忒拜国王之妻伊诺及其幼子走投无路跳海自尽，幼子的尸体被一条海豚推上科林斯地峡的岸边，科林斯国王西绪福斯埋葬了他，创办了纪念他的地峡竞技会。由于战略地位重要，地峡竞技会难免受科林斯和周边城邦政治的影响。"据另一位古代作家色诺芬记载：公元前390年的地峡竞技会，正值科林斯人内讧，开幕式祭祀典礼正在举行时，斯巴达人攻入地峡，正在进行的仪式被打断，亲斯巴达的科林斯人重新举行了竞技会祭典。这种一场竞技会两次开幕式的情形，古今中外并不多见。它体现了泛希腊竞技会与希腊城邦政治之间错综复杂的关系。

尼米亚竞技会的举办地在阿哥利斯的克列奥奈城，地处尼米亚河河谷地带，为纪念尼米亚的宙斯而创办。但该竞技会也有葬礼竞技会的痕迹。裁判穿着黑袍，用野芹冠奖励冠军。在四大泛希腊竞技会中，尼米亚竞技会创办最晚，时间为公元前573年。考古学家再现了当年尼米亚竞技会的场地格局：在祭祀宙斯的圣域旁边就是竞技场，还有用来存放供品的圣所，招待运动员的馆舍和浴池等。最有趣的是，运动员入场前刻在廊道石壁上的字迹中有一条写道："特勒斯塔斯，胜利！"经考证，特勒斯塔斯就是公元前340年奥林匹亚竞技会的拳击冠军。作为著名的泛希腊竞技会，尼米竞技会也不可避免地卷入希腊城邦间的纷争。约公元前415—410年，赛会主办地遭遇外侵，场馆尽毁。主办权随后迁移到另一座城邦阿尔哥斯。公元前330年，有迹象表明，尼米竞技会又重归故地。此时已是城邦时代的末端,尼米竞技会的主办,系听令于马其顿人的意愿。

泛希腊竞技会种类繁多,在众多的泛希腊竞技会中,首屈一指的就是奥林匹亚竞技会。其仪式、赛制和项目设置等很多方面,都为其他泛希腊竞技会所效仿,本节将详细介绍奥林匹亚竞技会。

四、奥林匹亚竞技会的兴起和发展

(一) 奥林匹亚竞技会的兴起

奥林匹亚竞技会的举办地,位于希腊南端伯罗奔尼撒半岛西北的奥林匹亚地区,古代希腊的奥林匹克竞技会又名奥林匹亚竞技会。此地四周丘陵起伏,川流环绕,成片的野橄榄林中,分布着古老的祭祀希腊诸神的圣所,自古就被视为世外仙境。奥林匹亚最初的管辖者,归位于它东面的比萨城。有关奥林匹亚竞技会的起源流传着许多优美的神话,在众多的版本中,最著名的一则就与比萨城有关。

传说很久以前,比萨城的统治者叫俄诺玛俄斯,他的父亲战神阿瑞斯赠他快马良驹,让他驰骋于战车之上,普天之下无人能敌。俄诺玛俄斯有一女儿,名叫希波达美亚,为绝代佳人,吸引了众多追求者。其父定下规矩:谁要是在赛车比赛中赢了他,就可以娶走他的女儿。可是,同俄诺玛俄斯赛车的年轻人,系数败北,并且被他用锋利的枪矛捅落车下。直到一个人的出现,才打破这一无敌神话,此人是来自小亚细亚的伯罗普斯。他向太阳神阿波罗借来长翅膀的金车和神马,又买通了对手的车夫,终于在车赛中如愿以偿,战胜了俄诺玛俄斯,迎娶了希波达美亚,还当上了比萨的国王。为纪念自己在这场车赛中赢得胜利,伯罗普斯创建了奥林匹亚竞技会。车赛的故事也广为传诵,奥林匹亚圣地宙斯神庙的三角门楣上,就刻着这个主题的浮雕。

由于年代久远,神话传说已无从考证。古代作家的文字记载写道:拥有古老传统的奥林匹亚祭祀和竞技活动,因伯罗奔尼撒半岛的连年征战而时断时续。当时,奥林匹亚圣地附近的三个最有实力的城邦首领——伊利斯国王伊匹托、斯巴达国王莱库古和比萨国王克琉斯涅斯,听从德尔斐的神谕,决定一同恢复古老的奥林匹亚宗教传统,隆重祭祀主神宙斯,重建奥林匹亚竞技会,并共同拟定"神圣休战公约",誓约竞技会期间严守和平。按照伊利斯人希庇阿编定的《奥林匹亚短跑竞技优胜者名录》推算,首届奥运会当举办在公元前776年。现在,我们一般将公元前776年定为奥林匹亚竞技会的创办年。此说法虽仍有争议，但大体反映了这样一个事实：奥林匹亚竞技会的兴起，恰逢城邦时代之初，与希腊半岛的政治与文化环境密切相关。

包括奥林匹亚圣地在内的希腊诸多地区，本就拥有古老的竞技会传统，但为何直到公元前8世纪左右，也就是城邦时代到来之际，以奥林匹亚竞技会为代表的一批泛希腊竞技会才陆续兴起，成为城邦时代一道独特的体育文化景观？城邦时代的到来，到底为奥林匹亚竞技会的兴起提供了哪些历史条件与机遇？

首先，由城邦所组成的希腊世界初步形成，各城邦需要一个交往舞台。奥林匹亚竞技会恰是一个极好的联系纽带，各城邦可以通过同场竞技的方式，展开政治、经济和思想文化等全方位的交流，由此融入希腊世界大家庭；其次，城邦时代之初，宙斯作为希腊第一主神的地位业已确立，希腊人需要一个隆重的宗教盛典，来满足他们的信仰需求。奥林匹亚圣地是祭祀宙斯的传统圣地，希腊人正好可以利用参加和观看比赛的机会，向他们共同信奉的宙斯神表达虔诚；再次，城邦时代的邦际争端此起彼伏，伯罗奔尼撒半岛饱受纷争之苦。各城邦需要一个缓冲地带和喘息时间，一方面在短暂的和平期休养生息，一方面借用竞技场上"文明的比拼"展现城邦的综合实力；最后，城邦时代的发展趋势是民主政治，各城邦各阶层的希腊公民都有强烈的参与公共生活的热情与需求。于是，原本只垄断在少数地方贵族手中的奥林匹亚圣地，被逐渐改造为对所有希腊城邦和所有希腊公民开放的大型竞技会（图4-4）。奥林匹亚竞技会，由此从地区性的小型赛会发展为全希腊共同参与的泛希腊竞技会。

图4-4　古代奥林匹亚竞技会遗址

（二）比赛项目与日程

奥林匹亚竞技会的创办者们约定，每四年举行一届赛会。竞技会的影响逐渐扩大，希腊人根据赛会的举办周期，制定了一种新的纪年法：将两届竞技会之间的四年，称作一个"奥林匹亚德"。从公元前 776 年的创立到公元 393 年的废止，古代奥林匹亚竞技会共经历了 263 个"奥林匹亚德"，共 1 000 多年的历史。

最初的奥林匹亚竞技会只持续一天，比赛项目只有一个，就是短跑。在古希腊人那里，这个项目叫"一斯塔里赛跑"或"单程赛跑"。斯塔里是古希腊长度单位，1 斯塔里相当于 200 米左右。公元前 720 年，在第 14 届竞技会上，增添了"双程赛跑"项目。到了第 18 届竞技会，又增添了五项全能和角力两个项目。尽管赛车是奥林匹克竞技起源神话中的主题，但直到第 25 届竞技会，也就是公元前 680 年，赛车才被正式列为比赛项目。公元前 472 年第 77 届竞技会时，比赛项目的门类基本定型，共有 18 个项目，奥林匹亚竞技会的会期，也由最初的一天，逐步增加到 5 天。

每隔四年，在夏至后的第二个月圆之日，奥林匹亚竞技会就会如期举行。此时恰逢七八月份，炎炎夏日，朗朗晴空。竞技会开幕之前，就进行各项筹备工作。早在竞技会举办当年的春季，作为主办者的伊利斯人就派出传令官，遍访希腊各邦，发布如期举办竞技会的消息，同时敦促各邦遵守"神圣休战公约"，在竞技会举办的当月停止一切军事行动。准备参赛的运动员也在做准备，按照规定，他们必须先接受为期 10 个月的系统训练才能参赛。

竞技会开幕前一天，所有运动员、教练员和裁判员在伊利斯城集合，集体前往奥林匹亚圣地。临行前，作为奥林匹亚竞技会的总裁判长，一个被称作"希腊裁判"的人会对运动员公开说这样一番话："如果你们的所作所为配得上前往奥林匹亚，如果你们没有懒惰，也没有做不光彩的事，那就振作起来，继续往前走，没有做到的人可以离开，去你想去的任何地方。"哪些运动员"配得上去奥林匹亚"？除了连续接受 10 个月训练之外，他还必须是一个希腊城邦的公民，即他的父母都是自由的希腊人，他本人也是合法公民。

各个历史时期奥运会的日程不同，一般来说，在竞技会首日，运动员和教练员首先敬拜宙斯，向这位神发誓自己遵守奥林匹亚竞技规则。随后，运动员的名字和籍贯公之于众，对参赛选手的公民身份进行最后的核定，公布比赛程序。接着选出号声吹奏嘹亮的号手和声音洪亮的传令官，他们在竞技会期间负责比赛号令发布和赛绩公告。这些集体仪式过后是个人活动。运动员来到自己心目中的守护神前虔诚祷告，祈求佳绩。观众则利用这个时机走动交流，参拜圣迹，观看各种才艺展示。

第二日，希腊裁判率领运动员和教练员，在那些古老的祭坛前隆重献祭。之后，竞技比赛正式拉开帷幕，车马比赛首先在跑马场开赛。随着一声号响，裁判就位，车、马和驭手入场，传令官公布运动员的姓名与籍贯，由抽签安排选手的跑道位次。车马比赛是一个总称，具体的比赛项目包括：驷马战车比赛、双马战车比赛、马赛、马驹赛等，可谓名目繁多。下午进行五项全能比赛，包括赛跑、跳远、标枪、铁饼和摔跤。当晚举行祭祀伯罗普斯的仪式，有关这位"车赛鼻祖"及奥林匹亚竞技会起源的神话，再次成为美谈。

第三日上午，在宙斯神庙举行规模盛大的献祭仪式，宾客享用圣餐。下午举行少年组的短跑、摔跤和拳击比赛。竞技会规定按年龄分组比赛，17~19岁的运动员参加青年组比赛。20岁以上公民参加的成年组比赛在第四日进行。裁判就座后，运动员做好比赛准备，按传令官召唤一一出场。首先比长跑、短跑，接着是所谓的"重型项目"，包括拳击和角力等。第四日的成人组比赛，是整个竞技会上最精彩的部分。

第五日，也就是竞技会的最后一天，各个项目的优胜者齐聚在宙斯神庙前，由希腊裁判授予象征着冠军荣誉的橄榄冠。传令官高声宣布着冠军及其父亲的名字，还有他们所代表的城邦。冠军运动员享受着光宗耀祖的荣誉，准备衣锦还乡，他们的母邦往往会举行盛大的庆典，欢迎健儿的凯旋。

（三）运动员的表现

"争取第一"在奥林匹亚竞技会的价值观中占有独一无二的地位。对于古希腊运动员而言，参赛就是为了争冠军，象征着至高荣誉的橄榄冠只颁给一位最佳运动员。为此，运动员们在竞技场上展开了激烈的比拼。对于大多数普通运动员在奥林匹亚竞技场上的事迹，现今所知不多。古希腊最重要的史书，由修昔底德所著的《伯罗奔尼撒战争史》记载了几名精英运动员的故事。

公元前5世纪，雅典城邦政客亚西比得在公民大会上自夸："我曾以7辆双轮马车，在奥林匹亚竞技会的一场车马比赛中，同时拿到冠军、亚军和第四名等三项佳绩，这给我和我的城邦都带来了好处。"[①] 在古希腊，车马比赛是一项富人运动。良马、赛车和雇佣驭手的价格不菲，非普通公民

---

① ［古希腊］希罗多德. 历史［M］. 王以铸译. 北京：商务印书馆，1959：435.

所能承受。奥林匹亚竞技会上的车马比赛规则不同于今天，虽然都借助马力比赛，但成绩的归属者不是驭手，而是车和马的拥有者。有钱人可以同时出几套车马，雇佣几个驭手替自己下场比赛，这就是亚西比得一人以7辆赛车同时获得三项成绩的原因（图4-5）。

图4-5　古希腊瓶画上的赛车

公元前6世纪时，还有一位雅典人奇蒙，起初由于得罪了城邦领袖庇西特拉图而流亡在外。但他很幸运地在奥林匹亚竞技会的车马比赛中夺得两次冠军，他将第二次冠军的荣誉让给了庇西特拉图，于是获得谅解，返回雅典，并且在接下来的奥林匹亚竞技会上，还用那些马赢得了第三次冠军。此时，庇西特拉图已离开了人世，这位奥林匹亚三冠王也被人杀害。他被埋葬在城邦的前门外，为他立下汗马功劳的马就被埋在他的对面。

亚西比得和奇蒙的故事，在一定程度上反映了奥林匹亚竞技会车马冠军在雅典城邦中的地位。他们都是凭借昂贵的车马比赛获得了令人瞩目的冠军，并且将冠军带来的荣誉与声望用作政治投机的资本。像他们一样的运动员还可以列举出几位：多里阿斯，邦籍罗得斯，在战场上被雅典人俘获。此人曾连续三次在奥林匹亚竞技会上夺冠，雅典人久闻其大名，于是没要他的赎金，就把他释放了。塞尔松，派林尼人，在公元前356—前344年的奥林匹亚竞技会上4次赢得冠军，曾策划借助个人威望颠覆原来的城邦法令，自立为统治者。同为奥林匹亚冠军的雅典公民库隆，也基于自己的影响力谋求城邦最高统治者的权位。

（四）城邦之间的较量

奥林匹亚竞技会是希腊公认的宗教与体育盛会，拥有广泛的影响力。谁拥有奥林匹亚竞技会的主办权，谁就会吸引所有希腊城邦和公民的目光，从而获得一笔重大的战略资源。故此，围绕奥林匹亚竞技会的主办权问题，伯罗奔尼撒半岛上的几个城邦展开了较量。

比萨、伊利斯和斯巴达是奥林匹亚竞技会最初的创立者，同时也是竞技会主办权的争夺者。比萨位于奥林匹亚东北，与圣地最近，也是最早在圣地祭祀宙斯的城邦，按理说，应当拥有奥林匹亚竞技会的主办权。但位于奥林匹亚北部的伊利斯实力更强，也想独揽奥林匹亚的祭祀和竞技会。尽管奥林匹亚竞技会已在公元前776年首次召开，但随后的100年间，比萨与伊利斯针对竞技会主办权的争端一直没有停止。公元前668年，阿尔戈斯的统治者庇冬应比萨人之请，以武力控制奥林匹亚竞技会，将主办权交给比萨人。伊利斯人则搬来实力更为强大的斯巴达人，击退阿尔戈斯军队，扶持伊利斯人长期掌控奥林匹亚竞技会，以致给后人造成这样一种印象，伊利斯是早期奥林匹亚竞技会的唯一主办者。

伊利斯人的背后支持者是斯巴达人，但后者也有染指奥林匹亚竞技会的野心，由此引发了两邦对峙。公元前420年，伊利斯以东道主之名，禁止斯巴达参加奥林匹亚竞技会。理由是：在上一届竞技会期间，斯巴达违背"神圣休战公约"，公然出兵侵占伊利斯所属的势力范围。伊利斯人按照公约对斯巴达提出处罚，但斯巴达人拒不执行。为捍卫东道主的权威与地位，更为了夺回自己的势力范围，伊利斯人拒斯巴达人于奥林匹亚竞技场之外。由于担心斯巴达人报复，伊利斯人在赛会期间严加戒备，在"人人恐慌"的氛围中举办了一届奥运会。由此事可以看出，古代奥林匹亚竞技会已然卷入复杂的城邦政治，象征和平的休战公约，也成为城邦斗争的砝码和工具。

亚里士多德有一句名言：人是城邦的动物。在奥林匹亚举办的泛希腊竞技会上，运动员代表各自的城邦比赛，他们肩负着为母邦夺取荣誉的使命。竞技场上的比赛，不仅仅是运动员个人体育的比拼，更是他们身后的各个城邦之间的实力较量。为了能让自己的运动员夺冠，有些城邦在运动员身上下了很大功夫。有的城邦以物质奖励激励刻苦训练的运动员，家境困难的运动员甚至可以获得参赛补贴，培养优秀运动员显然成了国家的事业。过于急功近利的训练造成了消极的后果。亚里士多德批评道：高强度训练导致的体能透支，影响了儿童的正常成长，少年组冠军很难在成年组比赛中再创佳绩。

对那些为国争光的运动员，城邦会举行盛大的庆功典礼，并授予冠军常人难以企及的殊荣。雅典的奥林匹亚竞技会冠军，可以获得在公共食堂免费就餐的特权。在斯巴达，冠军享有战时陪同国王的崇高地位。而对那些在奥林匹亚竞技场上背叛国家的人，城邦的惩罚也绝不手软。克瑞坦邦的阿斯代罗斯连续赢得三届奥林匹亚竞技会的冠军，为取悦叙拉古的僭主赫松，在后两届竞技会上，他宣布自己是叙拉古人。克瑞坦人推倒了他的雕像，把他的家人投入监狱。显然，运动员比赛之成败，被视为其母邦之荣辱。这种鲜明的连带关系，使得健儿驰骋比拼的奥林匹亚竞技场，演化成城邦较量的"第二战场"。

（五）古代与现代奥运会的不同

发源于古希腊的奥林匹亚竞技会，为后世遗留了弥足宝贵的体育文化遗产。按照顾拜旦的理想，现代奥林匹克运动会应是对古代奥林匹克传统与精神的"复兴"。但实际上，古今奥运会之间存在着诸多不同。除了竞技项目、竞赛规则与赛会组织程序等具体方面之外，二者的主要不同可归纳为如下几点：

首先，古代奥运会以祭祀宙斯的名义举办，是宗教运动会。在古希腊社会，信仰氛围非常浓厚，希腊人的重大集体活动乃至私人家庭生活，大都在宗教背景下展开。体育比赛是宗教活动的组成部分，是对神的献礼。现代奥运会虽然也有崇高的精神追求，但它从宗教活动中独立出来，体育已获得了独立存在的价值和地位，它首先凸显人的拼搏与超越精神，是世俗运动会。

其次，古代奥运会是区域运动会，它只接纳希腊城邦，是有限开放的运动会。按照奥林匹亚竞技会的传统，参赛者必须是希腊人，非希腊人则被拒之门外。马其顿地处希腊世界的北部，马其顿的亚历山大欲参加奥林匹亚竞技会，必须申明自己的祖先是希腊人。由此可见，古代奥运会的范围至多只是以希腊半岛为轴的地中海区域。现代奥运会则是全人类的体育盛会，只要加入奥林匹克大家庭，无论身处世界的何方，都可以参加这一全球体育盛典。

再次，古代奥运会是男性专属的运动会，换言之，它只是一部分人的运动会，是拥有公民身份的希腊成年男性的运动会。尽管奥林匹亚竞技场上象征性地摆放着一个专供女祭司使用的座席，但这并不能代表女性享有同男性同等的参赛权利。伊利斯的法令规定：偷看竞技会的女性，将被抛下山崖。此外，古代奥运会还严禁奴隶参加。现代奥运会对参加者则没有身份限制，是真正平等的体育集会，没有人会因为性别、种族和出身的差别而被奥林匹克大家庭拒绝。

最后，古代奥运会的举办权控制在一个城邦手中，在古希腊时代的历届奥运会中，伊利斯基本上是唯一的东道主。为争夺主办权，希腊诸多城邦展开了激烈冲突，但伊利斯人始终不希望奥运会东道主之权旁落于他邦。现代奥运会由全世界各个国家轮办。只要有主办的实力，就可以提出申办申请，经由合理的竞争和评审，实现主办奥运会的梦想。这种轮流主办，让奥林匹克运动的理想与欢乐走向世界各地，由全人类所共享。

第二节　古代罗马体育

公元前 8 世纪，罗马人在意大利半岛的拉丁姆平原建立罗马城，此后不断对外扩张，最终征服了包括希腊城邦在内的广大地中海地区，建立起地跨亚非欧三洲的庞大罗马帝国。人们通常将古代西方文明分为希腊和罗马两个阶段。在继承古代希腊文明传统的基础上，罗马人创造了自己的体育文化传统。

古代罗马的历史大致可以划分为三个阶段：王政时代、共和时代和帝国时代。据古代作家瓦罗记载，罗马城始建于公元前 753 年，此后经历了 7 个国王的统治，史称罗马的王政时代。这一时期是罗马由原始社会向阶级社会的过渡时期，也是罗马国家形成及其体育传统奠基的历史阶段。公元前 510 年，罗马废除了王政，建立了共和制国家，平民不断打破贵族垄断的国家政权，罗马军队统一了意大利，并且开始向地中海扩张。共和时代的罗马体育，与罗马的公民生活及其对外扩张传统具有密切联系。公元前 27 年，屋大维成为罗马国家最高统帅，罗马实际上已步入帝国阶段。经历克劳狄王朝、弗拉维王朝和安敦尼王朝的统治，罗马实力空前强大，疆域版图横跨欧亚大陆和北非。为彰显国威、维护君主统治，罗马帝王大举兴办赛会，"竞技"如同"面包"一样成为罗马人的日常所需。公元 3 世纪之后，罗马国势转衰，大型赛会日渐式微，拥有古老传统的奥林匹亚竞技会走向了终结。

一、王政时代的罗马体育

（一）伊达拉里亚人的体育

在罗马建城以前，亚平宁半岛曾生活着很多本地或外迁而来的古代民族，他们对于罗马早期历史产生了深远的影响。对于罗马体育而言，影响最直接的莫过于公元前 9 世纪以来活动于意大利西部、北部等地区的伊达拉里亚人。罗马体育的源头，可以从伊达拉里亚人那里开始追溯。

现今人们对于伊达拉里亚人体育的了解，主要是通过考古学所发现的实证材料，包括壁画和器物上的纹刻。最晚到公元前 7 世纪末，拳击和摔跤就已经成为伊达拉里亚人生活的一部分，这两项运动被后世描绘成诗句，还形象地出现在青铜雕像的纹饰中。据此推断，它们可能是伊达拉里亚世界，同时也是至今可溯及的罗马体育的最早的运动项目。

古风时代伊达拉里亚体育的场景被更多地以文物的形式保留下来。在今天意大利半岛西海岸城市莫多罗契，集中分布着伊达拉里亚早期文化的遗址。在 6 000 余座古代石墓中，有 200 多座刻有纹刻，其中在一座公元前 540 年左右的石墓上，刻有 3 处最具代表性的伊达拉里亚体育活动场景：两名拳击手正在热身；两名裸体的摔跤手正在对峙发力，他们中间的地上叠着三个大盆，这可能是获胜者的奖品；另有一名穿短裤的男子正与一只大狗搏斗。上述伊达拉里亚式的运动，被体育史学家命名为 "Phersu Game"。① 类似的运动场景也出现在其他墓葬壁画中。根据壁画上运动者蒙面、蓄须等体貌及其所从事项目的特征来分析，这正是后世罗马最为风行的角斗运动的起源。

除了人与人、人与动物之间的角斗，另一项古老的伊达拉里亚运动项目是赛马或与马有关的骑乘游戏。它们是伊达拉里亚艺术中最常见的主题。在一个公元前 6 世纪中叶的双耳瓶上就描绘着赛马。赛马何时传入意大利已无证可考，但罗马赛马运动的起源很可能是受希腊传统的影响。当然伊达拉里亚的赛马也有自己的特色，他们常用双马或三匹马拉着的赛车进行比赛，而希腊人比赛所用的更多是驷马赛车。

在运动者身份上，伊达拉里亚人也表现出与古希腊人的不同之处。如同《荷马史诗》中所描绘的，只有身世显赫的贵族才有权利运动并在公众面前展示身体的力量与技巧。运动是古希腊贵族和后来的城邦公民阶层的特权，是"自由人"的活动。然而，在伊达拉里亚，公众视野中的竞技者绝大多数出身卑微。一位伊达拉里亚国王在圣地举办了竞技会，表演者中的绝大多数都是他的"私人奴隶"。罗马人的先辈认为，作为表演的体育活动是让达官显贵开心取乐的，只能由"下人"来做。后世罗马斗兽场中的血腥生死比拼，牺牲的大多是奴隶、战俘和所谓的"罪犯"，这与伊达拉里亚时代的传统一脉相承。

---

① Christesen P, Kyle D G. eds. A Companion to Sport and Spectacle in Greek and Roman Antiquity [M]. Oxford：Wiley & Sons, Inc. 2014：395~411.

伊达拉里亚时代的体育与游戏活动在何种场合下举行？现有的材料表明，那时的体育与葬礼仪式有密切关系。同古希腊人的葬礼运动会一样，在伊达拉里亚显贵人士的葬礼上举行竞技表演，能够彰显死者的显赫身份。由此表明，在古代希腊和罗马，葬礼运动会都是体育运动的重要发源。

（二）诸王治下的罗马赛会

最初，罗马人的祖先与伊达拉里亚人隔台伯河而居，他们以帕拉丁山丘和卡匹托山丘为屏障，在拉丁平原北部发展成罗马。有关王政时代的可靠史料，来自罗马帝国时代早期的历史学家李维，他的《建城以来史》比较忠实地记载了公元前753年罗马建城以来7位君王治下罗马的政治与公共生活。[1]

在罗马第一个王罗慕路斯（约公元前753—前717年）统治的时代，青年们在崇拜圣仪后，赤身裸体地玩耍和娱乐，围绕帕拉丁山奔跑，并用公山羊皮制成的皮鞭抽打遇见的女性，以祈求生育，此种公共娱乐活动名为"鲁帕尔卡尔"。罗慕路斯时代的"抢夺萨宾妇女"事件也与赛会有关。传说罗马建城之初男多女少，战士无法婚育，人丁不旺。罗慕路斯以祭祀马神之名举办了"庄严的赛会"，邀请邻邦的萨宾人参加。罗马青年在赛场劫持了萨宾妇女，让她们成了"罗马人的母亲"。

罗马人也十分重视公共事务，在第四代王安库斯·马尔西乌斯（公元前640—前616年）当政时，就开始光大前辈的宗教仪典，并将公共祭祀置于"至关重要"的地位，全民参与的赛会由此进一步发展。

公共赛会在第五代王老塔克文（公元前616—前578年）继任后形成规模。这位君王好大喜功，穷兵黩武，但他创造了"比战争光荣更大的战利品"，举行了比先王"更豪华更齐备的公演"。他专门划出地盘建造大竞技场，此竞技场在李维生活的时代仍以"最大者"之名存在。他还将竞技场内的空间划分给元老和骑士，让他们在柱子支撑的离地4米高的看台上为自己修建座位。赛会的主要内容是马赛和拳击，表演者多从伊达拉里亚征召。李维最后总结道：作为惯例的年度"罗马赛会"由此创立。罗马王室成员还经常以其他各种娱乐活动打发时光。第七代王"高傲者"塔克文（公元前535—前509年）的王位之所以被推翻，即与他过度征用劳力修建

---

[1] ［古罗马］李维. 建城以来史［M］. 穆启乐等译. 长春：吉林文史出版社，1992.

赛马场而引发民怨有关。

二、共和国时代的罗马体育

（一）希腊竞技传统的延续

意大利半岛南端和西西里岛曾建有希腊城邦，罗马人最初在那里见识了希腊赛会的风采。罗马共和国于公元前 4 世纪在地中海崛起之时，被内战耗尽精力的希腊城邦已归并于亚历山大的帝国。一百多年以后，罗马军人从马其顿国王手中夺走了希腊，希腊的竞技传统开始直接影响罗马共和时代。公元前 196 年，罗马将军特意选择在四大泛希腊竞技会之一的"地峡竞技会"上宣布："希腊人从此摆脱马其顿的统治获得解放"。所谓的"希腊解放"，其实就是"臣服罗马"。

罗马用武力征服了希腊，希腊则用文化征服了罗马。罗马文化是在希腊人的启蒙下发展起来的。尽管希腊人是罗马军队的手下败将，但罗马人却十分敬仰和尊重希腊的文化。共和时代的罗马贵族以能够讲希腊语为荣，上层罗马家庭往往聘请希腊人做家庭教师。在这种文化氛围中，希腊式的竞技传统自然受到罗马人的欢迎，这就是包括奥林匹亚竞技会等泛希腊体育赛会依然在罗马早期历史上盛行不衰的原因。

这些泛希腊竞技会上的体育项目包括拳击、角力、五项全能和以希腊长度单位"斯塔里"计程的长短不一的赛跑，这些项目构成了典型的希腊竞技传统。此外，泛希腊竞技会上还包括车马比赛，将音乐比赛纳入赛会也是希腊赛会的重要特征。

大型希腊赛会的资助者和组织者往往是那些有钱有势的罗马贵族，他们往往借助这种方式炫耀财富，扩大名声。在共和时代风起云涌的政治斗争中涌现出了一批"强人"，他们更懂得利用举行希腊赛会的方式来拉拢民心。公元前 1 世纪中后期，庞培、恺撒等叱咤风云的人物，都在罗马举行过希腊式的竞技会。这种竞技会，如同他们得胜后举行的"凯旋式"一样，皆为树立个人威望的胜利炫耀。

罗马征服的脚步跨出了意大利，希腊赛会的影响也随之扩展到广大的地中海世界。到共和国后期，半数左右的奥运会冠军来自希腊的伯罗奔尼撒半岛，伊利斯依然是拥有冠军最多的地区，它依然保持着奥运会主办城市的主场优势，尤其是在赛马项目上的领先地位。小亚细亚地区也是冠军的重要来源地。此外，亚历山大里亚等希腊化城市及当时尚未并入罗马帝国的吕底亚、塞琉西亚和昔兰尼等西亚北非地区,也有选手夺冠。这说明,原本是由希腊人独享的泛希腊竞技会,已随希腊城邦的解体和罗马扩张而向地中海各民族开放。

希腊式竞技的各个项目,如赛跑、拳击、投掷和角斗等在罗马世界受欢迎的程度是不同的。罗马人更喜欢角斗和拳击等力量搏击型的运动(图4-6)。生活在公元前1世纪的罗马诗人贺拉斯对比了精致的希腊体育与粗犷的罗马体育,他认为希腊体育是柔弱的、滑稽的,尤其是赤裸身体赛跑简直形同儿戏,而罗马体育更能彰显阳刚之气。① 罗马人普遍认为,值得从事的体育项目首先应当有益于战斗力的提高,例如摔跤和拳击中发展起来的力量和技能可以直接用于战场。这种浓厚的军事体育思想与共和时代罗马频繁的军事活动有关。"崇尚暴力"的罗马体育价值观早在共和时代即已奠基,这可以解释,为何血腥十足的角斗会成为后世罗马大众狂热追捧的首选。

图 4-6 约公元前 2 世纪的罗马拳击手陶塑

(二)罗马体育节庆的勃兴

希腊式竞技代表了希腊体育的传统,最具罗马本土体育特色的当属罗马节庆。在罗马人的拉丁语中,节庆被称作"鲁迪"(Ludi),可译作"游戏",当中的庆祝活动包括体育项目、戏剧以及巡游表演。节庆举办的初衷是宗教祭祀,公共赛会历来是节庆中最主要,也是最吸引罗马公众参与

---

① Horace. The Satires and Epistles [M]. Chicago:University of Chicago Press,1959:104.

的内容。后来,节庆的宗教色彩渐渐淡化,娱乐功能日益凸显。从共和国到帝国,国家举办且全民参与的节庆赛会一直在罗马日常生活中占据重要地位。

罗马节庆的起源可以追溯到王政时代的"拉丁赛会"。朱庇特是罗马人信奉的多神谱系中的首神,最早的节庆就是为了纪念他而设立。公元前6世纪,朱庇特神庙落成之际,马克西姆竞技场中就举行了车马比赛。在共和时代末期,罗马年历中能够找到66天的节庆,其中的14天专门用于车马比赛。共和时代及以前创立的最重要的罗马体育节庆,如表4-1所示:

表4-1 共和时代及以前创立的罗马体育节庆

序号	举办时间	节庆名称	起源时间	体育项目
1	二到三月	赛马节	年代久远	车赛、马赛
2	四月	地母神节	公元前204年	各种游戏、马赛
3	四月	谷神节	公元前202年	各种游戏
4	四到五月	花神节	公元前238年	追猎、各种游戏
5	六月	地下神祇节	公元前186年	马赛、斗牛
6	七月	阿波罗节	公元前212年	车赛、马赛
7	九月	大罗马节	公元前4世纪	车赛、马赛、摔跤、舞蹈和游戏
8	九月	罗马节	公元前161年	各种游戏
9	十月	十月赛马节	年代久远	车赛
10	十一月	平民节	公元前215年	各种游戏
11	十二月	收储节	年代久远	车赛

(资料来源:[德]沃尔夫冈·贝林格. 运动通史[M]. 丁娜译,北京:北京大学出版社,2015:48~49.)

由上表可知,共和时代的罗马体育节庆有如下几个特点:节庆首先具有鲜明的宗教色彩,大多是为祭祀某位罗马神而举办,罗马人相信节庆上的精彩体育表演可以取悦神的欢心;节庆举办的时间还与农时相关,春种秋收,祈求丰产,作为立国根本的农业生活节奏律动于体育节庆时间表上;节庆还带有浓郁的全民娱乐的意味,车赛和马赛是共和时代公共体育表演中最受欢迎的项目,它们也发展为有别于希腊竞技传统的罗马体育项目代表。

在众多的罗马体育节庆中,每年九月举办的大罗马节最值得一提,其起源可以追溯到罗马王政时代的神话传说，是献祭给罗马民族的神王朱庇特的节日。到公元前 4 世纪中叶，大罗马节成为每年最具有罗马民族特色的体育节庆之一。阿波罗节创办于公元前 212 年，当时恰逢布匿战争（公元前 264—前 201 年），罗马人与迦太基人的武力对峙并未影响罗马人在征战之余共享体育赛事，他们按神谕所示创办了这个节庆。到公元前 208 年，阿波罗节发展成为另一个罗马公众喜闻乐见的大型年度体育盛会。

除祭神的体育节庆之外，还有一些体育节庆为纪念罗马先王而设立，如纪念罗马建城者罗慕路斯的奎里那节，纪念王政时代末代君主塔克文的逃遁节等。随着共和国政治的发展，掌权者往往利用体育节庆实现政治目的，这种世俗气息渐渐冲淡了原始体育节庆的淳朴宗教意味。举办体育节庆开始成为罗马的"国家行为"。共和国专门委派一名市政官组织赛会，比赛的费用由国家公款负担并且对观众免费开放。布匿战争时期拨给罗马竞技会的官方经费达 20 万阿斯。这些以公共名义举行的体育节庆同时给主办者带来巨大的声望，共和国后期的执政官看到了其中的好处，于是在国家拨款之外自掏腰包资助比赛以博取公众的好感。这些赛会往往不定期举行，专门为纪念某件国家大事，具有鲜明的现实政治宣传指向。最典型的就是恺撒于公元前 45 年为庆祝他击败庞培而举行的胜利节庆，为期 10 年的体育表演包括车赛、角斗和希腊式的竞技项目，吸引了无数罗马公众的关注。当然，他也为举办这场赛会透支了家财，以致到了大举借债的破产边缘。

纵观共和国时代罗马体育节庆中的项目，占主流的是赛跑、投掷等希腊式竞技和具有罗马风格的车马比赛，角斗表演尚未大行其道。但作为后世罗马帝国影响最为深远的公共娱乐活动，角斗表演已经开始在共和国时代登场。

角斗（munera）是意大利地区一种古老的体育传统，伊达拉里亚时代的贵族葬礼中就已出现角斗血祭的场景。公元前 264 年，布鲁图兄弟在父亲的葬礼上邀请三对角斗士进行表演，是为罗马文献中最早的共和时代角斗的明确记录。公元前 216 年的雷必达葬礼上，广场上的角斗者已经达到 22 对。由此，至公元前 2 世纪的 100 年间，单场表演的角斗士上升到 60 对。基于角斗表演在贵族中的流行和大众的喜好，公元前 105 年，元老院将角斗列为正式的公共竞技表演项目，经验丰富的角斗士还被用于训练罗马军团，以提升军队的战斗力。原始的角斗往往在广场上举行，生活在公元前 1 世纪的罗马建筑学家维特鲁威在《建筑十书》中专门提到，罗马广场的建造应考虑到举行角斗表演的需要，以继承这项祖先的习俗，但当时还没有出现专门的角斗场。① 共和时代一路发展壮大的角斗终于在帝国时代之初登上大雅之堂。公元前 22 年，奥古斯都颁布了统一管理罗马大型节庆活动的法令，指定角斗赛每年由专门的行政长官组织举行，还对角斗规模进行了限制，同场竞技的角斗者不得超过 120 对。角斗从此成为罗马帝国国家节庆的大宗表演项目（图 4-7）。

图 4-7　表现古罗马角斗士竞技的马赛克装饰画

风行于帝国时代的另一血腥竞技"斗兽"也萌芽于罗马共和国时代。斗兽的前身是狩猎。公元前 186 年举行的国家祭祀典礼上，组织者展现了来自非洲的熊、狮子等动物间的厮杀。这种表演很快演化为模拟狩猎的人与兽争斗的表演。公元前 1 世纪前期，独裁者苏拉命令人将 100 头狮子放入一个临时的圆形竞技场，让非洲弓箭手模拟狩猎射杀它们。此后，恺撒也曾举行过上百人参加的斗兽表演。

体育节庆等大型体育活动表演起源于宗教仪式，但在共和国时代的发展中被赋予了现实的社会组织和动员功能。这些体育活动之所以由国家出面组织并受到掌权者的重视，就在于它们能够吸引广大罗马公众的参与。在由观看体育节庆所建构起来的公共空间中，罗马人通过体验激烈的体育比赛与血腥表演重温了罗马民众的勇敢与伟大，强化了罗马民众共同体的认同感与归属感。在娱乐之外，共和时代的罗马体育节庆同时承担了政治动员、价值观引导和民众激励与警戒的多重功能。

---

① ［古罗马］维特鲁威. 建筑十书［M］. 陈平中译. 北京：北京大学出版社，2012：108.

(三) 公民日常生活中的体育与娱乐

国家节庆集中展现了公共空间中的罗马体育，罗马普通民众在日常生活中也不乏形式多样的消遣、娱乐与游戏。

如同其他古代文明国度，在罗马，游戏伴随着幼儿的童年时光。古代艺术品刻画了罗马儿童抛接小球和玩滚圈的场景（图4-8）。在共和时代的公民家庭中，父亲是男孩的启蒙体育教师。卫国从军是罗马共和时代的公民义务，男孩的教育常常包括类似军事体育的训练，父亲会带领他们练习骑马、游泳、摔跤和拳击等。罗马人对待体育的态度比希腊人要现实得多。训练的目的是提高体能和活动灵敏度，而非追求希腊式的身形健美与优雅。进入学校学习阶段之后，除日常读写以外，贵族和富裕家庭的子弟常有机会外出游学，通过远足和旅行来增长体力、接触社会。希腊文化风情浓郁的东地中海故地令人向往，四年一度的奥林匹亚竞技会仍然吸引着罗马人驻足。此外，每逢重大的罗马节庆与拉丁赛会，学校也会放假，好让孩子们有机会参与罗马公共娱乐生活。

图4-8 公元前4世纪—前1世纪古罗马时期陶雕塑滚圈儿童

在古代文献中，罗马成年人日常的体育项目主要有球戏、游泳、划船、举重、击剑、摔跤、投掷和骑马等。城市中有专门的公共区域，如罗马城中的战神广场可供公民日常锻炼。罗马年轻人常在饭前到这里活动身体，球戏是比较流行的活动。罗马人玩的球一般由毛发填充皮革制成，但各种游戏所用的球大小不同，指代"球"的词汇有很多种。抛球与接球构成基本动作。有一种游戏叫"三角球"，三人分别站在等边三角形的三个角上，同时抛接两个球，抛传球的目的是让其他对手瞬间接球。当两人同时向第三个人抛球的时候，需要较大的技巧来做出瞬时反应。还有一类运动类似于我们今天的壁球，在松软的场地上，徒手将球抛向墙壁，待球弹回后接球，再将球抛回墙壁，如此反复，看谁能够让球持续弹跳的状态最长。与现代球类运动的高度竞争性相比，罗马人更看重玩球过程中的运球节奏与控球能力，输赢反倒置于次要地位。共和时代罗马诗人维吉尔和贺拉斯及至帝国时代初年的讽刺诗人马提雅尔，都在作品中提到过球类游戏。后来，医学家盖伦还专门写过一本《小球锻炼》的书，介绍球类运动的好处：玩球有趣，而且不像打猎那么耗时费钱，也比漫无目的的奔跑更能锻炼身体部位，特别是训练双手和眼力的灵活以及智力的机敏，是一项有益身心的运动。①

球类等运动不但在广场进行，公共浴池也是一个供公民锻炼的场所。共和国后期，仅罗马城中就有数百所公共浴池，公民只需花很少的钱，就可以来到这里，先在锻炼区域运动，如玩球、举重、跑步等，尽兴后再去洗浴。生活在共和国到帝国之间的哲学家塞内卡记录下浴池中的场景："置身于公共浴池之中，喧闹声震耳欲聋，好像来到菜市场，有人在举重，他们用尽全力，当吐出屏住的那口气时，便会呼啸喊叫。"

除了活动身体之外，洗浴本身也具有保健功能。公共浴池的采光和透气都很好，同时备有热水浴、冷水浴和蒸汽浴，可以帮助运动者舒缓疲劳。作为罗马文明的象征，洗浴也代表了罗马公共卫生的水平。罗马医学家意识到洗浴具有预防和治疗疾病的功效，特别是对于风湿、眼病和皮肤病的恢复起作用。因此罗马的浴池实际上是一个日常的运动休闲与保健康体中心。

应当注意到，上述体育与娱乐活动的参与者皆是男性，如同希腊社会一样，古代西方的体育在性别上是不平等的。共和时代的著名罗马诗人奥维德曾建议：女孩的游戏应当有别于男孩，可以玩玩掷骰子、下棋，也可以学学跳舞，但不要太费力气；最重要的是要控制好情绪，否则就玩不好游戏；此外，也可以到室外走走，爬高坡凭吊古迹。总体上来看，后人对于罗马普通女性的体育活动了解甚少。最直观的史料是一副西西里的马赛克壁画：多位身着泳装的年轻姑娘享受着她们的运动时光，有的在奔跑、跳跃、投掷标枪、打球，有的在挥舞棕榈枝欢庆胜利，她们很有可能来自罗马的贵族家庭。

三、帝国时代的罗马体育

（一）帝王创立的罗马赛会

在共和国末年的最高权力斗争中，屋大维最后胜出。公元前27年他获

---

① Harris H A. Sport in Greece and Rome [M]. Ithaca and New York: Cornell University Press, 1972: 92~93.

得"奥古斯都"称号,以元首身份掌控了国家大权,开创了延续500余年的罗马帝国时代。帝国时代具有两大特征:帝王施行君主专制,君临天下,具有绝对权威,他们以国家的名义举办规模盛大的赛会,以此炫耀国威、笼络民心;帝国大举扩张,公元2世纪时已建立地跨欧亚非三洲的庞大帝国,体育集会的影响范围大大超越了城邦时代的泛希腊竞技会,运动员和观众来自地中海世界的广大地区,观看大型比赛与表演成为流行的风尚。

帝国前期的政治稳定和国力强盛为大型罗马赛会的举办创造了社会环境和物质基础。各个王朝的君主们仰慕希腊奥林匹亚竞技会的声望,也想创立与之媲美的具有罗马风格的竞技会。在共和国时代,已有不少规模盛大的罗马体育节庆,但它们大多是以祭祀罗马神灵的宗教名义举办。到了帝国时代,新创立的体育赛会往往冠以君主个人之名,以纪念他们的登基、生日和取胜等重要人生时刻,在帝制体系下,这些时刻也是帝国的重大历史节点。各大赛会的比赛项目主要包括希腊式的裸体竞技、车马竞技,间或有水上竞技等项目夹杂其中(表4-2)。

表 4-2 帝国前期创立的罗马赛会

序号	创立的朝代	创立者	节庆名称	创立时间
1	克劳狄王朝 公元前 27—68 年	屋大维 (奥古斯都)	亚克兴赛会	公元前 27 年
2	克劳狄王朝 公元前 27—68 年	尼禄	尼禄赛会	公元 60 年
3	弗拉维王朝 公元 69—96 年	图密善	卡匹托赛会	公元 60 年
4	安东尼王朝 公元 96—175 年	哈德良	泛希腊赛会	公元 2 世纪
5	安东尼王朝 公元 96—175 年	哈德良	哈德良赛会	公元 2 世纪

克劳狄王朝是帝国时代的第一个王朝。屋大维首创了以帝王之名举办的罗马赛会。公元前31年,他在"后三头"角逐中取得决定性胜利,于著名的亚克兴海战中打败了安东尼。公元前27年,也就是获封"至尊"称号的前后,屋大维以纪念这场胜利为由创办赛会并将其命名为"亚克兴

赛会"（The Actian Games）。仿照泛希腊赛会赛制，亚克兴赛会也定为四年一次。屋大维还特意将该赛会与传统的四大泛希腊竞技会——奥林匹亚竞技会、皮提亚竞技会、地峡竞技会和尼米亚竞技会一道立为神圣的"循环竞技会"，甚至还仿照奥林匹亚纪年的方式以亚克兴赛会创立之年为始点纪年。这意味着，对于帝国时代追求体育夺冠的运动员来说，要想获得"大满贯"，他要比希腊城邦时代的运动员参加更多场次的激烈比赛。

亚克兴赛会是罗马帝国时代最重要的大型赛会，自奥古斯都时代一直延续到公元521年拜占庭优士丁尼皇帝时期，堪称罗马版的奥林匹克盛会。亚克兴赛会还体现了希腊与罗马文化的交融，它继承了泛希腊竞技会的传统，又具有罗马帝国时代的鲜明特征。尽管在声望和历史影响上逊于希腊的奥林匹亚竞技会，但它超越了奥林匹亚竞技在城邦时代所展现出来的"希腊性"的局限，不再是希腊城邦间的竞技，而是向罗马帝国治下的所有臣民开放，拉丁人、希腊人和地中海世界其他古代民族同场竞技，扩大了古代西方世界的体育文化交往。屋大维及其继任者通过赛会的举办和经营，树立了他们本人及其帝国的开放性与普世性的形象。此外，亚克兴赛会具有更强烈的世俗气息，它植根于罗马帝王和罗马帝国的"胜利炫耀"，不像泛希腊竞技会那样首先是为祭神而举办。这种世俗气质使得赛会能够很好地适应帝国时代的政治与社会环境，延缓宗教兴替带来的直接冲击，一直存续到西罗马帝国衰亡之后。

扫一扫4-3：
尼禄皇帝与体育竞技

克劳狄王朝末代皇帝尼禄以"暴君"之名载入史册，但他同时也是一个狂热的体育运动爱好者。出于对希腊竞技的热衷，他于公元60年以己之名创立了"尼禄赛会"，仿照希腊样式设立裸体竞技、车马竞技和音乐竞赛项目。不过，他的赛会很快随着他的倒台而终止，在罗马体育史上可谓昙花一现。

弗拉维王朝是帝国的第二个朝代。首位君主韦巴芗（公元69—79年在位）当政期间，罗马修建了大型的竞技场。但当时最大的体育事件，当是皇帝图密善（公元81—96年在位）于86年创立四年一度的"卡匹托赛会"（The Capitolia Game），为此还专门修建了图密善竞技场。该竞技会也沿袭了希腊竞技会的传统，其特色在于比赛包括一项女性可以参与的赛跑项目。

第三个朝代安东尼王朝堪称罗马帝国的盛世，体育赛会的发展也随之达到高潮，尤其是在哈德良（公元117—138年在位）统治时期。这位君主尤为热心于希腊传统文化，他不但在奥林匹亚和雅典等地兴建了新的体育设施，还亲自召集希腊城市组成"泛希腊同盟"，创办了新的总部设在雅典的"泛希腊赛会"。罗马人举办的"泛希腊赛会",非早先城邦时代希腊人的"泛希腊赛会",前者是对后者的模仿。尽管哈德良倡导的"泛希腊竞技会"未能胜过同时代奥林匹亚竞技会的声望,但他的努力仍然代表着帝国早期罗马竞技体育赛会的欣欣向荣。

在哈德良的支持下,帝国东部的城市还创建了"哈德良赛会",以向皇帝本人致敬。赛会举办地包括雅典等希腊半岛城市以及亚历山大里亚等希腊文化的中心,还有以弗所等小亚地区的古老城市,这表明,在公元2世纪罗马帝国的"黄金时代",作为帝国象征的体育赛会连同罗马君主权威一道远播于地中海世界。

(二) 帝国时代的角斗表演

在包含诸多项目的大型综合赛会之外,罗马帝国最为流行的公共娱乐莫过于角斗表演。角斗起源于王政时代,初兴于共和时代。由于角斗赛的规模越来越大,赛会主办者竞相攀比,奥古斯都于公元前22年颁布法令,限定同场竞技的角斗者不得超过120对。但到了帝国时代,限令形同空文,由帝王亲自操办的角斗表演愈发奢华。克劳狄、提图斯、图拉真等各朝帝王当政期间都举办过规模巨大的角斗表演,每一次在角斗场上流血厮杀的表演者都超过万人。

专门从事角斗表演的人叫角斗士,他们身份卑微,主要是奴隶、战俘和被判有罪的自由民。在上场表演之前,他们往往在专门的角斗士学校中接受训练。有些身体灵活的角斗士被训练成"网手",他们的武器是一面网和一根三叉戟,比赛时他们要设法网住对手的武器,然后再用三义戟攻击;还有一些身体强壮的角斗士被训练成"盾手",他们的武器是一面盾牌和一柄利刃。武艺高强的网手与盾手之间的搏杀常常成为决斗表演的压轴戏。

这是一场场特殊的身体较量,参赛者必须以流血甚至牺牲生命为代价。两名角斗士在万众瞩目中真刀真枪地拼杀,等待他们的很可能是死亡。战斗到最后一刻的失败者要由观众决定他们的生死,只要观众高喊"米特",裁判就会做出一个拇指朝下的手势,得胜者就会将斗败者杀死;如果观众高喊"伊乌古拉",裁判会将拇指朝上,失败者可侥幸生还。

观看表演的公众就是从这种血淋淋的现场厮杀中获得快感。除了人与人之间的角斗,表演中还上演人与兽的搏杀以及兽与兽之间的打斗。人与兽之间的搏杀表演起源于狩猎,猎手手执武器与猛兽同台,如果运气好的话,他可以生还并获得重奖。但另一类人兽搏杀要残忍得多,尼禄等暴君热衷于用饥饿的野兽吞杀犯人,这也是罗马法中的一种行刑方式。迷恋血腥厮杀的皇帝还会把狮子、豹子、狗熊等猛兽赶到一起,让它们互相撕咬。举行角斗表演的一天中,通常上午是猎兽表演,午饭时处决犯人,下午是角斗士的表演。

随着角斗表演的风行,罗马帝王开始修建专门用于角斗的竞技场。最著名的就是今日仍屹立于罗马并作为古代罗马文明标志的科罗塞姆竞技场(Colosseum)。这座竞技场始建于弗拉维王朝初期,至提图斯当政时建成。公元80年,皇帝亲自主持了竞技场的落成仪式,并举行了为期百天的角斗表演庆典。在拉丁语中,"科罗塞姆"意为"巨大的"。它的外墙高约50米,相当于12层楼的高度。场地呈椭圆形,长径188米,短径156米,占地2万余平方米。观众座席呈阶梯状分布,约60排,分为4区,最前面是专供皇帝和元老享用的贵宾席,后面依次是骑士席和平民席,总共可容纳数万人。表演区位于竞技场中央,长约86米,宽约57米,比座席区低约5米。竞技场如今已成为热门的旅游景点,置身竞技场中不难发现表演区地面以下的复杂构造,这种设计主要是为了表演水战,表演区可以灌水造湖,表演盛大的舟船攻伐(图4-9)。

图4-9 科罗塞姆斗兽场遗址

罗马人为何沉迷于此种血腥的竞技?在罗马史上,思想家对于角斗表演的评价可谓毁誉参半。赞成者认为,观看角斗能够培育罗马人的勇敢品质,罗马以武力立国,帝国的根基就在于军事征服,军事优先的国情及传统的尚武文化构成了血腥竞技存在的社会环境。早在共和时代末年,西塞罗(公元前106年—前43年)就认识到了角斗表演的教化功能,他认为一个角斗士所表现出来的坚忍、暴力和进取,正是罗马民族品质的生动展现。帝国时代初年的哲学家塞内卡（公元前 4 年—公元 65 年），也表达了对于决斗者刚烈品质的敬佩。最热衷于角斗表演的，大概是活跃于公元 2 世纪的小普林尼（公元 61—132 年）。他公开赞扬图拉真皇帝举办的角斗士表演，认为这种活动体现了罗马道德的核心内容，即敢于牺牲和渴望胜利。批判者的首要理由是角斗表演粗俗、野蛮而且铺张浪费。帝国初期"五贤帝"之一的马可·奥里略在他的《沉思录》中表达了对角斗的厌倦，他还曾下令禁止斗兽表演。最有力的批评者来自罗马基督教徒。公元 4 世纪开始，基督教开始在罗马帝国大规模传播。奥古斯丁等基督教知名人士呼吁教徒保持对狂热游戏的冷静，更反对毫无意义的屠杀。在结束这种血腥游戏的呼声中，角斗表演在帝国后期渐渐萧条，公元 5 世纪初期已经有一些角斗士学校开始关闭。

文献中最后一次明确记载的角斗表演是在公元 523 年东哥特国王狄奥多里克大帝统治时期举行的。此时，西罗马帝国灭亡已有半个世纪。今天，这种血腥的竞技之所以还能够在体育史上书有一笔，并不是因为它具有体育价值，而正相反，它为我们提供了一个"反体育"的负面典型。体育的本质是促进人的生命之健全而和谐地发展，凡以摧残人的生命与尊严为代价来谋取娱乐的方式都是反人道的。出身角斗士的起义者斯巴达克说：人不应该把生命用于角斗表演，而是应当仅仅用在争取自由上。

扫一扫4-4：
尼禄皇帝与体育竞技之罗马角斗片段

（三）帝国时代的战车竞技

战车竞技没有角斗那样血腥，但这项运动同样充满危险和刺激，是帝国大力支持且广受欢迎的又一大型体育表演项目。在西方体育史上，车马竞技的历史可以一直追溯到荷马时代。《伊利亚特》第 23 卷"葬礼竞技会"上就有一段车赛描写。一位有竞技经验的驭手向他的儿子面授了车马竞技的要领：保持正确的路线与方向，注视前面的对手，双脚站稳，以最快速度接近折返点，身体稍微左倾，驱赶右侧的辕马，同时放松右侧的缰绳，收紧左侧的缰绳，让左侧的辕马紧挨着折返点转弯回驶。只要在折返处超过其他对手，就胜券在握。

在罗马，战车竞技也拥有专项场地，最著名者是罗马城中的马克西姆跑马场（Circo Massimo）。它比号称"巨大的"科罗塞姆角斗场还要大上 3 倍，可同时容纳 12 辆战车在场上驰骋和数万名观众观赛（图 4-10）。

图 4-10　马克西姆赛车场

罗马的跑马场继承了希腊车马竞技场地的基本架构，但增设了一些实用而又耐用的场地设施，最具标志意义的就是跑道场地的中轴线上矗立着一道坚实的屏障墙，以避免相向奔驰的车马迎头相撞，这种隔离障未见于奥林匹亚的车马竞技场地。赛场设有专门的起跑区，12 个起跑栏排成斜线错落分布，类似于今天的 400 米起跑线，以确保所有参赛车马赛程相等。比赛开始后，车马就会环绕隔离障，在长圆状的跑道上兜圈子。裁判席设在隔离障一端对面的看台上。那里是最考验驭手竞技水平的弯道处，也是竞争最为激烈的事故高发区。当时没有精准的比赛计时工具，因此罗马人无法为车马竞技设立"纪录"，但这不妨碍裁判和所有观众目测哪辆战车最先冲过了终点，判定参赛者的名次。场边还专门有一个醒目的计圈设备，适时显示每一辆战车已经跑完的圈数。公元 3 世纪，也就是战车竞技最为流行的年代，仅在罗马城中，像马克西姆跑马场这样的大型车马竞技场地就有七八处，中小型的赛马场遍布帝国各大城镇，彰显着帝国时代罗马公众体育的独特风尚。

比赛的程序是赛前先通过抓阄决定参赛车马的起跑位置，然后同一级别和规格的战车对号进入起跑围栏。裁判向跑道抛出一块白布，围栏打开，身着各色服饰的驭手驾驭车马冲出，开始在跑道上往复驰骋。御者站立在马后的两轮车上，双手执缰，腰上的护带连接着车马。一旦翻车，他们必须瞬时切断这根护带以免受拖拽。每场比赛通常要跑 7 圈，过 13 个急转弯。最先冲过终点线的优胜者会挥手向裁判和观众致敬，最后接受棕榈枝冠的荣誉。

根据使用马匹数量的不同，战车一般分为双马战车、驷马战车以及十马战车。这些战车往往组队参赛，自奥古斯都时代起，逐渐形成了红、绿、白、蓝四大战队。每个战队都有一个单独的俱乐部，由专门的投资人组织运营，包括配备马匹、战车，提供日常的设备保养与训练，雇佣车手和教练，类似于今天的体育俱乐部。每逢大型战车竞技表演，官方组织者就会有偿邀请这些俱乐部参赛。市场化和专业化的运营模式，促进了罗马战车竞技水平的提升，扩大了这些运动的公共影响力。

帝国时代的战车专场竞技会上，一天可以上演10~12场比赛。尼禄时代起，全天的竞技项目又增加到24项，从天明一直赛到天黑。与角斗士一样，赛车手都出身社会下层，以奴隶居多。他们受雇于贵族，有人为他们的胜负押上高额的赌注。有些赛车手因为成绩突出，往往会赢得丰厚的奖金，成为家喻户晓的娱乐偶像。有一些奴隶赛手还用比赛赢得的奖金替自己赎回了自由之身。拉丁铭文中记载了帝国时代一位有名的赛车手，叫狄奥克里斯，生活在公元2世纪，他在4 000多场次的比赛中获得过1 000多场冠军。可以说，他就是那个时代的体育明星。

体育既是运动者的活动，也是围观者的活动。在罗马，观看大型体育与娱乐表演的观众人数，要远超过场上的运动员。集体主义是罗马倡导的主流价值观，公共生活在罗马社会中影响巨大。"观众的体育"构成了帝国时代罗马体育的独特风景，因此值得从观众的角度去重新审视一下罗马体育。

观看战车竞技的观众本身就构成了一个微缩的社会，沿两侧赛道外围而设的看台被分配给不同等级的观众，最佳观赛位置设有豪华的包厢和精致的大理石座席，专供皇帝和他的元老贵族们享用，普通民众只能在后排观看比赛。红队、绿队、白队和蓝队是帝国时代最受瞩目的四支战车竞技队伍，每支队伍都拥有自己的支持者，车迷们根据自己的喜好自发地组织起来，连片地就座于特定的观众区，为自己的队伍和选手加油助威。狂热的车迷时常发生冲突，组织者雇佣士兵来维持秩序。车迷派别的生成是体育趣味差异化的结果，但常常也为不同政见与社会诉求的表达提供了机会，形成了罗马帝国时代独特的"跑马场政治"。典型的例子，如克劳狄王朝的卡里古拉皇帝是绿队的铁杆粉丝，罗马人明知皇帝的喜好，但就是有一批人在赛场上为蓝队大声呐喊，以此抒发对这位君主的不满情绪。

战车竞技的衰落明显滞后于角斗表演。4世纪之后基督教文化价值观的兴起构成了影响这两大公共娱乐走向的分水岭，角斗表演因有悖人道而逐渐被信仰基督教的罗马当权者视为"异教"，大为衰落；战车竞技因比较淡化的宗教色彩而成为帝国时代公共竞技的新宠，其声望逐渐高过角斗表演，并一直延续到西罗马帝国灭亡。在公元3世纪危机之时，罗马帝国已现裂痕。330年，君士坦丁皇帝将罗马帝国首都迁到东方城市拜占庭，以之为中心的东罗马帝国延续着罗马文明及其竞技传统。君士坦丁认为战车比赛好于角斗表演,他在新都城扩建了跑马场,安放了一座镀金的青铜车马雕像。经历千年风云辗转,这组精美的古代西方体育文物今天安放在威尼斯圣马可大教堂的正门上方(图4-11)。风行于罗马帝国时代的战车竞技依然在拜占庭上演,围绕蓝队与绿队的体育竞技演化为皇权角逐的党阀风波,公元532年发生于拜占庭大跑马场上的"尼卡暴动",是西方体育史上典型的以体育之名展开的政治运动。

扫一扫4-5:
罗马车赛表演
——《宾虚》
片段

图4-11　圣马可教堂所陈青铜驷马

四、古代奥林匹亚竞技会的延续和衰亡

(一)奥林匹亚竞技传统的延续

公元前4世纪以后,随着古希腊城邦的内讧与古典时代的落幕,奥林匹亚竞技会的古老传统开始发生改变,它由希腊城邦间的泛希腊赛会,转变成面向希腊人与非希腊人的更具包容性的地中海区域体育文化盛会。奥林匹亚竞技会具有浓郁的宗教色彩,祭祀宙斯的精神向往与体育竞技互为表里。马其顿人和共和时代的罗马人都继承了希腊的多神教传统,希腊主神宙斯仍然拥有信众。祭拜奥林匹斯宙斯神的奥林匹亚竞技会因此成为向希腊文化传统表达敬意的理想之地。奥林匹亚圣地构成连接古代希腊文化与后世罗马文化的时光通道。

率先征服希腊的马其顿君主都是奥林匹亚竞技会的热心参与者。公元前356年,腓力二世派出的车马在奥运会上夺冠,当日正逢其子亚历山大降生。亚历山大成年之后,不但亲自说服伊利斯官员相信自己的希腊血统以参加奥林匹亚竞技会,而且以君王之名在圣域西侧兴建了一座圆形建筑,时称"腓力庙"。拥有古老希腊传统的奥林匹亚,由此印上了马其顿统治时期的历史烙印。

公元前 323 年完成的亚历山大东征，在地中海以东的广大区域造就了一个包括原来希腊城邦世界的新帝国——亚历山大帝国，开创了混融着希腊与古代东方文化的"希腊化时代"。在这一古代希腊与罗马文化的过渡时空区，古代奥林匹亚竞技会继续发扬光大，帝国的君主们还纷纷仿效奥运会，筹办新的规模盛大的希腊化赛会。约公元前 280 年，埃及的托勒密二世倡议在亚历山大里亚举行"托勒密赛会"；公元前 2 世纪时，位于叙利亚的塞琉古王国君主安条克四世动用数万士兵以及百乘战车举办了达芙妮赛会的开幕式。希腊化帝国君主兴办新赛会的目的，既向希腊竞技与文化传统献礼，更旨在胜过古代奥运会的规模。希腊化征服的结果就是奥运会"遍地开花"，古希腊体育文化传统随着古代东西方文化的首次大规模碰撞而获得了传播、改造和新生。

继马其顿之后控制希腊地区的就是罗马人，他们同样表达了对希腊奥运传统的敬意。公元前 145 年，代表罗马人首次踏入奥林匹亚的执政官穆米乌斯在圣地奉献了祭品。公元前 27 年，奥林匹亚所在的亚细亚同盟并为罗马的一个行省。罗马统治者尊重当地文化，希腊的宗教、竞技与生活习俗得以保留。尽管劫掠奥林匹亚的事件亦有发生，如公元前 80 年，罗马统帅苏拉下令将奥运会及圣地的珍贵祭品迁到罗马城，但公元前 76 年的第 176 届奥运会仍在奥林匹亚召开，其地位和正统影响力不可撼动。奥林匹亚圣地一直是罗马游客慕名凭吊的古希腊胜迹，共和时代的罗马大文学家西塞罗将奥运会比喻成"全希腊最盛大的集市"。

（二）古代奥林匹亚竞技会的中兴

至帝国时代，罗马各朝君主更懂得利用古代奥林匹亚竞技会的影响力来经营自己的统治。罗马治下的奥林匹亚圣地也突破了仅限希腊人参拜的封闭性，适应了帝制时代的新形势。公元前 27 年，屋大维的雕像化身为"奥林匹亚宙斯"，供奉于圣地的神庙中，表明希腊对罗马政权的承认。此后，克劳狄、提图斯、图密善等诸皇帝的雕像也先后坐落于奥林匹亚的神庙中，奥林匹亚竞技会越来越像罗马帝国的竞技会。一些帝王还对奥运会的比赛很感兴趣。提比略派出的驷马战车曾在公元前 4 年第 194 届奥运会上夺冠。其子日耳曼尼库斯也赢得过公元 17 年第 199 届奥运会车马赛的冠军。

有关罗马帝王与奥运会的故事，最为生动的片段莫过于尼禄参赛。罗马传记作家苏埃托尼乌斯以极尽嘲讽的生花妙笔，在《十二帝王传》中记下了这位帝王于奥运会上的滑稽表演：这位以贪图享乐著称的君主曾远行到治下的希腊行省,为的就是赢遍所有的希腊赛会。当然,他的冠军头衔不是真正比拼出来的,而是主管赛会的属下慑于他的淫威而主动献给他的。但这位暴君并不在乎体育比赛本身,而更看重这些头衔带给他的虚荣。他来者不拒地接受各种赛会冠冕,据说,最后他带着1 800多项赛会冠军头衔返回罗马。

为了满足他获得"大满贯冠军"的野心,希腊赛会不得不为他调整赛期。本应在65年举行的奥运会就为了他一人而延迟至67年。他亲自驾驭10匹马拉的战车亮相于奥林匹亚场地,但却在众目睽睽之下从车上摔下,被扶上车后却因无法坚持跑完全程,在比赛结束前退场,即便如此,他仍旧获得优胜冠军。离开希腊之际,他把罗马公民权授予了希腊人,又给了裁判一大笔钱。返回罗马城时,按照古代世界赋予冠军特权的传统,他特意拆掉几个城门,驾驭白马从缺口处入城。他乘坐奥古斯都往日凯旋时乘坐的战车,头上戴着奥林匹亚橄榄枝,手里拿着皮提亚桂冠,身后的随从还捧着他的其他各种桂冠,耀武扬威地接受公众的欢呼。

古代奥运会的真正复兴是在帝国的安东尼王朝,这与哈德良皇帝对希腊传统的尊重和对奥林匹亚竞技的热情资助有关。公元2世纪,罗马帝国国势强盛。哈德良及其继任者扩建了比赛场地,重修了希腊裁判的工作区,为运动员安装了当时先进的罗马热水浴,让奥林匹亚竞技场的面貌焕然一新。同时,他还仿照奥运会的样式,举办罗马的"泛希腊竞技会"等准奥运会,希腊竞技蔚然成风。为感谢罗马皇帝的支持,希腊人将安东尼王朝诸皇帝的雕像供奉在圣域中,敬哈德良为"奥林匹亚之神",还在铭文中记录了他对于复兴奥林匹亚竞技传统与希腊文化的功德。已有千年传统的古代奥运会在罗马帝国的黄金时代呈现了落幕之前的最后一次辉煌。

扫一扫4-6:
奥林匹亚竞技会比赛项目的沿革

(三)古代奥林匹亚竞技会的衰亡

哈德良时代奥林匹亚竞技的复兴恰如落日余晖,罗马帝国的"三世纪危机"构成了奥运会由盛而衰的转折点。在安东尼王朝"五贤帝"之后的帝国统治后期,史料对罗马帝国支持奥运会的记载明显减少,考古发掘表明此后奥运场馆渐趋破败,游人数量大不如前。此时的罗马帝国已不稳固,蛮族不断侵扰帝国的边界。公元267年,东日耳曼人赫鲁利突入希腊,圣地筑起高墙防御。公元300年前后,地震摧毁了圣地的建筑,直到戴克里先执政时才稍有恢复。

比自然损耗更致命的是文化震荡。4世纪以后,罗马帝国形势巨变,古代奥运会赖以生存的多神崇拜文化氛围受到强烈冲击。基督教在罗马帝国的传播，构成了古代奥运会发展历程中的重要转折点。313 年《米兰敕令》颁布，基督教成为罗马帝国的合法宗教。392 年，皇帝狄奥多西一世将基督教确立为罗马国教，同时颁布法令禁止一切"异教"活动。拥有浓郁多神祭祀色彩的奥林匹亚，自然也在"异教"禁绝的范围之内。此时，古代奥林匹亚竞技会存在的社会环境已不复存在，这个历史悠久的体育盛会在狄奥多西一世治下走向了历史的终结。

1994 年，在奥林匹亚东南区域的考古现场发掘出一块青铜餐盘，上面记载了罗马时期的奥运会优胜者名单。最后一条显示，公元 385 年第 291 届奥运会的拳击冠军是来自雅典的佐皮罗，这届奥运会很可能是古代奥运史的终篇。[①] 公元 453 年，罗马皇帝狄奥多西二世下令，摧毁所有的"异教"圣所，代之以基督教的标志。奥林匹亚的宙斯神庙很可能就在被毁之列。公元 5 世纪以后，奥林匹亚圣域的故址上建起了基督教教堂。到了中世纪，奥林匹亚地区的克拉丢斯河洪水泛滥，淹没了圣地。古老的奥林匹亚竞技场从此沉寂，直到 19 世纪德国考古学家再次发现。

本章小结

古希腊人的体育在荷马时代就展现出追求卓越、超越自我的人本主义色彩，至公元前 8 世纪—前 5 世纪的城邦时代，通过奥林匹亚竞技会等四大泛希腊竞技会发扬光大。公元前 4 世纪后期亚历山大东征和希腊化帝国的建立，将希腊竞技的传统扩展至地中海以东的区域。罗马体育最大的特色就是综合性的罗马赛会和公众参与观看的大型竞技表演。古代西方的体育深植于当时的历史背景之中：希腊体育展现了城邦之间相互博弈与集体认同的复杂格局，罗马体育则与其共和国与帝国的国家体制、公民集体生活与国家军事活动密切相关。

问题与思考

1. 古希腊奥林匹亚竞技会为后世遗留了哪些宝贵的体育文化遗产？
2. 为何大规模的体育赛会和公共体育娱乐表演在罗马帝国时代如此盛行？

---

① [意] 约勒·法略莉. 论古代奥运会之"无声消亡"？ [J]. 赵毅译. 体育与科学，2014 (1)：5.

> **活动建议**

1. 按照古希腊奥运会的仪式及其比赛项目的规则，组织一次模拟的古代奥运会。
2. 根据教材，通过查阅文献以及观看电影《宾虚传》，画出古代罗马赛马场地结构图。

> **参考文献**

［1］王以欣. 神话与竞技：古希腊体育运动与奥林匹克赛会起源［M］. 天津：天津人民出版社，2008.

［2］崔乐泉. 图说古代奥林匹克运动会［M］. 西安：世界图书出版公司，2008.

［3］王大庆. "神圣"与"世俗"之间——试论古希腊奥林匹亚赛会的宗教性［J］. 北京师范大学学报（社会科学版），2013（6）.

［4］赵毅. 古代奥林匹克运动会是被废除的吗？——意大利学界的争论和基于《狄奥多西法典》的考察［J］. 体育科学，2014（6）.

［5］王邵励. 女性参与古希腊奥林匹亚竞技会问题再研究——基于原典史料的考辨［J］. 体育科学，2015（10）.

［6］［意］约勒·法略莉. 论古代奥运会之"无声消亡"？［J］. 赵毅译. 体育与科学，2014（1）.

［7］［美］托马斯·F. 斯坎伦. 爱欲与古希腊竞技［M］. 肖洒译. 上海：华东师范大学出版社，2016.

［8］［法］瓦诺耶克. 奥林匹克运动会的起源及古希腊罗马的体育运动［M］. 徐家顺译. 天津：百花文艺出版社，2006.

［9］Christesen P，Martirosova-Torlone Z. The Olympic Victory List of Eusebius［J］. Traditio，2006（61）.

［10］Christesen P，Kyle D G. A Companion to Sport and Spectacle in Greek and Roman Antiquity［M］. Oxford：Wiley & Sons，2014.

［11］Harris H A. Sport in Greece and Rome［M］. Ithaca and New York：Cornell University Press，1972.

［12］Wendy J. Raschke. The Archaeology of the Olympics［M］. Madison：The University of Wisconsin Press，1988.

［13］Thomas F. Scanlon，ed. Oxford Readings in Sport in the Greek and Roman Worlds［M］. Oxford：Oxford University Press，2015.

第五章　中世纪和文艺复兴时期的西方体育（公元6—16世纪）

> **章前导言**
>
> 中世纪和文艺复兴是西方历史上前后相邻的两个重要的历史阶段，时间跨度超过千年。传统的观点认为，中世纪是一成不变的、长期停滞的、顽固保守的同义词，是愚昧、黑暗的，因此被称为"黑暗的世纪"（dark ages），文艺复兴则是紧跟中世纪之后突然发生的，充满了光明、生机和希望。受这种观念的影响，中世纪被认为是西方体育史上最黑暗的时代。文艺复兴时期，体育终于从黑暗中走了出来，获得空前的大解放和大发展。然而，大量文献和文物表明，中世纪西方的体育并未长期停滞，且体育活动丰富多彩，超乎想象；文艺复兴时期的体育并非突然发生，各类体育活动和项目让人目不暇接。
>
> **学习目标**
>
> 了解中世纪和文艺复兴时期西方体育的发展背景。
> 熟悉中世纪和文艺复兴时期西方体育的主要形式。
> 理解中世纪和文艺复兴时期西方体育发展的宗教和思想背景。

第一节　中世纪和文艺复兴时期西方体育的发展背景和条件

中世纪和文艺复兴是西方历史上前后紧邻的两个重要的历史阶段，时间跨度超过千年。

所谓"中世纪"，在西方历史上通常是指从西罗马帝国灭亡直至文艺复兴的历史时期。中世纪的开始以公元476年日耳曼首领奥多维克废黜了西罗马帝国的最后一个皇帝、年幼的奥古斯都，成为西罗马帝国的实际统治者这一历史事件为标志。该事件在西方历史上具有里程碑式的意义，既宣告了西罗马帝国的灭亡，又揭开了中世纪的历史大幕。中世纪的结束并没有标志性的事件，一般认为，在15世纪晚期，中世纪结束。

中世纪是西方历史上极其复杂和发生各种剧烈变动的历史阶段——北方蛮族（例如西哥特人、东哥特人、法兰克人、日耳曼人、维京人）和来自东方的阿拉伯人的频繁入侵，对内和对外战争频发，基督教的传播、扩散和改革，封建制度的形成和发展，贸易、城市、思想、文学、艺术的停滞、复苏和繁荣，大学的创办，文化交流和互动，技术进步和科学革命等，这些变动曾经使中世纪前期（476—1000年）的欧洲变得非常"黑暗"，但也使公元1000年之后的欧洲在许多方面生机勃勃、活力四射。

"文艺复兴"一般是指中世纪后期一场以艺术为主要成就的思想文化运动。文艺复兴于13世纪末14世纪初发轫于意大利，诗人但丁和画家乔托是文艺复兴最早的两位代表人物和开拓者。15世纪末至16世纪20年代，以达·芬奇、米开朗琪罗和拉斐尔这三位巨匠的代表作（如达·芬奇的绘画《最后的晚餐》和《蒙娜丽莎》、米开朗琪罗的雕塑《大卫》和为梵蒂冈西斯廷大教堂创作的巨幅穹顶画《创世纪》及《末日的审判》、拉斐尔的壁画《雅典学院》）相继完成为标志，意大利文艺复兴达到巅峰。16世纪之后，意大利文艺复兴的影响扩展至德国、荷兰、英国、法国和西班牙等欧洲各地，产生了伊拉斯谟、丢勒、莎士比亚、蒙田、塞万提斯、伦勃朗等代表人物。进入17世纪之后，文艺复兴趋于结束。

中世纪的西方有形式多样的体育活动，既有骑士竞技、武术、射箭等军事体育，也有兼具健身价值和娱乐作用的狩猎活动。中世纪的欧洲人既喜欢打球，也喜欢下棋、打牌，还能够游泳、滑冰和滑雪。这些体育活动一直延续到文艺复兴时期，虽然有些形式后来消失了，但是大多数延续至今，有的形式还演变为现代体育项目并进入了奥运会，比如网球、击剑、越野滑雪等。

中世纪和文艺复兴时期西方花样繁多的体育活动是在一定的背景下发展起来的，这些背景大致可分为宗教和思想背景、军事和经济背景、自然和生态条件三个方面。

一、宗教和思想背景

影响或推动中世纪和文艺复兴时期发展的宗教和思想因素主要为基督教的传播和人文主义的兴起。

（一）基督教的传播

基督教产生于公元 1 世纪时罗马帝国的犹太省（今以色列、巴勒斯坦地区），是信奉耶稣基督的一神论的宗教，与佛教、伊斯兰教并称为世界三大宗教。

基督教创立不久即西传至欧洲。但一直到公元 4 世纪之前，基督教在欧洲并不被承认，而是被视为异端，基督教徒经常遭到迫害。公元 313 年，罗马皇帝君士坦丁大帝发布"米兰敕令"，罗马官方正式承认基督教，宣布基督教为合法宗教并对其赐予保护。337 年，君士坦丁大帝本人在去世之前接受了基督教的洗礼。公元 392 年（另一说法为 380 年），罗马皇帝狄奥多西大帝宣布基督教为国教。由此，到公元 4 世纪末，基督教壮大成为地中海地区最重要的教派。

进入中世纪之后，基督教跨越阿尔卑斯山，从地中海向欧洲北部传播。在长期的传播进程中，基督教的影响范围逐渐扩张至欧洲的大部分地区，很多国王和其臣民都信奉基督教，其逐渐成为中世纪欧洲最重要的宗教，在政治、经济、社会、文化、教育等方面产生了持续、广泛和重要的影响力。

基督教对中世纪欧洲有如此不容忽视的影响力，中世纪的体育必然受到基督教的影响。如何认识和评价基督教对中世纪西方体育的影响力，是体育史必须面对和回答的问题。

首先，从基督教教义的具体文本、教规的具体陈述以及基督教思想家著作的具体内容来看，在中世纪和文艺复兴的基督教会中既有极力反对游戏和娱乐的声音，也有肯定游戏和娱乐活动的正面价值的教士和思想家。前者如 15 世纪先后在意大利积极传播基督教的圣方济各教会的传教士圣贝纳迪诺（Bernardino of Siena，1380—1444 年）和布道者、改革家、殉道士吉洛拉谟·萨伏那罗拉（Girolamo Savonarola，1452—1498 年），后者如 13 世纪著名的基督教思想家托马斯·阿奎那（Thomas Aquinas，1225—1274 年）。圣贝纳迪诺和萨伏那罗拉先后在意大利北部地区传教，他们否定游戏和娱乐的价值，斥之为虚妄、空幻的活动，在他们演说的感染下，佛罗伦萨人多次在市中心的广场架起篝火，将用来游戏和娱乐的棋具、纸牌、图书、绘画以及妇女使用的化妆品、高跟鞋、奢侈华丽的服装统统付之一炬，史称"虚妄篝火"。阿奎那在《神学大全》有关娱乐活动的论述中则认为，为了娱乐灵魂和消除疲劳而适度开展的游戏，是具有德行的，他反对过度的游戏，但同时提出"从来不给人一些欢乐，甚至阻止别人的娱乐，这是一件不合理性的事"。①

其次，虽然基督教是中世纪欧洲最重要的宗教，但中世纪基督教会对社会的实际影响力是有限的。中世纪的欧洲存在基督教领袖和世俗领袖两个统治集团。前者以教皇为最高权力者，管理基督教会，后者以皇帝为最高权力者，处理世俗事务。在实际运作中，二者经常发生对立，有时甚至以战争解决分歧。在基督教会内部，不遵守教义教规的教士和信徒大有人在。例如，基督教教规明确规定神职人员和平信徒不能参与以娱乐为目的的打猎活动，也曾经下令禁止骑士竞技，但从中世纪到文艺复兴，违反者屡见不鲜。英国14世纪的文学家乔叟（Geoffrey Chaucer，1343—1400年）的代表作《坎特伯雷故事》中生动刻画了一位不遵守教规、热爱打猎的传教士和一位爱好各类娱乐的学徒，他们分别看作是此类神职人员和平信徒的典型代表。而在众多不守教规的神职人员之中，地位最高的是教皇利奥十世（Leo X，1475—1521年）——这位导致西方教会解体的教皇不仅是历史上著名的打猎爱好者，还经常在宫廷中举办假面舞会、滑稽表演等娱乐活动。在世俗统治集团中，喜爱打猎、下棋、打球和骑士比武的王公贵族更是屡见不鲜。例如，神圣罗马帝国皇帝腓特烈二世（Frederick II，1194—1250年）是一位鹰猎高手，他亲自观察猎鹰和鸟类的行为并动手实验，编著了充满科学精神和富有实用价值的《猎鸟的艺术》；位于今西班牙境内的卡斯蒂利亚王国国王阿方索十世（Alfonso X，1221—1284年）非常喜爱国际象棋和西洋双陆棋等棋类活动并组织编写了著名的《棋经》；英国国王亨利八世（Henry Ⅷ，1491—1547年）喜爱骑马狩猎、比武竞技、摔跤、射箭和打网球，是一位文艺复兴时代的全能运动员。牛津大学博德利图书馆收藏有一部极其华美的14世纪的《亚历山大大帝传奇》手抄本，其中绘有相当多的反映贵族体育生活的插图，内容有骑士比武、刺靶、射箭、射弩、打猎、玩球、弈棋、跳舞、杂技、打陀螺、荡秋千等，充分反映了中世纪贵族对体育运动的喜爱（图5-1）。

扫一扫5-1：坎特伯雷的故事

---

① ［意］托马斯·阿奎那. 神学大全（第11册）［M］. 胡安德译. 台北：中华道明会，碧月学社，2008：463.

图 5-1 牛津大学 14 世纪《亚历山大大帝传奇》手抄本插图

总之,在中世纪和文艺复兴时期,基督教会内部并非全面否定体育和娱乐,在教士和王公贵族、普通百姓之中置教义和教规于不顾、喜爱消遣和娱乐者大有人在,基督教对体育运动的抑制和归化作用是有限的。

(二)人文主义的兴起

人文主义 14—16 世纪首先在意大利产生,而后席卷西欧,是对欧洲古典文化的巨大兴趣和对中世纪基督教神学思想的批判为基础的一场思潮和文化建设运动,是文艺复兴时期西方的思想主流,其奠基人为 14 世纪的意大利学者、诗人彼得拉克(Francesco Petrarca,1304—1374 年)和作家薄伽丘(Giovanni Boccaccio,1313—1375 年)。人文主义不是一个严格的思想流派或者学说体系,而是一种宽泛的价值取向,在当时是一种新的时代精神,其主要特点是肯定和赞扬人的价值和尊严、倡导乐观向上的人生观、肯定现实生活的价值和尘世的享乐、认为人是历史的主体和创造者。

在人文主义的影响下,体育、游戏的价值在文艺复兴时期得到充分的肯定,获得很大的发展。经常为人提起的实例是意大利人文主义者和教育家维多利诺(1378—1446 年)在威吉利奥(1370—1444 年)教育思想的影响下创办的名为"快乐之家"的学校。1402 年,威吉利奥撰写了《论绅士风度和通才教育》,这部意大利文艺复兴时期最有影响的教育著作,系统地阐述了人文主义的教育思想,提出真正的教育是对人的心智和身体两个方面都进行有效训练的教育,倡导身心并重的教育观,主张在学校既要开设文化课程,也要开展体育运动。

威吉利奥的著作引起了巨大轰动和广泛影响。维多利诺接受了威吉利奥的教育思想并积极付诸实践。1423年应维多利诺应曼图亚的统治者贡查加的邀请，担任其孩子的家庭教师并创办了"快乐之家"。在"快乐之家"里，维多利诺与孩子们共同生活，带领他们从事各种活动。他不仅为孩子们传授数学和自然科学，还教授舞蹈、骑术、剑术、球类等体育活动，组织孩子们登山和比赛。维多利诺在"快乐之家"终生从事教育活动，是人文主义教育思想的卓越实践者。他的教育实践对文艺复兴时期欧洲的人文主义教育产生了巨大的推动作用。

扫一扫5-2：《巨人传》中的文艺复兴学校体育

二、军事和经济背景

影响或推动中世纪和文艺复兴时期发展的军事和经济背景主要为战乱的频繁发生和骑士阶层的产生、商业贸易的复苏和繁荣。

（一）战乱的频繁发生和骑士阶层的产生

中世纪和文艺复兴是西方历史上频繁发生内部和对外战争的时代。在欧洲内部，中世纪之初，哥特人、日耳曼人、法兰克人等欧洲北方的蛮族频繁南下，引起战争，导致欧洲四分五裂；公元9世纪和10世纪，来自斯堪的纳维亚半岛的维京人再次给欧洲人带来噩梦，不仅向南横扫欧洲大陆，在东部沿着第聂伯河深入里海和君士坦丁堡，在西面沿着大西洋和地中海劫掠沿海地区，而且进入了苏格兰、英格兰和爱尔兰；11世纪，为了争夺不列颠岛，以诺曼底公爵威廉为首的法国封建主的军队与英王哈罗德的军队作战；1337—1453年，为了争夺今法国西北部的土地，英国和法国断断续续地进行了"百年战争"。在对外战争方面，从公元8世纪初至10世纪，欧洲人与强大的伊斯兰帝国的军队在地中海地区反复作战，抵抗后者的侵略。战争的结果之一是711年阿拉伯人在比利牛斯半岛建立了一个统治期长达700余年的穆斯林王国安达卢斯；10世纪，亚洲草原上的游牧骑兵的后裔马扎尔人加入了侵略者的行列，他们频繁骚扰欧洲东部内陆地区并在喀尔巴阡山定居下来，最终在今匈牙利境内建立起自己的王国。除了遭受和抵抗侵略，欧洲人还对外发动战争，自11世纪末至13世纪晚期，在教皇、法国国王、神圣罗马帝国皇帝、英国国王等的发动下，欧洲军队以收复被阿拉伯人占领的"圣地"的名义对地中海东岸国家进行了多次"十字军东征"。

在战争的压力下，中世纪欧洲的军事多次发生重大变革。公元8世纪，由于马镫的使用，在欧洲战场上，骑兵很快取代步兵成为战争的主力兵种，骑士这一中世纪欧洲的特殊社会阶层得以产生。历史上最早的骑士就是指公元 8 世纪欧洲封建制度产生时军队各等级中位于最底层和数量最多的成员。后来，随着骑士制度的发展演变，欧洲的封建等级关系日益复杂化，"骑士"这一名称的含义也随之变得模糊和笼统，范围不再限于最底层的那部分军人，一切出身于贵族家庭、遵守骑士行为和道德规范、履行骑士的战争义务、具有大致相同的生活方式和思想观念的骑马作战的军人都被视为骑士或者以骑士自居，有的国王竟然也自称为骑士。到中世纪后期，骑士成为一种具有崇高荣誉的头衔，能够给获得这一称号的任何人带来自豪和荣耀。

（二）商业贸易的复苏和繁荣

中世纪初期，由于战乱的影响，欧洲内部和对外贸易遭受重大打击，长期陷入低谷。自 11 世纪起，贸易在欧洲开始了几个世纪的缓慢恢复过程并逐步走向繁荣。在这个过程中，形成了三个大的远程贸易中心。一是位于意大利北部的南方贸易中心，分布在这里的佛罗伦萨、威尼斯、热那亚等城市专门从事与地中海和黑海地区的贸易，经营来自东方的丝绸、香料、糖、金银器并转销至阿尔卑斯山以北。二是位于今比利时和法国东北部的佛兰德斯（Flanders）地区的北方贸易中心，分布在这里的布鲁日（Bruges）、根特（Ghent）、里尔（Lille）、伊普尔（Ypres）和阿拉斯（Arras）等城镇从英格兰购回羊毛，再将自产的羊毛纺织品销往各地，同时经营产自法国的葡萄酒。三是位于索恩河上游与莱茵河、塞纳河和卢瓦尔河支流之间的法国境内的香槟（Champagne）地区，这里是南北贸易的交汇地，在很长时间内是欧洲最重要的商业市场所在地，来自欧洲南北的商人们在此开展大规模的交易活动。但在 14 世纪初，香槟地区的贸易因故衰落，意大利商人经过多年的努力，开辟了一条经过直布罗陀海峡沿大西洋向北直达佛兰德斯的新商路。意大利商人和佛兰德斯人都从这条新商路受益，积累了大量财富。

虽然战乱给人民带来了苦难，破坏了生产力，但不计其数的大小战争和骑士阶层的产生在客观上推动了骑士竞技、武术、射箭等军事体育的发展。商业繁荣促进了城市的发展，贸易带来的利润为开展体育活动创造了经济条件。此外，军事和贸易共同推动了欧洲内部和对外的体育文化传播和交流——通过战争和商路，阿拉伯人不仅向欧洲输入了国际象棋和纸牌，而且向欧洲人传授了鹰猎的技艺。

三、自然和生态条件

人类的体育活动离不开一定的自然和生态环境，尤其是水上项目、冰雪运动和狩猎活动对自然条件具有较高的依赖性。欧洲多湖泊、河流、森林和野生动物，北部地区冬季气候严寒，南部地中海地区多海湾和良港。中世纪和文艺复兴时期的欧洲人充分利用这样的自然和生态条件开展体育运动。湖泊和河流附近生活的人们划船、垂钓、游泳、跳水；临地中海的城市（如威尼斯）居民到海湾赛船；爱好打猎的王公贵族和普通百姓到森林里寻找野兽和野味；在欧洲北部冬季寒冷地区（如斯堪的纳维亚半岛、英国、荷兰、俄罗斯北部），每逢冬季来临，雪落大地，河湖封冻，男女老少就会穿上冰鞋和雪橇去滑冰、滑雪、打冰壶和冰球。

第二节 中世纪和文艺复兴时期西方体育的主要形式

中世纪和文艺复兴时期西方的体育活动形式多样，本节从军事体育、狩猎活动、棋牌游戏、球类运动、水上运动、冰雪运动、健身运动和运动疗法等方面分别介绍。

一、军事体育

扫一扫5-3：中世纪伦敦居民一年的体育运动

中世纪和文艺复兴是欧洲历史上战争频发的时期，产生了独特的骑士阶层。在战争背景下，骑士竞技、武术（剑术、摔跤、格斗等）、射箭等军事体育在欧洲获得较大的发展。

（一）骑士竞技

骑士竞技是中世纪骑士之间进行的军事技能竞赛，是中世纪和文艺复兴时期欧洲军事体育的代表。

最初的骑士竞技没有明确的规则，常常是军人之间在战争之余使用兵器进行的无序混战，充满了暴力、血腥和野蛮，伤亡事件时有发生。一般认为，有明确规则的骑士竞技产生于11世纪的法国。最早的骑士竞技规则据称是由11世纪的法兰西贵族、普雷伊的若弗索瓦制定的，历史上有据可查的第一次骑士竞技举行于1095年。12世纪之后，这种有了明确规则的骑士竞技逐渐从法国传至德国、英国、意大利等欧洲其他国家和地区。

13、14 世纪之后，骑士竞技的规则、程序越来越具体、复杂和完善，暴力程度逐渐降低，文明程度逐渐增强，社会意义也渐趋多元化，参赛者希望在比武中展示其武艺和勇猛，从而得到观众的赞赏并获得荣誉。同时，在这一演变过程中，骑士竞技的观赏性、仪式性和庆典性也逐渐增强并于 16 世纪文艺复兴时期达到顶峰，17 世纪之后，由于社会条件的变化，骑士竞技在欧洲逐渐销声匿迹。

中世纪和文艺复兴时期法国、英国、德国、意大利等国的君主们都热衷于举办规模宏大、气势不凡、豪华奢侈的骑士竞技盛会。英国国王亨利八世是骑士竞技的超级爱好者，为达到展示武力的政治目的，经常在外交活动中安排骑士竞技活动招待外国使者。1520 年 6 月 7 日—24 日，亨利八世和法国国王弗朗西斯一世在位于加莱附近的"金缕地"（今属法国，但在当时被英国人视为英国领土）会晤。在这场盛大、奢华的外交活动中，特意举办了一场精彩的骑士比武大会。约在 1545 年，多位宫廷画家联合创作完成了一幅大型油画，全景式地展现了这场会晤的恢宏场景，油画表现了两位武士进行一对一的马上长矛决斗的场面，两位国王携夫人身穿盛装在看台上观看，比武场边的大树称为"荣誉之树"，树枝上挂着象征荣誉的奖品。

扫一扫5-4：《金缕地》油画

中世纪晚期和文艺复兴时期的编年史、骑士文学作品和其他文献及文物遗存中留下了大量有关骑士竞技的文字和图像资料。例如完成于 14 世纪上半叶的手抄本德国诗歌集《马内斯手稿》（现由海德堡大学图书馆收藏，是该馆的镇馆之宝之一）有 100 多幅展现诗歌内容的插图，其中有多幅插图的主题为骑士比武，不仅展示了比武的激烈场面，而且描绘了观看比武的女性——骑士比武的目的是为了取悦她们，获得她们的爱慕和象征爱情的美丽花环。再如 15 世纪的法国贵族勒内一世（René I，1409—1480 年）对骑士比武情有独钟，他令人用法文撰写了一部有关中世纪骑士比武的指导手册（名为 Livre des tournois），同时请画工创作了 20 多幅水彩画插图，以图文并茂的形式对骑士竞技尤其是混战式的骑士比武大会的程序、规则、装备、场地做了细致的说明。文学作品中对骑士比武有详细描写的首推近代英国著名小说家和诗人华特·司各特以中世纪英国为背景创作的小说《艾凡赫》（Ivanhoe，又译《撒克逊劫后英雄略》《撒克逊英雄传》）。在这部以骑士艾凡赫为主要人物并命名的长篇历史小说中，司各特塑造了一批以艾凡赫为代表的生动具体的中世纪骑士形象，并以细致的笔触和较大的篇幅描绘了在英格兰北部的阿什贝举行的一场中世纪骑士竞技大会的精彩场面。我们可以通过《艾凡赫》的描述了解到中世纪骑士竞技的大量细节。

扫一扫5-5：《马内斯手稿》中骑士比武图

扫一扫5-6：勒内一世《比武大会手册》中的骑士竞技

书中对中世纪晚期和文艺复兴时期骑士竞技的规程、场所、兵器、装备、形式、规则、意义等方面有比较详细地描述。

1. 骑士竞技的规程

一般来说，一场骑士竞技的举行须事先由挑战者向被挑战者发出邀请。在被挑战者接受邀请和比武开始之前，还须经过明确裁判官、选定比武地点、接受骑士报名、骑士到指定地点集中、参赛资格审查、队伍分组等过程。待这些程序完成后，比武大会一般选在周一开始，有时在一天之内完成，有时则持续数天。比武结束后，将由美丽、善良的女性为表现优异的骑士颁奖。

扫一扫5-7：《艾凡赫》中的骑士竞技

2. 骑士竞技的场所

骑士竞技一般在城堡之外的开阔地带举行，比武场呈长方形，有入口、栅栏、看台，附近设有帐篷和其他设施，供骑士休息和存放马匹武器，有的还可以生火做饭。

3. 骑士竞技的兵器和装备

骑士竞技的兵器包括长矛、宝剑、狼牙棒等，根据锐利程度和攻击性的高低，可分为战争兵器（或者称为锐兵器）以及和平兵器（又称为礼貌兵器、钝兵器）。战争兵器是骑士参加战争时使用的兵器，锋利、攻击性强，容易造成对手伤亡。和平兵器是专为参加骑士竞技制作的兵器，运用技术手段钝化，攻击性弱，不易造成对手伤亡。13、14世纪之后，骑士竞技逐渐采用和平武器。除了兵器，在比武过程中，骑士还需要良马、马具、头盔、铠甲等保障竞技能力。

4. 骑士竞技的形式

混战和马上持矛决斗是骑士竞技的两种主要形式。借用现代体育的术语，混战是集体项目（类似橄榄球比赛），马上持矛决斗是一对一进行的个人项目（类似网球单打比赛）。

5. 骑士竞技的规则

骑士竞技的规则涉及程序、兵器、准备、计分等方面。中世纪和文艺复兴时期欧洲各地只有大体统一的骑士竞技规则，在细节上不尽相同，甚至差别很大。

6. 骑士竞技的意义

骑士竞技在军事、社会、物质和政治等方面都具有一定意义。早期的骑士竞技主要是为了训练士兵和战术。随着骑士竞技的发展，参加者的动机逐渐多元化，有的骑士为了得到获胜的物质奖励和失利者的赎金，有的骑士为了赢得观看比武女性的芳心和爱慕，还有的骑士为了证明自身的武功或者高尚的荣誉，国王们则经常为了展示武力和财力举办比武大会。

（二）武术①

在继承罗马帝国时代的武术基础上，中世纪和文艺复兴时期，武术在欧洲得到很大的发展。

剑术是中世纪欧洲武术的主要形式。此外，摔跤、擒拿和使用剑之外的其他多种兵器（如弯刀、匕首、长矛、短棍、长棍等）进行格斗也是这一时期欧洲武术的内容。

1. 武术典籍和著名武术家

现存最早的中世纪武术手抄本《瓦尔普吉斯剑典》的主要内容就是使用剑和盾牌进行格斗的技术要领。《瓦尔普吉斯剑典》使用32张长约30厘米、宽约23厘米的羊皮纸制成，约完成于13世纪末至14世纪初，作者不详，主要内容是一位神职人员向学生传授剑术。书中用拉丁文细致地说明右手持剑、左手持圆形盾牌进行攻防的动作要领并配有示意图（图5-2）。这部著名的武术典籍现收藏在坐落于英国利兹的皇家兵器博物馆。1950年，该馆在索斯比拍卖行的竞拍中购得此手抄本。因1950—1996年被保管在伦敦塔，这部手抄本又被称为《高塔剑典》（Tower Fechtbuch）。

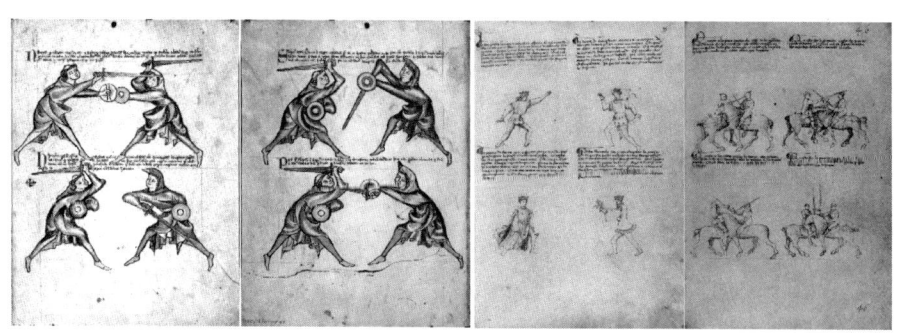

图5-2 《瓦尔普吉斯剑典》和《战场之花》插图

中世纪晚期出现了一批影响深远的著名武术家，如14世纪的德国武术家约翰尼斯·理查德纳尔（Johannes Liechtenauer）和活跃于14世纪末至15世纪初的意大利武术家菲奥雷（Fiore dei Liberi）等。菲奥雷在15世纪初编写了《战场之花》一书。在这部武术教材中，菲奥雷收录整理了各种

---

① 这里所说的武术，指在战争、军事活动中将领、战士借助兵器或者徒手进行的对抗、搏斗的技艺——"武"是指战争和军事活动，"艺"是指技艺。这种含义的武术，是古今中外都存在的文化现象。

武术招式并请人绘制了插图，包括擒拿、使用多种兵器如匕首、长剑、长杆武器进行着甲战斗和马上战斗等。目前已知至少有 6 部《战场之花》手稿本，其中一部藏于美国洛杉矶的保罗·盖蒂博物馆。

理查德纳尔的著作迄今尚未发现。但 15—17 世纪，德国出版了为数不少的武术著作，其中有相当数量的著作都描述了理查德纳尔流传下来的功夫。16 世纪德国贵族保罗斯·赫克特·梅尔（Paulus Hector Mair，1517~1579）编纂的百科全书式的《武艺大全》是其中最为知名的一部。梅尔是德国奥格斯堡一个贵族家庭的成员，热爱武术。为了保留武术遗产，他耗尽家财收集了很多武术典籍。为了完成《武艺大全》，梅尔请了两位武术家演示武艺并请奥格斯堡的著名画家小约尔格·伯瑞乌（Jörg Breu the Younger，约 1510—1547 年）配图。该书分两卷，共有 16 章内容，分门别类地全面展示了当时欧洲多种武术形式。梅尔的这部《武艺大全》目前共有三部手稿存世。与梅尔同时代的约阿希姆·梅耶（Joachim Meyer，约 1537—1571 年）也编有类似著作（图 5-3）。

图 5-3 《武艺大全》插图

2. 武术学校

15、16 世纪欧洲的城市中出现了很多武术学校和基尔特组织收徒传艺、切磋武功，其中著名的有德国的"马克斯兄弟会"（成立于 15 世纪晚期）和布拉格的"羽剑兵击家"（Federfechter，约成立于 1570 年）等。

3. 剑术

剑术在 16 世纪的意大利得到飞跃性的发展。相对于之前以劈砍为特点、注重力量的剑法，意大利剑客运用几何学原理创造了一种全新的剑法，其精髓是单手使用操纵性很强的刺剑（rapier，也称"迅捷剑"），为剑手提供理想的攻击距离和刺击速度，通过符合几何学原理的简洁轻灵的步伐，灵巧地运用剑尖刺击对手（图5-4）。这种剑法经过几个世纪后逐渐演变为击剑这一现代体育项目。

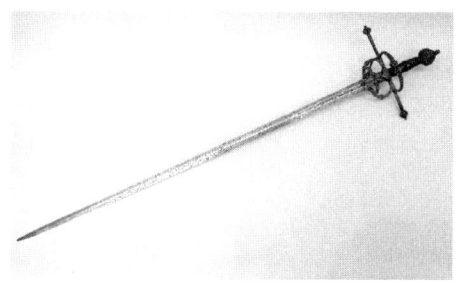

图5-4　16世纪晚期意大利钢制刺剑
（长121厘米 宽25.4厘米 重1 133.98克）

　　16—17世纪的意大利剑坛流派纷呈，大师辈出。在各流派中，以博洛尼亚派最为著名。著名的剑艺大师有卡米洛·亚基帕（Camillo Agrippa）、萨尔瓦托·法布里斯（Salvator Fabris）、安吉洛·维基亚尼（Angelo Viggiani）、贾科莫·迪·格拉西（Giacomo di Grassi）、里多尔福·卡波·费罗（Ridolfo Capo Ferro）、尼古拉德·吉冈提（Nicoletto Giganti）等。1533年，杰出的剑术理论家亚基帕的著作《武学原理对话录》出版。在这部剑术发展历史上里程碑式的著作中，亚基帕运用欧几里得几何学原理阐释了新的意大利式剑法，为其奠定了理论基础并影响了整个欧洲。维基亚尼的《论防守》（1551年）和格拉西的《论如何安全使用兵器》（1570年）等著作都着重阐释了意大利剑法的优点并创新了实战技法。例如，维基亚尼提倡在实战中运用弓箭步，格拉西定义了内、外、高、低四种格挡方式，这些技法流传至今，为现代击剑运动员采用。

（三）射箭

　　除了骑士比武和武术，射箭也是中世纪和文艺复兴时期一项主要的军事体育项目。

　　英国和荷兰等是这一时期射箭开展得最好的欧洲国家。17世纪末，《鲁宾逊漂流记》的作者笛福曾在一篇文章中自豪地谈到当年射箭在英国的开展状况：

　　"当我们的武器是长弓时，英国民族用弓的本领可以说是独步世界，连最普通的乡间小民都是高明的射手，人们在太平年月的游戏中就具备了极好的入伍资格,而这种游戏还产生了一个好结果,就是当征集起一支军队,士兵不需训练就能作战;为了鼓励人民参加这种对国家如此有利的锻炼,国会曾通过法案规定每个教区都要维持若干射靶场,以供乡间青年练习射箭。"①

值得一提的是,英国文艺复兴时期著名的人文主义者、曾经担任伊丽莎白女王的家庭教师的罗杰·阿斯坎(Roger Ascham,1515—1568年)用对话体撰写了历史上第一部用英语完成的射箭著作《射箭爱好者》(原名为Toxophilus),大力阐释和鼓吹射箭的益处并将它献给伊丽莎白女王的父亲亨利八世。

二、狩猎

在中世纪和文艺复兴时期欧洲长达1 000多年的历史上,狩猎是开展时间最长久、最受推崇的体育活动。由于具有健身、娱乐、交际等多方面的功能,既能够在猎捕动物之后享受爽口的野味,也能够享受追逐、射杀的刺激,还能够显示和炫耀社会地位及财富,打猎尤其受到王公贵族的喜爱。

(一) 狩猎的主要场所

中世纪和文艺复兴时期欧洲贵族狩猎的主要场所是猎苑。欧洲各国贵族都有猎苑,数量不小。以英国为例,1086年的《末日审判书》记录的猎苑有35个,但是因为一部分事实上当时存在的猎苑并不在此,实际数量还稍多一些。受当时法律的制约,12世纪猎苑的数量增长不多。进入13世纪,英国的猎苑的数量开始激增,到了14世纪初约有大小不一的猎苑共3 200个,面积最小的仅有几公顷,最大的则达到几百公顷。

猎苑一般建在野外林地,有河流和人工建造的堤坝和水池并具有明显的边界。为了与外界隔离、防止猎物外逃和偷猎,猎苑的边界一般建有土坝以及高大、砍裂的橡树桩制成的木栅,有的皇家猎苑还建有石墙。

猎苑中有专人负责维护和看管,在猎苑中的高地一般为他们建有的专用房屋即猎舍。或许是为了营造和加强打猎的气氛和效果,猎舍的周围建有较浅的壕沟,以彰显猎苑的神秘感和贵族特征。有的猎舍外建有视野开阔的平台,既可以一览无遗地观赏猎苑景色,又可以居高临下射杀猎物。

---

① [英]笛福.笛福文选[M].徐式谷译.北京:商务印书馆,1960:177.

猎苑的主要动物是鹿。伦敦的海德公园（Hyde Park）、圣詹姆士公园（St. James Park）和摄政公园（Regent's Park）在历史上都是皇家的专用鹿苑，后来才改为公园。由于鹿的跳跃能力一般为 3 米高、6 米远，为了防止鹿逃脱，猎苑的土坝、石墙和木栅的高度和宽度都相当可观，这使得猎苑需要非常高的维护费用。不同的猎苑具有的鹿的数量不同，少则十几只，多则几百只，面积大的猎苑自然能够提供更多的野味。除了鹿，鹿苑中还有为数不少的狼、獾、野鸡、家兔、野兔、野猫、狐狸、鸽子、山鹬，这些动物也经常成为王公贵族的猎物。有的皇家猎苑还是皇家动物园，例如亨利一世（1100—1135 年在位）的伍德斯托克猎苑有若干狮子、猞猁（lynx）、骆驼和一头豪猪。

除了用来打猎，猎苑还具有其他功能。中世纪时很多猎苑内有专门的区域用来养兔、养鱼和饲养种马，这使得猎苑具有一定的生产和经济功能。在各种饲养动物中，可能以家兔的规模最为可观。中世纪时很多猎苑内建有养兔场，14 世纪早期，由于养兔一度数量巨大，大量的兔毛用来出口。

（二）狩猎的主要形式

中世纪和文艺复兴时期狩猎方式多样，猎鹿和鹰猎是其中最重要的两种狩猎活动。

1. 猎鹿

猎鹿也就是以鹿为猎物的狩猎活动，一般在猎苑进行。

（1）猎鹿的方式。猎鹿的方式一般有三种。第一种是所谓追猎式（专门术语叫"par force de chiens"），最受男性贵族的推崇，其大致方式为在猎手和猎狗的协助下，贵族骑马持弓一路寻找和追逐鹿，直至发现并射杀目标（图 5-5）。第二种是等候式（专门术语叫"bow and stable"），这种

图 5-5　刻有猎鹿场景的 14 世纪法国象牙镶板（纽约大都会艺术博物馆藏）

方式一般为参加狩猎活动的女性贵族采用,其大致方式为女性贵族事先在专门搭建的平台或者亭子等候,待猎人和猎犬将鹿驱赶至有效射程之内后使用弓箭射杀目标。第三种是观赏式(专门术语叫"coursing with hreyhounds"),其特点是贵族站在视野良好的平台之上,观看鹿被猎人和猎狗追逐和射杀的过程。

(2)鹿的分类。根据年龄、体型、性别,鹿被分为三种不同的大类并有不同的专用名称。第一种是马鹿(red deer),或称赤鹿、牡鹿。雄性马鹿是各种鹿之中体型最大的,5岁的红色雄性马鹿称为"stag",6岁以上的红色雄性马鹿称为"hart"——有时这个名称专指有10只鹿角的6岁以上的红色雄性马鹿,红色雌性马鹿则称为"hind"。由于体型大、奔跑能力强、有漂亮的鹿角,"stag"和"hart"被视为最理想的猎物。第二种是黇鹿(fallow deer,雄性称为buck,雌性称为doe),亦称扁角鹿,体色淡黄并略带白斑(汉字"黇"和英语 fallow 都是指这种体色),这种鹿在猎物中的地位低于红色马鹿。扁角鹿是猎苑中最常见的鹿种,虽然体型和体力都不如红色公鹿,但雄性黇鹿的肉的味道却比红色公鹿更为可口。第三种是"麆"(亦写作"狍",roe deer),在三种鹿之中体型最小。

2. 鹰猎

鹰猎是以使用经过驯化和专门训练的猎鹰进行狩猎的活动。鹰猎的历史非常古老,一般认为,公元前13世纪居住在安纳托利亚高原即现在的土耳其北部的赫梯人最早掌握了鹰猎技巧。鹰猎活动在古代埃及、波斯、中国等非常广阔的地域内都有开展。中世纪的欧洲人通过战争和贸易,向阿拉伯人学会了鹰猎,并从阿拉伯人居住的地区带回了猎鹰和职业驯鹰师。

(1)猎鹰的特性。根据现代动物学的分类和专门术语,被用来进行鹰猎活动的猎鹰都属于隼形目鸟类,既包括隼形目之下的隼科鸟类(falcon,拉丁学名为 *Falconidae*),也包括隼形目之下的鹰科鸟类(eagle,拉丁学名为 *Accipitridae*)。大多数隼形目鸟类体态威猛,雌体较雄体体型更大,具有昼出也就是白天活动的特性。需要特别说明的是,虽然大多数隼形目的鸟类体型较大,但有一些种类体重较轻,因此并不是所有的隼科和鹰科鸟类都用来鹰猎,只有那些飞行能力很强、视力极佳,具有高超的捕猎能力的猛禽才可能被训练成猎鹰。鹰猎现在我国北方部分地区仍有开展,新疆哈萨克族使用的"金雕"是鹰科鸟类,东北地区使用的俗称为"海东青"的猎鹰一般被认为是属于隼科的矛隼(*gyrfalcon*,也称白隼)。

(2)猎鹰的种类。中世纪和文艺复兴时期欧洲人使用的猎鹰有很多,例如,属于隼科的矛隼、游隼、兰纳隼、猎隼、燕隼、灰背隼,属于鹰科

第二节 中世纪和文艺复兴时期西方体育的主要形式

的苍鹰和雀鹰等。这些猛禽的身长、翼长、飞行习惯、擅长捕猎的动物存在不同程度的差别。

(3) 矛隼。在各种用来鹰猎的猛禽之中,产于北极或者近北极地区的矛隼是最被珍视的,它被认为是最适合鹰猎的猛禽。这是由于矛隼体型大(身长 50~63 厘米、翼长 105~131 厘米)、力量强、灵敏、富有战斗精神,在飞行中身体呈子弹形,翅膀长而尖,能够以高速俯冲,在半空中攻击和抓住猎物,其飞行和捕猎的过程非常惊险刺激和富有美感,能够给主人带来视觉上的强烈冲击。矛隼的体色不一,有黑色、灰色、白色等,产于格陵兰岛的白色矛隼被认为是珍品中的珍品,白色和灰色的矛隼常常被作为贵重的礼物。中世纪的国王愿意持重金购买矛隼并使用最好的食物喂养,据资料记载,历史上英国皇室购买的价格排在前 5 位的猎鹰之中有四只是矛隼,国王有时甚至愿用其年收入的 1/10 购买一只矛隼。

(4) 猎鹰的猎物。在中世纪和文艺复兴时期的欧洲,猎鹰的猎物主要是水禽,尤其是体型较大的鹭、鹤、鸭、鹅等,此外还有野鸡、山鹑等小型动物,各种猎鹰擅长捕猎的动物不尽相同,矛隼尤其擅长捕猎鹭和鹤。

(5) 猎鹰的驯养。猎鹰性情高傲,不易驯服,必须由专业的驯鹰人经过一套复杂的喂养、训练程序,才能够为人得心应手地使用。这个过程必须从雏鹰开始。为了得到雏鹰,须设法到大树的树顶或者悬崖峭壁的鹰巢中去抓获,或者在雏鹰飞离巢穴后用网捕获。得到雏鹰之后,需要对其身体的一些关键部位进行专门的处理:要修剪爪尖使其整齐、以免断裂;要用特制的头套罩住或者用线缝上双眼,不让看到任何东西,只能通过嗅觉、听觉和触觉感知外界;用带有小铃铛的皮环套住双腿,限制走动范围,并能够使驯鹰人察觉其走动;用一条较长的皮带,一端系在雏鹰的腿上,另一端系在特制的栖息架上面。

接下来要训练的是雏鹰的视力,其方法是要将雏鹰关闭在黑暗的房间里面,通过控制饮食、抚摸、对其说话和唱歌,使其情绪稳定,待雏鹰经过一段时间适应了黑暗的环境,驯鹰人就会除去雏鹰的头罩或者缝线,每天半夜时分带到室外,天亮前带回室内,如此循环往复一段时间,逐步训练其视觉。

经过训练,猎鹰将最终具有稳稳地站立在驯鹰人带有手套的手臂之上的能力,听从主人和驯鹰人的指挥,从而可以随驯鹰人和主人外出骑马,抓获猎物。

(6) 鹰猎的地点和方式。鹰猎往往选择在沼泽、河湖或者开阔的低山地带等适合猎鹰喜爱抓捕的动物生存的地方。在主人的带领下,驯鹰人、

扫一扫5-8:
《猎鹰图》

猎鹰、猎犬成群结队地外出打猎。为使猎鹰能够及时发现猎物，驯鹰人还会击鼓，利用鼓声惊起猎物，场面非常具有观赏性。

（三）狩猎的意义和作用

狩猎是中世纪和文艺复兴时期西方绝大多数国王和贵族都喜爱的活动。对于国王和贵族中的狩猎爱好者而言，狩猎具有多方面的意义和作用。

第一，狩猎是国王和贵族消遣的重要方式。猎鹿和鹰猎常常被视为中世纪高贵的娱乐。每当在随从的簇拥下，在猎犬的叫声、响亮的号角声和鼓声中，张弓架鹰，策马飞奔于森林之中和河湖之畔，一边呼吸着新鲜的空气，欣赏着美丽的风景，一边追逐猎物，观看雄鹰时而振翅高飞，时而俯冲而下，国王和贵族不仅可以忘却烦恼、放下压力，还能品味鲜嫩的野味，大快朵颐。

第二，狩猎是国王和贵族锻炼身体和培养战争能力的重要方式。狩猎有益于提高骑马和射箭的能力，有益于提高体力、灵活性、平衡能力，也能够锻炼敏锐性和耐心，因此是国王和贵族锻炼身体和培养战争能力的重要方式。

第三，狩猎是国王和贵族显示地位与身份的重要方式。开展狩猎活动须具备很强的财力和物力条件，还需要大批人员、随从的参与，举行狩猎活动，往往是国王和贵族用来显示其地位与身份的重要方式之一。

第四，狩猎是国王和贵族重要的社交和外交方式，当有重要的客人和外宾来访，国王和贵族经常举行狩猎活动，邀请客人和外宾参加，借此开展社交和外交活动。

扫一扫5-9:《钓客清谈》中的狩猎者

三、棋牌游戏

和打猎一样，弈棋和打牌都是深受中世纪和文艺复兴时期欧洲人喜欢的游戏和娱乐活动。

（一）棋类游戏

这一时期欧洲的棋类活动形式有多种，流行程度最高的是国际象棋（chess），其次是西洋双陆棋（backgammon）。

1. 国际象棋

一般认为，国际象棋起源于古代印度一种叫作"恰图兰加"的棋戏，中世纪时经阿拉伯人之手传入欧洲。位于瑞士施维茨州的艾因西德伦修道院（始建于 934 年）藏有两部中世纪手抄本诗歌集，其中创作于 10 世纪末的诗歌是目前所知最早的有关国际象棋传入欧洲的文献依据。

国际象棋传入欧洲之后，发生一些重要的变化。例如，在棋子这一方面，恰图兰加棋有车、马、象、兵 4 种棋子，分别象征印度古代军队车、马、象、兵 4 个兵种，但欧洲的国际象棋增加了王和后这两种棋子，使棋子种类增加至 6 种，象的形象亦为主教取代，马变成了骑士。再如在确定胜负的方式上，恰图兰加以先吃掉对方全部棋子为胜，欧洲人则以将死对方的王为胜。

中世纪欧洲的国际象棋棋子是立体的人物形象棋子，一般使用象牙或者海象牙雕刻而成，高档的棋子往往经精工雕刻而成，非常具有艺术性和时代特征（图 5-6）。

图 5-6　纽约大都会艺术博物馆藏——中世纪和文艺复兴时期
国际象棋和西洋双陆棋棋盒及棋子

国际象棋受到中世纪和文艺复兴时期欧洲上流社会的普遍喜爱，是骑士教育的内容，也是贵族生活的重要组成部分，很多贵族女性也喜欢下国

扫一扫5-10：
《弈棋姐妹》
油画

际象棋。国际象棋是很多中世纪和文艺复兴文学和艺术作品的题材。意大利文艺复兴时期著名女性画家索福尼斯巴·安圭索拉的油画《弈棋姐妹》生动地描绘了她的三位妹妹在家中下棋的场景，人物姿态可爱自然，展示了姐妹的亲密和家庭的幸福，堪称国际象棋题材艺术品的代表作。

2. 西洋双陆棋

西洋双陆棋亦称十五子棋，由两人对弈，棋盘分为4个部分，每部分一般用黑色和白色交替标出6个楔形的狭长区域（又称为小据点），一条垂直线（称作边界）把棋盘分成内区和外区，双方各使用15枚棋子，根据其所投骰子（骰子的数量为2枚或者3枚）上显示的点数，从各自的内区（亦称本区）沿相反方向从一个据点向另一个据点移动自己的棋子。双陆棋的棋子一般为扁平状的圆柱体，雕刻有图像。

和国际象棋一样，西洋双陆棋也受到中世纪和文艺复兴时期欧洲上流社会的普遍喜爱，其中不乏女性爱好者。14世纪英国文学家乔叟的代表作《坎特伯雷故事》中有一部《平民地主的故事》，主要讲述的是骑士阿维拉古斯和他的妻子道丽甘的爱情故事。当故事讲到阿维拉古斯征战在外，道丽甘独守在城堡，日夜思念夫君，为排解忧愁，常常和她的女友们散步消遣。她每天看到海上的航船，竟没有一只载着丈夫回来和她团聚。她的城堡正好屹立在大海旁，所以就在那一片高高崖岸上，她常同她的女友们散步消遣。但只要她看见那些来往的船各自在驰向它们要去的地方，这景象会重新引起她的忧伤。因为她经常自言自语地悲叹："我所见到的这么许多船里面，难道没一艘载我的夫君回来？他回来，我的心才会不再悲哀。"①

道丽甘好心的朋友们看到散步不仅不能为她排解，反而使她更忧伤，就尝试其他的办法，办法之一就是玩十五子棋（西洋双陆棋）。②

（二）纸牌游戏

中世纪和文艺复兴时期欧洲人玩的纸牌游戏多种多样，其中最流行的是普里麦罗牌（primero）和塔罗牌（tarot）。

普里麦罗牌在欧洲不少国家都流行，但各地玩法不同，一般由4人一起玩，使用4个花色的A、2、3、4、5、6、7、J、Q、K共40张牌，根据手中所有的牌的大小、组合方式、点数综合确定胜负。

---

① ② ［英］杰弗里·乔叟. 坎特伯雷故事［M］. 黄杲炘译. 南京：译林出版社，2000：723~725.

塔罗牌使用78张牌,其中大牌22张,小牌56张,既可以用于游戏,也可用来进行占卜,玩法千变万化。

欧洲各地使用的纸牌一般为4种花色,每种花色各有13张牌,但是图案各不相同。当今国际上通行的黑桃(spade)、红桃(heart)、方块(diamond)、梅花(club)四种花色的纸牌最早出现在法国,德国则以红心、树叶、铃铛和橡树果为花色,瑞士为盾牌、花朵、铃铛和橡树果,意大利为宝剑、酒杯、硬币和棍棒。一些高档的纸牌不仅用材讲究,而且绘有生动的图像。例如,美国纽约大都会艺术博物馆修道院分馆收藏有一副完整的15世纪晚期勃艮第地区制作的纸牌,包括四种花色,每种花色各13张牌,共52张,纸牌上印有反映贵族狩猎的图案,非常精美(图5-7)。

扫一扫5-11:
玩普里麦罗牌的英国贵族

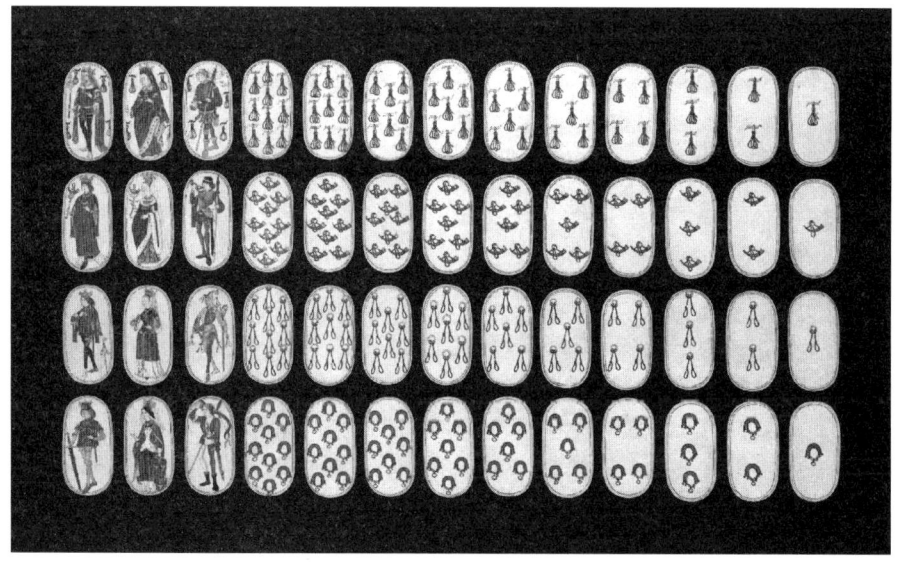

图5-7　15世纪纸牌(纽约大都会艺术博物馆藏)

四、球类运动

中世纪晚期和文艺复兴时期,欧洲兴起了多种球类运动,例如传统网球、足球、槌球(croquet)、高尔夫球、地滚球、撞柱球(skittles,主要形式为九柱球,后来演变为保龄球)、桌球、羽毛球等,其中流行程度最高的是传统网球。

(一) 传统网球

传统网球是现代网球的前身。和现代网球一样，传统网球也是一种持拍击球、隔网对抗、在有界线的场地上按照一定的规则进行的运动，但在场地形状、球拍形状、具体规则等方面和现代网球有较大差异。在19世纪后期现代网球出现和流行之前，传统网球深受欧洲诸国王公贵族喜爱，曾经风靡一时。

1. 网球的词源

从词源上看，网球（tennis）源自法国单词tenez，意思是"注意"，是发球的一方在发球时对接发球的一方的喊话，以提醒接发球者集中精力接球。

2. 传统网球的英文称谓

在英文中，传统网球有三种称谓。一是"real tennis"，字面意思的"真正的网球"。二是"royal tennis"，字面意思是"皇家的网球"。三是"court tennis"，字面意思是"宫廷的网球"。这三种称谓都是相对于现代网球而言的。将传统网球称为"真正的网球"，是为了表示传统网球的古朴性质，将传统网球称为"皇家的网球"和"宫廷的网球"，为了显示传统网球为王公贵族喜爱。

3. 传统网球的来源和演变

一般认为，传统网球的来源可追溯至12世纪法国的修道士在隐修院的回廊内开展的一种徒手击球游戏。后来，这种徒手击球游戏演变为佩戴手套进行的击球游戏，活动场所从隐修院扩展至普通的庭院和城市的街道。1500年前后，出现了专用球拍，封闭的专门化的球场也出现了，规则亦趋于稳定，传统网球正式形成。16世纪起，传统网球在法国、英国、德国、意大利、西班牙、荷兰等地逐渐兴盛起来，很多国王、贵族、富商都热衷于从事这种新兴的运动，例如，法国国王弗朗索瓦一世（1515—1547年在位）和其继任者亨利二世（1547—1559年在位），英国国王亨利八世（1509—1547年在位）都是传统网球的爱好者，英国女王伊丽莎白一世则非常喜爱观看传统网球比赛，是传统网球的忠诚球迷和铁杆粉丝。欧洲不少地方都兴建起球场，其中巴黎的球场有几百座，在欧洲各大城市中排名第一，是名副其实的"网球之都"。由于传统网球在法国特别流行，男女老少都参与，以至于有人不无讽刺和夸张地评论说，法国的网球场比教堂还多，婴儿都是拿着球拍出生的。

4. 传统网球的用球

传统网球有专用的球、球拍和场地。传统网球的比赛用球是手工制作的，有的选用软木塞为基本原料，使用布绳紧紧缠绕之后，再使用手工编织、以羊毛为原料的布匹紧紧包裹在最外面，其弹性不如现代网球运动的用球。

5. 传统网球的球拍

传统网球的球拍为木质球拍，使用尼龙线，为利于发力击球，拍面为不对称形状。

6. 传统网球的场地

传统网球的球场有两种基本样式，在法语中都有专门的称谓。一种称为"jeu querre"，这是指"正方形球场"，一种称为"jeu a dedans"，是指室内球场。这两种球场的主要区别在于室内球场设有封闭的屋顶，发球区后面设有观众区，正方形球场则没有封闭的屋顶和发球区后面的观众区。在数量上，传统网球的两种球场以室内球场居多。世界上现存最早的传统网球场坐落在苏格兰法夫郡亨利五世的行宫法克兰宫（Falkland Palace）之内，建于1539—1541年，为方形球场样式，无屋顶，发球区之后无观众区（图5-8）。

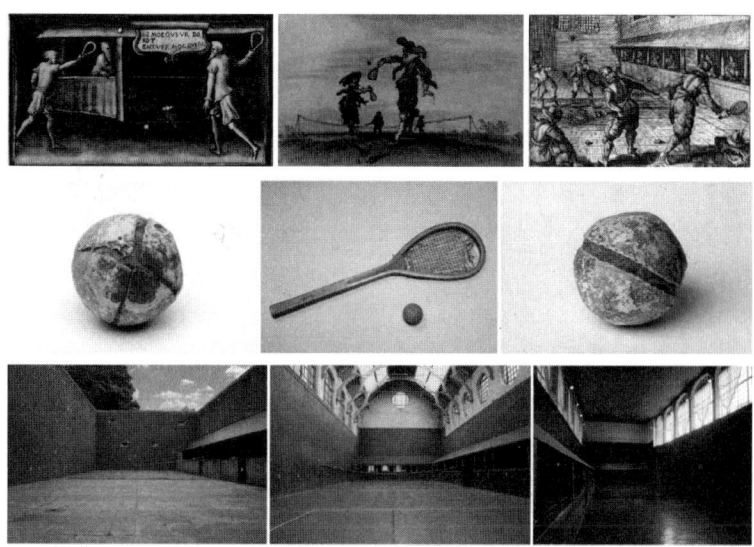

图5-8 传统网球

现代网球形成和兴起之后，传统网球渐趋衰落，流行的程度和范围逐渐下降。目前，世界上仅有少数国家开展传统网球运动。

(二) 足球

足球在中世纪晚期和文艺复兴时期欧洲的不少地方都有开展，各自具有不同的规则和特点，其中值得一提的是意大利式足球。

15世纪初，意大利佛罗伦萨产生了一种叫 calcio（意大利语，意思为"踢"）的足球运动。根据习惯，calcio 通常由两支各由 27 名成员组成的球队同场竞技，往往作为重要节日活动、贵族的生日或婚礼庆典以及欢迎外国贵宾的仪式的一部分举行。这 27 名队员都是具有较高社会地位的青年男子，按照不同位置站位和比赛，分别起到相对于现代足球的前锋、中场和后卫的作用，其中前锋分为 3 组，每组 5 人，共 15 名队员，中场有 5 名队员，后卫分为两组，一组 4 名队员，另一组 3 名队员。需要指出的是，这项运动虽然以足球命名，但却综合了现代足球和橄榄球的玩法，允许队员手脚并用进行比赛，并且允许猛烈的身体冲撞，显得相当野蛮和暴力。作为意大利人特有的一项体育活动，calcio 流传至今，每年 6 月，佛罗伦萨市中心的圣十字广场都要举办 calcio 比赛，吸引大批观众到现场观看，场面非常火爆和热烈。17 世纪晚期的一部有关 calcio 的著作中的一副插图上的比赛就是在圣十字广场举办的（图 5-9）。

图 5-9　文艺复兴时期意大利佛罗伦萨圣十字广场举行的 calcio 足球比赛

(三) 其他球类活动

除了传统网球和足球，这一时期的球类活动还有槌球（croquet）、高尔夫球、曲棍球、地滚球、撞柱球、桌球、羽毛球等。意大利人还发明了一种叫"大充气球"（pallone）的球类游戏，这种游戏的用球较大，周长接近40厘米，重约350克，充满气体后很有弹性，游戏时用手上佩戴的特制护具将球向上空击打至高处。这种球戏在意大利风靡一时并传至法国、德国、英国、奥地利等。这些球类运动有的持杆击球，有的徒手抛球，有的在室内开展，有的在户外嬉戏，形式多样，丰富多彩（图5-10）。

图5-10　中世纪和文艺复兴时期西方的多种球类运动

五、水上运动

中世纪和文艺复兴时期游泳、划船、赛艇等水上运动也有开展。

（一）游泳

中世纪西方延续了古罗马人将游泳作为重要的军事训练手段的做法，非常重视游泳，民众不乏游泳高手。据史料记载，法兰克王国加洛林王朝的国王查理曼大帝（768—814年在位）身体强壮，除了经常操练骑术和打猎，还喜爱泡温泉和练习游泳，泳技非常高超。在莎士比亚的喜剧作品《暴风雨》中，那不勒斯王子费迪南德在出海过程中遇到风暴，他落入大海，依靠强壮的身体和高超的泳技脱离危险。莎士比亚这样描述费迪南德脱险的经过："他劈开了波涛，骑上了浪头的脊梁；他踩着水花，跟恶狠狠的怒海交锋，他拿身子挡住了迎面扑来的巨浪，在惊涛骇浪中昂然抬起了头，奋力挥舞着一双壮健的胳膊，像划桨似地把自己划近了海岸；那岸脚早被海浪掏空了，把岩顶伸进海中，好像弯下身来搭救他，不用问，他已经安然上了岸。"①

文艺复兴时期，游泳被视为贵族体育的必要方式之一。意大利文艺复兴时期的著名人文主义者和外交官卡斯蒂利奥内的名著《廷臣论》指出，经常参与游泳和骑马、摔跤等体育运动，具有尚武精神和强健体格是成为一个合格廷臣的必要条件。这一时期出现了数部有关游泳的图书，其中最著名的是16世纪英国学者埃弗拉德·迪格比撰写的游泳技巧指导书并配有多幅插图，详细说明了多种游泳技巧的动作要领（图5-11）。

图5-11　16世纪英国学迪格比撰写的游泳技巧指导书的插图

（二）赛艇

意大利水城威尼斯是中世纪和文艺复兴时期欧洲举行赛艇比赛最频繁、形式最多用的地方，堪称赛艇之都（图5-12）。

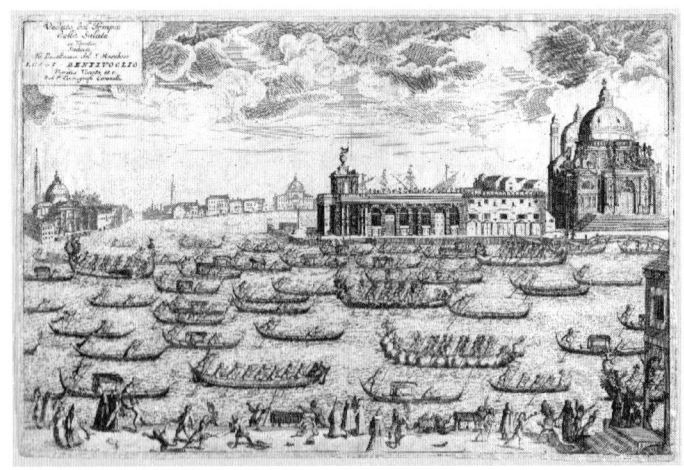

图5-12　威尼斯的赛艇

---

① ［英］莎士比亚. 新莎士比亚全集（第三卷）［M］. 方平译. 石家庄：河北教育出版社，2000：546.

1315年，为训练公民的尚武精神和体格，威尼斯总督乔瓦尼·索兰卓下令在宗教节日举行赛艇比赛，要求配备有50名桨手的船只方可参赛。在接下来的几个世纪中，这项比赛成为传统赛事，经常举办。1531年，威尼斯组织了由6支大型划艇参加的比赛，并规定这种比赛每年举行4次，根据比赛名次发放现金奖励。为庆祝节日、欢迎新的总督上任、迎接国外贵宾，威尼斯经常组织赛艇比赛。

威尼斯还设立了仅限女性参加的赛艇比赛。这种比赛开始于15世纪末，1493年，为欢迎几位贵宾到访，同时为了展示女性的风采，威尼斯特意举办了一场仅限女性参加的赛艇比赛。参加比赛的赛艇共有12只，每支均有4名桨手，这是历史上首次有明确记载的女性赛艇比赛。

（三）模拟海战和水上刺靶

除了游泳和赛艇，中世纪和文艺复兴时期欧洲还有模拟海战和水上刺靶这两种特有的水上运动。

模拟海战是一种节日庆典活动，经常在威尼斯著名的大水道上演。每当举行模拟海战，数量众多的船只和水手分别饰演战争的双方，在音乐、礼炮的轰鸣声和观众的呐喊声的鼓动下，进行激烈的战斗。

水上刺靶是骑士竞技的一种演变形式，几名水手驾驶小船，划向固定在水中的靶子，最终由一人手执长矛刺中靶子。

六、冰雪运动

早在远古时期，欧洲就出现了冰雪运动。俄罗斯圣彼得堡艾尔米塔什博物馆藏有一副考古学家在位于东欧平原上的俄罗斯普斯科夫州的一处新石器时代中期遗址中发现的滑雪板，迄今已有5 000多年的历史。

从中世纪到文艺复兴，滑雪和滑冰一直是欧洲人的冬季运动。俄罗斯考古学家在彼德格勒州的一个叫旧拉多加的村庄发现了一副公元8世纪的滑雪板，芬兰考古学家发现了公元9世纪时使用马匹的腿骨制作的冰鞋。12世纪初的一篇文章记载了当时伦敦居民一年四季的体育活动，其中提到的滑冰也是使用骨头制作的冰鞋。

由于冬季气候非常寒冷，斯堪的纳维亚半岛是开展冰雪运动的理想地区。根据16世纪瑞典教士马格努斯撰写的《北方民族史》（1555年在罗马出版）记载，斯堪的纳维亚人不仅能够在冬季滑雪狩猎，使用马拉雪橇运输酒桶，还开展有多种冰雪游戏，其中有3种形式值得一提（图5-13）。

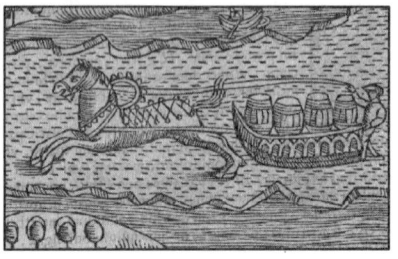

图 5-13 斯堪的纳维亚人的冰雪运动

第一是儿童喜爱的"雪堡攻防",也就是打雪仗游戏。据马格努斯记载,这种打雪仗游戏在一座用雪建造的城堡内外进行,参加的儿童分成两队,一支队伍占据城堡,另一支队伍以雪球为武器进攻城堡,占据城堡的儿童则还以雪球,保卫城堡。根据规则,攻方的儿童只能使用雪球,如果使用了木头、铁块和冰,就会被脱光衣服扔进冰冷的水中以示惩罚。为了夺取城堡,进攻的一方有时会挖地道,通过地道秘密潜入和夺取城堡。

第二是成人喜爱的"冰上赛马"。据马格努斯记载,"冰上赛马"的历史非常古老并能吸引大批观众,每年12月26日在冰冻的河流或者湖泊之上举行,从起点到终点的长度为4~6千米,胜利者将获得谷物的种子作为奖品。

第三是滑冰比赛。据马格努斯记载,滑冰比赛在冰冻的湖面上进行,赛道的长度一般为12~18千米,人们有的使用经过打磨的平底铁制冰鞋,有的使用鹿或牛的胫骨制作的冰鞋,比赛设有银勺、铜壶、宝剑、新衣服、小马驹等奖品。除了滑冰和滑雪,在中世纪或者文艺复兴时期,欧洲还出现了冰壶和冰球。

文艺复兴时期有不少以冰上运动为题材的绘画,荷兰著名画家老勃鲁盖尔的名作《雪中猎人》绘有单人滑冰、三人滑冰、冰壶、冰球、冰车、打冰陀螺,生动地描绘了丰富多彩的冰上游戏。

扫一扫5-12:
荷兰画家名作
《雪中猎人》

七、健身运动和运动疗法

16世纪时,欧洲一些著名的医生和学者纷纷撰写著作,倡导以增强健康、祛除疾病为目的的健身运动和运动疗法,其中最为著名的为意大利医生吉罗拉谟·梅尔库力阿里(1530—1606年)和英国学者罗伯特·伯顿(1577—1640年)。

(一) 吉罗拉谟·梅尔库力阿里的健身运动

吉罗拉谟·梅尔库力阿里出身于医生世家,曾在博洛尼亚、帕多瓦、威尼斯等地的大学接受教育,后来成为大学教授和著名的医生,曾担任教皇的私人医生。

1569年,梅尔库力阿里的著作《论健身方法》(De Arte Gymnastica) 出版。在这部著作里,梅尔库力阿里回顾和分析了古希腊古罗马以来西方历史上的各种运动方式及其健身效果。在此基础上,他提出了一套分别适用于不同人群和病人的健身理论和方法(图5-14)。

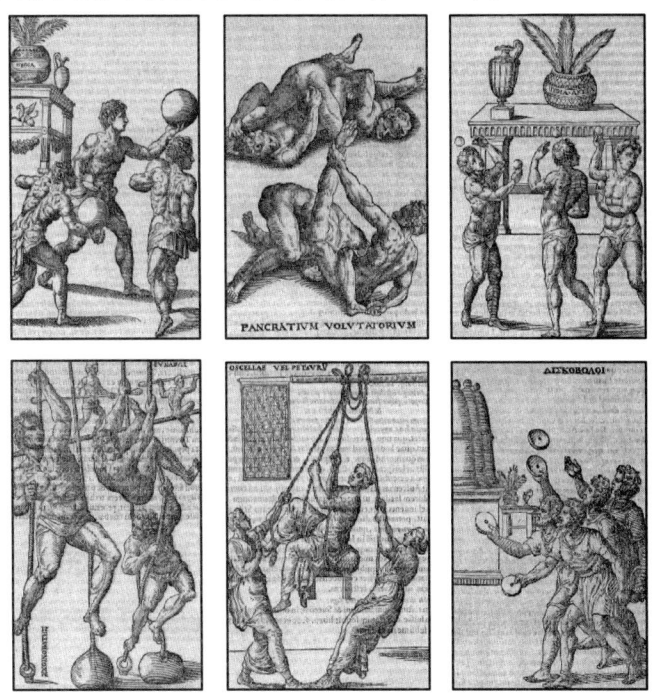

图5-14 吉罗拉谟·梅尔库力阿里《论健身方法》插图

在各种运动方式中，梅尔库力阿里尤其推崇球类运动，认为球类运动能够锻炼手臂、背部的肌肉，对于康复期病人、体弱者有益。他还推崇不同强度的步行活动，认为中等强度的步行有益于增进食欲、促进消化。对于其他一些运动的利弊和具体方式，他也提出了自己的看法。例如，他认为爬山对于患有腿部麻痹的病人有益，掷铅球对于患有关节炎的病人、腿部、手臂、臀部和背部力量较弱者有益，跳远对男女（孕妇除外）都有益，应在晚上跑步以避免日晒，他反对空手翻和使用哑铃和其他重物健身，主张攀绳和摔跤等。

（二）罗伯特·伯顿的抑郁症运动疗法

抑郁症是一种常见的精神疾患，患者遍布全球。

抑郁症并非人类在21世纪才面临的巨大挑战。无论在中国还是西方历史上，抑郁症都给很多人带来了痛苦，中外医学史上都有大量相关的论述。文艺复兴时期英国著名学者罗伯特·伯顿在其名著《忧郁的解剖》中提倡的运动疗法在历史上非常著名。

罗伯特·伯顿是牛津大学基督学院的毕业生，毕业后一直生活在牛津直到去世。他是一位十足的书痴，几乎读遍了基督学院和波德林图书馆的藏书。伯顿并非医生，《忧郁的解剖》是他在博览群书之后写成的一部巨著和奇书，反复再版，影响广泛深远，是古今中外不少名人爱不释手的经典，被认为是"外行人写得最好的医学专著"。

扫一扫5-13：罗伯特·伯顿论散步的益处和运动的原则

伯顿认为，抑郁症是欧洲人普遍面临的疾患，其病因和治疗的方法是都多方面的。从运动方面而论，伯顿认为运动过度、运动不足、运动不合时宜都是抑郁症的病因，他分析了当时欧洲流行的各种体育运动方式的治疗作用，强调对于任何年龄、性别、阶层、性格的人，适度和适时并且兼顾身体和心灵的运动都是预防和治愈抑郁症的良方，尤其推崇"漫步在美景中"的散步疗法。

从今天的眼光分析，伯顿对抑郁症的定义、病因分析、提出的治疗方法虽然有科学落后时代的烙印，但仍然不失其闪光之处，对于治疗抑郁症，具有一定的价值，是值得珍视的历史遗产。

八、垂钓和斗鸡

除了上述各种体育运动，垂钓和斗鸡也是中世纪和文艺复兴时期值得一提的体育休闲娱乐活动。

（一）垂钓

垂钓具有悠久的历史。中世纪和文艺复兴时期有不少垂钓爱好者。1496 年，钱伯斯撰写的英国历史上第一部钓鱼指导手册出版，大力鼓吹钓鱼。1653 年，艾萨克·沃尔顿以钓鱼为主题的经典名著《钓客清谈》问世。这部对话体著作有钓鱼者、狩猎者、猎鹰者三位角色，沃尔顿借主角钓鱼者之口，大谈钓鱼的种种益处和技巧，深受历代读者的欢迎，据称迄今已经再版达 500 余次。罗伯特·伯顿在《忧郁的解剖》中也论述了垂钓对健康的益处。从这三部著作的问世，特别是《钓客清谈》和《忧郁的解剖》的反复再版可以看出，从 15 世纪起，钓鱼在英国一直是流行的消遣活动。

扫一扫5-14：
罗伯特·伯顿论垂钓对于健康的益处

（二）斗鸡

斗鸡最早风行于印度、中国、波斯和其他东方国度。公元前 6—5 世纪，斗鸡传入古希腊，此后在小亚细亚和西西里获得流行，后传入罗马。随着罗马势力的扩张，斗鸡逐渐传入北欧、德意志、西班牙等地。

中世纪之后，斗鸡一直是欧洲一些国家流行的娱乐活动，上至国王贵族，下至平民百姓，都不乏斗鸡的爱好者。例如，英国国王亨利八世、詹姆士一世、查理二世都极为喜爱斗鸡，位于威斯敏斯特的皇家斗鸡场（Royal Cockpit）就是在亨利八世统治时期建造的，并且一直使用至 19 世纪初，詹姆士一世在纽马基特也建造了斗鸡场。

第三节　中世纪和文艺复兴时期西方体育的特点

中世纪和文艺复兴时期西方的体育活动表现出了以下特点：

一、形式多样

中世纪和文艺复兴时期西方的体育活动形式是非常之多，既有包括骑士竞技、武术、射箭等在内的军事体育，也有以猎鹿和鹰猎为代表的各种狩猎活动，以国际象棋、西洋双陆棋、麦罗牌和塔罗牌为代表的棋牌游戏，还有以传统网球为代表的多种球类活动，以及健身运动、冰雪运动、垂钓、斗鸡、水上运动等，丰富多彩。

二、参与广泛

中世纪和文艺复兴时期西方的体育活动不仅形式多样,而且社会参与面比较广泛。除了王公贵族和男性,平民百姓和女性也有机会参与体育运动。

此外,中世纪和文艺复兴时期西方的儿童和少年参与体育运动的机会也非常多。作为贵族教育的一部分,贵族子弟往往自幼年起即接受一定形式的体育锻炼。普通百姓人家的孩子则有各种游戏和玩具供他们玩耍。荷兰著名画家老勃鲁盖尔的另一幅名作《儿童的游戏》绘有近百种儿童游戏,例如,打水枪、荡秋千、打陀螺、倒立、翻跟头、骑栅栏、捉迷藏、吹泡泡、猜拳、踩高跷、跳背、骑木马、骑扫帚、滚铁环、玩沙子、捉昆虫、编小鸟、摔跤、推墙头、掷核桃、投硬币、九柱球、地滚球、转裙子、爬树、游泳、跳水等等,简直就是一副儿童游戏的全景画卷。

扫一扫5-15:《儿童的游戏》

三、价值多元

中世纪和文艺复兴时期西方的体育活动除了能够娱乐、消遣、健身,还可以服务于战争和军事,同时具有社会、外交等方面的价值和作用。如本章第二节所述,骑士竞技既能够训练士兵,还能够为骑士赢得爱情和荣誉,狩猎既是国王和贵族消遣的重要方式,也是国王和贵族锻炼身体和培养战争能力的重要方式,还是国王和贵族显示地位与身份、进行社交和外交活动的重要方式,吉罗拉谟·梅尔库力阿里和罗伯特·伯顿等人倡导的健身运动和运动疗法则以增强健康、祛除疾病为目的。

第四节 中世纪和文艺复兴时期西方体育的历史地位

在世界体育史上,中世纪和文艺复兴时期西方的体育活动具有重要的地位,起到了承前启后和促进东西方体育交流融合的历史作用。

一、复兴和传承古希腊与古罗马体育

从与古希腊和古罗马体育的关系来看,中世纪和文艺复兴的西方体育在一定程度上复兴和传承了古希腊和古罗马体育。这种历史作用主要表现在以下两个方面。

第一,中世纪晚期和文艺复兴时期,欧洲人通过大量古希腊古罗马文献重新发现了古代奥运会,在艺术家、建筑师、诗人、文学家、思想家的作品和著作中,古代奥运会和其他古代泛希腊竞技会屡屡被作为主题元素运用。特别值得一提的是,17世纪初,英国绅士罗伯特·多弗以奥运会的名义在英国西南部的科兹沃尔德丘陵创办了综合性运动会,称为"科兹沃尔德奥林匹克运动会"(Cotswold Olimpick Games)。该运动会每年春季举行,比赛的项目有跑步、跳高、舞蹈、掷大锤、斗剑、斗棍、格斗、摔跤以及打猎等。由于英国内战的发生和圈地运动,该运动会历史上先后两次被迫长期停办。但每次停办之后,该运动会都获得复兴,重新举办,一直坚持至今。在伦敦获得 2012 年奥运会主办权之后,英国奥委会追溯英国的奥运传统,将"科兹沃尔德奥林匹克运动会"视作"不列颠奥利匹克的开端"(图 5-15)。

图 5-15 英国绅士罗伯特·多弗创办的"科兹沃尔德奥林匹克运动会"

第二,古希腊和古罗马的医学和健身方法得到文艺复兴时期的医生的重视,其中一些观点和方法被充分肯定并运用。在这方面,盖伦的思想尤其重要。例如本章第二节介绍的梅尔库力阿里的著作《论健身方法》的理论基础之一就是古希腊、古罗马的运动医学和健身方法，其中使用了较多的篇幅阐述和分析的盖伦的思想和方法，尤其是球类运动的健身效果。

二、开现代体育之先河

从与现代体育的关系来看，中世纪和文艺复兴的西方体育在一定程度上奠定了现代体育的基础。这种历史作用主要表现在以下两个方面。

第一，奠定了若干现代主流体育项目的基础。这方面的代表是网球、高尔夫球、击剑和国际象棋。这四项现代体育主流项目的一些基本规则和技术、技巧均发端和形成于中世纪和文艺复兴时期。

第二，奠定了现代体育的精神基础。在价值观念和精神层面上，现代体育尊重规则、强调公平和文明，追求专业。这些价值观念在中世纪和文艺复兴时期已经初现端倪并有所发展。15世纪意大利和德国的骑士竞技出现了非常详细具体的规则，对比武使用的武器、马匹、服装、判断胜负的方法等做出了明确的规定，1555年，意大利人安东尼奥·斯卡尼奥制定并出版了历史上第一部网球规则，这体现了对规则的尊重。骑士竞技中的马上持矛决斗以及13、14世纪之后逐渐采用和平武器则体现了对公平和文明的强调。中世纪晚期和文艺复兴时期，欧洲出现了相当多的体育专业图书，涉及武术、击剑、摔跤、射箭、马术、游泳、球类运动、健身运动等，这说明当时对专业的追求。

三、促进东西方体育文化交流

中世纪和文艺复兴时期，由于相互交战和经贸往来，欧洲和伊斯兰帝国之间的文化交流非常频繁，交流的成果是鹰猎、国际象棋、双陆棋等东方体育向欧洲的输入。这一时期东西方文化交流的典型地区是阿拉伯人在伊比利亚半岛建立的穆斯林王国——安达卢斯的都城科尔多瓦。据西班牙学者的研究，从公元8世纪至13世纪，由于阿拉伯人的入侵和占领，科尔多瓦非常流行鹰猎、国际象棋等东方体育。此外，神圣罗马帝国皇帝腓特烈二世的著作《猎鸟的艺术》和卡斯蒂利亚王国国王阿方索十世的《棋经》这两部著名的中世纪体育著作，都明显受到了阿拉伯人的影响，是东西方体育文化交流的重要产物。

本章小结

中世纪和文艺复兴是西方历史上前后紧邻的两个重要的历史阶段，时间跨度超过千年。在中世纪和文艺复兴时期西方的时代背景（主要为基督教的传播和扩散、人文主义的兴起、战争频发和骑士阶层的产生、商业贸易的复苏和繁荣）和自然条件（森林湖泊河流分布较广的地理特征和北部的严寒气候）之下，中世纪和文艺复兴时期的西方具有样式繁多的体育活动，既有包括骑士竞技、武术、射箭等在内的军事体育，还有以猎鹿和鹰猎为代表的狩猎活动，以国际象棋、西洋双陆棋、普里麦罗牌、塔罗牌为代表的棋牌游戏，以传统网球为代表的球类运动，以及水上运动、冰雪运动、健身运动等。

中世纪和文艺复兴时期西方的体育活动不仅形式多样，而且社会参与面比较广泛，不仅是人们娱乐、消遣、健身的方式，还服务于战争和军事，同时具有社会、外交等方面的价值和作用。在世界体育史上，中世纪和文艺复兴时期西方的体育活动具有重要的地位，起到了承前启后和促进东西方体育交流融合的历史作用。

问题与思考

1. 中世纪和文艺复兴时期西方体育发展的宗教和思想背景是什么？
2. 应如何看待基督教对中世纪和文艺复兴时期西方体育的影响？
3. 中世纪和文艺复兴时期西方主要有哪些体育运动形式？其中有哪些项目或形式是具有代表性的？

活动建议

1. 观看英国广播公司（BBC）的中世纪生活系列专题片，了解中世纪各阶层欧洲人的生活。
2. 观看《最后的驯鹰人》《中国哈萨克族：世界上最后的金雕狩猎民族》等有关鹰猎的纪录片，了解鹰猎这一古老的活动。
3. 阅读司各特的长篇小说《艾凡赫》，了解其中的骑士竞技。
4. 浏览美国纽约大都会艺术博物馆网站，欣赏中世纪和文艺复兴时期欧洲纸牌文化。

参考文献

［1］倪世光. 欧洲中世纪骑士的生活［M］. 保定：河北大学出版社，2004.

［2］［德］约阿希姆·布姆克. 宫廷文化：中世纪盛期的文学与社会［M］. 何珊、刘华新，译. 上海：生活·读书·新知三联书店，2006.

［3］［美］查尔斯·霍默·哈斯金斯. 12世纪文艺复兴［M］. 夏继果，译. 上海：上海人民出版社，2005.

［4］［美］本迪斯·M·本尼特，C·沃伦·霍利斯特. 欧洲中世纪史（第10版）［M］. 杨宁、李韵，译. 上海：上海社会科学院出版社，2007.

［5］［美］布莱恩·蒂尔尼，西德尼·佩尼特. 欧洲中世纪史（第六版）［M］. 袁传伟，译. 北京：北京大学出版社，2011.

［6］Arcangeli, Alessandro. Recreation in the Renaissance：attitudes towards leisure and pastimes in European culture, c. 1425-1675［M］. New York：Palgrave Macmillan, 2003.

［7］Berry, Edward. Shakespeare and the Hunt：a cultural and social study［M］. Cambridge, UK：Cambridge University Press, 2001.

［8］David H Caldwell, Mark A Hall and Caroline M Wilkinson. The Lewis Hoard of Gaming Pieces：A Re-examination of their Context, Meanings, Discovery and Manufacture［J］. Medieval Archaeology, 2009, 53（1）：155~203.

［9］Oggins, Robin S. The Kings and the Hawks：falconry in medieval England［M］. New Haven and London：Yale University Press, 2004.

［10］Thomas Hoving, Timothy B. Husband and Jane Hayward. The Secular Spirit：life and art at the end of the Middle Ages［M］. New York：The Metropolitan Museum of Art, 1975.

［11］Wilkinson, Charles K. Chess：east and west, past and present［M］. New York：The Metropolitan Museum of Art, 1968.

第六章　近代体育的确立和传播
（公元17—20世纪）

章前导言

17、18世纪，英国和法国相继发生资产阶级革命，欧洲许多国家出现了争取自由和独立的斗争。新兴资产阶级的代表人物在反对封建文化教育的过程中，继承和发扬了文艺复兴时期的人文主义传统，重视体育在教育中的作用，学校体育的体系开始确立。这为19世纪近代体育的普遍实施创造了条件。

1840年鸦片战争以后，在西学东渐的影响下，西方体育逐渐传入中国。进入20世纪，随着奥林匹克运动的全球传播，近代体育最终在世界范围内得到广泛传播与发展。

学习目标

结合西方近代历史，理解西方近代体育确立的思想理论基础，掌握欧洲近代体育的三大基石。

重点理解并掌握中国近代体育演进的历史脉络。

了解顾拜旦的体育思想。

第一节　近代西方体育确立的思想理论基础

人类社会进入资本主义历史阶段后，体育运动的内容和形式都发生了巨大变化；体育成为学校教育不可缺少的组成部分，由学校走向社会，逐渐形成一个独立的体系；体育的发展逐渐超出国界和地域限制，越来越具有国际性；体育同近代科学技术密切相关。这类新型的体育运动，通常被称为近代体育。

在西方近代资产阶级自由平等、公平竞争等理念的影响下，体育运动深受社会契约思想的影响，注重规则意识。近代西方体育思想从英国、法国、德国、瑞士等欧洲国家辐射整个资本主义世界，体育活动成为推动西方价值理念发展和普及的重要动力。

一、英国绅士体育的理论和实践

（一）绅士体育教育的发展

文艺复兴时期，人文主义教育家认为体育是身心和谐发展的重要组成部分，应该受到重视。绅士教育萌芽于英国贵族体系和宫廷社会，这一理论认为真正的教育在于对人的身体和心灵进行有效训练，最终目标是培养身体健康、精神健全的各种社会活动家和企业家。

16世纪开始，英国绅士阶层得到较大的扩展，绅士不再局限于社会等级的划分，而是指那些高尚的、有风度的人。绅士教育作为近代在英国产生的一种教育思潮，在整个17世纪得到了广阔的发展。绅士教育包括三个方面：一是体育，绅士必须有强健的体格来练就坚强的意志；二是德育，绅士应该有良好的品德能克制自己的欲望；三是智育，绅士要学习文化知识以提高自身涵养。

扫一扫6-1：
伊顿公学绅士教育法

在进入工业化社会以前，户外运动作为英国上流社会的专享活动，更多的是贵族们炫耀身份地位、展示个人修养的一种手段。工业革命之后，迅速增长的社会生产力使社会财富快速积聚，人们对健康和娱乐的需求逐步增长，体育获得了新的发展空间。在1800—1850年的工业化早期，英国从农业社会向工业社会转变，人们的业余时间越来越多，其中有一定经济收入的人群选择广泛的休闲方式，对以前贵族独享的休闲体育活动情有独钟。19世纪40年代英国出现了大量的户外运动俱乐部，英国的绅士体育逐渐走向大众，寻找自我释放空间成为大众参加户外运动的目的之一。

（二）洛克的绅士体育教育理论与实践

17世纪英国著名的哲学家、政治家和教育思想家约翰·洛克（John Locke，1632—1704年）继承并发展了前人的有关思想，系统地阐述了绅士体育教育理论（图6-1）。在《教育漫话》中，洛克把体育教育分为身体健康教育、心理健康教育、精神健康教育三个部分，并对其分别加以详细阐述。

洛克认为健康的身体是绅士事业成功和生活幸福的最主要条件。在洛克的教育思想中，体育占有很重要的地位，被视为一切教育的基础。《教育漫话》中谈到健全的精神是最主要的，而健康的身体是实现精神健全的前提。他认为体育是培养绅士德行、智慧、礼仪和学问这4种品质的有效途径。

洛克重视对绅士进行游泳、骑马、跳舞、击剑等体育活动知识和技巧的培训，也注重体育精神的培养。他坚信只有把体育与德育、智育联系起来，综合发展，才能培养绅士坚持不懈的品质和勇敢坚毅的精神。体育教育不但可以培养出通晓人情世故、举止文雅有致、言谈恭谦礼让、气质温和的绅士品质，还可以培养绅士面临艰难困苦镇定自若、以积极的心态面对成败的气度。

图 6-1　洛克肖像

二、法国启蒙运动与体育思想

（一）启蒙运动背景

欧洲启蒙运动开始于17世纪末止于19世纪初，最初产生于英国，兴盛于法国，在德国、俄国等欧洲其他国家都得到发展。法国启蒙运动是18世纪具有深远影响的一次思想解放运动，它为政治、思想和理论的发展奠定坚实的基础，促进了西方经济社会的快速发展并且对整个西方近代文明产生了深远的影响，最终使法国步入现代文明发达国家的行列。

启蒙运动时期是现代西方体育重要的思想萌芽时期，体育作为一种特殊的社会文化现象，深受这场思想文化运动的影响，很多现代体育教育者就出现在这个时期。法国著名思想家卢梭出版了《爱弥儿》（又名《论教育》）一书，呼吁体育是教育过程中不可缺少的部分。

（二）卢梭的体育教育理论

让·雅克·卢梭（Jean-Jacques Rousseau，1712—1778年），18世纪法国大革命的思想先驱，伟大的启蒙思想家、教育家、哲学家、文学家，杰出的民主政论家和浪漫主义文学流派的开创者，是启蒙运动最卓越的代表人物之一（图6-2）。

卢梭根据儿童的年龄特征，针对不同年龄阶段的儿童提出相适应的教育原则、内容和方法。他认为在两岁之前的婴儿时期应注重体育教育，让婴儿自然发展。在2~12岁的儿童时期，对儿童主要进行感官教育。在12~15岁的少年时期，少年已经能获得一些感官的感受并拥有了一些经验，所以对他们进行智育教育。15~20岁的青年开始步入社会，德育教育是这一年龄阶段的重要教育内容。同时，爱情教育也是这阶段男女青年自然发展需要下的主要教育内容。

图6-2 卢梭肖像

体育被卢梭称为是一切教育的前提。《爱弥儿》中写道："为了要学会思想，就需要锻炼我们的四肢、感觉和各种器官，因为它们就是我们智慧的工具；为了尽量地利用这些工具，就必须使提供这些工具的身体十分强健。所以，人类真正的理解力不仅不是脱离身体而独立形成的，而是有了良好的体格才能使人的思想敏锐和正确。"① 要让儿童到大自然中进行锻炼，这样既能锻炼他们的身体，也能让他们养成自主活动的习惯。通过锻炼儿童的体格，可以使他们有更好的承受能力，能够忍受各种严峻的气候以及身体的疲劳和不适，孩子的身体将被训练的十分健壮。卢梭用体育锻炼把人和自然有机地结合起来，使人的身体逐步适应自然变化和社会发展的要求，最终成为身心健全的人。

卢梭认为教育的目的在于培养身心全面健康发展的人，拥有自由平等精神、博爱和民主思想。他建议少年儿童不应只根据自己的爱好各自游戏，而应一起在公共场所游戏，因为群体活动可以增进学生的集体精神和感情。游戏和身体锻炼将会使儿童"从早年起就守纪律、讲和平、讲仁爱、具有竞争精神，生活在公众之中并获得公众的赞许"。② 教育最大的秘诀是使身体锻炼和思想锻炼互相协调。

卢梭在《爱弥儿》中还提到女子体育观，他认为身体是先于精神而生，女子教育应当注重养成强健的体魄，女子和男子一样也要接受适合天性的教育，但不是把女子训练得和男子一样。"归于自然"的原则同

---

① ［法］卢梭. 爱弥儿［M］. 李平沤译. 北京：商务印书馆，1978：150.
② 毛振明. 学校体育发展史［M］. 桂林：广西师范大学出版社，2009：38.

样适合于女子，体育在儿童期对男女来说都是同等重要的。由于男女生理发育的差异，女子虽不适合进行男子体育锻炼，但可选择以舞蹈、唱歌和游戏为主的体育活动，这样锻炼她们坚实灵活的体格，把她们培养成身心健康的女性。卢梭根据性别差异进行的健康教育和体育训练的思想，在18世纪的欧洲是非常先进的，也为现代体育的发展提供了很好的参考。

(三) 爱尔维修与唯物主义体育思想

在法国启蒙运动中涌现出一批唯物主义者，他们反对封建统治，提出彻底的无神论思想，肯定物质世界自身的存在，这在当时的西欧是最进步的哲学。他们对近代体育的形成也起到了积极的影响。唯物主义体育思想的代表人物是爱尔维修。

克劳德·阿德里安·爱尔维修（Claude Adrien Helvéfius，1717—1771年），法国18世纪著名的启蒙思想家、唯物主义哲学家和教育理论家（图6-3）。爱尔维修充分肯定人的价值并重视人的利益，认为人们应该按照自己的需要和兴趣去参加各种活动，这为体育的发展提供了保障。爱尔维

图6-3　爱尔维修肖像

修从人性论出发，认为人的本性就是自爱、趋乐避苦，追求个人的利益与幸福，而体育和游戏都是人们娱乐和休闲的主要内容，是人们获得快乐的重要手段。

爱尔维修非常重视早期教育，他认为"儿童获得运动和生命的时刻，就是获得最初教育的时刻"。儿童早期的游戏和运动可以使他们与自己生活的周围环境进行接触，可以让儿童对于周围的环境进行认识和感受，在活动中获得教育。

三、德国博爱主义与体育

18世纪中叶，德国仍是一个四分五裂的国家，社会生活发展缓慢，政治、经济等方面严重滞后于英法等国。当时"德国上层社会的思想意识、

精神面貌和生活方式上,均表现为20世纪或更早时代的水平"。[1]

到了18世纪末,德国的社会生产力有所改善,在政治环境及经济社会的影响下,涌现出了一批博爱主义教育家,他们系统发展了卢梭的理论并通过博爱学校进行推广,运用骑士教育和民间游戏等有益传统,奠定了体育教学制度的发展基础。但由于德国资产阶级先天的软弱性和保守性,博爱主义教育家们虽竭力遵循当时的教育思想和体育思想,却没有彻底地贯彻实施,致使阶级偏见和宗教意识渗透到博爱主义的体育理论和实践中。

(一)巴塞多的博爱学校及体育改革

在德国最早极力推崇自然主义教育的教育家是巴塞多(J. B. Basedow,1723—1790年)(图6-4)。

受卢梭著作《爱弥尔》的影响,巴塞多主张卢梭"一切顺应自然"的教育原则,并提出了学校开展身体锻炼活动的建议。他的教育观点很快在社会上引起共鸣。1774年,巴塞多在德绍创办了博爱学校(Philanthropinum),开始实践自己的教育和体育主张,重视劳动教育和体育,开展户外活动和游戏等。他认为儿童要自然生长发育,就应该有充分的游戏与体格锻炼的时间,同时在游戏中也可进行智育与德育。在德绍博爱学校的体育实践中逐渐形成了著名的"德绍五项竞技",综合利用古希腊体育和德国骑士体育运动,其内容包括跑步、跳跃、攀登、平衡和搬运重物。

图6-4 巴塞多肖像

(二)古茨穆斯的体育思想和实践

约翰·克里斯蒂安·弗里德里希·古茨穆斯(Johann Christoph Friedrich GutsMuths,1759—1839年)被誉为"近代体育之父"。他将巴塞多以及其他体育实践者在开设学校体育中的一些探索式尝试进行理论和实践总结,并使之系统化。

古茨穆斯是德国博爱学校的教师,他在这个岗位上付出了毕生精力,

---

[1] 颜绍沪,周西宽.体育运动史[M].北京:人民体育出版社,1990:228.

第一节 近代西方体育确立的思想理论基础

根据自己丰富的教学经验，写了一系列著作。1793 年他出版了学校体育的教科书《青少年体操》，把健身操作为身体教育的特殊形式（图 6-5）。

古茨穆斯非常重视体操的作用，认为体操对身体的作用在于以下 4 个方面：使整个身体和肌肉得到运动；使肌肉强健；利用某些动作使肌肉和四肢受到锻炼并形成技巧；使人的感觉机能得到提高。他把前两种作用视为体操的生理作用，后两种视为体操的教育作用。

1796 年古茨穆斯收集游戏方法写下了《游戏能修心健身》，由此开创学校体育和体育教育的先河。他提出了一系列运动教学的内容和方法，坚持精神和身体协调发展的主张，提倡体育理论和实践研究应以生理与医学知识为基础。

图 6-5 古茨穆斯《青少年体操》插图

（三）菲特的体育史著作《体育史稿》

格·乌·安·菲特（Gerhard Urilch Antor Vieth，1763—1836 年）是世界体育史学研究中里程碑式的人物，他不仅熟悉古希腊古罗马体育，而且对世界体育史也有很深的造诣。

1794 年出版的《体育史稿》反映了从史前时代直到菲特所处时代的人类身体锻炼和训练的过程。菲特从人类学和生存竞争的角度观察，把体育产生和发展的原因归结为人的心理、生理的自然需要和出于生存竞争的客观需要。具体分析了古代希腊和罗马体育以及近代其他欧洲国家的体育状况，还讨论了古代东方体育的一些问题，如对波斯体育和中国古代体育的简要描述。

在《体育史稿》中，菲特把体育发展的过程分为四个时期：起始期、形成期、衰退期和复兴期，从理论上对体育的功能和作用进行了探索。他认为体育的目的是使人掌握各种身体动作，使人体的潜力得以展现。但是，他主要从生理学角度认识体育的价值，忽视了体育对培养人的个性所起的教育作用，因而他的体育观比洛克、卢梭等思想家的体育观念要狭隘和保守。

菲特编著的《体育百科全书》对体育史学和体育理论的发展也具有深远的意义。但是在近代体育实践形式刚刚形成的阶段，他建立在生理学基础上的理论超越了时代，对当时体育实践的影响不大，直到 19 世纪人们才真正理解和运用菲特的体育理论。

四、瑞士裴斯泰洛奇的自然主义体育思想

瑞士著名教育家约翰·亨利希·裴斯泰洛齐（Johann Heinrich Pestalozzi，1746—1827年）是享有盛誉的教育家（图6-6）。他创建的体育思想体系独具特色，为世界近现代体育的发展做出了重要贡献。

18世纪末正是近代西方体育的形成时期，裴斯泰洛齐强调人的全面发展，把智育、德育和体育视为一个不可分割的统一教育过程。他认为只有全面、平衡地发展人的体力、道德、智力才是符合人性的教育，才能真正发挥人的内在力量。在这三种教育手段中，体育通过各种教学与训练，智育通过对知识的学习，德育通过信仰和爱，共同满足和发展人性，从而实现人的和谐发展，达到教育目的，体育在其中起着最关键的作用。

图6-6 裴斯泰洛奇肖像

在体育实践中，裴斯泰洛齐主张把体操分为三组依次实施：第一组是自然体操，让学生按自己意愿自由发挥；第二组是基本体操，有针对性地设计出各种简单运动形式，再把各简单动作相互搭配，编排成序，让学生按口令练习；第三组是教育体操，主要包括步行、跑步、跳远、跳高、摔跤、游泳和攀登等运动。他的体育思想包括倡导体育、德育和智育的和谐发展，体育与生产劳动相结合，体育内容选择符合儿童心理特点，体育教育循序渐进，体育教育遵循自然法则等几个方面的内容。

裴斯泰洛齐从培养全面发展的人的教育观出发，提倡体育教育要同人的整个道德和精神能力的发展相一致，反对当时教育工作者和体育工作者传授体育运动技能的片面性，他指责他们偏重某一单项技术的教学，却忽视了人的全面发展的目标。

第二节 近代西方体育的确立

蒸汽机的使用和各种机器的发明，不仅引起生产技术的根本性改变，也使社会思想和生活方式发生巨大变化。随着自然科学的发展和物理学、生理学、医学的进步，人们对自己的身体和身体活动有了新的认识，欧洲重视体

育发展并创造出体育实施的手段。美国著名的科学技术发展史和人类思想史权威刘易斯·芒福德在 1963 年出版的《技术与文明》一书中指出："新式体育项目的发明以及游戏转变为体育运动是 19 世纪的两大明显特征"。①

一、欧洲大陆的体操运动

欧洲大陆体操运动的出现与拿破仑战争以及近代欧洲民族国家的形成有着密切的关系。从 18 世纪末到 19 世纪初，伴随着拿破仑的一系列对外战争的胜利，法国军队横扫欧洲，欧洲各国面临的当务之急是找寻新的军事训练手段以增强军事实力。欧洲大陆的体操运动就是在这种背景下产生并发展。欧洲大陆体操主要由德国体操和瑞典体操两大流派构成，在丹麦、法国和英国也涌现出一批积极的体操推动者。

（一）德国体操

德国体操体系是 18—19 世纪德意志民族实施的一种体操体系。该体系以器械体操为主，重视爱国主义、民族主义和意志品质教育，是世界近代体育的三大支柱之一。在德国体操的形成和发展中，杨氏体操和施皮斯体操最具代表性。

1. 杨氏体操体系

德国政治家、教育家、体育家弗里德里希·路德维格·杨（Friedrich Ludwig Jahn，1778—1852 年）。青年时代正遇上拿破仑战争，德国战败后，他受到了极大震动，并从此走上了体操救国之路（图 6-7）。

1811 年杨在柏林郊外的哈森海德开设体操练习场，场中设赛跑场、投掷场、跳跃场、角力场、攀登场以及单杠、鞍马、双杠、平衡木等器械，吸引普拉曼学校和柏林大学的学生来锻炼身体。杨将体操活动视为民族解放和国家统一运动的一个部分。他在休息时给青年学生讲德国和日耳曼民族的历史，在体操活动中采用德语，以激发学生对祖国的爱和对入侵者的憎恨。由于杨的

图 6-7 德里希·路德维格·杨肖像

---

① ［美］刘易斯·芒福德. 技术与文明［M］. 陈允明，王克仁，李华山译，北京：中国建筑工业出版社，2009：304.

体操活动符合当时反抗德国占领者的需要，因而得到群众欢迎和部分上层人物支持。

体操形式的选择上，杨特别重视器械体操，他在借鉴巴塞多、古茨穆斯体操体系的基础上，改革了单杠、跳马等体操器械，并创造了双杠运动、攀登运动等联合器械。同时，竞技运动也被杨列为体操的内容，并被作为培养意志力的手段而开展。杨特别重视疾跑、耐力跑、角力、牵拉、挤压、荡桥（两人站立荡桥上，互相推撞，落桥下者为败）、举重物跳跃、跳绳、投掷等竞赛活动（图6-8）。

图6-8　德国举行的早期体操节

1810年，杨出版《德意志的国民性》一书中提出国民教育是培养祖国的保卫者，而体操就是培养完善国民的手段。同时，他将体育一词由希腊文"Gymanastike"改为德文"Turner"，并在此基础上创造出了许多德文词汇，如turnen（开展体操活动）、turnplatz（户外体操场）、turnfest（户外体操节），为体育术语学的形成迈出了可贵的一步。

从1817年起，杨因对德国国内局势的失望，开始大量发表反政府言论，这使德国封建势力大为恼火。封建势力惧怕体操运动蕴藏的巨大革命力量，想镇压体操运动的发展。1820年1月，政府颁布了体操禁令，德国体操运动的第一阶段遂告结束。由于杨过分强调体操的政治效果，以政治需要说明体操对身体的作用，并没有从当时已经具有一定发展水平的生理学、解剖学角度进行探索，这使杨的体操体系终是一个缺乏科学性的流派。但鉴于杨在近代体育实践方面的卓越贡献，特别是他开创了德式体操体系，并将体育从学校引向社会，因此杨被誉为"德国国民体操之父"。

2. 施皮斯体操体系

在民族解放战争胜利之后，德国进入了一个反动的复辟时期。处于萌芽状态的自由思想遭到禁锢，要求改革的知识分子遭到迫害。德国封建势力只需要俯首听命的顺民和盲目服从的军人，而资产阶级也需要服从指挥、能统一行动的劳动力。阿道夫·施皮斯的体操便是在这样的条件下产生，并很快在德国学校生根，德国体操进入了第二个发展阶段。

阿道夫·施皮斯（Adolf Spiess，1810—1858年）生于德国赫森公园的福格尔斯堡。青少年时代的他曾接触过古茨穆斯和杨的体操体系并深受其影响，因此他所创立的体操体系包括前述体操体系的一些合理因素。

19世纪40年代初，德国出现了复兴体操的征兆，施皮斯从瑞士开始为"将体操列入国民教育"而奔走。40年代末，体操被列入学校课程。施皮斯经过探索研究著有《体操理论》（4卷）（1840—1846年）和《学校体育》（1847—1851年）等著作，他对学校体操制度的确立、学校体操内容的系统化及创造体操教学方法等方面做出了巨大贡献，被尊称为"德国学校体操之父"。

施皮斯的教学体操体系包括3个部分内容：秩序运动、徒手体操和器械体操。

秩序运动又称队伍练习，内容包括行进、转向等动作，配以唱歌、音乐进行。施皮斯认为这一活动形式对人的身体影响作用不大，也不具有培养意志品质的价值，但可使人养成有规律地运动的习惯。

徒手体操又称自由体操。施皮斯认为这是"人类活动的基本运动"，可使人的四肢、躯干和头部同时受到多种运动形式（即复合的或综合的）的锻炼。施皮斯的徒手体操多半采用跑步（蛇形跑、耐力跑、疾跑、竞赛跑、跳绳跑等）、跳跃（立定跳，助跑跳、跳高、跳绳、跳马等）、竹马运动（借助竹马进行步行和转体运动）、攀登运动（攀杆、攀绳等）、投掷标枪（立定投掷、助跑投掷，投远等）、拔河、角力和游戏等项目（图6-9）。

图6-9 徒手体操

器械体操又称协调体操，多使用攀登架、阶梯台、长双杠、支撑棒等可供多人同时练习的器材，将器械遵循运动特点、运动需要而排列，从而使德国的器械练习进入合理实施的阶段。

施皮斯最早在体操教学中运用分段教学和综合教学法，根据学生的性别、年龄选用合适的教材和器械，并循序渐进地开展教学活动。施皮斯也是开展女子体操的先行者。19世纪30年代，他在瑞士任教期间，就已经为实施女子体操进行了最初尝试。19世纪40年代返回德国后，他更加有计划地、系统地推行女子体操。这成为后来学校女子体操的起点，其实施原则、方法以及项目等，为毛耳等著名女子体操家所继承和发展（图6-10）。

图6-10　器械体操

（二）瑞典体操

19世纪初，瑞典也遭到法、俄等国的侵略，沦为割地赔款的国家。国家危亡激发了瑞典人的民族主义精神，瑞典的体育运动也在这样的背景下开展起来并形成了瑞典体操体系——林氏体操体系。

瑞典体操的奠基人比尔·亨里克·林（Per Henrik Ling，1776—1839年）生于瑞典的斯马兰德州。1804年，林在伦特大学教授神学、诗歌、历史，并指导学生的剑术和体操。在1808—1809年间的瑞俄战争中，瑞典战败，将芬兰割让给俄国，芬兰成为沙皇俄国的一个自治大公国。这一事件强烈震动了林，他力图通过体操活动和文学创作恢复瑞典民族昔日的勇气和力量。他认识到，体操活动应从儿童时代开始。为了设计新的体操，林开始研究解剖学和生理学。1814年，他在斯德哥尔摩郊外的洛尔玛尔姆把过去的旧炮厂改建成了体操场、剑术场等运动场地，办起了一所体操学校，这所学校随后被命名为"皇家中央体操学校"，林在这里工作直到逝世。他所编写的《体操的一般原理》和《瑞典体操》较为集中的反映出自身的体育体系和体操思想。

林重视体操的教育功能，其最终目的是达到身体各部分的协调发展，进而实现精神和身体的均衡发展。与重视培养意志力的德式体操相比，瑞典体操更强调健身性。林从科学的角度看待体操活动，主张在生理、解剖学基础上建立体操体系。

林式体操主要分四类：兵式体操、医疗体操、教育体操和健美体操。

在1836—1838年，林还出版了《剑术一览》和《军事体操和剑术教程》，反映了兵式体操的内容，该体操不仅为瑞典军队采用，而且也为其他国家的军队所采用。

医疗体操是用以矫正人体未能得到正常发展部位的体操，动作可分为三类：主动动作、被动动作和双联动作。病人通过随施术者用力的方向顺动或逆动去完成这类动作，以达到增强自己力量的效果。

林曾对教育体操作过一些原则性的论述，但他最终未能将其发展成一个完整的体系。他的儿子制订了教育体操的教学图样，编定了系统的身体练习形式，以便在一次体操活动中，全身各部分都能得到训练。为使体操宜于在学校推行，还特意设计了适合儿童的器械。

健美体操是以身体的匀称发展为目标，并且使人的身体协调发展的一种教育形式。林虽未能最后完成这一体系的设计，但他却指明了体操的发展方向——健美。

除上述分类法外，林还根据体操的形式将其分为徒手体操和器械体操两大类。他创造的瑞典体操在体育史上的地位十分重要，他设计的很多器械——肋木、体操凳、木马、垂直绳、平衡木、水平绳、体操梯、斜绳等今天仍在继续使用。他规定的"起始动作"被后继者们发展为体操的准备活动，成为一种有效的学校体操实践形式，并一直沿用至今。

(三) 其他国家的体操

在德国、瑞典体操体系形成和发展的时期，欧洲其他国家也卷入了体操风潮。虽然这些国家未形成像德、瑞体操这样有影响的体系，但也各有自己的特色。在这些国家的体操中，丹麦、法国和英国的体操体系占有较为重要的地位。

1. 丹麦的体操

在近代欧洲各国中，丹麦人最先引进古茨穆斯的体操，较早创办了官方的体操组织。弗兰茨·纳赫特加尔（Franz Nachtegall，1777—1847 年）在哥本哈根创建了近代欧洲第一所体操馆。

丹麦是实施官办体育最早的国家。1804 年创立训练海陆军军事人员的"体操师范学校"，纳赫特加尔被任命为该校的第一任校长。这所学校成了欧洲近代体育师范学校的雏形。配合兵役需要，丹麦在 1809 年通过一项法令，要求中学教授体操。1914 年国家又对小学体操教师、运动场、运动设施颁发训令，规定体操课是普通学校教育的重要内容之一，在所有中学、小学都开设体育课。纳赫特加尔推行的体操，基本取自德国古茨穆斯和杨氏体操及瑞典林氏体操，并对其加以合理的科学运用，使之具有丹麦的特点。

2. 法国的体操

法国的体操运动是由西班牙人阿莫洛斯和瑞士体操家克里亚斯推动的。

1817 年，弗朗西斯科·阿莫洛斯（Francisco Amoros，1770—1848 年）在巴黎色丹的一所私立学校创立了法国第一所体育馆。体育馆的活动很快引起法国军界的重视，1820 年成立了一所体操学校，这所学校的主要对象是军人、平民和宫廷学校的学生。阿莫洛斯本人和他的体操在法国享有很高的声誉。他擅长按照实际需要创新实践体系，在体操器械的设计方面有独创精神。他被认为是在体操教学中最早使用高秋千、吊环、有节爬绳、倾斜板和测力器的开拓者，还将杂技中的特技动作引入了体操练习中。阿莫洛斯的体操可分为普通体操、兵操、医疗体操和表演体操等类型，以使人变得"更加勇敢、无畏、聪明、敏锐、强健、机灵"为目的。他认为体操工作者应具有生理学、解剖学、心理学、教育学等专门知识和音乐舞蹈的修养，这些理论原则和实践活动为法国的体操运动打下了基础。

瑞士人克里亚斯（Phakion Clias，1782—1854 年）曾是贝桑松市的教师，在体操方面有丰富的实践经验，先后在瑞士、英国和法国从事过体操教学活动，还担任过巴黎小学的体育监督，在医疗体操方面颇有建树，对法国体操界影响很大。他认为体操是最适宜人类的运动方式之一，能增强人的体质，培养人的精神、道德素质和社会品格。在他所施行的体操中，除徒手体操外，也采用了当时已经流行的双杠、横木、吊竿、吊绳、爬柱、秋千以及木马。

3. 英国的体操

直到 19 世纪 20 年代，欧洲大陆的体操风潮才进入以户外活动和竞技运动为主的英国。军界是大陆体操的积极鼓吹者，十分看重体操的军事价值。1858 年英格兰人麦克拉伦在牛津开办体操馆，英国的体操活动恢复了生机（图 6-11）。

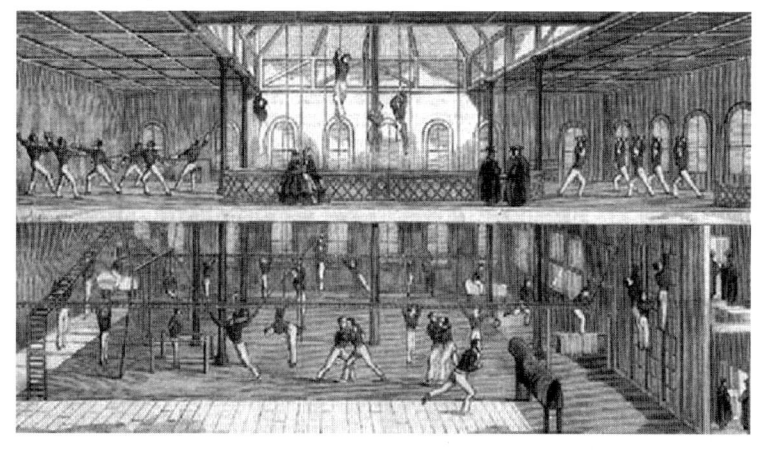

图 6-11　牛津大学体育馆

麦克拉伦（MaClarren，1820—1884 年）与许多杰出的体育先驱一样，站在生理学高度认识和运用体操。他把体操视为极具实用价值的体育形式，认为健康是身体各种机能协调活动的结果，人的身心必须同时发展。

麦克拉伦吸取了欧洲各体操流派之长，将其运用到英国的体育实践之中，推动了英国体操运动的发展。他首先采用定期测量学生身高、体重的方法来检验训练效果，为人体测量学的建立做了最初的尝试。

（四）体操体系之争

19 世纪 60 年代，德国体操界爆发了一场德国体操和瑞典体操孰优孰劣的激烈争论。争论很快越出国界，甚至波及大洋彼岸。德国军官霍·拉特斯泰因（Hugo Rahostein，1810—1865 年）认为瑞典的林氏体操建立在生理学和解剖学基础上，比德氏体操更具科学性。在拉特施泰因就任"皇家中央体操专科学校"校长之职后，开始把瑞典体操引入德国。他一方面在自己学校推行瑞典体操，一方面撰文公开指责德国体操体系。他对德国体操的攻击，不仅危及德国传统体操在体坛的地位，也损伤了德国人的民族自尊心，引发了激烈争论。这场争论越演越烈，1862 年由于双杠和平衡木从体操教材中被剔除，争论达到白热化程度。最后，德国体操因得到国王的支持而取得胜利,这场争论的发起者拉特斯泰因辞职返乡。19世纪末,德国体操派以《精神和身体》杂志为阵地,对"过分重视形式,内容单调,缺乏娱乐性,轻视社会道德训练"的瑞典体操发起进攻,而瑞典体操派则在《体操杂志》上进行反击。在那些有不同体操体系流行的国家,体操之争不可避免。

体操体系之争以体操派系"对立"的形式表现出来,但实际上却以流派的融合为结果。在争论之后,不同的体操派系都看到了自身的优劣,从此,身心并重的培养目标,以生理、解剖以及心理学等科学原理为基础,已不再是某一体操流派的特色,而是各派系所共同遵循的基本原则。

二、英国的户外活动和竞技运动

当体操席卷欧洲大陆之际,英国的体育活动形式以户外活动和竞技运动为主体,内容、形式和功能都与体操大不相同。

(一)户外活动和竞技运动地位的确立

1. 户外活动和竞技运动风气的形成

英国地处暖流交汇地区,气候温和,非常适宜开展户外活动。在英国的传统体育活动中,户外竞技运动是重要组成部分。19世纪前叶,欧洲大陆体操的发展冲击了很多国家的体育观念,但户外活动和竞技运动以区别于体操的独特形态在英国出现。这种体育形态便是现代体育休闲和竞技运动的雏形,它最终成为与体操相对的近代体育的另一种实践类型。

从18世纪60年代开始的工业革命,加快了英国的生产和生活节奏。与此同时,大机器生产也造成了很多社会问题,例如环境污染和城市人口集中引起的酗酒、住房拥挤等,这些促使人们把户外活动和竞技运动作为生活的调节手段。在拿破仑扩张战争期间,英国人有海峡为屏障,不担心受到突然袭击,因而既不需要兵式体操来形成社会成员整齐划一的行动能力,也不需要德国的杨氏体操来培养民族的共同意识,因而选择了竞争激烈的户外活动和竞技运动作为身体训练的手段。

但是,并非所有的英国人都能享受到户外活动和竞技运动的快乐,早期的英国工人阶级并没有参与到当时提倡的体育运动中。圈地运动使得大量农民失去土地,被迫成为产业工人,挤进城市的贫民窟和工厂,成为工业文明的牺牲品。直到1847年,10小时工作制立法(Ten Hours Act)获议会通过，英国的许多工业城市开始允许周末休息 1 天半，遇到一些重要的传统节日、政治集会或选举活动时也会提供公共假期，英国工人才有机会享受休假。

这一时期英国的户外活动和竞技运动内容十分丰富。在英国城乡的节日庆典和集市贸易期间，各种活动吸引了大量的参加者和观众。除了传统的活动项目外，也有很多从其他民族引进的内容。人们经常从事狩猎、钓鱼、射击、旅游、登山、划艇、帆船、游泳、滑冰、跑步、跳高、摔跤、拳击、击剑、跳远、投掷重物等活动，高尔夫球、曲棍球、板球、地滚球、网球、足球等球类运动也很受欢迎。苏格兰爬竿、爱尔兰冰球等也是地区性的流行项目。

英国丰富的户外活动和竞技运动资源形成了可供不同年龄阶段选择的系列项目，英国人的一生都同体育运动密切联系在一起。英国的适龄学生在完成教育阶段后，可以加入业余俱乐部，如橄榄球、足球、板球等体育组织。到了中年，可以从事网球运动，晚年可以打高尔夫球、保龄球或参加郊游和体操活动。

2. 竞技运动的发展

很多现代竞技运动起源于英国，并逐渐成为现代运动项目的雏形。19 世纪初，田径运动发展尤其明显，出现了职业运动员和业余运动员共同参加的短跑、长跑和越野跑比赛。1837 年，拉格比中学举行了首次障碍赛跑，这时的障碍还是天然障碍。1850 年，牛津大学举办的运动会已经使用人造跨栏。比赛采用 10 排栏，每栏相距 10 码，按当时规定，跨栏赛者不得用单腿跨，须双脚跳过。在这次运动会上，还举行了 100 码、330 码、440 码赛跑项目。1851 年牛津大学运动会又增添了跳高和跳远比赛项目。投掷重物和甩链球的比赛也在这个时期开始流行。

扫一扫6-2：
跨栏跑

1823 年，现代运动橄榄球诞生。拉格比中学的纪念碑上作了如下的记载："此碑为纪念埃利斯而立，他不顾当时足球游戏规则，最先用手抱球奔跑。这标志着橄榄球的开端。"

扫一扫6-3：
橄榄球运动的起源

1800 年前，英国的游泳运动只有俯泳这一泳姿。1809 年，克里阿斯把侧泳和蛙泳带到英国，这使英国古老的游泳运动发生了变化。

在项目发展的同时，全国性的体育组织也开始出现，各项目的组织编排、比赛规则和管理制度等都更加科学，这也促使竞技运动开始步入正规化。其中以 1818 年创立的林德划船俱乐部和 19 世纪中叶出现的柳堤保龄球俱乐部最负盛名。

扫一扫6-4：
牛津·剑桥赛艇8人对抗赛

3. "业余原则"的确立

1861 年伦敦成立的田径俱乐部正式把"业余"原则写进自己的章程。该章程称:"体力劳动者、领薪水的教练员及曾在某次比赛中收取过钱财的人,均不得参加业余运动员的比赛。"这个章程的精神后来也在其他运动项目组织的章程中反映出来。资产阶级将劳动群众排斥于运动领域之外的"业余"原则进一步得到加强,并最后被确定下来。公学学生和大学生们(绝大多数是富家子弟)是推动"业余"运动原则的主力。

(二)阿诺德的教育改革与体育

进入 19 世纪后,英国资产阶级逐渐掌握国家的政治、经济大权,在国内社会生产和海外殖民活动中起到越来越大的作用。英国开始进行教育改革,力争将学生培养成既有职业知识,也有宗教精神、道德素养和强健体魄的资产阶级人才。

托马斯·阿诺德(Thomas Arnold,1795—1842 年)在拉格比公学的改革活动便是当时英国教育改革运动中的一个突出部分(图 6-12)。

阿诺德采取以积极的体育活动对学生进行教育的措施,他发现户外竞技运动和游戏活动不仅可以培养学生的坚强性格和崇高思想,还可以赋予他们在未来生活中必需的领导能力。

阿诺德创造了独特的"竞技运动自治"原则。高年级中最有威望的学生为领导者——"统治体",低年级学生为被领导者。高年级中的学生领导者可以拥有管理运动场、组织比赛的支配权,由他们按照自主原则组织运动队和俱乐部;低年级学生是体育组织的成员,不得提出"平等"之类的要求,只能绝对听从高年级学生的指挥。但同时高年级也得接受真正的"权威"——教师的指导。

图 6-12 阿诺德肖像

阿诺德的教育改革促进了英国绅士体育模式的更新,满足了殖民时代的需要。在阿诺德改革后不久,很多城市效仿格拉比公学,建立运动俱乐部,并在学生中按自主原则开展体育活动。此后,阿诺德的竞技运动自治原则和组织方法很快为社会俱乐部所遵循和效仿,逐渐传向欧洲和全世界,甚至对奥林匹克运动思想的形成都产生了一定的影响。

三、学校体育制度的确立

早在 1777 年，匈牙利皇室就已经做出在学校实施体育的决定，但却因条件不成熟而未能实现。19 世纪初学校体育开始受到一些国家的重视。丹麦是最先开设体育课程的国家。1809 年丹麦政府在中学开设体操课，1814 年体育课推广到小学，并成为普通教育的内容。1820 年，瑞典也把体操列入学校课程。19 世纪 40 年代，德国的普鲁士率先在德意志各州的文科中学、市立高等学校和师范学校开展体育课程，体育最终以体操形式进入学校。

在 19 世纪前期，只有少数欧洲国家开展学校体育，但到 19 世纪晚期，情况发生了根本变化。随着工业革命的发展，国民教育问题引起广泛重视，体育的重要性也引起社会关注。在美国，教育家认识到体育对人的德育、智育培养的作用，社会学家通过对工业发达国家的社会道德问题的研究，发现在青少年中开展体育活动，可以有效地减少青少年堕落和犯罪事件的发生。开明资本家也发现使用身体健全、受过全面教育的工人会有更大的盈利。于是在 19 世纪晚期，欧美各国开始了体育教育改革，体育终于争得了在学校课程表中的一席之地。

美国在 19 世纪 60 年代后期，确定体育为正式课程，并颁发了第一本体操手册。19 世纪 90 年代，美国对体育课程授课时间也作了明确规定。在美国各州，学校实施体育以法律形式固定下来。1886 年，俄亥俄州通过法案，对全州各校的儿童均进行卫生教育和有益的身体训练；1892 年该州又规定，在较大的学校实施体育课；1909 年改为全州学校一律开设体育课。此后，路易斯安那州（1894 年）、威斯康星州（1897 年）、北达科他州（1899 年）、宾夕法尼亚州（1901 年）也先后通过了在学校实施体育的法案。从 1919—1925 年，又有 22 个州以立法形式来保证学校体育的实施。

法国在普法战争后才开始正式开展学校体育，并在 1872 年、1880 年、1887 年和 1905 年的法律中规定学校要开设体育课。法国学校体育的推广是先男生后女生，先公立学校后私立学校和教会学校。由于法国的体育器材、场地十分缺乏，法国的学校体育发展较为缓慢。这种状况直到 20 世纪初期才开始有了一定程度的改善。

英国在 1885 年将体育列为学校的必修课，但体育课在世纪之交的布尔战争后才真正引起人们的重视。战争暴露出国民体质退化的问题，英国政府开始认真讨论学校的体育问题。1903 年和 1904 年，"英国军队考察团"和"英国各部门研究体力衰退问题委员会"先后强调英国应设立和保持体育场地和设备，培养体育教师，并再次重申必须把体育列入正式课程。直到这时，英国的学校体育才真正进入新的发展阶段。

四、体育的早期科学化发展

19 世纪被誉为"科学的世纪"。在科学大发展的背景下，西方现代体育科学出现多个分支学科，运用母学科的理论开始进行科学化探索，并逐步实现知识结构的体系化。生物学家、医学家、教育家、社会学家、心理学家、遗传学家等大量出色的研究成果，对处于定型阶段的欧美体育产生重要的影响。19 世纪后期，西方现代体育科学确定了研究对象和研究方法，提出了符合科学原则的体育理论，标志着西方现代体育科学的真正确立。体育师资的培养、竞技运动方法的改进和教练员制度的产生，分别从不同的角度反映了体育科学化发展的新趋势。

（一）体育科学理论的出现

19 世纪 70 年代后，一支具有近代科学知识的体育研究队伍逐渐形成，这支队伍在知识结构和思维方式上与过去的体育家都不相同。他们并不满足于仅就人的"身体"本身进行研究，而是在当时已经取得的社会科学和自然科学成果基础上进行探索，发现体育同周围环境、人的生理同心理、身体同精神等都存在着密切联系。教育以人的全面发展为目标，而体育正是达到这一目标的工具之一。这些新的认识成为指导体育实践的原则，并为 20 世纪体育科学化发展打下基础。

1. "人是统一整体"

俄国著名生理学家谢切诺夫（1827—1905年）提出人是统一整体的观点（图 6-13）。

他用实验证明了思维和肌肉、心理和生理活动过程、外在运动和内部器官功能间的关系，使身体运动研究摆脱了单纯从认识肌肉、骨骼、身体器官活动过程入手的传统方法，视野更加广阔。他认为在人体活动过程中，身体和精神两个部分分别起到主导和次要作用，进一步深化了人的全面发展观念。他还在《论感觉神经刺激对肌肉活动影响问题》中涉及劳动生理学和运动生理学的一个基本研究内容——疲劳和休息，为两门

图 6-13 谢切诺夫肖像

科学的深入探索做出了贡献。

1893年，医学博士伍德（Thomas Denison Wood，1865—1951年）在美国全国学会会议上建议用体育科学代替各种体育训练体系。在这次发言中，他阐明了一个全新的思想：体育的伟大理想不仅限于身体方面的训练，更重要的是体育训练与全面教育存在着密切联系，体育应当对个人的身体、生活和文化等方面发挥作用。20世纪初，伍德的这一思想发展成"新体育"理论，这种新的理论代表了把人看作一个整体的研究趋势。

2. 儿童体育

儿童体育已经成为这个时代体育研究的主要课题之一。

美国学者霍尔（Granville Stanley Hall，1845—1924年）被誉为儿童体育的研究先驱。他从心理学、生理学、社会学和遗传学角度证明，儿童时期形成的性格在人的一生中都起着重要作用，而体育又对儿童个性的形成起到决定性的影响，因而对儿童期体育应予以特别重视。霍尔主张儿童应多参加户外游戏、娱乐活动和竞技运动，建议将摔跤、击剑、拳击运动列入男孩子的身体练习之中。由于时代的局限，他对女童体育的态度较为保守，认为她们可以参加某些稍轻松的活动，但不宜进行比赛。

美国体育研究者泰勒的看法也与霍尔相似，他认为幼儿时期和小学初年级阶段是实施体育的重要阶段，应当根据儿童的生理、心理特征，为他们选择最适宜身体发育的活动形式。

（二）体育指导人员的培养

在19世纪前期欧洲大陆体操风行的时代，体操指导人员炙手可热。丹麦、瑞典、德国和法国等国出现了培养体操师资的专门学校。19世纪后期，欧美国家社会娱乐活动快速发展，教育改革也将体育列为学校的必修课程，社会体育和学校体育都急需受过专业训练的指导者。体操学校的毕业生供不应求，但他们所掌握的体操知识并不能满足社会对新的运动形式的需要。更多的国家认识到体育师资对科学地指导体育的重要性。在师资缺乏的情况下，美国起用军队教官、举重运动员、职业拳击手，甚至体育馆守门人担任大学体育老师。波兰（1895年）、西班牙（1898年）开始培养首批体育教师。1900年，丹麦开班为期一年的小学体育教师培训班。英国（1905年）、比利时（1905年）、荷兰（1912年）、奥地利（1913年）、匈牙利等国都在第一次世界大战前创办了体育学校。1912年，麦基尔大学也成为加拿大体育教师的摇篮。

（三）运动训练方法的改进和教练员的出现

1. 运动训练方法的改进

19 世纪后期竞技运动开始蓬勃发展，当时尚未产生严格、合理的训练体制。为了获得优异成绩，大多数运动项目都采用连续进行长达 3~4 周重复练习的方法。当时教师和医生在运动成绩与相关影响因素的分析中未能得出明确答案，所以具体训练过程一般都是模仿优秀运动员进行训练，凭教师个人经验进行传授或借鉴其他项目的训练方法。其中存在着具有价值的探索，如美国人对跳高技术的改进，创造了当时的世界跳高纪录。生理学方面的研究成果把体育教师的眼光引向新的领域，医生也开始投入到体育运动研究，提出"运动心脏"的观点。这些新的动向只是预示着运动训练的科学化趋势，当时人们对训练的关注还停留于运动技术的改进层面。

扫一扫6-5：
运动心脏

2. 教练员的出现

从中世纪到 19 世纪后期，竞技运动教练大都是职业运动员。19 世纪中叶开始，体育教师成为竞技运动训练的承担者。进入 20 世纪 30 年代，随着竞技运动的快速发展，体育教师兼职教练工作已经不能满足职业运动的迅速发展和技术水平的不断提高，教练员成为一个独立的社会职业，也是竞技运动发展中不可忽视的重要力量。

第三节　近代中国体育的演进

在帝国主义的侵略之下，中国人被迫学习西方人的教育制度，中国近代体育就此诞生。1840 年鸦片战争以后，中国由一个闭关自守的封建社会逐步沦为半殖民地半封建社会。随着帝国主义的入侵，西方文化的输入，中国在体育运动方面发生了前所未有的变化。一方面，欧美国家的体育制度、方法及运动项目随着西方的学校教育渐渐传入中国，且经数十年的发展而成为中国体育运动的主流；另一方面，以中国武术为中心的传统体育活动虽仍在广大民间地区流行，甚至在农民革命和起义中曾发挥重要作用，但从总体来看，已退居次要地位。外国近代体育在中国的兴起与发展构成了中国近代体育的基本内容。

一、晚清时期的体育

（一）近代体育的引入

1840 年，帝国主义列强用坚船利炮打开了中国的大门。随后，与清政府签订了《南京条约》《天津条约》《北京条约》等一系列不平等条约。根据条约规定，清政府被迫开放了上海、厦门、天津、烟台、营口等通商口岸。通商口岸是列强入侵中国的"桥头堡"，同时也是展示西方近代文明的"橱窗"和传播西方近代文明的基地。

近代西方体育向中国传播的过程中，早期来华的外国商人起到了一定的作用。最早来到通商口岸经商的外商，带来了西方的生活方式，引入了西方的文化和体育活动。上海是中国最早开放的通商口岸之一，这里不仅成为外商来华投机和淘金的"乐园"，同时，西方的近代体育也快速在这里传播。早在 19 世纪 50 年代前后，上海就出现了室内保龄球等运动。此后，划船、赛马、游泳和网球等体育项目也相继开展。

当时影响较大的体育项目是赛马。上海、天津和汉口等通商口岸出现了外商组织的赛马会。1848 年，外商在上海开辟跑马场；1863 年，天津英租界组织赛马活动；1901 年，汉口出现赛马组织。每逢举办赛马活动，洋行放假，外侨纷纷涌入跑马场观看比赛。早期在华外侨开展的体育项目种类纷繁，除赛马外，还有足球、篮球、赛艇、自行车赛、越野赛跑等多种项目。早在 1858 年，上海的外商侨民就曾举办过首次自行车比赛。天津的租界内，还曾举办冰上快艇比赛。1895 年底，篮球运动也通过基督教青年会传入天津。此外，还有棒球赛、网球赛等多种赛事。各种体育赛事的举办，主观目的是为了娱乐消遣，客观上，将西方近代体育引入中国，并对近代中国体育的发展起到了一定的作用。

除了外国侨民直接将西方近代体育传入中国外，晚清时期，驻外使节和留学生也是传播近代西方体育的重要力量。1877 年，中国驻英国大使郭嵩焘在伦敦设立使馆。自此以后，清政府开始逐渐派驻驻外公使。驻外使节对近代西方的体育运动有了更为直接的认识，并通过撰写各种日记、游记等，对相关的体育运动进行细致地描写，向国人介绍西方体育的情况。如郭嵩焘曾在其日记中描述过地滚球、马球等不同的体育项目。关于马球比赛，郭嵩焘描写道："乘马者十余人，各着异色短衣小帽，手执木槌，柄长三四尺，分左右二队，为英格兰、苏格兰人。院内放一牙球，后立一人举旗,旗落则两队同驰。互以锤攻球,以力大将球击中圈外者胜"。① 出使过英、法、俄等国的张德彝在《随使法国记》《随使英俄记》等书中,分别记录了羽毛球、赛艇、旱冰等体育运动项目。

(二) 体育教育的初始发展

在洋务运动中,地方洋务派创办了军事学堂。在这些军事学堂中,较早地引入了体育课(当时称之为体操课)。如北洋水师学堂的体育课内容就非常丰富,包括击剑、刺棍、木棒、拳击、哑铃、足球、跳栏比赛,还有游泳、滑冰、平台、木马、单双杠及爬山等体育项目。在其他军事学堂,普遍开展了西洋兵操教育,"这为后来的西洋兵操走进中国学校教育,开创了思想认识的先河,提供了有益的借鉴"。②

在维新运动思潮的影响下,19世纪末,传统的书院进行改革,增设了体育课。其中,两湖书院是传统书院改革的典范。该书院于1896年开设体育课,配有单杠、双杠等体育器械。此后,在清末新政的影响下,1904年,清政府颁布《奏定学堂章程》,明确规定各类学校必须开设体育课(当时称体操课),根据不同阶段的需求,对体育课教学学时、教学目标和教学内容等提出相应规定。《奏定学堂章程》为近代体育在学校的普遍施行提供了法律依据。由于全国各级各类学校都要开设体育课,由此产生了体育教师匮乏的局面,为此,各类体操专修科、体操研究所纷纷成立,为培养体育教师进行相应的培训。清政府于1906年通电各省,要求师范类院校增设体育专修科。浙江、四川、广东、上海、重庆等地纷纷设立体育学堂。其中,成立于1908年的中国体操学校影响最为深远。该校自1908年创办,至1927年结束,共培养了1 531名体育教师。此外,外国人在华开设大量的教会学校,这类学校在体育教学、体育训练和学校运动会方面,也很有特色。

(三) 运动会体系萌芽

晚清时期,中国体育运动发展极不平衡,东部沿海多,西北内地少;学校体育多,社会体育少;通商口岸城市多,其他城市少。尽管这种不平衡贯穿了晚清时期,但是,这一时期,我国初步形成了运动会体系的萌芽,由学校运动会、城市运动会和全国运动会构成的运动会体系,对近代体育的发展产生了积极的影响。

---

① 郭嵩焘.伦敦巴黎日记[M].长沙:岳麓书社,1984:256.
② 罗时铭.中国体育通史:第三卷[M].北京:人民体育出版社,2008:59.

目前已知最早的学校运动会是 1890 年上海圣约翰书院举办的学校田径运动会。此后，中国人自办的学校也逐渐开展了学校运动会或校际运动会。1898 年，由北洋大学发起，天津水师学堂、天津武备学堂、天津电报学堂等学校参加的校际学校运动会成功举行，这为 1902 年开始的天津城市运动打下了基础。1899 年，上海南洋公学举办学校体育运动会。1903 年，烟台举办"烟台阖滩运动会"。1904 年，保定师范学堂举办首届学校运动会。同年，苏州东吴大学召开华东"四大学体育联合会"运动会。1905 年，京师大学堂举办第一届体育运动会。1907 年，南京举办"江南第一次联合运动会"，共有 86 个学校参加，设置了 69 个运动项目。晚清时期，学校运动会经历了从无到有、从少到多的过程。

学校运动会不仅成为展示近代西方体育的窗口，同时，也为近代西方体育在中国的传播打下了基础。随着学校运动会和校际运动会的开展，城市运动会开始出现。1902 年，天津开始举办城市运动会，这是近代中国最早的城市运动会，被称为"中国北方的奥林匹亚"。① 1905 年，四川省举办了第一次运动会。这次运动会上除体操外，还有击剑等体育项目。

1910 年 10 月 18—22 日，近代中国第一届全国运动会在南京举行，这届运动会的发起者是上海基督教青年会体育干事爱克斯纳。参加第一届全国运动会的选手共有 140 人，来自五个区域，分别为华北 20 人，上海 40 人，华南 28 人，吴宁（苏州、南京）31 人，武汉 21 人。本届全运会的项目设置分为田径、足球、网球和篮球 4 个大项。其中，田径项目分为高等组分区赛、中等组分区赛和全国各校联合赛三个组别。田径项目三个组别的第一名分别为上海地区代表队、华北地区代表队和圣约翰大学代表队。② 足球比赛冠军为华南地区代表队，篮球比赛冠军为华北地区代表队，网球比赛的冠军为上海圣约翰大学代表队（图 6-14）。

晚清时期，随着近代体育的引入，1900 年，现代奥林匹克运动也开始传入中国。1908 年 5 月 23 日，在第四届伦敦奥运会举办前夕，《星期报》上刊登名为《竞技体育》的文章，文中提到："再过几个星期，伦敦举行一次盛大的奥林匹克运动会，是有史以来最庞大的一次运动会。世界上没有一个运动会能与奥林匹克运动会匹敌。"该文回顾了古代奥林匹克运动会的简况并指出，1896 年，奥林匹克运动会在雅典复兴，此后分别于 1900 年、1904 年、1906 年举办过奥运会。该文提出："中国不会出现在今年伦

---

① The Tisensin Autunm Meeting [N]. Peking and Tisensin Times，1902-10-19.
② 南洋赛操捷音 [N]. 星期报，1910-10-22.

图 6-14　1910 年首届全运会举办时的南洋劝业会海报

敦奥运会的赛场上,到底要多久才能产生一位真正有技术水准的选手在国际奥运会上得到奖牌?那是难以评价的问题。不过,我们有信心,相信那并不是一件难事。国家有责任发展体育,不只是派选手到雅典参加奥运会,而且要积极争取奥运会在中国举行。"① 同年 10 月 22 日,天津还播放了奥运会的幻灯片。此后在 1910 年第一届全国运动会举办前夕,上海的《申报》正式发表了"奥运三问",奥林匹克精神逐渐深入人心。

(四) 体育救国思潮激荡

晚清时期,在民族危亡之际,从洋务思潮到维新思潮,从实业救国思潮到体育救国思潮,各种救亡图存的思潮层出不穷。有识之士为中国开出了各种"药方",希望中国能够走向富强,希望中国人能够以崭新的面貌屹立于世界民族之林。

维新派代表人物严复明确指出,国家贫穷、落后从根本上说是国家守旧、国民落后造成的,应该重视德、智、体三育问题。他说:"盖生民之大要三,而强弱莫不视此:一曰血气体力之强,二曰聪明智虑之强,三曰德行仁义之强",因此,"一政之举,一令之施,合于其智、德、力者存,违于其智、德、力者废"。② 严复从国与国竞争的视角出发,认为通过德、智、体三育培养国民,能够实现强种强国的目的。

资产阶级维新派的另一位主要人物梁启超的体育思想则围绕"尚武精神""三育并重"等层面展开。他认为,中国要一扫颓废的局面,必须要实行军国民体育,提出"体操而外,凡击剑、驰马、蹴鞠、角抵、习射击枪、游泳竞渡诸戏,无不加意奖励,务使举国之人,皆具军国民

---

① 张博. 近代中国的奥运记忆 [M]. 天津: 天津古籍出版社, 2008: 29.
② 严复. 严复集: 第一册 [M]. 北京: 中华书局, 1986: 25.

之资格。"① 在重视德、智、体三育共同发展的同时，梁启超强调"体操之学，采习一二"。②

孙中山则进一步把体育与救亡图存和强国强种联系在一起，他认为，体育对于强种保国关系重大，而尚武精神则关系到国力的强弱。孙中山将军国民体育的理念应用于革命实践之中。1894年11月，孙中山在檀香山组织兴中会，并建立了"华侨兵操队"。资产阶级革命派代表人物黄兴1903年归国后，还曾经在湖南明德学堂兼任体操教员，经常以"尚武爱国的思想教育学生，强调强国必先强身，强身必行体育锻炼"。③

二、北京政府时期的体育

（一）运动会体系的发展

辛亥革命后，省市运动会逐渐增多，从沿海到内陆的各省市纷纷开展体育竞技活动。其中，1902年开始的天津城市运动会，举办时间早，持续时间长，从1913年开始，天津城市运动会改在春季举行。至1925年，天津城市运动会共举办21届。湖南省运动会自1905年、1910年举办两届后，从1914年开始，至1926年，又举办了7届全省运动会。此外，四川、广东等省的运动会也颇为引人注目。

北京政府时期，大区运动会非常活跃。1913年，第一届华北运动会在北京天坛举行。至1925年，共举办了12届华北运动会。举办地点包括北京、天津、保定、沈阳、开封和济南等地。华北运动会是近代中国规模最大、持续时间最久的大区运动会。华中运动会举办时间稍晚，1923年，第一届华中运动会在武昌举行。1924年、1925年，第二届、第三届华中运动会连续举办，1926年华中运动会因故暂停。

北京政府时期，继续举办全国运动会。1914年5月21—22日，第二届全国运动会在北京天坛举行。本届全运会将全国分为东、西、南、北四个地区，并分别以黄、红、绿、白四种颜色加以区分。第二届全运会共设置6个大项，分别是足球、篮球、队球（即排球）、网球、棒球和田径。

---

① 洪治纲. 梁启超经典文存 [M]. 上海：上海大学出版社，2003：62.
② 梁启超. 梁启超选集 [M]. 上海：上海人民出版社，1984：57.
③ 崔乐泉，罗时铭. 中国体育思想史：近代卷 [M]. 北京：首都师范大学出版社，2008：91.

经过两天激烈地角逐，东部代表队获得足球冠军，北部代表队获得棒球、篮球和队球（即排球）冠军。网球单打冠军为南部代表队的韦荣洛，双打冠军为北部代表队选手。田径比赛除880码、半英里（约0.8千米）接力、1英里（约1.6千米）接力和撑杆跳高四个项目外，其余13个项目的冠军均来自北部代表队。最后团体总分第一为北部代表队，第二为东部代表队，第三为西部代表队，第四为南部代表队。因军阀混战、社会动荡，第三届全运会直到10年后年才举行。1924年5月22—24日，第三届全国运动会在湖北武昌举行，本届全运会总裁判长为张伯苓，除游泳和棒球两个项目聘请了外籍裁判外，其余项目均由中国人担任裁判。参加本届全运会比赛的选手共有340余人，分别来自华东、华北、华南和华中四个地区。从本届全运会开始，采用的量度单位为通用的公制单位。比赛项目增设了游泳、拳术、童子军和体操4个大项。田径比赛增设了三级跳远、标枪和5 000米赛跑，取消了1英里（约1.6千米）赛跑。最后，田径比赛的团体第一名为华北代表队，第二名为华东代表队，第三名为华南代表队。游泳比赛第一名为华中代表队，第二名为华南代表队，第三名为华东代表队。足球冠军为华东代表队，棒球冠军为华东代表队，篮球冠军为华北代表队，排球冠军为华南代表队，网球单打冠军为华北代表队选手，双打冠军为华东代表队选手（图6-15）。

图6-15 夺得1924年第三届全国运动会足球锦标赛第1名的华东队

进入民国时期，中国体育界开始走出国门，参与洲际比赛。1912年，菲律宾体育协进会会长布朗访问中国和日本，提出筹建联合性质的体育协进会，得到了中国和日本体育组织的支持，该协会定名为远东体育协会。1913年2月1—8日，第一届远东运动会在菲律宾马尼拉举行。该届运动会共设置了田径、游泳、足球、棒球、排球和网球等7个项目。菲律宾参加了全部7个项目，日本只派了田径选手参加比赛，中国队参加田径、游泳、足球、篮球和排球比赛。首次举办的远东运动会在各方面都不成熟，计分方法也很简单,谁获得单项的锦标多,谁就是团体冠军。在田径比赛上,中国队获得了 120 码高栏、跳高和十项全能冠军,共积 40 分,位列第二(图 6-16)。菲律宾队以 65 分的总成绩排名第一,日本队获得 11 分,排名第三。其他各项比赛,冠军均为菲律宾队。

1915 年 5 月 15—22 日,第二届远东运动会在中国上海举行。本届比赛,中国队派出 200 多名选手参加了全部比赛项目。在田径比赛中,中国队获得了 440 码赛跑、880 码赛跑、1 英里赛跑、120 码高栏、五项全能等项目的冠军。游泳比赛中,中国队获得了 220 码自由泳、100 码仰泳、220 码俯泳和 220 码接力等项目的冠军,并且获得了足球和排球比赛的冠军。

图 6-16 1913 年第一届远东运动会上中国广东选手陈彦获得的跳远金牌(中国体育博物馆藏)

1917 年 5 月 8 日,第三届远东运动会在日本东京召开。中国队在田径赛场上仅获得了跳高、撑杆跳高两项冠军。在球类项目上,中国队获得排球和足球冠军。但整体成绩上,被日本和菲律宾甩开,名列第三。1919 年 5 月 12—17 日,第四届远东运动会在菲律宾举行,由于日本方面组织问题,造成该国仅临时拼凑了一支参赛队伍,因而名列第三。而中国队虽然参加了全部比赛项目,但仅在足球项目上继续获得冠军。田径赛场上,中国队夺得五项全能和十项全能冠军。其他各项比赛冠军均被菲律宾夺得。

1921 年 5 月 30—6 月 4 日,第五届远东运动会在上海举行,这也是中国第二次承办国际综合性体育赛事。在本届运动会上,中国队囊括了足球、篮球和排球三个项目的冠军。田径、游泳、网球、棒球 4 个项目的团体冠军被菲律宾队夺得,其中在田径赛场上,中国队获得了掷铁饼、跳高和五项全能三个项目的冠军。最终,菲律宾队位列第一,中国队排名第二,日本队位列最后。1923 年 5 月 21—26 日,第六届远东运动会在日本大阪举行。本届运动会中国队派出 103 人的代表团,在全部 7 个大项的比赛中,中国队仅获得了足球冠军,其他 6 个项目的冠军被日本和菲律宾分别获得。其中,日本获得了田径、游泳和网球冠军;菲律宾获得篮球、排球和棒球冠军。根据以往的规定,谁获得大项的冠军多,谁就是最后的总冠军,本届远东运动会第一次出现了两个国家大项冠军相同的情况,日本以自己获得田径团体冠军的名义,将最后排名定位:日本第一,菲律宾第二,而中国队则在本次运动会垫底。1925年5月16日—23日,第七届远东运动会在菲律宾举行。本届远东运动会是中华全国体育协进会后成立后,首次由中国人自己负责参加国际赛事。在这届远东运动会上,中国足球队依旧蝉联冠军,田径赛场几乎全军覆没,仅获得五项全能一个冠军,游泳队一无所获,棒球、网球垫底,篮球和排球分别获得亚军。1927年8月27—9月3日,第八届远东运动会在中国上海举行。在本届远东运动会,中国队获得足球、排球和网球三个大项的冠军,日本获得田径、棒球和游泳冠军,菲律宾获得篮球冠军。根据第六届远东运动会沿袭下来的规则,日本队因为获得田径总冠军,因而名列第一,中国队第二,菲律宾垫底。

北京政府时期,虽然中国没有正式派遣代表团参加奥运会,但是1924年,当时中国的体育组织曾经派遣过三位网球选手参加巴黎奥运会网球比赛。1928年,宋如海作为中国代表,参加了荷兰阿姆斯特丹奥运会,并确定参加1932年美国洛杉矶奥运会。

(二) 体育思潮勃兴

发轫于清末的军国民主义思潮在这一时期形成了高潮。宣扬军国民教育思想的教育家有蔡元培、范源濂和徐一冰等人。蔡元培认为,军国民主义是强兵富国的必要内容,甚至认为"军国民主义即体育",尽管后来蔡元培不再把军国民主义与体育并提,但他对体育的重视却没有改变,并大力提倡学校运动会。[①] 军国民主义对民国时期的学校体育影响深远,1915年,全国教育联合会还曾经发布《军国民教育实施方案》,以推广兵操。

当时在中国思想界还曾经掀起一股文化保守主义思潮,突出表现在对国粹文化的重视,反映在体育领域,则为对国粹体育的推崇。比如马良曾经推广中华新武术,蒋维乔在北京大学提倡静坐法等。国粹文化思潮的形成,推动了武术走进近代学校,对于整理、传承和推广民族传统文化具有一定的积极作用。

在这一时期影响深远的当属民主与科学思潮。五四新文化运动时期,民主与科学成为两面旗帜。毛泽东、李大钊、陈独秀等都明确就体育问题进行了深刻的论述。1917年,毛泽东以"二十八画生"为笔名,在《新青年》上发表了《体育之研究》的论文。文章以科学的眼光,详细论述了

---

① 蔡元培. 蔡元培全集 [M]. 北京:中华书局,1984:131.

体育的概念、目的和作用等问题，并详细讨论了德智体三育之间的关系，主张通过发展体育，走救国救民的道路。

（三）体育组织的构建与发展

体育组织是开展体育运动的重要一环，北京政府时期的体育组织可以分为官方的行政管理组织和非政府组织两个系统。早在1914年7月，北京政府教育部就曾提出管理社会体育的要求，其中，公众体育及游戏事项由社会教育司长官负责[①]。

但当时在社会上非常活跃、在国际体育界代表中国出现的是非政府体育组织。1919年，为参加第四届远东运动会，体育界人士倡议成立全国性的体育组织，后该组织定名为中华全国业余运动联合会。1921年，该组织召开第一次全国代表大会，推举张伯苓为会长。1922年，该组织在北京正式宣告成立。中华业余运动联合会成立后，负责第六届远东运动会的筹备工作，并参与了1924年第三届全国运动会的筹备工作。

1924年5月，当第三届全国运动会在武昌举办之时，与会的中国体育界人士倡议成立由中国人自己组成的全国性体育组织。同年8月，中华全国体育协进会在上海召开成立大会。会议推选张伯苓为名誉会长（图6-17），王正廷为名誉主席董事（图6-18），沈嗣良为名誉主任干事，蒋湘青为干事。

图6-17 著名教育家张伯苓

图6-18 全国体育协进会名誉主席董事王正廷

---

① 成都体育学院体育史研究所.中国近代体育史资料［M］.成都：四川教育出版社，1988：96.

中华全国体育协进会的宗旨主要包括5个方面：联合全国体育团体，以促进国民体育；提倡全国之业余运动，增进运动员之运动道德；主持全国及国际之比赛事项；制定业余运动员之资格；审定各项运动规则。中华全国体育协进会成立后，虽然已经在政府备案，但基本上没有得到政府的支持。该组织成立之初，既无固定的经费，也没有办公地点。北京政府时期，中华全国体育协进会先后组织参加了第七届远东运动会、观礼1928年奥运会等国际体育活动。该组织还根据各地的不同条件，逐渐在地方建立起分支机构，为推动全国和地方的体育运动提供良好的条件。与此同时，该组织还推动中国体操、网球、足球、篮球等单项运动加入当时的国际单项体育联合会（图6-19）。

图6-19　1924年中国体育协进会部分董事合影

（前排左起：冯少山、卢炜昌、沈嗣良。后排左起：陈时、张伯苓、王正廷）

（四）体育教育日渐完备

与清末相比，北京政府时期学校体育发展速度较快。这是因为我国先后于1912年和1913年颁布了两个教育法规，分别被称之为"壬子学制"和"癸丑学制"。较之清末的学制，这两个学制对当时学校体育均提出了明确的要求，内容包括各种器械活动、投掷以及踢毽、游戏等。

1919年前后，中国体育理论界掀起了兵操存废之争。这一争论直接影响了壬戌学制有关体育课的内容。1922年，北京政府又颁布了壬戌学制。为配合该学制的实施，还颁布了《课程标准纲要》，该《纲要》明确将体操课改称体育课，废除了兵操并规定了田径、球类、游戏和体操等教学主要内容。

学校体育的变化、运动会体系的初步形成等因素，推动了近代体育专门人才培养的进程。1919年，北京政府教育部又发布了《关于国立高等师范学校均设体育专修科与体育讲习会训令》。这些因素为体育专门学校或专修科的设立提供了外部基础。自1912年浙江体育专门学校成立后，至1928年，全国先后成立了20余所体育师范学校或体育专门学校，这些学校普遍分布在上海、南京、北京、广州、沈阳、杭州等城市，其中上海设有上海女子青年会体育师范学校、上海爱国女学体育科等8所学校，北京设有北京高等师范学校体育专修科等3个体育专修科或专门学校，南京设有南京高等师范学校体育专修科等3个体育专修科或专门学校，这些学校为近代中国培养了一批体育教育的专门人才。其中，南京高等师范学校体育专修科共存在30多年，培养了400多名本科生和专科生；1922年创办的两江女子体育师范学校，共有毕业生1 000多人。

（五）体育经济的初始发展

自近代体育引入中国后，相关体育运动的器械、服装等也随之进入中国。当时的器械、服装等基本上是外侨自己随身携带而来的。随着近代体育的逐渐推广，体育用品的需求量也越来越大。一些洋行开始销售国外生产的体育用品。1909年，中国第一家体育器材商号"连长记运动器具号"开业，开设之初，这家商号仅能承接修理网球拍和网球架的业务。后来，该店开始自制球拍、游泳衣等体育用品。在专业体育用品制造厂出现之前，除上述仿造洋货的企业外，一些企业专门生产各种球鞋。

1915年，保定布云工厂创立，生产的体育用品包括球拍、球网、篮球、足球、排球、铁饼和标枪等。1921年，天津利生体育用品厂创办。1922年，天津春合体育用品制造厂成立。成立之初，该工厂仅能生产篮球、足球等体育用品，资本额小，规模也不大，主要市场是北京、天津和河北的部分地区。随着国货运动的深入开展，一些政府机构明确要求采购国产体育用品，春合体育用品公司等体育用品公司在这种背景下快速发展起来，规模逐渐扩大，生产的品种不断增多。1927年秋，该公司正式定名为春合体育用品制造厂，同时增设制革部，聘请燕京大学制革系为该厂顾问。该厂产品以球类为主要产品，并生产球鞋、各种运动器械等。此外，天津还有华北制革厂，生产足球、篮球和排球。上海成立了华东运动器具公司、中华体育用品公司。

北京政府时期，除体育用品制造业开始发展外，还出现了职业俱乐部。其中，上海优游体育会、三育体育会等影响较大。上述两个体育会的创办人为程贻泽，主要开展的项目为篮球、足球和网球。

值得关注的是，这一时期，在一些较大的通商口岸城市出现了健身房、游泳池等体育场馆。此外，很多城市开始修建大型的公共体育场。这些体育场馆的建筑、设计和使用，为近代中国体育经济的初始发展增添了多元化的气息。

三、南京国民政府时期的体育

（一）体育法规的出台与实施

北京政府时期，虽然政府颁布了与体育相关的政策法规，但体育立法并没有提上日程。随着近代体育运动的发展，一些专家学者提出要进一步规范体育、发展体育。

1929年4月16日，国民政府正式颁发《国民体育法》。该法规共13条，涵盖领域广、涉及内容较多。《国民体育法》不仅明确提出体育的目的、实施体育的方法，还规定公共体育场的设立、学校体育的实施和体育组织成立等内容。

为贯彻这项体育法规，1932年8月，国民政府教育部召开了全国体育会议，并通过了由吴蕴瑞、袁敦礼等人起草的《国民体育实施方案》。该方案共计35条内容，包括目标、行政与措施、推行方法、考成方法和分年实施计划5大部分内容。在国民体育的目标方面，规定了全体国民平均发展体育、训练国民适应环境的能力、国民合作共御外侮、规范行为目标、休闲娱乐5个方面。这部分内容集中地反映了当时体育学者和教育家对体育的基本认识。在行政与设施方面，包括了行政组织系统、体育设备和体育经费三项内容，明确规定了体育设施的基本要求、体育场馆的数量和基本功能，全国体育行政组织的设立等内容。在推行办法方面，包括研究工作、师资训练、学校体育实施办法、民众体育实施办法和各种集会5个方面内容。在这部分内容中，明确了体育研究机构的设立、师资培训的主要内容、学校体育的宗旨、课程等内容。针对社会体育的发展，该方案规定的内容也非常具体，主要是要设立体育试验场，并要求试验场要开办民众业余运动会等10项内容。在考试方法方面，主要规定了主持考试的机关、考试项目、标准和种类4个方面的内容。

（二）体育教育进一步完善

南京国民政府成立后，围绕体育教育出台了一系列课程标准，在一定程度上推动了体育教育的进一步发展。比如，1929年，南京国民政府颁布了《小学体育课程暂行标准》《初中体育课程暂行标准》《高中体育课程暂行标准》等，明确了体育教学的目标。1934年颁布了《师范学校体育课程标准》，1936年颁布了《小学中高年级体育课程标准》《暂行大学体育课程标准》等法规，这些法规对于各级学校的体育课程设置、体育师资力量的培养等都有较为明确的要求。

围绕课程标准和学校体育的相关要求，国民政府教育部还组织体育专家学者着手编撰各级学校体育教育的教材，至1936年，先后出版了24册的《体育教授细目》。商务印书馆、中华书局、世界书局等出版机构先后出版了《体育教材》《大学体育》等体育教材。由宋君复、吴蕴瑞、阮蔚村等专家学者编撰了一系列体育教学参考书，包括《体育原理》《运动学》《运动卫生》《体育概论》等。

南京国民政府时期，体育师资培训规模较之以往有所扩大，1928年只有12所学校招生，至1937年，有29所体育学校招生，招生学校数量增长了一倍多。在这29所招收体育师资的学校中，有18所公立学校，11所私立学校。在培养体育师资方面，北平师范大学体育系、两江女子体育师范学校、东北大学体育专修科、东亚体育专科学校、中央国术体育专科学校和南京中央大学体育系等学校是较为重要的机构。北平师范大学即原北京师范大学，1928年，北京更名为北平后，北京师范大学也改称北平师范大学。该校的体育师资力量雄厚，近代中国一批体育名家和体育学者曾在该校体育系任教，如董守义、马约翰、宋君复、郭毓彬和谢似颜等。该系在培养体育师资方面，非常重视学生的文化素质，在入学时，报考该系的学生要参加北平师范大学的统一文化课考试，考试合格后，再加试体育运动项目。如果文化课没过关，不予录取。此外，南京国民政府还通过派遣留学生和举办短期体育训练班的方式，培养体育师资力量。

（三）体育思潮的演进

南京国民政府时期，各种社会思潮不断地影响着中国近代体育事业的发展。其中，实用主义教育思潮、乡村建设思潮等对体育界影响深远。

实用主义教育思潮对近代中国教育界影响较大。胡适、张伯苓等人都曾受到这种思潮的影响。胡适（1891—1962年），字适之，安徽绩溪人。曾留学美国，是实用主义哲学家杜威的学生。中国教育界之所以能够深受实用主义思潮的影响，与杜威来华并在全国各地多次演讲有关。实用主义思潮注重实际应用、强调以实践来争取科学化、提倡身心和谐地发展。胡适受此影响，强调大家特别是学生要多参与体育运动，体育竞赛所追求的不是结果，而是参与；胡适提出多实践，在实践中体会体育带来的快乐；胡适认为体育运动是增进集体责任感、培育团队精神的重要纽带。实用主义体育思潮改变学校体育教学呆板、内容枯燥的弊端，丰富了教学内容，教育形式也更为灵活。

这一时期刘长春远赴洛杉矶参加奥运会，他的失利在国内引发了土洋体育的纷争。所谓土体育，是中国传统的以武术为代表的民族体育项目；所谓洋体育，即从欧美引进的近代体育项目，以田径和球类项目为主。

1932年7月，《世界日报》发表评论，呼吁改革中国体育问题，揭开了这场纷争的序幕。8月7日，《大公报》发表社论《今后之国民体育问题》，认为中国应该脱离洋体育，提倡土体育，即远离西方的体育项目，提倡中国传统体育项目。此后，一些报刊先后发表社论或报评，为这场土洋体育之争推波助澜。"土洋体育之争"引起了当时体育学者的高度关注，并纷纷借助各种报刊阐述自己的观点。吴蕴瑞（1892—1976年），江苏江阴人，近代著名体育家。他在《体育周报》上刊发文章，认为土洋体育论争的焦点在于中国的体育是走开放的道路还是走闭关的道路，他指出，体育的具体内容不应与国界相关，应该看内容是否符合人的生理和心理需要。谢似颜（1895—1959年），近代著名体育学者。他认为体育的最低目的是健康，最高目的是文化，如果仅仅以最低目的为限，则失去了近代体育的意义。由于土洋体育论争时正值全国体育会议在南京召开之际，因而，这场纷争也直接影响到了该会议通过的《国民体育实施方案》，该方案明确指出，无论何种体育，只要不违背科学的原则，并适合人类的天性，都应该提倡。这也为近代体育进一步融入中国社会、传统体育走向世界创造了一定的条件。

（四）运动会体系的新变化

南京政府时期，中国运动体系出现了新的变化。除原有的学校运动会、城市运动会、大区运动会、全国运动会和远东运动会外，中国开始正式派代表团出席奥运会。

在大区运动会方面，华北运动会继续举办，共举办了6届。1928年，第 13 届华北运动会在北京汇文学校举行。1934 年，第 18 届华北运动会在天津河北省体育场举行。原定 1935 年举行的第 19 届华北运动会，因为当时华北局势的动荡而取消。至此，华北运动会被迫宣告终止。华北运动会共举办 18 届，是近代中国举办时间最长、参加范围最广、影响最大的区域运动会。1930 年、1934 年、1936 年，第四届、第五届、第六届华中运动会分别在安庆、武昌和长沙举办。1933 年，第一届西北运动会在宁夏银川举办，共有山西、陕西、甘肃、新疆、青海等 9 个省、自治区参加。此外，江苏省、安徽省和浙江省等地区也举办了省运动会。

1930 年、1934 年，中国还派代表团参加了第九届和第十届远东运动会。在第九届远东运动会上，中国队派出 150 人的代表团参加，并获得排球和足球冠军（足球与日本队并列第一），日本队则获得了田径、游泳、棒球和网球等项目的锦标。本届比赛最后团体第一为日本队，中国名列第二，菲律宾第三。为与奥运会保持一致，本届远东运动会之后，决定将每 4 年举办一届。1934 年 5 月，第十届远东运动会在菲律宾举行。由于日本妄图要求伪满洲国参加远东运动会，为此，要求修改远东运动会相关的规则，此举遭到中国代表团的强烈反对（图 6-20）。历时 21 年，举办了 10 届的远东运动会宣告解体。

图 6-20　1934 年 4 月 9 日，中、日、菲三国代表在上海申园足球协会办公处举办的第 10 届远东运动会前夕的常务会议，中国代表拒绝了日方提出的让伪满洲国入会的无理要求

1932 年，第十届奥运会在美国洛杉矶举行。中华全国体育协进会准备派代表观摩比赛，此时，伪满洲国宣布刘长春等人将代表伪满洲国参加奥运会。此举遭到了全国人民的反对，刘长春也从东北入关。经张伯苓等人的协调，张学良资助刘长春参加洛杉矶奥运会。由于长途跋涉，刘长春的体能受到影响。因而，在 100 米和 200 米预赛即遭淘汰。尽管刘长春没有

取得佳绩，但中国选手第一次在奥运会的正式比赛项目上亮相，由此掀开了中国人正式参与奥运会比赛的序幕（图 6-21）。1936 年，第十一届奥运会在德国柏林举行。中国经过选拔派出 66 位选手参加 8 个项目的比赛，除符保卢进入复赛外，参加其他项目的选手均在预赛就被淘汰。中国派出的武术队还在德国柏林和其他地区进行表演，中国裁判舒鸿作为篮球裁判亮相奥运会篮球比赛赛场。

图 6-21　中国选手刘长春在第十届奥运会上 200 米预赛中（处第四位者）

（五）体育经济的壮大与发展

南京国民政府时期，体育经济进一步发展，突出地表现在体育用品制造业国产化程度的提高和体育娱乐业的发展两个方面。

从体育用品制造业的发展来说，这一时期，天津春合、天津利生和保定布云等体育用品厂商发展迅速，不仅资本金有所扩大，上述主要的体育用品制造厂市场规模也在逐步扩大。春合体育用品公司生产的体育用品，一度远销东南亚、英国和美国等国家和地区，在我国东北地区市场份额一度占到五成以上。一些大型百货公司成立了专门的体育用品销售部。尤其值得注意的是，这一时期，由于全国运动会等大型运动会相对有序开展，为中国体育用品制造业提供了有利的外部条件，许多大型运动会均要求采用国货。这不仅使得国产体育用品有了稳定的销售市场，还为国产体育用品提供了宣传的渠道。

这一时期，由于国内外经济环境的变化，民营经济发展速度加快，民营的体育俱乐部和相关行业也得到了发展。如 20 世纪 30 年代，上海跑马总会的收入每年多达 700 多万元。体育图书、体育广告等发展势头迅猛，相关图书的代理网点遍布全国的主要城市。

四、抗日战争至解放战争时期的体育

(一) 国民政府治理区域的体育运动

国民政府治理区域的体育运动大致可以划分为两个阶段，第一个阶段从1931年"九·一八"事变日本发动侵华战争到1945年抗日战争胜利；第二个阶段从1945—1949年。

为适应抗日战争的需要，国民政府治理区域的学校体育方针发生了改变，平时为自强、战时为卫国。1939年，在重庆召开的全国教育会议上通过了《体育教育改进案》，明确学校体育的目的为"培养自卫、卫国之能力"。1940年，国民政府颁布《各级学校体育实施方案》，针对小学、中学和大学三个不同层次，分别提出相应的目标体系。抗日战争胜利后国民政府将学校体育教育方针调整为"健全体格"，并相应地修订了学校体育教育目标和体系。这一时期，大学体育专修科和体育专门学校依然有所发展，从1937—1948年，先手创办了广东省立文理学院体育专修科、四川国立女子师范学院体育专修科河北省立女子师范学院体育系等22所专修科和体育专门学校。

在体育法规方面，除颁布的相关体育教育法规外，1941年，国民政府公布了《修订国民体育法》，规定每年9月9日为体育节。但是，战时体育节实施情况并不理想。

抗日战争胜利后，国民政府举1948年5月举办了第七届全国运动会。本届全运会共有58个代表队、2 677名运动员参加，全运会设有田径、游泳、足球、篮球、排球、网球等正式比赛项目，同时，还设有男子和女子射箭、竞走、棒球和水球等表演项目。在本届全运会上，获得男子团体前三名的代表队为中国香港、马来西亚华侨和菲律宾华侨代表队；获得女子团体前三名的代表队为中国香港（图6-22）、我国台湾地区和马来西亚华侨代表队。由于组织混乱，本届全运会的足球、网球、排球等项目均出现了多个代表队并列冠军的现象，而且比赛纪律非常差，殴打裁判的现象屡屡发生，甚至要动用军警来保护裁判。这届全运会被时人称为当时"中国一切现象的缩影"。

尽管中国体育界面临着各种不利的状况，他们还是做出了自己的努力。由于第二次世界大战的影响，国际奥委会被迫停止了1940年和1944年两届奥运会。1948年，中华全国体育协进会费尽周折才选派了33名运

图 6-22 中国香港代表队以 9 分 23 秒 2 的成绩获得第 7 届全国运动会女子自由泳接力赛冠军

动员参加在伦敦举办的第 14 届奥运会，结局依然是一无所获，而且连返程的交通费等费用都是王正廷等人靠自身关系筹措来的。

（二）沦陷区扭曲的体育运动

在沦陷区，日伪当局出于奴化中国人的目的，非常"热心"沦陷区的体育活动。当时沦陷区主要分为三个地区，分别是伪"满洲国"地区、伪"华北临时政府"地区和汪伪政权统治区。

伪"满洲国"成立后，1938 年，"民生部"发布了所谓的《满洲国学校体练科教授要目》。从该要目对体育教育方针的规定上可以看出日本奴化教育的痕迹，要培养学生"绝对服从的王道精神"，"以期达成身心全面发展的教育方针"。[①] 到了 1944 年，该要目进行了修订，要求伪"满洲国"地区的学校体育教育完全照搬日本的教材，甚至连列队、口令都要使用日语。1937 年底成立的伪华北临时政府，其学校体育教育内容受到伪"满洲国"的影响，主要内容为军事训练，目的是为日本进一步扩大侵华战争培养"军人"。1940 年 3 月 3 日，汪伪政权成立后，学校体育教育仿照日本以及伪"满洲国"、伪华北临时政府的基本做法，以体育和军事结合，对学生进行奴化教育。

日伪为加强对沦陷区竞技体育的管理，分别建有伪"满洲帝国体育联盟"、伪"华北体育协会"和伪"中国体育协会"等体育组织，这几个组织负责相关区域内的竞技体育和社会体育活动。伪"满洲国"体育组织成立最早，1932 年 4 月就已经建立，1934 年 7 月改组为伪"满洲帝国体育同

---

① 卢声迪. 怎样认定和评述东北沦陷时期——伪满十四年的体育运动 [D]. 中国体育史学会（体育史论文集），北京：中国体育史学会，1987：230.

盟"。这些体育组织主要负责各种比赛活动和伪满地区的民众体育。在伪华北政权成立后,1937年12月24日,成立了所谓的"中华民国新民会"。伪"华北新民体育协会"是"中华民国新民会"仿照日本体协和伪满体育组织建立的。其主要负责的工作任务与伪满体育组织相同。机构下设有足球、篮球等7个单项运动协会和调查部、指导部等5个部门。汪伪政权建立后,1940年10月19日召开伪"教育部体育委员会第一次会议",讨论汪伪政权管辖范围内的体育活动问题。1942年2月10—11日,伪"教育部"召开所谓的"全国体育代表大会",对沦陷区的体育活动进行安排。汪伪政权的体育组织主要负责"东亚竞技大会"等比赛互动以及区域的体育赛事。

(三) 解放区体育事业的壮大

抗日战争全面爆发后,中国共产党以延安为中心,以革命根据地和解放区为两翼,充分继承和发扬了第二次国内革命战争时期苏区体育的优良传统,注重对上述地区体育活动的领导和组织。

1937年上半年,陕甘宁边区体育运动委员会成立,1940年延安体育会成立,1942年延安新体育学会建立。这些体育协会负责组织延安和陕甘宁边区的体育活动。特别是革命圣地延安,吸引了大批有志的爱国青年,为适应青年人的特点,设有专门机构组织青年的体育活动。此外,边区还成立了各类学校,并设有专门的俱乐部负责师生的体育活动。为推动部队、机关群体性体育活动,边区的体育会有办公经费,在体育器械购买、技术指导等多个领域对各单位进行辅导和帮助。"新体育学会"则负责研究体育理论和编撰各种体育教材,开展调查研究工作。

1942年9月1—6日,陕甘宁边区还举办了一次运动会,由朱德总司令担任筹备会长。为迎接这次运动会,边区的各个机关、学校、工厂和部队等都进行了相应的选拔赛和预备性比赛。运动项目有足球、排球、游泳和田径等,并分为男子、女子和少年组,参赛运动员达1300多人。

在抗日根据地,各种群体性体育活动蓬勃开展,当时根据地既要面临日伪的进攻,又要开展体育活动。因而,当时开展的各种体育活动与军事训练关系密切,呈现出军事化、大众化和经常化的特色。

在体育人才培养方面,延安大学成立了体育系,1942年夏,根据革命需要,首批30多名学员提前毕业,到部队和边区学校担任体育工作。

此外,在抗日战争时期,八路军、新四军和其他中国共产党领导下的抗日队伍,加强了对军队的体育组织建设、管理,使得军队的体育活动开展井然有序。部队中普遍开展的体育项目主要有各种体育器械活动,跳高、跳远和各种球类活动。由于军事的需要，投掷类项目如投掷手榴弹等项目开展得尤其踊跃。抗日战争胜利后，在解放区相关区域的人民政府成立了专门的体育团体，目的是组织开展各项体育活动。解放区内的学校体育也有专门的方案出台，东北解放区还曾组织过区域运动会。

第四节　近代西方体育在世界各地的传播

从17世纪中后期英国因"绅士教育"诞生的户外竞技运动到18世纪末至19世纪中期德国学校体育与体操体系的基本成熟，再到19世纪中后期瑞典体操体系成熟并广泛被大众所喜爱，这些西方体育体系的形成与发展构成了欧洲近代体育的三大基石。其主要内容是直接发展人身体的各种能力和加强纪律性的体操以及户外运动。目的是运用体育手段保持健康和加强青少年身体教育，标志着体育作为一种独特、独立的社会文化形态的形成和确立。作为人类社会财富的体育运动，因其文化的先进性和实用性，先随着以英国为首的欧洲列强的资本侵略较为被动地"流传"到亚洲、北美洲、欧洲等地，后随奥林匹克运动的强势崛起而被快速地发展到世界的各个角落。纵观整个体育发展史，近代西方体育的早期传播和持续推广，为19世纪末期以现代奥林匹克运动为核心的西方强势体育文化的快速崛起和全球化起到了播种机和宣传队的作用，打下了坚实的物质基础，并且为现代体育的全球性发展起到了承前启后的历史作用。

一、近代西方体育在亚洲其他地区的传播

在近代西方体育从欧洲向世界各大洲的传播过程中，基督教青年会起到了非常重要的桥梁作用。基督教青年会（YMCA）于1844年6月6日由英国商人乔治威廉创立于英国伦敦。其最初希望是通过坚定信仰和推动社会服务活动来改善青年人的精神生活和社会文化环境。1854年，美国和加拿大联合成立了"基督教青年会北美协会"。1855年，青年会在巴黎举行第一次国际会议，并成立"基督教青年会世界协会"。同年，为了西方竞技体育在全世界的推广和普及，基督教青年会在美国马萨诸塞州普林菲尔德大学设立体育工作机构，专门培养青年会体育干事，并派遣他们到世界各地从事体育传播和推广工作。19世纪末到20世纪初期，基督教青年会体育干事在亚洲、拉丁美洲和非洲做了大量工作。1866年基督教青年会宗旨发展完善为："青年会之内容为德育、体育、智育、群育诸部。盖所以

求青年人之幸福，使身、心、灵俱臻理想之发达也"。他们建立组织，宣传体育，培养大量体育骨干，组织各类体育赛事，极大地推动了竞技体育在各大洲的快速发展。

（一） 在东北亚的传播

近代西方体育传入亚洲稍晚于美洲。而日本、印度和菲律宾是亚洲较早接触西方体育的国家。1868年明治维新之前，日本尚处在封建社会，其文化教育和体育深受中国影响，在国内流行的传统体育项目主要由骑术、剑术（道）、相扑、武术等。18世纪初期，日本开始接受欧美文明成果，从欧美先进文化中摄取营养，西方体育就是在这样的时代潮流中被引进的。另一方面，日本通过明治维新，使科学技术、社会生产力以及军事能力等综合国力大大提高。国家综合国力的提高，使日本有能力摆脱被动接受的局面，大批学者纷纷走出国门去欧洲学习、考察。同时，政府还派出留学生留学欧美，这其中，德国的体操体系对日本体育的发展影响较大。第二次世界大战后不久，斋藤正躬和织田干雄在总结日本近代体育发展时谈到："日本近代体育运动是以英国的体育运动为主体，包括了美国和北欧的内容，随着侵略政策的逐步推行而兼有德意志的特征。当然，日本固有的武道精神也包含在其中。就其发展与性质全面地看，日本的体育运动可以说是上述各国糅杂在一起的总和，这反映出日本一种'体育运动殖民地'的状况。"

多种研究表明，欧美体育传入日本大概有如下几种途径：一是外国军队入驻带来的文化产物；二是日侨或者留学生向欧美学习的成果；三是基督教青年会在学校教育中推广的结果。明治维新时期，日本政府为了加快资本主义社会进程，对西方先进文化的传播加大投入力度并极力引导，国民也以追求欧美各国的新生事物而积极学习，竞技体育在日本很快被全面推广。但日本人在学习西方先进文化和先进技术时并不是一味地照单全收，而是根据东西方文化的差异选择性地扬弃吸收适合自己的内容。如板球运动，尽管也是那时的热门竞赛项目之一，但日本人并不喜欢，所以就没有其他项目普及。西方体育的传入首先从教育和军事体育开始，在很短时间内对日本的学校和军队都产生了重要作用，随后又从学校和军队向民间扩散、普及。[①]

---

① 郝勤. 体育史 [M]. 北京：人民体育出版社，2006：101.

日本体育运动观的形成是西方竞技体育迎合了日本武士阶级思维方式，进而融合发展形成的产物。在此过程中形成了崇尚"拼搏精神和优胜劣汰"思想的体育观，即所谓的"日本体育运动观"。

体育和竞技运动在学校范围内得以较快实施，与日本民族热衷于争胜负的武士精神分不开。由于当时在校学生大多出身于士族阶层，从他们当中推选出来做代表便成了捍卫学校荣誉的战士。学校和其他学生也认为体育竞赛的胜负直接关系到学校荣辱，不能袖手旁观，便各尽所能组成啦啦队声援比赛。学生从事竞技运动，能锻炼学生认识人和事物的能力，有助于形成独特的价值和人生观；而校方则借助竞技运动产生的巨大凝聚力来凝聚人心、提高教学质量、提高学校声誉。木村吉次把这种行为看作是一种新型武士精神的又一体现。

近代体育运动体制的确立。日本体育运动在明治末期至大正时期确立了较为科学、系统的发展和管理体制。具体标志有如下几点：一是参加了国际性竞赛活动；二是创设了国民体育大会；三是成立了全国性的竞赛团体。竹之下休藏在书中写道："明治45年（1912年），为动员日本国民都来从事体育活动和参加奥运会组建代表团，我国创设了大日本体育协会。（如果说大日本体育协会这几十年来的历史就是一部日本近代体育运动史，这一点也不过分。）"竹之下休藏的话实际道出了这样一种情形：自明治45年成立全国性的竞赛组织以来，该组织以及与之密切相关的各种国际国内比赛在日本近代体育运动史上占有重要的地位，在日本分别成立了有关的全国性组织。到了大正后期，近代体育和竞技运动的体制大体上已经确立。①

截止到19世纪末，在基督教青年会的帮助和推行下，篮球、排球、足球、棒球、橄榄球和田径等项目在日本各级学校普遍开展起来。1912年日本首次组队参加在瑞典斯德哥尔摩举行的第五届奥林匹克运动会，次年与中国、菲律宾等国共同发起并举办首届远东运动会。

（二）在南亚的传播

南亚的印度、巴基斯坦等国长期以来都是英法等国的殖民地，其文化教育深受欧洲文化的影响。印度是近代体育传入较早的亚洲国家之一。18世纪中期，国力强盛的大英帝国趁印度莫卧儿王朝衰落腐败、无力抵御外

---

① ［日］大熊广明. 学者笔下的日本近代体育史［J］. 成都体育学院学报，2000：10~13.

来侵略之际，把古老的印度王国变成了英属殖民地。因此，西方先进的军事技术和军事体操随着侵略军传至印度。英国进一步侵略和控制印度的方法之一是组织包括印度人在内的南亚人建立雇佣军，对他们进行先进文化的灌输和军事训练，进而向民间扩散。到了19世纪30年代，在英国颇为流行的麦克拉伦体操也逐渐被带入印度。作为文化殖民手段之一，首先在各级各类学校开展，但由于教授这些体操的教官大多是粗鲁的军人，他们只知道用强制手段粗鲁地灌输，忽略了用体育活动诱导学生主动学习的方法，加之印度人内心的抵抗情绪，导致当时学生们对西方的竞技体育并不感兴趣。尽管如此，到19世纪末期，南亚这些国家的大中城市各级学校受英美教学体制的影响，竞技体育成为学校教育的一部分，普遍开展板球、曲棍球和足球等球类运动。

众所周知，印度传统体育开展的最为广泛的是"瑜伽"。"瑜伽"（Yoga，印地语）这个词是从印度梵语"yug"而来，蕴含"一致""结合"或"和谐"的意思。其实，在印度传统文化中，印度人潜意识排斥室外运动，缺乏体育锻炼的热情和动力。高种姓贵族以注重精神修行、食素、禁欲、苦行为荣，以食肉、休闲、体力劳动为耻。在印度教流行区域，宗教不仅是一种信仰，还是一种价值观和生活方式。由于婆罗门教的宗旨不是教育人们追求平等，而是追求差别和对差别的容忍。这种对差别的合理性认识，致使整个印度社会在整体发展与进步上缺乏必要的竞争意识和冲动。这种"重精神，轻物质"的文化思维和生活方式，严重制约了印度民间体育运动的发展（图6-23）。①

图6-23　印度瑜伽术中的倒悬工夫

相对于亚洲其他国家，印度是参加现代奥运会比较早的国家。英属殖民地时期，印度代表英国参加1900年第二届巴黎奥运会，并取得两块银牌。1928年，印度第一次以地区身份参加奥运会，在曲棍球等项目上取得不错成绩，让这个古老国度的民众喜欢上了曲棍球和板球等运动项目。在之后的几次奥运会上印度屡获曲棍球团体冠军，并逐渐形成了男子

---

① 赖云华，崔国文. 论中西方体育文化的差异[J]. 体育文化导刊，2009（5）：56~59.

曲棍球传统优势项目。从 1928 年曲棍球项目进入奥运会到 1964 年东京奥运会，印度在曲棍球项目上处于霸主地位，7 次夺得奥运冠军。印度也是亚运会的发祥地，首届亚洲运动会于 1949 年在新德里举行，推动了印度体育事业的快速发展，在田径、羽毛球和射击方面，涌现出了田径好手乌莎、射击名将宾得拉等。

（三）在东南亚各国的传播

在西方体育没有传入东南亚以前，越南、柬埔寨、泰国等国运用宗教教育，保持和传承着各自的民族传统体育。如越南"斗鸡"、泰国泰拳以及柬埔寨的"传统赛船""古式武术"等。诺罗敦一世（1860—1904 年）前后，东南亚等国成为法国势力保护范围。随着法国军队的入侵，西方体育开始传入东南亚诸国。西索瓦国王（1927—1941 年）统治时期，迫于承受世界大战带来的巨大经济负担和国家改革的需要，柬埔寨开始改革教育，其中中小学课程中就包含了体育课、课外活动等，出现了体育指导资格制度，教育得到了阶段性发展。室外体育设施建设及体育对抗赛活动的开展标志着柬埔寨现代体育的起源。诺罗敦·西哈努克国王第一次在位期间，柬埔寨史上首次出现了体育部门，这可以看出这个时期体育运动得到了政府的重视，出现了官方的体育机构。1933 年的柬埔寨成立足协，并于 1953 年加入国际足球联盟（IFFA）。[①]

另外，在西亚两河流域的伊朗、伊拉克和黎巴嫩等阿拉伯国家地区，近代西方竞技体育的球类项目和田径等也相继于 19 世纪末期传入，尤其是娱乐性、趣味性强的足球、篮球和曲棍球项目备受广大青少年欢迎。

二、近代西方体育在北美洲的传播

北美洲的原著居民为印第安人，他们有着自己丰富的生活方式，靠打猎、捕鱼、划船、追逐等身体活动来生产劳动，进行人际间、部落间的关系交往，通过宗教仪式中的身体活动或娱乐展演来证明自己是部落勇士。可见，这一时期的原著民体育活动，对于处理部落之间的纠纷和战争、提升个人在族群中地位和声望有着非常重要的作用。17 世纪初期，随着西欧列强对北美洲的入侵，间接带来了多样的体育运动。北美殖民早期所谓的

---

① 张战毅. 柬埔寨近代学校体育史研究［J］. 体育文化导刊，2015：185.

体育只是殖民者辛苦工作后的一种休闲调节和用以展示先进文化的方式，更多的是带有娱乐性质的身体活动和训练性质的竞技，并未在学校开展全民性质的教育。1775—1783 年美国独立战争的胜利，建立了美利坚合众国。社会的和平发展和妇女权利的保证，使得学校教育的发展成为可能。同一时期，德国内乱，为了逃避国内动荡的局势，许多德国人也移民到美国，德国体操也随之传入北美。

19 世纪早期，在德国体操传入北美的过程中，德国移民贝克（1798—1866 年）、福林（1796—1840 年）等人起到了关键作用。在他们的积极推动下，1850 年美国德式体操联盟成立，次年在费城举办了首届国民体操比赛。他们修建场馆，让体操走进学校、社区，并建立了多家德式体操俱乐部。1852 年，美国举办了第一届大学体育竞技比赛，推动了大学体育竞技的发展。他们在划船、田径、垒球、足球等项目间进行切磋交流，并逐渐形成了美国大学校园的体育文化。妇女体育也开始萌芽，是这一时期体育发展的一道风景。康涅狄格哈特福特女子学院开设了用于提高学生健康和活力的体育科目，比如随着音乐而跳的健美操。

南北战争后，美国完成国家统一。民族文化的冲突形成了很多新思想，也影响了体育的发展。1861 年美国德式体操联盟在波士顿创办了第一所体操师范学校。刘易斯率先开展教师体育课程培训，为期 10 周的培训课程，内容涵盖生理学、解剖学、体操等，这也是北美体育发展史上的首次体育教师培训。体育师资培训的逐步规范化和系统化，推动了学校体育的规范化发展，受到了联邦政府和各州政府的重视，体育场馆、课程设置、体育组织、体育科学研究以及体育器材、体育产业等迅速发展起来。乔治·菲兹在哈佛大学建立了人体运动实验室，对人的运动机理进行科学研究。大学体育教育的系统化发展，也促进了高校间体育竞技比赛的开展，如哈佛大学和耶鲁大学两校将竞技比赛作为交流的纽带，形成传统并流传至今。

19 世纪中叶，兴起于西欧的竞技运动传至北美，在美国和加拿大等国的民间和学校逐渐开展。早期主要是拳击、击剑和赛马等带有军事性质的体育竞技。19 世纪初期，英式橄榄球传入美国。随后，由英式橄榄球演变而来的美式橄榄球开始在耶鲁大学、哈佛大学、布朗大学等高校开展起来。19 世纪 40 年代，棒球运动开始在美国出现。1845 年美国成立了第一个棒球俱乐部，次年制订并出台了统一的棒球竞赛规则。这一时期，各种体育组织和协会相继成立，如 1885 年体育发展协会（AAPE）成立，这个组织也就是现在美国健康、体育、休闲和舞蹈协会（AAHPERD）的前身；

1880年成立美国草地网球协会（图6-24）；1894年成立美国高尔夫球协会；1895年成立美国保龄球协会等。这些体育组织的成立推动了美国体育的有序发展，同时也催生和拉动了诸如摔跤、排球、滑冰、滑雪、手球、美式橄榄球、拳击等运动项目的产生。1891年美国人詹姆斯·奈·史密斯发明了篮球。在美国国家业余竞技运动协会的基础上创立美国的竞技运动联盟（AAU）。为了校际间竞技运动的发展，学校管理人员开始涉入管理并成立竞赛委员会。

图6-24　19世纪末热衷于网球运动的美国妇女

各级体育组织的规范化、校园内体育设施的普及，使人们参与运动成为一种趋势，社会也开始重视体育的作用。国家休闲协会（National Recreation Association）的成立，意味着休闲体育开始萌芽。社会上开始提倡一种新体育观，即通过参与游戏、竞技等相关运动促使人们全面发展。需要说明的是，在此期间美国的种族歧视问题也很严重，有色人种参加大型运动会受到限制。截至20世纪40年代中期，美国棒球大联盟实施种族隔离制度，黑人严禁与白人同场竞技。[①]

第一次世界大战期间，有组织的体育锻炼对战争中士兵身体素质提高和民众精神娱乐方面起到了重要作用。政府部门逐渐认识到系统、科学地发展体育的必要性。20世纪20年代后，体育成为教育的手段之一，其标志是从"身体的教育"升华为"通过身体的教育"这一专业性教育概念，体育的目标被设定为"身心协调性的发展"。1924年哥伦比亚大学和纽约大学相继设立体育学科博士点，全国范围内的体育课程也有所发展。1925年，美国体育在全部教育过程中占据了重要的地位，以此形成了所谓的

---

① Cazers Gunars, Miller Glenn A. The German Contribution to American Physical Education: A Historical Perspective [J]. Journal of Physical Education Recreation&Dance, 2013 (6): 44~48.

"新体育时代"基础。1929年美国拉开了社会大萧条的序幕,社会的动荡、国家财政预算缩减,严重影响到了体育工作的开展,甚至波及和影响到了第二次世界大战期间的征兵标准。1952年美国成立体育研究委员会以研究体育的发展,体育学科的研究已经细化到运动技能学、体育社会学、运动生理学等。①

三、近代西方体育在拉丁美洲的传播

拉丁美洲是指美国以南的美洲地区,分布着墨西哥、巴西、智利、阿根廷等34个国家。该地区的主要居民主要是印欧混血种人和黑白混血种人以及黑人、印第安人和白种人;语言以西班牙语为主,同时还有葡萄牙语、英语等。15世纪末16世纪初,西班牙人和葡萄牙人的殖民扩张为拉丁美洲带来了先进的欧洲文化,使本就多姿多彩的拉美印第安文化与外来文化高度融合,呈现出多元化文化特征。19世纪前后,西方体育随着殖民统治的深入也由欧洲和美洲传向拉丁美洲各国,其中足球、篮球、棒球和橄榄球尤为流行。

墨西哥在拉丁美洲乃至世界体坛上都占有重要地位。该国较为普及的体育项目有足球、舞蹈、篮球、棒球、网球等,其中足球、舞蹈和拳击水平较高。墨西哥足球队曾获第七届泛美运动会和第十届世界大学生运动会冠军;男女篮球队曾获第七届泛美运动会第三名,多次创造20公里竞走项目世界纪录,拥有多个世界轻量级拳击冠军。这些成绩的取得要得益于拉丁美洲地区悠久而又多彩的文化和雄厚的体育发展基础。墨西哥是拉丁美洲古老文明的中心之一。勤劳睿智的墨西哥人创造了闻名于世的玛雅文化、托尔特克文化和阿兹特克文化。16世纪初至19世纪的300多年间,西班牙殖民统治者将欧洲文明和拉美文化在这块古老的土地上完美融合。在墨西哥这块神秘的土地上,古老的玛雅文化、托尔特克文化和阿兹特克文化相互交融,民众在汲取西班牙斗牛舞和印第安舞蹈"菠萝舞"的基础上,创造了热辣奔放、动感十足、极具感染力的独特舞种——"恰恰舞"。

1888年,巴西废除了奴隶制并于1889年建立共和国。这一时期,巴西流行的体育运动是板球并发展了自己的联赛。1894年,20岁的苏格兰人

---

① 毋张明. 美国体育发展历史的阶段划分及目前所面临的问题 [J]. 体育成人教育学刊, 2016: 17~20.

查尔斯·米勒从欧洲来到巴西桑托斯港。他的到来不仅改变了巴西的体育格局，也改变了这个国家的社会发展和民众生活，更改变了全世界足球甚至体育的发展格局。1900年，巴西第一家足球俱乐部在靠近乌拉圭的里奥格兰德州成立。这是一个德裔聚居的场所，足球运动盛行。1902年，圣保罗州开始举办联赛，足球逐渐成为巴西白人的主流运动。受足球、板球运动的影响，排球、冲浪、帆船在巴西也逐渐流行起来。自1920年参加比利时安特卫普第7届奥运会开始，巴西总共参加了20次奥运会。受意大利法西斯文化的影响，1941年巴西政府出台《体育组织法》对体育活动进行了严格的管理和控制。[①]

19世纪下半叶，阿根廷开始全面接受和学习欧洲体育先进的管理经验和体制。经过数十年的努力，建成了比较完善和发达的职业体育俱乐部体系和体育协会系统。同时，业余体育俱乐部也得到了较高程度的发展。阿根廷第一次参加奥运会是1900年在法国巴黎举行的第二届奥运会。但由于种种原因，只派出了一名击剑运动员爱德华多·卡梅特（Eduardo Camet）。之后，阿根廷在国际大赛中的拳击、马球、游泳、篮球和田径等项目上展现了他们的运动天赋和广泛的群众基础。1924年巴黎举办第三届奥运会时，阿根廷首次获得奥运奖牌，尤其在马球项目夺得第一个奥运冠军，拳击项目也收获颇丰，这大大鼓舞了民众参与运动的热情。1928年荷兰阿姆斯特丹第九届奥运会上，阿根廷男子400米自由泳项目阿尔韦托·索里利亚选手勇夺冠军；1932年美国洛杉矶第十届奥运会上，胡安·卡洛斯·萨瓦拉夺得男子马拉松冠军；1936年德国柏林第十一届奥运会男子马球队再次夺冠。

但最令阿根廷人骄傲的仍是足球项目，可以说这是阿根廷体育最具代表性的项目。足球在19世纪由英国传入阿根廷，1983年阿根廷成立足球协会，并组建国家男子足球队。1901年5月16日，阿根廷国家队迎来了首次国际亮相，并以3∶2击败了美洲强队乌拉圭队。1930年第一届世界杯上，阿根廷队获得亚军并于1978年阿根廷世界杯和1986年世界杯两次折桂。1933年国内开始组织全国性质的足球联赛。从1996年起，该国设立了直属于总统领导的体育国务秘书处，加强了对全国体育行政事务的管理。

---

① 姜世波，彭蕴琪. 巴西《体育粉丝保护法案》对中国体育粉丝权利保护的启示［J］. 武汉体育学院学报，2014（3）：8.

四、近代西方体育在大洋洲的传播

大洋洲（Oceania）位于太平洋西南部和南部的赤道附近的广大海域中，与南北美洲遥相对应，陆地总面积约897万平方千米。在地理位置上可划分为澳大利亚、巴布亚新几内亚、新西兰、美拉尼西亚、密克罗尼西亚和波利尼西亚6个区域。大洋洲土著居民的祖先最早来自东南亚地区。16世纪大航海时代，欧洲人发现大洋洲时土著居民尚处于新石器时代。17世纪西班牙占领马里亚纳群岛；1788年英国在澳大利亚建立殖民统治；1828年荷兰占领新几内亚岛西半部；1840年新西兰沦为英国殖民地；1853年法国占有新喀里多尼亚岛。到19世纪末，大洋洲诸岛先后沦为欧洲列强的殖民地，先后有来自世界120个国家、140多个民族的移民到澳大利亚谋生和发展。

早期来到大洋洲的欧美人带来的西方先进体育文化冲击了大洋洲本地土著体育文化，逐渐形成了多元人口、带有浓烈的欧洲特色的体育文化。总体来说，第一次世界大战前后澳大利亚的体育文化主要受英国的影响。在第二次世界大战前后，澳大利亚的政治、经济、文化、体育和生活方式等方面受美国的影响较大。澳大利亚体育文化先期继承和延续了欧洲体育文化的特点，后来又接受了美国体育文化的洗礼，进而形成澳大利亚体育多元化的文化特色。该国近代体育的发展史可以说是大洋洲近代体育发展史的缩影。

澳大利亚人热爱运动。对于他们来说体育就是生活，对体育不感兴趣就是生活态度衰颓的一种表现。澳大利亚人热衷于户外运动与他们民族发展的历史和多元文化密切相关。[①]

澳大利亚人崇尚力量。对于初来荒蛮的澳洲自然环境和不谙世事的土著人，力量征服才是最有用的。受所谓的"肌肉基督"理论影响，在澳大利亚早期的力量被定义为"男人味"（图6-25），它代表着进取心、理性、敢于冒险、雄心勃勃。竞技体育作为强调力量的一种独特社会活动最能体现这一特征，澳式足球、拳击和冲浪等运动就是最好的例证。早期的澳大利亚社会，这些所谓的释放犯要去打猎、捕鱼或探险，以证明自己的"正直"和"善良"。所以，力量作为一种重要的社会衡量标准彰显着奋斗、

---

① [澳]唐纳德. 霍恩. 澳大利亚——幸运之邦的国民[M]. 徐维源译. 上海：上海译文出版社，2000：8.

成功的正能量，形成了澳大利亚人对体力的崇拜。①

图 6-25　澳大利亚土著人的祭祀仪式，不仅有长老领舞，还有长者吹奏土著人特有的乐器——"迪吉里杜"

澳式足球源于野蛮的盖尔足球。盖尔足球是 19 世纪中期流行于维多利亚 Gold Fields 矿工中的一种对抗性游戏。1858 年，墨尔本足球俱乐部成立。他们制定规则、发展并形成了现代的澳式足球体制。除了澳式足球，拳击运动的盛行，也代表了这个民族对体力挑战性项目的崇拜。澳大利亚人对拳击中所表现出来的野蛮、血腥的力量击打与近乎极限的拼搏精神感兴趣。1884 年的拳击规则规定："所有拳赛者必须裸露指关节参赛"。可以看出，澳大利亚人对肌肉的过于崇拜超过了对智力。②

澳大利亚人追求平等，这一特征在很多常用口语中都能得到体现，比如"除去上层阶级的英国""劳动者的天堂"和"一块不分阶级的土地"等。"追求平等"的文化特质在体育中也得到充分的体现。澳大利亚的板球就是追求平等的具体体现。

富于追求团结协作的精神成就了澳大利亚集体运动项目的成长和辉煌。澳大利亚的橄榄球联赛、澳式足球、足球、篮球、皮划艇和帆船比赛以及板球都是团队协同作战取得优异成绩的典范。澳大利亚人的团队意识要追溯到男性数量大大超过女性的殖民时代早期。1840 年之前，男女比例大于 2∶1，"相互依靠、结伴拼搏"的理念根植于殖民早期拓荒者心中。在这种同命运共呼吸、携手拼搏取得成功理念的基础上，澳大利亚人创造了"伙伴"一词，并被大家广泛认同。③

---

①　［澳］曼宁·克拉克. 澳大利亚简史［M］. 中山大学翻译组译. 广州：广东人民出版社，1973：26.
②　杜海燕，肖林鹏. 澳大利亚体育生活方式探析［J］. 体育文化导刊，2011（3）：44~46.
③　彭波. 澳大利亚体育特征研究［J］. 体育文化导刊，2010（7）：157~158.

第五节　国际工人体育的兴起与奥林匹克运动的产生

一、国际工人体育运动的兴起

经过1848年欧洲革命，年轻的工人阶级认识到要获得真正的解放，必须推翻现有的社会制度，工人阶级必须重新组织自己的队伍，积聚足够的力量，才能对付阶级敌人的进攻。这一时期各国工人政党和工会组织陆续成立，马克思主义的教育和体育思想在工人中广泛传播，有力地推动了国际工人运动的发展。

（一）工人体育组织的建立

19世纪第二次工业革命时期，科学与技术的紧密结合要求劳动者必须有一定的文化素质。欧美主要资本主义国家都采取了若干社会措施，改善工人的劳动条件和生活条件，工人的境况有了很大改变，出现了有组织的合法斗争。国际工人体育运动从组建独立的工人体育组织开始，先后在北美、西欧、东欧、中南欧以及俄国出现，并于19世纪末扩展到亚洲和拉美地区。

1. 美国

美国是最先建立工人体育组织的国家之一。1848年欧洲革命失败后，数以千计的革命者从欧洲流亡到美国，重新联合并继续进行斗争。他们重视教育和体育工作，在流亡者集中的纽约、芝加哥、辛辛那提、路易斯威尔、密尔瓦基以及圣路易等城市建校办学，开展文娱活动，创建了首批体育团体。

1848年底，巴登著名的革命英雄赫克在辛辛那提建立了美国第一个工人体育协会。1850年，美国全国工人体育联合会成立，这是国际工人体育运动史上的第一个地区性组织。1851年在费城举办了第一届工人体操节，创办了讨论工人体育问题的刊物《体育新闻》，编写了适合美国人生活习惯的体操手册，并于1861年创办了美国第一所体操师范学校。南北战争爆发前，全国工人体育联合会已经拥有150个下属俱乐部和近1万名成员。

2. 西欧

早在1848年革命前，瑞士已经出现了工人体育组织，但它们未能成为欧洲工人体育运动的源头。1848年德国三月起义时，大多数体操运动员同情革命，他们同工人一起，按当时国内体操组织的形式，开始建立自己的体育团体。1850年在莱比锡成立了工人俱乐部。随着革命形势的进一步发展，德国体操联合会的工人运动员对体操联合会脱离政治斗争、压制工人的态度非常愤慨，纷纷退会，另行成立了独立的工人体育组织。巴黎公社失败后，德国进入了恐怖时期，工人体育组织的活动受到极大限制。1878年反社会主义的"非常法"颁布，工人政党、工会被取缔，工人体育团体也被宣布为非法，其活动被迫转入地下。

19世纪90年代，"非常法"废止，德国的工人体育运动又进入新的发展阶段。在柏林、莱比锡等大城市，工人体育组织开始发展壮大。1893年德国各地的工人组织在格勒尔召开代表大会，成立了"德国工人体操联盟"，该组织拥有42个工人俱乐部和9 000名会员，发行刊物《工人体操新闻》。该组织不仅对工人及其子女进行体育启蒙，还对他们进行无产阶级思想教育，为把工人培养成坚强的阶级斗争战士和革命事业接班人做出了贡献。

（二）工人体育的国际化发展趋势

20世纪初期，欧美各资本主义国家在开展体育运动方面已经有了较为丰富的经验，各类体育组织遍布各地，建立了广泛的国际联系。工人体育运动就在这样的背景下进入国际化发展的新阶段。

各国工人体操和国际象棋等单项运动协会开始建立联系，在国家之间如德国、比利时和法国的边界地区出现了多边体育联合会，保持并促进边界地区工人体育组织的联系。在联合会的领导下，边界地区组织包括民间口头创作、歌咏、戏剧、体操和其他表演在内的不同规模的比赛。在这些赛会上，体育表演和比赛的比重逐渐增大，加强了各国间的体育合作。1912年，在法国西部城市雷思举行的运动会上，正式提出成立领导各国工人体育组织的工人体育协会，并就一些具体问题达成协议。

1913年在比利时的根特召开了首届工人运动员国际代表大会，会上通过了成立国际组织——"国际工人体育运动联合会"决议，并决定在布鲁塞尔设立中央局。1914年1月中央局开始工作，但很快第一次世界大战爆发，正在发展的工人体育运动被迫中断，刚刚成立的国际性组织也自行解散。

二、奥林匹克运动的兴起与现代奥运会的复兴

（一）奥林匹克运动兴起的时代背景

14—18世纪，欧洲大陆出现文艺复兴、宗教改革和启蒙运动三大思想文化运动，人文主义者发掘并整理出古代希腊体育的丰富遗产，包括古代奥林匹克竞技会和其他祭礼竞技、古代雅典体育和斯巴达体育、古希腊身心和谐发展的教育思想、古希腊体育等多种运动手段和方式。

伴随着资本主义工业化生产和资产阶级教育方式的进步，体育获得了更强大的生命力，成为一种新的社会需要并进一步发展。这些都为现代奥林匹克运动会的兴起奠定坚实的思想基础。许多教育家、文学家都对古代奥运会产生了浓厚的兴趣，进行了许多研究。1450年意大利政治家捷奥·帕尔维叶里（1450—1475年）曾提出应该将古代奥运会的精神贯注到人们的社会生活意识中。18世纪时，恢复奥运会已经成为欧洲普遍的想法。

与此同时，一些国际性的单项体育组织相继诞生，使运动竞赛具有了国际性。在国际单项体育组织建立和国际单项体育竞赛蓬勃开展的基础上，人们迫切希望能组织世界范围的大规模综合性运动会，这种体育的国际化趋势为现代奥林匹克运动的兴起创造了条件。

扫一扫6-6：
奥运会的复兴

（二）泛希腊奥运会的出现与复兴奥运会的趋势

从16世纪开始就有一些先驱者在努力尝试恢复奥运会。1796年9月22日法兰西共和国成立庆典上，举办了壮观的"仿古希腊运动会"，首次使用米作为距离单位。1837年，希腊国王奥托一世发布命令，决定每3年在雅典举行包括农业、工业和体育运动的贸易展览会。1859年雅典召开了第一届泛希腊奥运会，希腊国王奥托出席并主持了有2万多人参加的开幕式。运动会按古奥运会传统，规定运动员必须为希腊血统，比赛项目有短跑、标枪投掷和掷准、铁饼掷高、马车赛、跨越障碍、撑杆跳高、赛马、赛马车、划船、游泳、爬竿、技巧和平衡练习等。优胜者被授予按古代奥运会传统制成的花冠和少量现金。19世纪后期，希腊连续举行了四届泛希腊奥运会。

此外，瑞典的"斯堪的纳维亚运动会"（1834年，1838年），法国龙多神学院的"龙多奥林匹克竞走节"（1832—1925年）、英国马奇温洛克的"奥林匹克节"（1849年）、加拿大"蒙特利尔运动会"（1844年）等

赛会先后举办，这些都可以视为复兴奥运会的一些尝试。

（三）顾拜旦的贡献与国际体育运动代表大会

皮埃尔·德·顾拜旦（Pierre de Coubertin，1863—1937年），出生于法国巴黎的一个古老的贵族家庭，毕业于巴黎政治科学学院，擅长曲棍球和足球，喜欢修辞学和历史学，对古希腊历史具有浓厚的兴趣（图6-26）。

1883—1887年，青年顾拜旦多次到英国和欧洲各国考察，英国公学里活跃的体育活动让他印象深刻，德国博物馆和希腊奥林匹亚遗址的出土文物让他感到震撼。1891年，28岁的顾拜旦创办了体育评论杂志。1892年11月25日，在庆祝法国体育协会成立5周年的集会上，顾拜旦第一次公开提出了恢复举办奥运会的倡议。在各国体育界人士的支持下，他遍访欧美诸国，游说各界人士，宣传复兴奥林匹克。

扫一扫6-7：顾拜旦：我为什么要复兴奥运会

图6-26　顾拜旦肖像

1894年6月，国际体育运动代表大会在巴黎的索邦大学召开，参会的79名代表来自12个国家49个体育团体。6月23日，会议讨论通过了关于成立国际奥委会（IOC）、复兴奥林匹克运动会以及业余和职业运动员三个决议，同时决定1896年在希腊首都雅典召开首届现代奥林匹克运动会。大会决议希腊诗人维凯拉斯（D. Vikelas，1835—1909年）担任国际奥委会第一任主席，秘书长由顾拜旦担任。会议批准了顾拜旦草拟的第一部《奥林匹克宪章》，规定国际奥委会的职责有保证奥运会正常进行、发扬奥运会的崇高理想、鼓励建立更多能举办业余运动员比赛的体育组织、领导业余竞技运动等。章程还规定了国际奥委会委员会选举制度、每隔4年在某国大城市举行奥运会以及比赛项目等条款。6月23日被定为奥林匹克日，每年的这一天各国都要举行各种体育活动，以纪念现代奥林匹克运动的诞生。

（四）奥林匹克运动基本形态的早期探索

奥林匹克运动发展到今天，逐渐形成了一个结构完整、功能齐备的组织体系，包括国际奥委会、国际单项体育联合会和国家奥委会三大组织体系，共同构成引领奥林匹克运动不断前进的"三驾马车"。

第五节　国际工人体育的兴起与奥林匹克运动的产生

国际奥林匹克委员会简称"国际奥委会"（IOC，International Olympic Committee），总部设在瑞士洛桑。国际奥委会是一个国际性的、非政府的、非营利性的组织，是奥林匹克运动的最高权力机构。国际奥委会具有法人地位，按照《奥林匹克宪章》领导奥林匹克运动。国际奥委会的组织机构包括：国际奥委会全体委员会议、执行委员会、秘书处和专门委员会。国际奥委会成员由国际奥委会委员、执委、副主席、主席组成（图6-27）。

图6-27　国际奥委会logo

国际单项体育联合会由各个国家或地区的单项体育协会组成，最高权力机构是定期召开的代表大会，在奥林匹克运动中的主要任务是负责其所管辖的运动项目技术和行政管理方面的工作。

各个国家或地区奥委会是按照《奥林匹克宪章》的规定建立起来并得到国际奥委会承认的负责在一个国家或地区开展奥林匹克运动的组织，担负着各自国家或地区发展和维护奥林匹克运动的重大任务。

（五）早期的现代奥林匹克运动会

国际奥委会成立初期，存在着不少缺点和问题，如委员均由顾拜旦指定、国际奥委会主席由奥运会举办国的国际奥委会委员轮流担任等，受到国际体操联合会等许多国际体育组织的怀疑和抵制，但它战胜了重重困难，现代奥林匹克一天天壮大起来，逐渐成为现代体育中最有生机、最富活力的一部分，成为推动现代体育发展的最大动力。

早在奥林匹克运动创建初期，顾拜旦就提出"奥林匹克主义"这一概念，他不仅仅把体育看作单纯的身体运动，而且把它视为一种理想和精神境界。1908年7月24日，第四届伦敦奥运会期间，顾拜旦又明确提出"参与比取胜更重要"的奥林匹克信念。

总体看来，前五届奥运会尚不规范，在春、夏、秋三季均举办过奥运会，赛期既有10多天的也有6个多月的（第一届）。设置的项目具有很大的随意性，场地设施也缺乏统一标准。例如，第一届至第五届奥运会的跑道周长分别是333.33米、500.00米、536.45米（第三、四届）和383.00米，既有U字形（第一届）跑道，也有在草坪（第二、三届）上直接赛跑。前四届的游泳比赛分别在雅典海港、巴黎塞纳河、圣路易的人工湖和运动场内开挖的 17×100 米的游泳池内进行（图 6-28）。

图 6-28　第四届奥运会游泳比赛在体育场内的游泳池中举行

早期奥运会的比赛规则也很不健全。马拉松比赛距离每届都不一样；举重和摔跤比赛既无体重级别区分，也无比赛时间限制，1912 年奥运会上瑞典和芬兰运动员的摔跤比赛进行了 9 小时。比赛的度量衡也不一致，有用英制（码制）的，也有用公制（米制）的。对参赛者的资格也缺乏明确规定，就连报名时间也没有截止日期。所有这些问题都反映了早期奥运会尚未成熟。

1908 年伦敦奥运会在早期奥运会历史中具有极为重要的意义。主办这届奥运会的英国奥林匹克理事会由国际奥委会的英国委员和英国各单项体育协会的代表组成。从制定赛程、编排赛程，到选派裁判、组织比赛，各项比赛的技术性工作均由各单项体育协会负责，规范化程度大大提高，为之后由各国际单项体育联合会管理奥运会技术工作奠定了基础。

本章小结

17 世纪 40 年代至 20 世纪初期，资本主义制度取代封建专制成为世界性的主导潮流。17 世纪中后期，英国因"绅士教育"而诞生户外竞技运动；18 世纪末至 19 世纪中早期，德国学校体育与体操体系基本成熟；19 世纪中后期瑞典体操体系成熟。上述要素构成了欧洲近代体育的三大基石。

随着资本的全球流动，近代体育在世界各地得到广泛的传播与推广，也同中国体育的现代化进程密不可分。虽然这一时期世界政治经济格局充满矛盾变化，但体育运动的国际化发展成为现代奥林匹克复兴的直接动力，体育成为一种独特、独立的社会文化形态。

问题与思考

1. 近代体育在世界范围内的确立过程和欧洲工业革命之间有怎样的联系?
2. 中国近代以来体育运动的发展历程也是中国人民进行民族民主革命的历程,对此如何评价?
3. 现代奥林匹克运动的兴起的时代背景是什么?

活动建议

1. 课堂讨论:在世界地图上,按照时间或国别简要画出全球范围内近代体育确立与发展的路线图。
2. 拓展阅读:结合近代体育教育的发展历程,提出你对当前中国学校体育改革的建议。

参考文献

[1] 颜绍泸,周西宽. 体育运动史[M]. 北京:人民体育出版社,1990.

[2] [英] 约翰·洛克. 教育漫话[M]. 杨汉麟译. 北京:人民教育出版社,2006.

[3] [匈] 拉斯洛·孔. 体育运动全史[M]. 颜绍沪译. 北京:中国体育史学会,1985.

[4] 崔乐泉. 奥林匹克运动通史[M]. 青岛:青岛出版社,2008.

[5] [瑞] 裴斯泰洛奇. 裴斯泰洛奇教育论著选[M]. 夏之莲译. 北京:人民教育出版社,2001.

[6] [捷] 夸美纽斯. 大教学论[M]. 傅任敢译. 北京:人民教育出版社,1984.

[7] [法] 卢梭. 爱弥尔——论教育[M]. 李平沤译. 北京:商务印书馆,1978.

[8] [英] 赫伯特·斯宾塞. 斯宾塞教育论著选[M]. 胡毅,王承绪译. 北京:人民教育出版社,1997.

[9] 王建平. 西方健康教育思想史[M]. 北京:首都师范大学出版社,2006.

[10] [法] 皮埃尔·德·顾拜旦. 奥林匹克宣言[M]. 北京:人民出版社,2008.

[11] 毛振明. 学校体育发展史[M]. 桂林:广西师范大学出版社,2005.

[12] [澳] 唐纳德. 霍恩. 澳大利亚——幸运之邦的国民[M]. 徐维源

译.上海:上海译文出版社,2000:8.

[13][日]大熊广明.学者笔下的日本近代体育史[J].成都体育学院学报,2000(1):10~13.

第七章 现代体育的世界融合与发展(20世纪—2016年)

章前导言

19世纪末,以德国体操、瑞典体操和英国户外运动为基础的奥林匹克运动兴起,成为体育全球化的重要标志。第一次、第二次世界大战期间,奥林匹克运动的发展受到了严重的阻碍,1916年柏林奥运会、1940年东京奥运会和1944年伦敦奥运会都因战争被迫取消。然而,一系列政治因素将现代体育推入世界融合与发展的历史新阶段,国际体育组织依次建立、国际体育比赛频繁举办、国际工人体育运动蓬勃开展。但愈演愈烈的政治干扰也使现代体育产生了军国主义化和法西斯化等异化发展问题。第二次世界大战后,和平与发展成为时代主题,以奥林匹克运动为代表的现代体育获得了前所未有的快速发展,不仅完成了自身的扩张、改革与创新,而且在政治、经济、外交、文化、教育等国际事务中担负起越来越重要的社会责任。尤其是20世纪80年代以来,现代体育因兼具政治、经济、文化、区域合作等多重功能而备受瞩目,成为推动全球化发展的重要力量。

学习目标

了解现代社会背景下体育全球化的特征及其形成的历史背景。

掌握奥林匹克运动的历史分期及各时期的发展特点。

明确奥林匹克运动在世界全球化发展中的作用,概括体育与社会诸因素之间的互动关系。

第一节 两次世界大战之间体育全球化的初步形成

两次世界大战给人类社会带来了巨大灾难,发展中的欧洲现代体育也陷入困境。体育超越国界的凝聚力，各国人民对世界和平的渴望以及各国国防军事需求对体育的推进，使现代体育在两次世界大战的短暂间隙中获得了一定发展，步入了体育全球化的历史时期。

一、国际体育组织的一体化进程

（一）奥林匹克组织的迅猛发展

奥林匹克组织的建立和完善，是国际体育组织一体化形成的重要基础，国际奥委会在国际体育组织一体化的进程中起到了重要的促进作用。第一次世界大战被称为欧洲历史上破坏性最强的战争之一，因德国作为战争的主要参与者，国际奥委会取消了其1916年柏林奥运会的举办资格。第二次世界大战期间，日本迫于压力放弃了1940年奥运会的举办权，由荷兰的赫尔辛基承办。随着第二次世界大战的全面爆发，亚洲、非洲、拉丁美洲、欧洲、大洋洲等多数地区战火纷飞，无暇顾及奥运会的举办，1940年、1944年这两届奥运会不得不终止（图7-1）。

战争虽然对奥林匹克运动的发展产生了诸多消极影响，但饱受战乱之苦的国家和人民渴望和平，这正好契合了奥林匹克运动的发展观念，一定程度上促进了奥林匹克运动的传播。奥林匹克运动组织因其发展理念与目标符合人们热爱和平的主观需要，也为大国之间的竞争提供了另一种

图7-1　第12届奥运会宣传画
（因第二次世界大战，第12届、第13届奥运会停办）

方式，从而促使了奥林匹克运动在各个国家生根发芽，成员国纷纷增多，奥林匹克运动组织的发展已初具形态。1921年，国际奥委会执委会建立，布洛奈（Baron Godefroy de Blonay）担任首届执委会主席，国际奥委会的机构建设趋于完备。1921年3月，顾拜旦提出辞去国际奥委会主席的职务，但并未通过。1925年5月，顾拜旦在布拉格国际奥委会会议上再一次提出辞职的请求，并发表了著名的《体育遗书》。1925年5月28日，国际奥委会主席及执委会主席的选任方式发生了变化，选举产生的新国际奥委会主席同时担任执委会主席，确保了国际奥委会最高权力机构的稳定性。

机构的确立以及权力的统一，极大地推动国际奥林匹克运动的发展。这段时期，国际奥委会统一了奥运会的举办日期（1930年）；确立了奥林匹克运动的格言（1920年）、第一届冬奥会的举办时间（1925年）；解决了运动员的接待问题（1923年）；理顺了与国际单项体育联合会的关系（1926年），"并且在1925年、1930年、1933年和1938年国际奥委会全会和代表大会上，对'业余运动员'的定义以及业余运动员因训练比赛离职期间的经济补偿问题，进行了激烈的争论"①。

随着奥林匹克运动的发展，有60个国家设立了国家奥委会。大量奥林匹克组织的设立，为奥林匹克运动的发展奠定了坚实的基础，也推进了国际体育一体化的进程。虽然两次世界大战给人类带来了灾难性的影响，但在一定程度上促进了奥林匹克运动的发展，加深了人们对奥林匹克运动的理解，这种呼唤和平、增进国际相互理解的理念得到了世界各国的认同。"两次世界大战之间只有短短的20年时间。奥林匹克运动抓住了这一短暂而宝贵的历史瞬间，以第一阶段初步形成的框架为基础，健全奥运会的制度，使奥运会在组织化、规范化的方向上大大地前进了一步"②。

扫一扫7-1：《烈火战车》评论——《火的战车》

（二）国际单项体育联合会的纷纷建立

国际体育单项联合会的建立，确保了各单项赛事在世界范围内的开展，为单项赛事的发展提供了组织基础，并且打破了单项体育运动的地域局限，各项运动比赛逐步规范化、标准化，国际性比赛有了统一的竞赛规章，推动了竞技体育和职业体育的发展。从另一个角度来看，体育是一种文化，也是一种语言，不同运动项目的推广也是不同文化之间的碰撞，为不同文化的融合提供了机会和条件。国际体育单项联合会的成立，在不同程度上促进了国家之间的交流，体育运动也成为世界各国展现自我的重要窗口和桥梁，在各国的对外交往中扮演了重要的角色，日益显示出强大的作用。在第一次世界大战之前的1913年，当时在法国巴黎成立了国际网球联合会、国际击剑联合会；在1912年瑞典的斯德哥尔摩，成立了国际业余田径联合会、国际业余摔跤联合会。在第二次世界大战之后的1946年，成立了国际业余拳击联合会、国际手球联合会、国际皮划艇联合会。可以说，重要的国际性体育单项联合会几乎都是在第一次与第二次世界大战前后成立。目前，国际奥委会承认的国际体育单项联合组织共有62个，列入

---

① ② 任海. 奥林匹克运动［M］. 北京：人民体育出版社，2005：73，77.

奥运会比赛的单项体育组织共有 35 个，其中 1/3 的体育联合会是在第二次世界大战期间成立的（表 7-1）。

表 7-1　20 世纪初国际体育组织的成立状况

名称	成立时间	成立地点	发起国家数	外文名称	缩写
国际马术联合会	1921.11.24	法国巴黎		International Equestrian Federation	FEI
国际有舵雪橇和平底雪橇联合会	1923.11.23	法国巴黎		International Bobsleigh and Toboggan Federation	FIBT
国际皮划艇联合会	1924.1.20	丹麦哥本哈根	4	International Canoe Federation	ICF
国际曲棍球联合会	1924	法国巴黎	7	International Hockey Federation	FIH
国际滑雪联合会	1924			International Ski Federation	FIS
国际乒乓球联合会	1926	德国柏林		International Table Tennis Federation	ITTF
国际射箭联合会	1931.9.4	波兰利沃夫		International Archery Federation	ITA
国际业余篮球联合会	1932	瑞士日内瓦	8	Fédération Internationale de Basketball Amateur	FIBA
国际羽毛球联合会	1934.7.5	英国伦敦	9	Badminton World Federation	BWF
国际棒球联合会	1938			International Baseball Federation	IBAF

（三）世界竞技体育一体化体系的逐步完善

国际体育组织一体化还体现在世界竞技体育一体化体系的确立。1921 年，国际奥委会鼓励各个运动项目成立独立的国际组织，一些重要的体育单项组织的国际化、专业性程度开始提高。这从各自协会的名称选择上就能看出：1913 年 6 月在柏林成立的国际业余重竞技联合会于 1921 年更名为国际业余摔跤联合会，1907 年 7 月在瑞士苏黎世成立的国际射击联盟也在 1921 年开始重建。世界竞技体育体系的建立中，如何协调奥林匹克组织与国际单项体育联合会的关系，成为一体化的重要前提。"在这一阶段初期，特别是 1920—1925 年，国际奥委会与国际单项体育联合会之间有一些摩擦。当 1926 年国际奥委会建立了由各国际单项体育联合会代表组成的技术委员会后，矛盾逐步得到解决。"① 1930 年柏林代表大会以后，国际奥委会与各国际单项体育联合会之间的冲突开始减少，各单项体育联合会的赛事也与奥运会比赛错开。这样就形成了以国际奥委会、国家和地区奥委会、国际单项运动协会、各国和地区单项运动协会为中心的国际组织一体化的竞技体育赛事组织体系。

二、国际体育竞技比赛的大量举办

（一）国际性的单项体育赛事

国际性的赛事随着国际体育单项联合会的建立开始大量举办。当时的世界性体育赛事，并没有能够涵盖世界上大多数国家，基本上以欧美为主，赛事名称多冠以"世界"，这是世界强国的心态在体育活动组织上的投影，都带有集团主义的倾向。这些赛事的最初发起、举办大都在国际体育单项联合会成立不久后，如 1931 年国际射箭联合会成立时便举办了国际射箭比赛，同年在波兰的利沃夫举行了第一届世界射箭锦标赛。这些单项赛事与奥运会赛事一样，都受到了两次大战的影响，例如世界体操锦标赛。1903 年，国际体操联合会主办的国际性体操比赛在比利时安特卫普举行，第一次世界大战期间暂停，在 1922 年开始恢复举办，并于 1934 年增设了女子体操项目，但受到第二次世界大战的波及又于 1942 年、1946 年暂停。

1926 年 12 月，国际乒乓球联合会（International Table Tennis Federation，ITTF）正式在德国柏林成立。不久，英国伦敦承办了第一届世界乒乓球锦标赛，当时锦标赛设立了男子团体、男子单打、男子双打、女子单打和混合双打共 5 个参赛项目，实力超群的匈牙利队获得全部比赛项目的冠军。在 1928 年举行的第二届世界乒乓球锦标赛上，增设了女子双打比赛，1933 年第八届世界乒乓球锦标赛又增设了女子团体的项目。二次世界大战之间，1940—1946 年世乒赛没有举办，1928—1939 年之间每年都举行一次，参赛运动员也基本以欧洲运动员为主。

1930 年 7 月 13 日，第一届世界足球锦标赛在乌拉圭举行，共有 13 支

---

① 任海. 奥林匹克运动 [M]. 北京：人民体育出版社，2005：77.

队伍参加比赛。当时,乌拉圭并不是举办世界杯足球赛的最佳地点,由于涉及路程、参赛费用,还有各球员与俱乐部之间的利益协调问题,响应的国家比较少,但是乌拉圭是足球传统强国,连续获得1924年巴黎奥运会、1928年阿姆斯特丹奥运会的足球冠军,又恰逢乌拉圭独立百年的纪念日,最终第一届世界足球锦标赛如约在乌拉圭举行。这次世界杯足球赛,南美球队共有7支,分别为乌拉圭、智利、巴西、秘鲁、阿根廷、巴拉圭、玻利维亚,中北美洲的墨西哥和美国报名参加,欧洲仅有法国、南斯拉夫、比利时、罗马尼亚4支队伍参赛,当时英国并不是国际足联的会员,所以并没有参加比赛。此次世界杯的冠亚军决赛与前两届奥运会一样,在乌拉圭与阿根廷之间展开,最终乌拉圭以4∶2的比分战胜了阿根廷(图7-2)。

图7-2　国际足联主席雷米特向乌拉圭队颁发冠军杯——雷米特杯

(二) 国际性的综合体育赛事

1. 世界大学生运动会

1923年5月,世界大学生体育代表大会在法国巴黎召开,会议拟决定在1924年波兰华沙举办国际大学生运动会,这是国际大学生组织举办的第一届国际大学生运动会。1924年,首届国际大学生运动会(International Universities' Games)在华沙举行,共设立田径、游泳、击剑三个比赛项目。此项赛事并不是定期举办的常规性赛事,截止到1939年共举办了8届,后因第二次世界大战中断。1959年以后,该赛事名称更名为世界大学生运动会。

2. 世界妇女运动会

第一次世界大战以后,妇女开始争取更多的权益,女性在体育中有了更多参与权。1922年德国的女大学生还举办了德国高校女子足球锦标赛。"1924年第一次由一位女运动员西比尔·鲍尔(Sibyll Bauer)打破了一项男子仰泳纪录,这一年的巴黎奥运会上她在100米仰泳中以1分23秒2的成绩获得金牌。"① 世界妇女运动会是由国际妇女体育协会组织的。1921年3月,摩洛哥举办了第一届女子奥林匹克运动会。

3. 奥林匹克运动会

两次世界大战期间,奥林匹克运动最大的贡献之一就是开创了冬季奥运会的举办先例,丰富了奥林匹克运动的内容体系。1924年在法国夏蒙尼举办的国际冬季体育运动周,被国际奥委会追认为第一届冬季奥运会,二次战争期间共举办了4届冬季奥运会(表7-2、表7-3)。

表7-2 两次世界大战之间举办的夏季奥运会

届次	时间	地点	参赛国	比赛项目	参赛人数
7	1920	安特卫普	29	152	2 607
8	1924	巴黎	44	126	2 972
9	1928	阿姆斯特丹	46	109	2 884
10	1932	洛杉矶	37	117	1 333
11	1936	柏林	49	129	3 936

表7-3 两次世界大战之间举办的冬季奥运会

届次	时间	地点	参赛国	比赛项目	参赛人数
1	1924	夏蒙尼	16	16	258
2	1928	圣莫里茨	25	14	464
3	1932	普莱西德湖	17	14	252
4	1936	加米施—帕滕基兴	28	17	646

1920年,第六次国际奥林匹克代表大会通过了把"更快、更高、更强"作为国际奥林匹克委员会会徽构成部分的决定。"奥林匹克旗帜,作为各国国旗的平衡物,1920年首次出现在安特卫普奥运会。其设计受到同一年成立的国际联盟——联合国前身的启发,联合国与国际奥委会总部设在同一座城市日内瓦。安特卫普奥运会上由一位运动员代表在开幕式上宣誓遵守比赛规则。然后升起了奥运会旗帜、主办国国旗和下一届主办国国旗,此后一直沿用此程序。"②

---

① ② [德]沃尔夫冈·贝林格. 运动通史[M]. 丁娜译. 北京:北京大学出版社,2015:283,302.

首次代表运动员宣誓的是比利时水球和击剑运动员维克托·布安（Viktor Bruun）（图 7-3）。1924 年的巴黎奥运会，正值现代奥林匹克运动复兴 30 周年，参赛国家急剧增加，数千名新闻记者参与了奥运会赛事的报道，标志着奥林匹克运动在世界各地的广泛传播，也体现出了大型赛事报道与媒体运行在奥运会举办中的重要地位和作用。

图 7-3　维克多·布安代表运动员宣誓

1928 年的阿姆斯特丹奥运会，首次点燃了奥运火炬，开幕典礼上放飞了和平鸽，入场式上采用希腊队优先东道主殿后的排列方式，比赛中采用了大型成绩显示板，规定了田径场跑道一圈 400 米。1932 年的洛杉矶奥运会，中国派出了 3 人的代表团参加，刘长春是唯一的运动员，参加了 100 米和 200 米的预赛，开创了中国运动员参加奥运会的先河。这届奥运会将奥运会的比赛时间限定为两周，兴建了奥运村，采用了比赛结束后立即颁奖的做法。1934 年，国际奥委会雅典会议恢复了点燃奥林匹克圣火的仪式，圣火要从奥林匹亚采集，采用火炬接力的形式传递到主办国。所以，1936 年柏林奥运会开始了奥运火炬的传递仪式。规定运动会期间，从开幕日至闭幕式止，在主赛场燃烧奥林匹克圣火。从本届奥运会起，点燃奥林匹克火焰是每届奥运会开幕式不可缺少的仪式之一。

扫一扫7-2：
战争远去　奥林匹克正在复苏

三、国际工人体育组织的发展状况

欧洲的工人体育运动组织于 19 世纪 90 年代和 20 世纪早期初步形成。"第一次世界大战后，欧洲各国工人体育组织的代表先后于 1919 年在比利时、1920年在法国开会，讨论重建欧洲工人体育国际组织有关事宜。1920年10月13—14日，德国、法国、比利时等国的代表在瑞士的卢塞恩召开会议，成立了体育与体育文化国际协会，宣布该组织的宗旨是在工人阶级中尤其是在男女青年中传播体育、锻炼身体、体操与徒步旅行等方面的知识，以使得工人阶级尤其是青年工人保持强健体魄。1925年，体育与体育文化国际协会改名为社会主义工人体育国际，这是一个欧洲社会民主主义者体育国际组织。与此同时，共产主义体育组织在中欧和西欧国家开始出现，如法国、捷克斯洛伐克、瑞典、芬兰、意大利和匈牙利都建立了共产主义者体育俱乐部。1920年秋，各国共产主义者体育俱乐部的代表决定，1921年7月在莫斯科召开的共产国际第三次会议上，将各种共产主义体育俱乐部合并成一个国际组织。1921年8月，红色体育国际在莫斯科宣布建立，这是一个共产主义者的国际工人体育组织。"①

从以上资料来看，可以得知：1920年和1921年，分别属于第二国际和第三国际的两个国际工人体育组织——社会主义工人体育国际（简称纽泽恩国际和工农体育组织国际联合会——红色体育国际），先后在瑞士纽泽恩和莫斯科成立。这两个组织并不是和谐存在的，既有斗争又有合作。但是随着国际形势的变化，在法西斯思潮的影响下，两个国际开始合作，于1934年、1935年、1937年联合举办了两届巴黎运动会和安特卫普的第三届工人奥运会。实际上，"欧洲两大工人体育国际组织成立后呈现出快速发展趋势。到20世纪20年代末，社会主义工人体育国际的成员遍布18个欧洲国家，会员总数达到130万人，其中德国会员人数91万人，捷克斯洛伐克为15万人，奥地利14万人，两大工人体育国际组织的会员总数超过500万人"。② 这个时期工人体育活动的开展频繁且参与组织活动的工人数量众多，远远超过奥运会和其他国际体育组织的参赛人数。"1914—1929年，德国工人体育组织的成员从3.5万人增加到120万人，全国工人体育协会联合会开放其所有体育设施，提供了12项体育运动服务项目，其所属的工人自行车运动协会曾是当时世界上最大的专项体育运动协会，该联合会还先后于1922年和1928年举办德国工人体育节。"③ 1931年，第二届工人奥运会在维也纳举行，有26个国家超过10万名工人运动员参加了比赛。

---

① ② 郭宏. 20世纪初欧洲工人体育组织的发展及其特点 [J]. 华中科技大学学报（社会科学版），2006（6）：93.

③ 郭宏. 20世纪初欧洲的工人体育国际组织述论 [J]. 体育文化导刊，2004（7）：58.

此时,中国的红色体育革命也开展得如火如荼,是国际工人体育运动的重要组成部分。"中国的红色体育,属于新民主主义革命的一个部分,也投入了这一轰轰烈烈的世界性工人体育运动。当时的资料表明,在第二次国内革命战争时期,中国红色体育运动已同国际工人体育运动有过联系。"[1] 正是在这样的历史环境下,中华苏维埃共和国赤色体育委员会于1933年成立。毛泽东提出了苏区的体育工作方针是"锻炼工农阶级铁的筋骨,战胜一切敌人。"从这一点来看,中国工人体育相比世界其他国家更具针对性,在服务于工人和工人家庭的同时,终极目的是为了当时的斗争需要。

四、体育全球化的差异性发展

(一)军国主义和法西斯化下的体育发展

这段历史时期具有极强的特殊性,协约国、同盟国、轴心国之间的较量,也彻底改变了世界局势,可以说两次世界大战对世界的政治、经济、教育产生了深远的影响,直接影响了体育的发展。在这个时期,体育成为军国主义发展的工具,一方面通过体育加强学校体育的发展,从而提高国民的素质,为战争提供合格的士兵;另一方面,通过体育掩盖法西斯的本来面目,用来宣传法西斯思想,鼓吹法西斯。可以说,这个时候的体育基本上与军事教育类似,其功能和性质发生了变化,已沦为法西斯势力的政治工具。"第一次世界大战之后,国家主义空前高涨,意大利民族主义者大肆鼓吹古罗马的尚武精神,叫嚣意大利向祖国领土以外扩张,要求更广阔的生存空间,政治运动已经操纵了体育;在德国,希特勒挪用了尼采的权力意志和超人哲学,试图打造一种由普鲁士精神、军国主义和社会主义结合在一起的新文化。这种受伟人主宰的文化形态,并没能解放体育,相反,体育完全受到了政治的摆布;日本,早在明治初年便由于民族压迫寄希望于国家强大。那时的启蒙思想家在主张个人利益之时,就把社会利益一同当作目的,体育是强种的有效手段。进入帝国主义阶段,日本干脆发展军国民体育,直接为战争服务。"[2]

德国的法西斯势力对体育的影响尤为严重。希特勒上台以后,取缔了

---

[1] 梁光桂. 从新民主主义革命特点看红色体育 [J]. 成都体育学院学报, 1988 (3): 21.
[2] 闫杰. 法西斯体育思想分析 [J]. 体育文化导刊, 2016 (7): 28.

红色体育国际,解除了社会主义工人体育国际的德国支部。"纳粹德国一方面对老百姓洗脑,另一方面改变他们的行为习惯,将体育活动变成训练士兵的重要手段,体育项目变成军事斗争的武器。例如滑雪,本来只是一种冬季锻炼的方式,可是德国为了步兵能够配合机械化部队的快速运动,在施行闪电战术时要求步兵迅速移动到需要到达的位置,并在士兵中大力开展滑雪训练,组建滑雪部队。当时有一幅漫画,形象地反映了法西斯体育的特征:有三个手臂上佩戴着纳粹徽标的法西斯分子,左手分别拿着网球拍、棒球棍和橄榄球,高昂阔步地并排前行,右手伸直行着纳粹举手礼。他们正经过一座监狱,牢房里关押着很多犯人,挤到铁栏边发出默默的抗议。"[①] 很多学者认为,德国举办柏林奥运会其实是为了掩饰战争准备的真相,英国、美国、法国等国家都意识到了德国的野心,也曾经抵制过德国、日本举办奥运会,但是,迫于对奥林匹克运动的尊重,采取了观望、容忍的态度。时至今日,针对柏林奥运会的争议中有一点是肯定的,即柏林奥运会场馆的修建以及举办的过程中,纳粹势力全程参与,这是国家意志的体现,带有一定的欺骗性,并不是为了人类的和平发展而举办。

(二)苏联社会主义体育模式的形成与发展

苏联社会主义体育的形成大体经历过了两个阶段。第一个阶段是1917—1924年,这个时期是苏联社会主义体育模式形成的初期阶段,保卫红色政权,提高劳动人民的体质,成为这一阶段的主旋律,体育就列为苏联学校的必修课。在此基础上,许多的体育社团、俱乐部相继建立,各种体育发展的战略规划开始提上了日程。此时,军事在体育开展中起到了重要的作用,军事训练与体育事务性的工作开始密切结合在一起。1918年在苏联诞生了无产阶级的第一部学校体育大纲即《青少年学生体育大纲》,还制定了俄罗斯劳动学校章程。1923年,在体育委员会的领导下,苏联制定出了《学校体育教学法基本条例》。1924年,开设体育课的学校有824所,1925年增加到2 182所。1925年7月,为了解决社会主义制度下体育发展实践中的有关理论问题,联共(布)中央政治局开会对体育问题做了专门研究,通过了《党的体育任务》的历史性决议。这是苏联体育史上最重要的决议之一,对苏联体育事业的发展产生了深远影响。"该决议对苏联体育发展的重大理论意义在于,它指明了社会主义体育的性质与任务,

---

[①] 聂啸虎.体育文明化进程中正义与邪恶的较量——从20世纪30年代国际社会反对"法西斯体育"的斗争看奥林匹克运动的发展[J].成都体育学院学报,2008,34(1):7.

即必须把社会主义的体育体制视为整个政治和文化教育以及群众保健事业中不可分割的部分。决议认为,苏联体育的任务不仅是身体锻炼和实施军训的工具,更是对全苏人民进行社会主义教育,使之紧密团结在联共(布)、共青团和工会组织周围的有力武器。决议指出,苏维埃体育的目标是使全体人民和青少年通过体育运动增强意志力,形成集体主义素养以及吃苦耐劳、坚韧不拔的精神和其他优良品质。该决议充分肯定了开展竞技运动对吸引群众参加体育活动、展示集体与个人运动能力的重要意义;肯定了通过竞技运动建立和加强苏联与世界人民之间的联系和重要价值;分析了苏联开展竞技运动的科学基础,明确提出苏联体育的内容应包括竞技运动、体操、劳动、日常生活卫生及合理的劳逸制度。"①

第二个阶段是苏联社会主义体育体制的形成阶段(1925—1939年)。体育体制的形成主要体现在体育机构的发展变迁中。1923年6月27日,苏联中央执行委员会成立了最高体育委员会,负责全国的体育工作。1929年11月23日,联共(布)中央委员会做出决议,建立由苏共中央执行委员会领导的全苏体育委员会。1936年6月,苏联决定成立全苏体育运动事务委员会,从而加强苏联党和政府对体育工作的监督和调控。实际上,苏联在此时确立了政府集权式的体育管理体制,以顶层设计的形式,统管全国的体育事务性工作,对中国举国体制的形成起到了重要的借鉴作用。从苏联体育部门的更替来看,从"一穷二白"的体育状况,到日渐兴隆的体育事业,政府在其中扮演了重要的角色,强调了体育的政治性,也注重政府在体育工作中的统领性作用,从而将体育变为政府的工具,这样就加快了苏联体育事业的飞速发展。

1927年,人民教育委员会制定了全苏联第一部体育教学大纲,为苏联的体育教学奠定了坚实的基础。1930年苏联颁布体育课为学校必修课的法令,这标志着苏联体育课体系在全国已经广泛开展起来。1931年3月,苏联体育委员会宣布实行"苏联劳动与卫国标准制",我国实行的劳卫制借鉴于此。"1931年一级劳卫制标准施行,包括跑、跳、投掷、游泳等15个达标运动项目及一些有关体育理论、军事知识、自我控制、自我救护等方面的知识。1933年,二级标准施行,包括22个达标运动项目和3个理论方面的测试。这一标准对青年的身体训练水平提出了更高要求,必须经过系统的训练才能达标。1934年劳卫制预备级施行,这是劳卫制的最低级

---

① 郝勤. 体育史 [M]. 北京:人民体育出版社,2006:110.

别，包括 16 个运动项目的达标标准，1939 年，上述各级劳卫制的改订标准正式实施。"[1] 由此可见，此阶段苏联体育课程体系逐步规范和普及，苏联的劳卫制也初步形成，这对后来其他的社会主义国家体育的发展产生了深远的影响。

第二节 第二次世界大战后体育全球化的持续发展

第二次世界大战后，世界各国由战前用战争解决国际争端转变为由协商解决国际间的矛盾，由此世界格局也发生了巨大的变化，形成了美苏对峙的南北体系，世界经济一体化过程加速，这些新形势、新变化带动了世界文化的交流和统一，各国体育作为文化的主要成分和经济的主要增长点之一，也在时代的发展浪潮中交流、融合和统一。20 世纪六七十年代以前，世界体育的国际化趋势主要以竞技体育的国际化为主要内容，20 世纪六七十年代以后，大众体育的国际化趋势日渐明显。两次世界大战后，世界体育的全球化出现了很多新特点，特别是 20 世纪 80 年代以后，随着互联网技术和计算机技术的快速发展，新媒体迅速走入人们的生活，成为世界体育全球化的主动力。世界体育的全球化不但为世界经济的发展服务，同时还传递着不同的价值观和价值取向。

一、体育全球化持续发展的原因

（一）第二次世界大战后各个国家对和平的追求为体育的全球化提供了契机

第二次世界大战对各个参战国带来的损失是巨大的，人们的生命和财产在战争中被杀戮和损毁，国家的基础设施在战争中也遭到了破坏，巨额的军费投资让很多参战国不堪重负，带来了国内统治的动荡和政治局势危机。为了缓和这些矛盾，各国政府用一种全新的眼光去看待国家间的矛盾，用全新的方式解决国家间的矛盾，协商和交流成为处理国家间纷争的主要途径。同时，第二次世界大战后许多国家对于国家威望的追求也不再仅仅通过军事建设的竞争来实现，而更加愿意通过增强文化软实力达到提升国家和民族自尊的目的，因此当人们摒弃了用战争解决国家间的诉求，

---

[1] 郝勤. 体育史 [M]. 北京：人民体育出版社，2006：113.

文化的交流和输出便成了各国追求的对象和目标。体育作为一种文化形态具有多种功能，不但在国际上迅速积累形成某国的民族威望，同时还能远离战争。作为一种国际化的语言，体育在国际舞台上能迅速被人理解和接受。因此，战后许多国家在国内加大了体育建设的步伐，并积极参与国际体育赛事，推动了体育的全球化进程。

（二）文化的国际融合为体育的全球化提供了机遇

第二次世界大战后随着世界经济的全球化趋势越来越明显，世界文化也逐渐走向民族间的大融合。文化和经济是相辅相成的，文化的融合必然带来经济的发展，经济的发展必然带动文化的融合，"在全球化经济活动中，物质商品与文化产品往往是共生的，经济的全球化会驱动文化思维、审美趣味的一体化，甚至文艺产品的克隆化"。① 第二次世界大战后文化的全球化包含了两个趋势，一是随着资本由中心地带向边缘地带扩展，强势文化价值观念和内容随着资本的流通而逐步渗透到这些地区，冲击着当地的传统文化。第二次世界大战后美国文化对德国文化和日本文化的强势渗透就是一个很好的例证。二是边缘地区的传统文化与强势文化的对抗、互动和融合，出现了边缘文化融入强势文化主体中的现象。对中国文化的考量和追寻能使我们看到第二次世界大战后中国文化和西方文化的冲突与融合。一方面是西方文化对中国传统文化的冲击，20世纪80年代中国大陆欧美歌曲和服饰的流行以及街头霹雳体育舞蹈的盛行就是一个很好的例证。另一方面是中国传统文化对欧美文化的融入，随着电影《少林寺》在世界范围的公映，中国的武术文化潜移默化地走入欧美青年的生活；世界文化的大融合和一体化是由文化自身发展的规律决定的，根据"文化普遍论"的观点，不同民族的文化有共同的理智、行为和认识的基础，它们的形态虽然不同，但是必然存在一种共同的思维，或者是理性的一致性。这种共同性又使得不同文化的民族有基本相同的社会结构、法律文化和道德规范，第二次世界大战后文化的全球化是文化发展的必然过程和趋势，而体育文化作为文化结构中必不可少的重要组成部分，随着主流文化的发展而发展，各个国家和民族的体育文化，随着世界文化的大融合不可避免地也要走向世界体育文化融合的大潮中去，奥林匹克运动的快速发展为各民族体育的国际融合提供了平台和机遇。

扫一扫7-3：第二次世界大战美国文化占领德国

---

① 张晓义. 二战后国际体育大发展的国际政治学分析［J］. 体育学刊，2010（1）：16.

(三) 经济的全球化为体育全球化提供了条件

二次世界大战是掠夺与反掠夺的战争，也是各超级大国瓜分世界利益的战争，但战争是残酷的，参战各方都蒙受了巨大的损失和伤害，第二次世界大战也加深了人们对战争的恐惧和厌恶。战后各国为了抚平战争带来的创伤，开始着手复苏和振兴本国经济，强化统治阶级的统治，而当时的各超级大国在国内强化自己经济实力的同时，企图建立国际经济新秩序。第二次世界大战中最大的受益国美国利用强势的经济实力，于1944年7月召集美国、英国、中国、苏联等战时盟国的代表在美国的布雷顿森林召开国际货币金融会议，制定了《布雷顿森林协定》，成立了国际货币基金组织和国际复兴开发银行，确立了以美元为主导的国际货币金融体系，即布雷顿森林体系。[1] 1947年美国又推动23国在日内瓦召开会议，以减少贸易壁垒，在实行互惠和非歧视的基础上实现国际贸易自由化为宗旨，签署《关税与贸易总协定》，这样就形成了以美国为中心的资本主义世界经济贸易体系，促使了世界经济全球化的形成。[2] 世界经济贸易的全球化对战后的各国既是机遇也是挑战，许多国家为了振兴本国的经济努力加入这个经济贸易体系，以扩大在国外的经济市场，提高本国的资本增值，因此纷纷进行国内经济和政治的改革，开放国门，增强经济实力，以期与世界经济体系接轨，这些变革和发展给各国体育的发展带来了前所未有的机遇。各国经济的大发展也给体育的发展提供了必要的经济来源，使各国国民有能力贴近体育，和平的环境使各国国民有条件参与体育，由此不同国家的体育在世界各地蓬勃发展起来。同时，在战后世界经济一体化进程中，各个国家为了让世界人民认识自己、了解自己，把体育作为突破口，努力把体育推向世界，奥林匹克运动的勃兴就是一个很好的例证，由此可见，战后世界经济一体化为体育的全球化提供了条件和发展动机。

(四) 区域性政府间合作为体育的全球化提供了模式

第二次世界大战后各国为了促进经济的发展，减少边境摩擦，出现了大量国家间合作的模式，又称毗邻国家间的次区域政府合作。在亚洲，近年来主要有东亚地区凸现的"澜沧江—湄公河地区"次区域合作、"新—

---

[1] 张燕，尚祚祥.关于二战后资本主义世界经济体系的形成[J].新高考（高三政史地），2012.

[2] 陈晋.体育全球化特征探析[J].山东体育科技，2010 (3): 32.

柔—廖"次区域合作、"图们江流域"次区域合作以及印度、巴基斯坦、孟加拉国等倡导的南亚次区域合作等。相比于亚洲,欧洲国家的次区域合作历史较为悠久,积累了不少经验,其中最为知名的是"斯堪的纳维亚区域合作"和"莱茵河上游的区域合作"。前者由斯堪的纳维亚次区域,即北欧五国的丹麦、挪威、瑞典、芬兰、冰岛组成,萌芽于1920—1945年间,始创于第二次世界大战结束后的1953年,其标志是成立了"北欧理事会"(The Northern Council)这一政府间合作组织。后者由莱茵河上游的跨境三国即瑞士、法国和德国组成,其合作开创的"莱茵河上游创新工程"(Upper Rhine Program of Innovation)模式,已经成为化解区域诉求与民族利益间冲突的有效方式与手段。[①] 区域性合作的交流与发展促使区域组织成员国之间必须开放自己的国门,走出国门进行交流与合作。"澜沧江—湄公河地区"次区域合作、印度、巴基斯坦、孟加拉国等国倡导的南亚次区域合作以及斯堪的纳维亚次区域联合成立后,都制定了相关的条约和协定,其中最有名的是"赫尔辛基最终法案"(Helsinki Final Act)。它不但规定了边境冲突的解决方式,而且涉及文化、经济交流与合作的内容,特别是1975年北欧理事会对赫尔辛基条约的修订增加了更多的经济、文化合作的内容,这些协议和规定都被北欧国家所采纳。基于这些协议和规定,体育作为文化的主要内容之一也随着国际间的合作和交流的进一步加深而走向国际,主要表现就是国家间体育文化交流的频繁和交流内容的进一步多元化。以北欧五国为例,第二次世界大战刚刚结束时,交流大多停留在边境矛盾和冲突的解决,到了五六十年代政治交流和互访频繁起来,北欧理事会5国外长每年会在斯德哥尔摩会晤2次,这样的政治交流使北欧5国不断削减关税,开放国门,也促使北欧五国经济和政治一体化趋势越来越明显。体育作为一种文化现象,在属于文化范畴的同时也具有政治功能,在北欧五国之间逐渐融合,再加上语言的统一性和地理、文化环境的近似性,这种交流和统一最初是国民间的,如不同国家人民间的杂居通婚现象,到了20世纪70年代北欧五国之间的民间休闲体育形式几乎完全融合,最普及的体育运动几乎都是冬泳、跳台滑雪、芬兰式棒球、北欧式行走和足球,北欧式行走短短几年就风靡整个区域,目前北欧五国约有44.5万名爱好者经常性参与这项运动。[②] "澜沧江—湄公河地区"次区域合作和南亚次区域合作以及美洲的区域经济和政治合作同样带来了大量

---

① 谈毅. 国际区域间经济合作 [M]. 西安:西安交通大学出版社,2008:8.
② [英]诺曼·戴维斯. 欧洲史 [M]. 郭方,刘北成译. 北京:世界知识出版社,2007:8.

频繁的大众体育交流和合作。

第二次世界大战后竞技体育的区域性交流主要以1952年赫尔辛基奥运会为契机，应邀参赛的有69个国家和地区的4 925名运动员，其中女性518人。① 首次参加的有巴哈马群岛、加纳、危地马拉、中国香港、以色列、印度尼西亚、尼日利亚、荷属安的列斯群岛、泰国和南越。中华人民共和国、苏联和联邦德国也首次应邀参加了奥运会（图7-4）。英国、法国、意大利、瑞典、联邦德国也参加了这次盛会，本次奥运会参赛国家包含了不同区域组织的很多成员国，是不同区域组织体育交流的盛会，促进了区域组织间的体育合作和交流。

图7-4 苏联代表团在赫尔辛基奥运会开幕式上入场

（五）奥林匹克运动的复兴为体育全球化提供了平台

第二次世界大战以后世界政治格局发生了巨大的变化，出现了以苏联为代表的社会主义阵营和以美国为代表的资本主义阵营的南北对峙，但战争带来的巨大损失使这些超级大国不再倾向于使用武力解决政治和经济纷争，和平与发展已成为不可逆转的世界政治趋势和潮流。在这种社会大环境下，世界经济一体化进程加速，各国为了能够跟上时代发展的步伐，纷纷走上了战后经济的复兴之路，并努力融入世界经济体系，这种趋同性促使各民族文化同经济的世界一体化走出国门，走向世界，出现了世界民族文化的包容、吸收和融合。世界经济一体化及各民族文化的国际大融合为奥林匹克运动的勃兴提供了平台和机会。体育特别是竞技体育作为国际化

---

① ［法］弗朗索瓦兹·伊妮藏. 奥林匹克运动史［M］. 冯恭已译. 杭州：浙江教育出版社，1999：9.

的语言,成了各国向世界人民展示自己政治实力和经济实力的突破口,通过参加奥林匹克运动盛会提升国家的声誉和政治影响。1896 年在雅典举行的第一届夏季奥运会共有澳大利亚、奥地利、保加利亚、英国、匈牙利、德国、丹麦、美国、法国、智利、瑞士、瑞典和东道主希腊 13 个国家的运动员参加了比赛,而 2008 年北京奥运会已有 204 个国家和地区参赛。同时,国际社会对奥运赛事的深度介入也推动了奥林匹克组织自身功能的发展,20 世纪 70 年代国际奥委会已开始注重社会体育的发展。1964 年,国际运动与体育理事会出台《体育运动宣言》并提出"体育运动乃任何国家的任何公民所拥有的基本权利之一"。1985 年国际奥委会成立"大众体育委员会",1986 年举行了第一届世界群众体育运动大会,促进了世界群众体育的发展。① 第六届世界群众体育运动大会把"奥林匹克运动全球化"作为大会主题,推动了世界体育的全球化进程。

二、体育全球化的现代条件

(一) 对体育商业利益的追求助推体育的全球化

第二次世界大战以后各个国家都希望通过各种途径使自己国家的经济利益最大化,为了实现这一目的各个国家不但迅速进行了经济制度改革,以推动国内经济的快速发展,同时也在国际上寻求更多的商机和发展条件。体育,特别是以奥林匹克为龙头的竞技体育在国际体育大发展之后,很多国家的政府都看到了国际性的体育赛事蕴含的政治意义和无限商机。20 世纪 60 年代后体育赛事所辐射出的国际体育产业价值已势不可挡,大量的跨国体育产业集团和公司出现,其中最具代表意义的便是 1960 年麦克考梅(Mark McCormack)创办的国际管理集团(IMG),他利用体育公众人物进行体育产品的营销,打破了国家、民族、风俗、文化、语言的障碍,成功利用了体育公众人物为自己的产品打开世界消费之路,也达到了经济利益的国家化、最大化。仅仅 40 年的发展,这家公司在全球 30 多个国家和地区成立了 60 多个办事处,拥有不同国籍的雇员 2 300 多名,2003 年 BBC 称麦克考梅是"体育营销之父"。② 此后,全世界跨国的体育产业公司和集团蓬勃而起,耐克产业集团、乔丹产业集团、阿迪达斯产业集团

---

① 孟凡明. 二战后世界经济全球化趋势浅析 [J]. 传承,2015 (5):125.
② [英] 巴里·斯玛特,邱雪. 全球化与体育 [J]. 体育文化导刊,2010 (3):139.

等比比皆是,这些跨国集团在追求利益最大化的同时,大大推动了国际体育的传播,促进了体育的全球化。

(二) 传统媒体的快速发展和对体育的深度介入加速了体育的全球化

报纸、电视等传统媒体一直是人们现实生活中不可或缺的内容之一,特别是20世纪电视随着卫星技术和数字技术的发展而快速发展。由于具有直观性、活动性和现场性等特点,电视深受人们的喜爱,并在短时间内迅速在全球范围普及。体育赛事的现场性、互动性和直观性同电视的特点近似,从而使两者紧密地结合到一起。体育节目很快成为电视的主要板块,大型体育赛事也通过电视被世界人们观赏、了解和贴近,电视传媒庞大的收视群体被很多商家捕获,吸引了大量的公司、商业团体跻身体育电视传媒中去,以博取最大的经济利益。根据IOC(国际奥委会)调查显示,2004年悉尼奥运会全球每人平均每天收看电视节目的时间为12小时,全球有39亿人收看和奥运有关的电视节目,这是一个巨大的数字,正是由于商家的大量介入,推动了电视传媒的快速发展,同样也使不同国家的体育文化走进了世界的各个角落,推动了体育的全球化。[①]

(三) 体育赞助商群体的产生加速了体育的全球化

体育赞助商的出现是体育商品化的一个主要表现和特征,起源于1878年的诺丁汉森林橄榄球队接受包威尔牛肉汁的赞助,成为世界体育赞助的先河和起源。大范围出现体育赞助商并加速体育全球化进程则是20世纪七八十年代的事,随着电视机和网络、计算机技术的快速发展,越来越多的商家看到了体育节目潜在的受众及对价值观的影响和对日常生活的无限渗透,纷纷加入到体育赞助的行列,利用冠名权等方式推广自己的产品,扩大消费市场,提高利润的回报率。2005年国际奥委会"TOP计划"(The Olympic Partner)产生,为全世界具有雄厚经济实力的赞助商提供了官方赞助平台,这不但为国际奥委会取得了体育发展的雄厚经济基础,也扩大了奥运会的世界影响力,加速了体育的全球化进程。

---

① 侯海燕. 奥林匹克的经济动因解析 [J]. 军事体育学报, 2014 (7): 30.

三、第二次世界大战后体育全球化的现代发展

(一) 体育高级人才在世界范围内的频繁流动是现代体育全球化的主要表现形式

第二次世界大战后至 20 世纪 70 年代,世界各国都在进行经济建设,体育的功能和作用也发生着变化,世界范围内体育产业的蓬勃发展就是一个很好的例证。这种作用不但体现在国家层面上,也体现在体育高层人才的流动上。体育高层次人才因为个人经济收入、科研经费、训练经费投入等原因,会选择从一个区域到另一个区域,从一个国家到另一个国家工作、训练和竞赛。例如运动员的流动,第 48 届世乒赛上共有 50 名中国海外球员参加正赛,法国的足球运动员齐达内是阿尔及利亚的移民,爱尔兰和英国的移民在 19 世纪成为美国出色的拳击手和棒球运动员,苏格兰移民把他们的体育运动带入美国,成为美国现代田径运动的先导,黑人运动员则为美国篮球和田径事业做出重要贡献。还有教练员的跨国、跨地区流动,中国跳水队第一任总教练梁伯熙、跳水皇后高敏、世界冠军李艺花都曾在加拿大执教等,运动员和教练员在国家间的频繁流动,带来了国际体育文化的融合,促进了国际体育全球化。

(二) 不同国家体育项目的现代传播是现代体育全球化崭新形式

随着现代社会科技和经济的发展,国际传媒和交通迅速发展,人们有条件和能力走出国门,特别是近几年来各个国家留学生人数的剧增,包括商业合作、科学人才的交流等使很多不同国籍的人长时间居留在其他国家,甚至有的移民至其他国家。这样的人口流动带来了经济的繁荣和文化的交流,很多不同的地域和国际文化同当地传统文化并存、吸纳和包容,形成了独特的现代多元文化,比如饮食文化、服饰文化、节庆文化。体育作为文化中的主要部分,也在不同国家随着人才、人员的流动被国际化传播,如中国武术走向世界,韩国跆拳道的国际化,印度瑜伽的世界化都是很好的例证。同时《奥林匹克宪章》对奥林匹克运动项目的国际化规定也促使不同国家间体育项目的国际化传播。《奥林匹克宪章》规定运动大项、运动分项要列入夏季奥运会比赛项目必须有公认的国际基础,至少在 75 个国家和 4 大洲的男性以及 40 个国家和 3 大洲女性中广泛开展。运动小项要列入夏季奥运会比赛项目也要求必须有公认的国际基础,至少在 50 个国家

和3大洲男性以及35个国家和3大洲的女性中开展,而且至少两次被世界锦标赛或洲锦标赛列入比赛项目的小项,才可以成为夏季奥运会正式比赛项目。① 要想进入奥运会还要具有一定的电视收视率、受观众喜爱程度、奥运会门票销售和全球普及率等,这些规定从另一方面激发了奥运会项目申请国不得不通过新闻媒体、体育商业合作、跨国际体育文化交流、体育影视业等方式促进所申请项目在不同国家间进行交流和传播,进而促进不同国家体育项目的国际化和全球化。

(三) 体育赛事规模和覆盖面的不断扩大是现代体育全球化的又一表现形式

体育在现代的发展已经远远超越了体育本身,不仅仅是锻炼身体和娱乐的载体,不同国家也在利用体育达到政治利益的最大化,特别是参与高级别的体育赛事,是国家间外交的主要形式之一,也是不同国家推行自身价值观、文化、制度的主要渠道。各个国家政府都努力建设国家体育制度和文化,并努力在国际赛事上夺取冠军和金牌,因为获取冠军和金牌的数量多少是显示国家制度优越性和经济实力的最直接的方式,这种倾向直接推动了国际间不同赛事规模的扩大。同时,随着社会的发展,各国经济也飞速发展,很多发展中国家也解决了本国国民的基本物质文化需求,当人们远离了战争、富足了生活,越来越多的人走进文化、贴近体育。全世界体育人口的急剧增多,使人们对竞技体育的观赏需求不断增加,这也成为推动竞技体育国际赛事规模扩大的另一动力,2000年悉尼奥运会上共有来自国际奥委会201个会员协会的11 099名运动员参加,这届奥运会共设28个大项37个分项301个小项,规模空前之大,是国际体育全球化的最直接表现形式。②

(四) 新媒体的深度渗透是现代体育全球化的另一形式

现代社会随着计算机网络技术的高速发展和普及,媒体形式也发生着天翻地覆的变化,媒体不仅仅局限在电视、报纸等传统媒体方式,也开始出现,例如网络媒体和手机移动媒体等新媒体。如今,无论传统媒体还是新媒体,已成为体育全球化的主要工具和动力,利用这些工具人们可以很便捷地看到国际大型体育赛事和相关新闻,极大地丰富了不同国家人们对体育的文化和精神需求。同时,潜在的体育观赏和参与人群也使体育媒体

---

① 杨平. 奥林匹克运动与政治关系之思考[J]. 体育文化导刊,2010(2):157.
② 颜天民. 奥林匹克运动[M]. 桂林:广西师范大学出版社,2000:242.

成了世界最大的体育产业之一。美国 NBC 在 2011 年以 43.8 亿美元的天价买断截至 2020 年的奥运会独家转播权,后来又以 77.5 亿美元将奥运会独家报道权延长至 2032 年,成为美国传统媒体体育产业的巨头。里约奥运会期间,中央电视台分销播放权,非独播视频版权费用价格高达 1 亿元,伊利乳业以 1.75 亿元获得《中国骄傲》的独家冠名权,光明乳业以 1.37 亿元获得《奖牌榜》的独家冠名权。后来,央视又推出了《相约里约》《赛事套装》《专题套装》等一系列产品,其中《相约里约》的独家冠名价格为 1.26 亿元,《赛事套装》的 15 秒广告价格为 4 620 万元,《专题套装》15 秒广告价格为 1 050 万元。① 巨大的经济利益吸引着新媒体不断改变经营方略,并从不同角度传播体育文化,尽可能吸引更多的观众参与到与体育有关的各种活动中,无限增加自身媒体的受众,达到利益的最大化,这种经营策略扩大了国家间体育文化的传播渠道,促进了国际体育的全球化进程。

(五) 理念文化的传播和统一成为体育全球化的潮流

随着世界经济和文化的发展,世界一体化进程加速,现代化的交通方式、新媒体的普及为体育理念文化的传播和统一提供了条件和基础,中国改革开放以来不同体育形式和赛事的出现就是一个很好的证明。当美国 NBA 赛事被中国民众彻底接受和喜欢后,我国开展了 CBA 篮球体育赛事,赛制和管理方式几乎同美国 NBA 一样,NBA 有东西部赛区,CBA 则分为南北赛区,包括赛事过程中中场的休息方式以及啦啦操的组织形式几乎都是 NBA 赛事文化的翻版。英国有英超足球联赛,中国则有中超足球联赛,美国有"美国职业拳击争霸赛",中国则有"武林风"散打争霸赛,这些赛事文化是对美国体育文化的模仿和传播,也是体育文化在新时代发展的崭新形式,由纯粹的竞技体育走向传播文化价值观,传播自由、公平的世界人文价值理念,同时满足世界人们同质性的文化需求,包括对美的需求,对竞争和向上理念的无限向往。

扫一扫7-4:
中国功夫在美国有多受欢迎

(六) 妇女体育的开展扩大了体育全球化的范围

19 世纪以前的欧洲文化和中国当时的传统文化有一定的相似性,特别是在女性体育方面。东西方不主张女性参加体育运动,贵族阶级出身的女

---

① 别鹏. 里约奥运会媒体报道观察 [J]. 青年记者, 2017 (3): 46.

子如果参加体育运动和身体活动会被认为是粗俗和低贱的行为和象征，而这种观点和看法同样被当时的政府所认同和采纳，因此欧洲在19世纪以前女子体育运动项目很少，直到20世纪，随着自由思潮的不断发展，欧洲、亚洲、美洲很多妇女在取得了一定经济地位之后，女权运动开始普遍发展起来，美国当时的女权运动非常突出，并波及到欧洲和亚洲各地。在亚洲，中国的"五四"新文化运动开始兴起，它所倡导的"自由、民主"等西方先进的思想，推动了当时中国女权思想的发展，随着世界范围内自由思潮和女权主义的发展，1900年女性选手在第二届奥林匹克运动会上第一次参赛并显示出女性特有的体育才能，为世界所瞩目（图7-5）。近几十年来，随着世界经济和政治的发展，女子体育已成为世界体育非常重要的组成部分，扩大了世界体育全球化的范围。

图7-5　第二届奥运会上，英国选手夏洛·库珀获得女子网球单打冠军

第三节　奥林匹克运动在世界范围内的发展

第二次世界大战尚未结束，国际奥委会便开始筹划奥林匹克运动的战后恢复工作。1948年伦敦奥运会的成功举办给奥林匹克运动和战后世界带来了曙光。"冷战"时期，以苏联为首的社会主义国家和第三世界国家纷纷加入奥林匹克大家庭，与以美国为首的西方国家形成三足鼎立之势，奥林匹克运动由此获得了世界范围内前所未有的快速发展，并在国际社会中扮演了和平使者、外交润滑剂等重要角色，促进了世界共融与文化发展。20世纪80年代后，受"全球化"趋势影响，奥林匹克运动完成了自身的改革与创

新，引领了现代体育的发展，也成为推动体育全球化的领导力量。

一、奥林匹克运动的战后恢复与国际影响的提升

（一）奥林匹克运动的战后恢复

因战争之故，国际奥委会（International Olympic Committee 缩写为 IOC）的常规工作及其倡导的奥林匹克运动会一度停滞或偏废。1938 年 7 月，陷入抗日战争的日本政府放弃 1940 年奥运会举办权。赫尔辛基（芬兰）成为 1940 年奥运会的备选城市。然而，1939 年 9 月德国入侵波兰，11 月苏联进入芬兰，赫尔辛基也不得不放弃举办奥运会。欧洲陷入混战，第二次世界大战期间奥运会被迫中止。

即便如此，国际奥委会中诸如亨利·德·巴耶拉图尔（Henri de Baillet-Latour）、西格弗里德·埃德斯特隆（Sigfried Edstrom）、艾弗里·布伦戴奇（Avery Brundage）等颇具影响力且热衷于传播奥林匹克精神的委员们，仍然"决定保持联系，并为疯狂的战争结束后恢复奥运会制定计划。"[①] 正是在这些人的坚持下，二次大战结束后国际奥委会及其事业才得以较快地复苏。1944 年 11 月，战争还未结束，时任代理国际奥委会主席、74 岁高龄的埃德斯特隆便设法横渡大西洋来到纽约，与国际奥委会执委、美国国家奥委会主席布伦戴奇会面，商讨奥林匹克运动发展事宜，同时希望布伦戴奇能将其工作延续下去。1945 年 8 月 21—24 日，国际奥委会在伦敦召开了首次战后执委会会议。会议仅有埃德斯特隆、布伦戴奇和英国的阿伯代尔勋爵三位国际奥委会委员参加，但这次会议做出了一个重要决议：考虑战争创伤带来的现实困境，决定"通过给委员邮寄投票的方式"，确定下一届奥运会的举办城市。[②] 这种做法不仅获得了委员们的支持，而且成功选出了第二次世界大战后的夏季奥运会和冬季奥运会举办城市，分别是英国伦敦和瑞士圣莫里茨。

1946 年秋，当战争的硝烟尚未完全散尽，第二次世界大战后的首次国际奥委会委员全体会议便在瑞士洛桑拉开了帷幕。会议主题是共商重整国际奥委会的日常事务以及恢复举行奥运会等重要问题。这次会议的召开标志着国际奥委会常规工作的正式恢复。

---

① ②．[美] 阿伦·古特曼．现代奥运会 [M]．徐元民译．中国台湾：台北师大书苑，2001：109，111．

(二) 奥林匹克运动国际影响的提升

第二次世界大战结束后，国际社会充满了对战争的厌恶和对和平的渴望。这为奥林匹克运动会的恢复提供了良好的国际社会环境。但是，经济萧条，人民生活困苦，欧洲各国都忙于战后重建，鲜有能力和兴致举办奥运会，国际奥委会只得求助于英国。"现代体育的摇篮"英国，如同1906年临危受命从意大利手中接过奥运会一样，再一次承接下了这个伟大的挑战。

伦敦的"举动"着实令世界各国侧目。但是，现实困难重重。首先，战争使运动员居无定所，难以维持正常训练。第二次世界大战使许多欧洲运动员背井离乡，不少人甚至成为难民。其次，物资短缺，英国政府只能节俭办奥运。英国奥组委做了大量宣传工作，如电视转播、制作宣传片，并四处奔走寻求各方的赞助，但是资金缺口仍然很大。英国奥委会决定利用已有场地设施，不修建奥运村，将各国运动员安置在陆军的营房、里士满公园（Richmond）以及由部分学校教室改成的宿舍之中。[①] 再次，食品匮乏，舆论反对声激烈。筹备过程中，《伦敦晚报》曾发文质疑："我们应该在儿童们饿着肚子睡觉的时候去满足那些胃口极佳的运动员的食欲吗？"[②] 然而，当许多国家的代表团自备食物（如大米、副食品等）前来参赛，有的还把剩余的食品捐献给当地医院和奥运筹备处时，这些反对声音逐渐平息下去。

随着伦敦奥运会的日益临近，一种在战后世界重建中舍我其谁的豪迈之气将英国人民动员起来。当英国人在短短两年时间内，以令人难以置信的速度和热情完成了奥运会的筹备工作时，全世界为之动容。1948年7月29日—8月14日，备受瞩目的战后首届奥运会在伦敦隆重举行。出于对英国的敬意以及对和平的推崇，参赛国达到了59个（1936年为49个），参赛选手也首次超过了4 000人（4 092人），其中还包括385名女性选手。不少选手在中断了12年比赛之后重返赛场，曾经意气风发的少年成长为稳健成熟的青年，在赛场上奔跑、跳跃、技击和舞蹈，激发了人们自信的回归（图7-6）。

[①] 汤铭新. 奥运百周年发展史 [M]. 中国台湾：中国台北奥林匹克委员会，1996：259.
[②] [美] 阿伦·古特曼. 现代奥运会 [M]. 徐元民译. 中国台湾：台北师大书苑，2001：120.

图 7-6 伦敦奥运会开幕式各国代表队列席于运动场

1948年第14届伦敦奥运会的成功举办无疑给奥林匹克运动和战后世界带来了曙光。奥运会闭幕后,国际奥委会主席埃德斯特隆给伦敦奥运会组委会写了一封热情洋溢的感谢信。信中写道:"从成功的开幕式到动人的闭幕式,这届奥运会进行得圆满成功。当82 000人在闭幕式上放声高唱'让我们欢乐'时,我的眼泪几乎要流出来……整整12年之后,奥运会终于又重新开始了自己的追求,这是无可比拟的盛会!"

(三)恢复期的潜在问题与隐患

第二次世界大战后,一些历史遗留问题集中爆发,例如关于奥运会项目设置的争论。在奥运会发展初期,国际奥委会认为比赛项目多多益善。"现代奥运之父"皮埃尔·德·顾拜旦(Le baron Pierre De Coubertin)甚至声明:"国际奥委会'没有资格判断一项运动项目是否强于另一项运动项目'"。但很快国际奥委会难堪重负,不得不做出选择。然而相关衡量标准始终未达成一致。1946年洛桑全体会议上,争论达到了白热化。对于期望尽快恢复奥林匹克运动的埃德斯特隆及该届执委而言,延续之前的做法是避免矛盾激化的最好策略:一方面努力使奥运会项目普遍化,另一方面反对奥运会项目体量过大。当然,这种权宜之计只能暂时缓解奥运会项目数量的增长速度。

此外,成员国之间因战争而彼此敌对的状态给国际奥委会带来了不少管理上的困扰;奥林匹克运动所倡导的"业余主义"日益受到职业运动的挑战等。这些问题虽刚刚生发,却成为日后国际奥委会和奥林匹克运动不得不面对的棘手问题。

二、奥林匹克运动的扩张与危机

(一) 奥林匹克运动的扩张

20世纪50—70年代末,是奥林匹克运动的蓬勃发展期。这一阶段奥林匹克运动获得了前所未有的扩张与发展,也遇到了前所未有的困难与挑战。可以说,这是一个充满理想和希望的时代,也是一个充斥争议和矛盾的时代。

1. 奥运舞台迅速扩大

进入20世纪50年代后,和平的潮流逐渐占据主导地位,相对稳定的国际社会环境为奥林匹克运动的发展奠定了良好基础。自1948年东欧诸国纷纷参加伦敦奥运会后,苏联意识到奥运会是一个绝佳的国际舞台,如能在奥运会上战胜资本主义国家,便能展现共产主义的优越性。1951年5月,国际奥委会在第46届维也纳年会上承认了苏联国家奥委会。1952年赫尔辛基奥运会上,首次参赛的苏联便携255人次的庞大体育代表团登临奖牌榜"榜眼"之位,仅次于美国。从此,苏联和东欧国家形成的社会主义体育阵营,与以美国为首的资本主义体育阵营,在奥运会赛场上展开了角逐,一方面促进了竞技体育的飞速发展,对世界体育起到了引领和推动作用,另一方面也使霸权主义、冷战行为潜入到了体育全球化之中。

扫一扫7-5:
苏联重返奥运会

此外,很多亚非拉美地区的原殖民地、半殖民地国家纷纷获得解放,争取体育权利、加入奥林匹克大家庭成为它们迫切的愿望。因此,该阶段国际奥委会吸纳了很多新成员国,越来越多国家(地区)的运动员登上了奥运会舞台,并展现出非凡的运动实力。1964年东京奥运会上,22个第三世界国家的700多名运动员参加了比赛,创造了3金、6银和11铜的好成绩。[①]

奥运会舞台的扩大对奥林匹克运动的发展意义深远。首先,使奥林匹克大家庭更加完整。日益增多的不同性质的国家加入奥林匹克大家庭,使奥林匹克运动逐渐发展成为真正意义上的国际活动和20世纪影响深远的社会文化运动。

---

① 1974年2月22日,毛泽东在同赞比亚共和国总统卡翁达谈话中曾提出:"我看美国、苏联是第一世界。中间派,日本、欧洲、澳大利亚、加拿大,是第二世界。亚洲除了日本,都是第三世界。整个非洲是第三世界,拉丁美洲也是第三世界。"

表 7-4 战后历届奥运会参赛国、运动员、竞赛项目统计

届数	年份	举办地	参赛国（地区）数	参赛运动员数	竞赛项目（大/小项）	备注
14	1948	英国伦敦	59	4 099	17/136	
15	1952	芬兰赫尔辛基	69	4 925	17/149	
16	1956	澳大利亚墨尔本	67	3 184	17/151	
17	1960	意大利罗马	84	5 348	17/150	
18	1964	日本东京	94	5 140	19/163	
19	1968	墨西哥墨西哥城	112	5 530	18/172	
20	1972	德国慕尼黑	122	7 123	23/195	
21	1976	加拿大蒙特利尔	92	6 028	21/198	28个非洲国家因抗议新西兰橄榄球队访问实行"种族隔离"政策的南非而抵制参赛
22	1980	苏联莫斯科	80	5 217	21/203	苏联入侵阿富汗，美国等60国抵制参赛

其次，更多热爱体育的运动员得以参加奥运会。如表7-4所示，20世纪50—80年代，奥运会项目（尤其是小项）的数量呈递增趋势，喜爱不同项目的运动员有了在奥运舞台角逐的机会。再次，各国民族文化使奥林匹克文化更加丰富多彩。社会主义国家的传统文化和民风民俗在奥运会舞台上得到展示，使奥林匹克运动更具国际性。

2. 奥运会举办城市的国际化

据统计，1896—1952年的12届夏季奥运会和5届冬季奥运会，全部由欧美国家承办。参加奥运会的国家和运动员，也以欧美国家为主。为了使奥林匹克运动传播得更为广泛普遍，国际奥委会在第44届罗马年会中决定将1956年第16届奥运会移至大洋洲举办，从此形成了奥运会在各大洲轮流举办的隐性惯例。这在奥林匹克百余年发展史上堪称奥运会"国际化"的一项重大举措。

20世纪60年代，奥运会第一次来到亚洲，日本东京获得1964年第18

届奥运会主办权。为了向全世界昭示战后日本的复苏，日本举国上下全力举办这届奥运会。明治神宫奥运会场能容纳75 000名观众，国家体育馆、游泳池设施先进，用于比赛的运动场馆多达12座。柔道馆因是日本精神的集中体现，建造更具匠心，被称为运动建筑的经典之作。时任国际奥委会主席布伦戴奇亲临现场参观时称其为"运动的天主教堂"。

值得一提的是，东京市政府利用举办奥运会之机修缮了东京的市政工程。高速公路和新干线的修建使人口密集的东京交通问题得到了有效改善；国际航空站修缮一新，旅客可利用单轨电动车进入城市；城市供水系统全部更新，所有河流与运河都加以整顿，横滨港、东京港也得到了重新建造等（图7-7）。

扫一扫7-7：纪录片《东京奥林匹克》内容简介

图7-7　第一代新干线在东京奥运会前9天开通

将奥运会筹备纳入举办城市市政建设长远规划的做法，给很多国家带来了启示，也使奥运会举办的意义拓展到了更为广阔的社会领域（国内外的经贸合作、科技合作等），为奥林匹克运动的国际化进程添砖加瓦。

3. 奥林匹克文化内涵日益丰富

这里所指的"奥林匹克文化"是一个较为宽泛的概念，包括奥林匹克思想、教育、文化、艺术、音乐、公益等活动，是奥林匹克运动会在社会文化活动中的重要延伸，人们往往通过这些具象的内容开始了解奥林匹克运动。

早在顾拜旦时期，奥林匹克文化就形成了初步体系。1908年顾拜旦发表《国际奥委会的地位》一文，成为之后《奥林匹克宪章》的雏形。

扫一扫7-8：《奥林匹克宪章》

同年，伦敦奥运会期间，顾拜旦提出"参与比取胜更重要"的奥林匹克信念，成为奥林匹克思想体系中的重要内容。1913年，奥林匹克格言"更快、更高、更强"诞生，成为20世纪最为深入人心的励志名言之一。1913年顾拜旦设计了五连环图形作为奥林匹克标志，沿用至今。1900年，法国开创了奥运会宣传画的先河，此后每届奥运会都会推出兼具本土特色和奥林匹克含义的宣传画，为20世纪的艺术史增添了美轮美奂的色彩。

扫一扫7-9：奥林匹克格言的由来

第二次世界大战后，奥林匹克运动与文化艺术的结合更为紧密。1958年，国际奥委会将希腊古典乐曲《撒马拉斯颂歌》确定为奥运会会歌。1961年6月14日国际奥林匹克学院（International Olympic Academy）总部在希腊奥林匹亚落成。此后，它与分布在世界各地的国家奥林匹克学院共同构成了"奥林匹克学院"体系。1968年第10届法国格勒诺布尔冬奥会上首次出现吉祥物，使奥林匹克运动成为更加亲民的文化活动（图7-8）。

图 7-8　国际奥林匹克学院

此外，奥林匹克运动还关注各国、各地区弱势体育的发展。1972年第20届慕尼黑奥运会之前，"奥林匹克团结基金"正式问世。这项援助项目主要是对第三世界提供物资及技术性援助，即"取之于奥运，用之于奥运"。

（二）奥林匹克运动的危机

1. 奥林匹克组织内部的矛盾

第二次世界大战后，历经半个世纪沧桑的国际奥委会自身组织机构可谓问题丛生。战前形成的"铁三角"关系因外部环境的变化而出现裂痕（图7-9）。由于第二次世界大战后国际单项体育联合会和国家奥委会各自都有了长足发展。根据需要，各国际单项体育联合会成立了"国际单项体育联合会总会"（GAISF）、各个国家奥委会成立了"各国奥委会常设大会"（1975年改名为各国奥委会总会，简称ANOC），各自的国际影响日益提升。但国际奥委会面对这种变化没有给予相应的调整，从而导致"一机两翼"的组织形式出现了动摇和裂痕。

其次，各成员国（地区）之间的平衡问题日益凸显。第二次世界大战后，国际局势有了很大变化，快速增长的成员国（地区）为国际奥委会注入了活力。恢复期后（1952年），奥林匹克运动成员国已扩展到安拉尔群岛（民德兰群岛）、巴哈马群岛、缅甸、越南、加纳、危地马拉、中国香

第三节 奥林匹克运动在世界范围内的发展 289

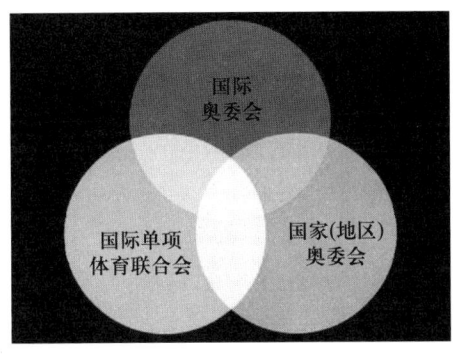

图 7-9 国际奥委会与国际单项体育联合会、国家（地区）
奥委会形成"一机两翼"的关系

港、韩国、黎巴嫩、巴基斯坦、巴拿马、波多黎各、新加坡、叙利亚、特立尼达岛和多巴哥等国家和地区。[①] 至 1980 年，各大洲国家或地区奥委会的数量已达 147 个（1952 年为 71 个）。其中包括欧洲 34 个、美洲 35 个、大洋洲 6 个、亚洲 32 个，非洲 40 个，使国际奥林匹克运动逐渐拓展至全球各地（表 7-5、表 7-6）。

表 7-5 不同时期各大洲国家（或地区）奥委会数量统计

时期	年份	欧洲	美洲	大洋洲	亚洲	非洲	总计
第二次世界大战前	1936	29	11	2	3	2	47
战后恢复期	1952	27	20	2	18	4	71
战后扩张期	1980	34	35	6	32	40	147

（资料来源：汤铭新. 奥运百周年发展史 [M]. 中国台湾：中国台北奥林匹克委员会印行，1996：250.）

表 7-6 不同时期各大洲国家或地区奥委会数曲线图

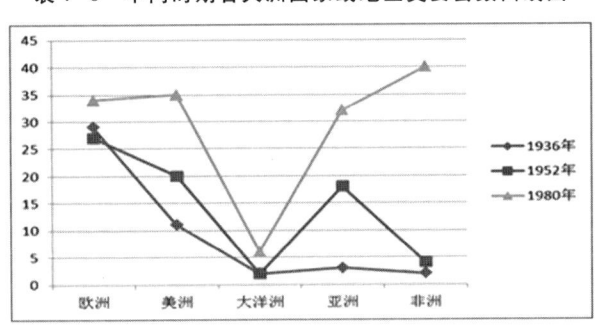

---

① 颜绍泸，周西宽. 体育运动史 [M]. 北京：人民体育出版社，1990：559.

但是，成员国的快速扩张也使国际奥委会组织内部的关系变得更为错综复杂。由于第二次世界大战后区域斗争仍然存在，部分国家和地区处于分裂状态。政治纷争导致"体育冷战"的出现，这些地区在国家奥委会主权、参赛权力等方面展开了长期的政治斗争。

1952年，新中国成立之初，在第15届赫尔辛基奥运会开幕前夕，国际奥委会决定邀请中华人民共和国运动员参加奥运会，这是新中国运动员第一次参加奥运会。1954年，在希腊举行的国际奥委会第49届会议上，中华人民共和国国家奥委会获得国际奥委会承认，标志着国际社会对新中国的认可。但是，与此同时，国际奥委会在未经讨论的情况下，把台湾地区的体育组织也写入了各国奥委会的名单中。1955年，中国体育组织负责人在国际奥委会执委会和各国奥委会代表联席会议上，对国际奥委会内一些蓄意制造"两个中国"的势力进行了谴责，并要求撤销对台湾体育组织的承认。① 但时任国际奥委会主席布伦戴奇以"体育与政治无关"为由，拒绝了中国体育界的要求。最终，中国退出国际奥委会，以示抗议。

直至20世纪70年代末80年代初，在基拉宁和萨马兰奇两任国际奥委会主席的持续努力下，自1952年以来一直困扰国际奥委会的"中国问题"，终于1982年3月在洛桑国际奥委会总部签订协议书，得到了解决。

2. "远离政治"的宗旨与政治干扰日益加剧之间的矛盾

国际奥委会在奥林匹克运动复兴之初就秉持远离政治的宗旨。在奥林匹克运动发展早期，因其影响力局限于欧美国家，政治干扰的情状尚不显著。但第二次世界大战后，随着社会主义阵营国家、亚非拉美国家的纷纷加入，国际政治矛盾与冲突自然而然地被带入到了奥林匹克运动之中。而战后的历届奥运会，也从原先的纯粹的体育竞赛转变为具有一定政治诉求、文化意图的综合性社会运动。因此，"远离政治"的宗旨逐渐遭受挑战。

"杯葛"事件。1968年墨西哥奥运会男子200米短跑颁奖礼上，美国黑人选手史密斯（T. Smith）和卡洛斯（J. Carios）手戴黑手套，美国国歌奏响时赤足、低头，高举戴着黑色手套的手行"黑权礼"（Black Power Salute），以向美国社会对黑人的种族歧视抗议。这一政治示威事件令国际奥委会感到遗憾，但却在美国乃至世界民众中引起广泛影响，在奥运史上被称为"黑权运动"。

---

① 颜绍泸，周西宽. 体育运动史［M］. 北京：人民体育出版社，1990：561~562.

第三节 奥林匹克运动在世界范围内的发展

"杯葛"事件在20世纪70年代—80年代频繁发生。1976年蒙特利尔奥运会上,因新西兰与处在种族隔离中的南非(因种族歧视已被禁止参加奥运会)进行橄榄球比赛,28个非洲国家集体退赛以示抗议。1980年莫斯科奥运会前夕,苏联出兵阿富汗,遭到全世界的强烈抗议与谴责。美国担心此事会波及波斯湾的原油供应,要求苏联撤军,遭到拒绝。最终,以美国为首的资本主义阵营的许多国家,包括中国在内的部分社会主义国家和地区(共62个)集体退赛抵制,这是奥林匹克运动发展史上最大的一次"杯葛行为"(图7-10)。

扫一扫7-10:"杯葛"

图7-10 颁奖礼上的政治示威

尽管坚守"远离政治"宗旨的布伦戴奇曾对各国抵制奥运会的做法加以抨击,并一再呼吁:"奥运会不是也不应该用于政治方面",这对运动员是不公平的,奥运会是个人与个人之间的竞赛而非国家与国家之间的竞赛,但是政治干扰的状况却愈演愈烈。

恐怖主义事件。在奥林匹克运动发展史上,"黑色九月"事件给奥运会带来了永久性的阴影,并由此引起国际社会对"恐怖主义"的重视。1972年慕尼黑奥运会即将闭幕前,8名巴勒斯坦游击队恐怖分子夜晚闯入奥运村,在枪杀了一名以色列运动员和一位角力教练后,劫持了9名以色列运动员作为人质,要求以色列政府释放200多名在押政治犯。20多小时谈判无果后,东道主德国决定让恐怖分子及人质至空军菲尔德布鲁克机场乘坐直升机撤离后继续谈判。不幸的是,双方在机场发生激烈枪战,9名以色列运动员全部被炸死,5名恐怖分子被当场击毙,3名被俘,1名逃亡。德国警方牺牲2人,造成奥运会历史上最大的暴力流血悲剧。

从此以后,各届奥运会及奥运村都加强了戒备,铁丝网、围墙、狼狗等层层包围,出入口也加强了各种安全检查。如临大敌的肃杀情形,给象征着和平、欢愉的奥运会带来了紧张、恐怖的气氛。

3. 非营利主义与财政危机之间的矛盾

国际奥委会是一个民间非营利组织,财政独立,拒绝商业化。早在1928年阿姆斯特丹奥运会上,精明的荷兰商人曾将奥林匹克五环标志印在衬衫、领带上作为纪念品出售。此后,为了约束商业化,国际奥委会在

《奥林匹克宪章》中做出明文规定：奥林匹克五环标志的使用权、所有权归国际奥委会所有，任何人不得侵权。此外，这届奥运会还首次出现了商业赞助（美国可口可乐饮料公司为美国队提供了上千箱饮料的赞助）。针对这些"苗头"，时任国际奥委会主席巴耶·拉图尔在其任期内不得不把很大的精力放在对付商业化对奥林匹克运动的侵蚀。第二次世界大战后，商业化趋势更加显著，但国际奥委会始终未对"商业化"解禁。

随着奥运会规模的扩大，国际奥委会的财政支出日益加剧。至20世纪70年代，其财政账目总额仅为数千万美元，几乎到了举步维艰的程度。如果继续坚持"非盈利主义"，奥林匹克运动将遭遇经济危机。

与此同时，由于奥运会不断扩张比赛项目，参加的国家和运动员人数逐届增加，以致主办国难以承受巨额的经济负担。1976年蒙特利尔奥运会亏空10亿美元，该市纳税人用了30年时间才把债务还清。1980年莫斯科奥运会耗资90亿美元，大大超出了预算，使民众背负了巨大经济债务。

国际奥委会自身的财政危机使国际社会对其信心不足，高额的承办费用更使各国对举办奥运会望而却步。20世纪70年代末80年代初，国际奥委会极尽游说也无法找到愿意承办奥运会的国家，奥林匹克运动因经济问题而遭遇前所未有的困难。

4. "业余主义"主张与职业化趋势之间的矛盾

奥林匹克运动的宗旨是"业余主义"，但20世纪初欧美国家已出现一些职业运动员，他们为了参加奥运会成立了国际专门体育组织。例如，1940年美国职业冰上曲棍球运动员联合加拿大、英国的职业选手成立"国际冰上曲棍球协会"（International Ice Hockey Association），并派运动队参加1948年的圣莫里茨冬奥会。对此，国际奥委会内部持有两种截然相反的意见。以埃德斯特隆为代表的委员为了让战后首届冬奥会顺利举行采取了妥协的姿态，而以布伦戴奇为代表的委员则深感忧虑，认为"这是一场决定运动未来的战斗，奥运会正处于危险之中。"

第二次世界大战后，苏联为了在短期内培养一批具有世界级水平的运动员，开始有组织、有计划地培养"国家选手"（State Athletes），这一举措使苏联很快在奥运会上大放异彩。① 自1952年首次参赛后，苏联便与美国在奖牌榜上"轮流坐庄"，形成竞技体育的两级对峙状态。此后，共产

---

① 由国家培养的专业运动员，训练方式通常十分严苛，运动员要承受巨大的运动负荷，其压力甚至远远超出一般职业运动员。

国际的很多国家纷纷效仿苏联的做法。尽管"国家选手"的培养是隐秘的，但在体育界几乎众人皆知。这对于倡导"业余主义"的奥运会而言是莫大的挑战。加之，20世纪五六十年代执掌国际奥委会的布伦戴奇又是"业余主义"的捍卫者，这个突出的矛盾已呈剑拔弩张之势。

5."真善美"奥林匹克理想与兴奋剂泛滥之间的矛盾

随着奥运会竞争的日益激烈，运动员试图借助药物来提高成绩。早在1910年奥地利赛马俱乐部中第一次发现马的唾液里含有某种植物碱。1933年一些词典中出现了"兴奋剂"字样。1952年奥斯陆冬季奥运会中，运动员更衣室内有使用过的兴奋剂注射器。1958年据美国运动医学院报道，在统计的441名运动员、教练、助理教练中，35%的人曾使用过"苯异丙胺"。1960年罗马奥运会上，丹麦自行车选手克努博·詹森在赛前服用了过量的兴奋剂，结果被夺走了年轻的生命，成为奥运会发展史上第一位因滥用兴奋剂而死亡的运动员。国际运动医学联合会原主席普罗科普教授给出的数据更为触目惊心：第二次世界大战后，西方国家至少有70名，东方国家至少有50名著名运动员死于滥用违禁药品。[①] 美国前奥运会铅球冠军哈罗德·康诺利坦言："在1964年东京奥运会以前，越来越多的运动员使用药物，普遍感到不继续用药就会明显地在比赛中处于不利地位。"[②]

1961年，奥林匹克医学委员会（简称医委会）在雅典成立，主要有三项职责：（1）在运动会期间实行兴奋剂检查；（2）对被人认为是兴奋剂的化学药品实行鉴别；（3）把违反药物规定的情况提交执行委员会。[③] 但是，医委会的设立仍然无法阻止兴奋剂的使用，运动员在巨大利益驱使下铤而走险的案例比比皆是，奥林匹克"真善美"的精神内核和运动员的道德品质遭遇价值挑战。

三、奥林匹克运动的改革与创新

第二次世界大战后，随着奥林匹克运动的日益普及，举办奥运会涉及越来越多的社会领域和行业，呈现出复杂化、综合化和大型化等趋势。但面对国际社会的深刻变化和20世纪60年代以来奥林匹克运动日新月异的发展，国际奥委会没有及时做出调整，"在处理纷繁复杂的问题方面显得

---

① 全国体育学院教材委员会. 奥林匹克运动 [M]. 北京：人民体育出版社，1993：95.
② ③ 张建维. 国际奥委会医务委员会的作用 [J]. 成都体育学院学报，1982（12）：97~98.

越来越力不从心了。"① 直到20世纪80年代初,萨马兰奇登上国际奥委会主席席位,奥林匹克运动进入改革与创新的历史时期。

(一) 由政治孤立走向政治合作

阿伦·古特曼认为:"每当奥林匹克运动会受到政治抗议的威胁和恐怖活动破坏;每当这项运动受到集体杯葛的削弱,国际奥林匹克委员会的领袖们和世界上大多数体育运动的作家都对这项体育运动受到政治干扰而表示遗憾。但事实上,在现代,这项运动正是由于注入了政治上的含义才获得了再生。"②

在萨马兰奇的众多改革措施中,政治问题是首当其冲的。他认为体育是生活的一部分,必然受到社会的制约。因此国际奥委会不能回避政治,而"必须与那些保证我们社会的发展与顺利运行岗位上的人们合作与讨论"。③ 其政治改革措施主要包含三个方面。第一,积极参与国际政治事务。例如向种族歧视宣战,在奥运会赛场上绝不允许出现种族歧视现象,维护每一位运动员的平等权利。

第二,坚持与国家(地区)保持经常性的外交往来。萨马兰奇是一位杰出的社会活动家,经常往来穿梭于世界七大洲,与许多国家的政要和体育界人士保持着亲密关系。仅出访中国就达29次,对北京申奥成功起到了重要的推动作用。

第三,以国际组织的身份,保持与联合国教科文组织等国际组织的政治协商。2007年10月31日,联合国大会第62届会议一致通过的《奥林匹克休战决议》便是国际奥委会进行政治磋商的重要成果。

但同时,萨马兰奇也指出,奥林匹克运动具有独立性,国际奥委会"不能接受任何一个国家政府的指挥,否则就必然会陷入互相冲突的境地。"④

(二) 由拒绝商业化走向经济共赢

第二次世界大战后,尽管奥林匹克运动获得了长足发展,但经济危机

---

① [爱尔兰] 基拉宁. 我的奥林匹克岁月 [M]. 张明德,刘清青译. 北京:人民体育出版社,1988:8.
② [美] 阿伦·古特曼. 现代奥运会 [M]. 徐元民译. 台北:台北师大书苑,2001:1.
③ 全国体育学院教材委员会. 奥林匹克运动 [M]. 北京:人民体育出版社,1993.6:89.
④ IOC. Olympic Review [J]. 1988 (12):670.

日益加重。至 20 世纪 80 年代初，已少有城市敢于承办奥运会，国际奥委会不得不面临经济改革。

1984 年，洛杉矶奥运会筹委会为避免前车之鉴，决定聘请一位金融界从事旅游企业的理财专家彼得·尤伯罗斯（Peter Ueberrath）担任筹委会主席，以商业化的方式经营筹备工作。在这位经验丰富和具有冒险精神的美国商人有条不紊的引领下，洛杉矶奥运会的经费问题得到了妥善解决，并且未向政府索要任何经费援助。其商业化经营的模式最终收获了 2.15 亿美元的盈利。根据《奥林匹克宪章》的精神，筹委会将这些盈利的 60% 捐给了美国奥委会，40% 捐赠给美国南加州地区的各种业余运动组织，作为提倡发展业余运动的经费。此外，这届奥运会电视转播权出售获得的盈利，也有 1/3 捐赠给了团结基金，以均衡发展全球的奥林匹克运动（图 7-11）。[①]

图 7-11　第 23 届奥运会期间推出的部分专营性纪念品

商业化运作使奥林匹克运动"死而复生"，得到了包括主办国、国际奥委会等国际舆论的肯定。萨马兰奇更明确指出："商业化是使体育运动适应现代社会的一个最有力的因素"，从而为奥运会的商业化打开了大门。此后，历届奥运会的主办国纷纷效仿洛杉矶，不仅有效缓解了国际奥委会财政拮据的窘境，而且使主办国获得了一定经济盈利，而这些盈利也惠及

---

① 汤铭新. 奥运百周年发展史 [M]. 中国台湾：中国台北奥林匹克委员会，1996：504.

了更多国际体育组织和运动。

但是,很快商业化的弊端也显露出来。1996年亚特兰大奥运会是奥林匹克运动史上的百年庆典。同样美国人将"商业化"发挥到了极致。赛场周围布满了经营场所,以致交通拥堵影响了比赛的正常进行;比赛实况转播中插入了无穷无尽的广告,遭到了观众的抗议等。事后,萨马兰奇不得不在公开场合致以歉意,并对奥运会商业化进行了重新评价,"商业化能够而且必须效力于体育运动的发展。在制定计划时,我们不可忘记一条:体育必须有自身的尊严,而不能被商业利益所控制。"

(三) 由坚守"业余主义"走向接纳职业运动

尽管奥林匹克运动制定了"业余主义"原则,旨在通过体育传播奥林匹克精神,旨在体育运动的民众化和普及化。但是,"奥运会"的竞赛形式注定了"业余主义"原则的不可操作性。因此,在萨马兰奇时代,国际奥委会彻底取消了这一规则,向全世界最优秀的运动员敞开了大门,从此奥运会赛场上不再有"职业"争议。1984年洛杉矶奥运会上,美国NBA职业球员组成的美国梦之队登上奥运会舞台,吸引了全球无数热爱篮球的观众,也为奥运会篮球比赛增添了更多精彩的画面。

当然,国际奥委会对职业运动员开放,也有一定限制条件。萨马兰奇指出:"我们必须将那些处于经纪人手中,不为国际体育组织所控制的项目的职业选手和那些只介入纯商业性演出的人拒于奥运会门外。"[①] 换句话说,是将运动员的参赛资格控制在国际奥委会承认的各国际单项体育联合会手中,而这些联合会有遵守《奥林匹克宪章》的义务,从而实现了国际奥委会对职业运动员的约束和管理。

(四) 由禁止女性参赛走向性别平等

在古代奥运会和现代奥运会的早期,妇女是不允许参赛的。20世纪初,女权运动在欧洲兴起,参与体育的权力被认为是性别平等的标志之一。1900年巴黎奥运会上,由于当时奥运会是作为巴黎世界博览会的一部分进行的,因此管理相对松散。19名主张平等、热爱体育的女运动员强行登上了奥运会舞台。虽然她们只参加了网球、高尔夫球等个别项目,比赛成绩也不被承认,但她们打破了自古以来禁止女子参加奥运会的陈规,具

---

① 全国体育学院教材委员会. 奥林匹克运动 [M]. 北京:人民体育出版社,1993:98.

有划时代的意义。

出于国际社会和国际奥委会主张男女平等的委员们的压力,1910年国际奥委会在卢森堡年会上正式同意女性可参加游泳、体操和网球比赛。然而,在1912年斯德哥尔摩奥运会上并未设女性体操项目。国际奥委会对女性体育的消极态度引起了要求平等参与体育的女性的强烈不满。1917年,当法国女权主义者艾丽丝·米丽亚特(Alice Milliat)向国际奥委会提出允许女性参加1920年奥运会的田径比赛遭到拒绝后,于1921年发起成立了"国际妇女体育联合会"(简称"国际女子体联")。国际女子体联于1922年在法国巴黎举办了首届"女子奥运会",来自5个国家的65名女运动员参加了以田径为主的11个项目的比赛,创造了18项世界纪录,观众达2万人次。国际女子体联还宣布,"女子奥运会"也将每4年举办一次,形成与国际奥委会分庭抗礼的局面。最终国际奥委会做出让步,同意在1928年奥运会上设立女子田径比赛。两次世界大战期间,国际女子体联共举办了4届国际妇女运动会(表7-7)。

表7-7 女性参与奥林匹克的历史演变

时间	奥林匹克对于女性参赛的态度	女性体育维权之路
古代奥运会	不允许妇女参加,违者处以极刑	权利被剥夺
1896年	反对妇女参加奥运会	
1900年	国际奥委会拒绝承认比赛成绩	女性强行登上奥运舞台
1924年	允许女子参加比赛	首次登上奥运舞台
1928年	允许女子参加核心赛事(田径)	更多女性出现在奥运会中
第二次世界大战后	日益开明的国际奥委会开始积极为女性参与奥林匹克运动创造条件	女性参与奥运会的人数不断上升
1981年	萨马兰奇(前国际奥委会主席)一直致力于提高妇女在体育中的地位	两位女性走入国际奥委会,结束了国际奥委会长达87年的男权局面
1997年	国际奥委会首次推选女性担任副主席(美国的阿尼塔·德弗兰茨)	女性在奥林匹克运动史上担任的最高领导职务
目前	赋予女性近乎"半边天"的地位,认为五环变得"更美"	《联合国宪章》《世界人权宣言》和《消除对妇女一切形式的歧视公约》都对男女平等作了规定

第二次世界大战结束后，日益开明的国际奥委会开始积极为女性参与奥林匹克运动创造条件，越来越多的女性运动员在奥运会舞台上展示风采。国际女子体联不再单独举办国际妇女运动会，但仍关注妇女体育的发展，促进各国妇女体育的交流与合作。① 至 20 世纪 60 年代，女性运动员在奥运会上的出色表现更为夺人眼球。1964 年东京奥运会上，被称为"东洋魔女"的日本女排首获冠军，不仅提高了妇女在日本的地位，而且给正在经济起飞的日本带来了一股强大的推进力量。

20 世纪 80 年代以来，在前国际奥委会主席萨马兰奇的倡导下，女性在奥林匹克运动相关事务中获得了越来越多的参与机会。1997 年，阿尼塔·德弗兰茨当选为国际奥委会副主席，这是女性在奥林匹克运动史上担任的最高领导职务。奥林匹克运动以体育为载体推动了人类社会性别平等问题的历史进程。如今，《联合国宪章》《世界人权宣言》和《消除对妇女一切形式的歧视公约》都对男女平等作了法律规定。

四、奥林匹克运动的深化改革与新的尝试

始于 20 世纪 80 年代的奥林匹克改革取得了举世瞩目的成就，但也留下了不少问题。例如，奥运会项目有增无减，承办压力巨大；体育成绩不断被突破，但兴奋剂使用屡禁不止；奥运会越来越普及，但奥林匹克精神却在逐渐淡化；奥林匹克运动的本旨是教育，但与奥运会相比却鲜为人知等。这些问题有待于 21 世纪的新举措和新改革。

（一）奥运会"瘦身"计划与项目设置新规

20 世纪 80 年代以来，奥运会仍然在实行"扩张主义"，2000 年雅典奥运会大项已增至 28 项、小项 300 项（1980 年莫斯科奥运会大项为 21 项，小项为 203 项），是奥运会发展史上增幅最快的时期，给奥运会承办国带来了巨大压力。为此，进入 21 世纪后，国际奥委会宣布要对奥运会大项进行重新评估，旨在减少比赛项目和控制参赛人数。

但是，如何平衡国际单项体育联合会中各项目组织的利益以及各承办国对项目设置的诉求，是国际奥委会不得不应对的问题。21 世纪以来，仅 2012 年伦敦奥运会的大项减至 26 项，其余几届奥运会仍维持在 28 项（具

---

① Tallberg. P. Challenges Facing the Olimpik-Outcom of the 11th Olimpik Congress. Cited in Sport and International Understanding [M]. Berlin：Spingger-Verlag, 1984：128~131.

体项目有所变化）。可见，"增重"容易"瘦身"难。

当然，国际奥委会的"瘦身"计划也取得了一定成效。奥运会大项得到了控制，参赛人数也被严格限制在1万人以下。2014年国际奥委会在摩纳哥第127次全会上通过的《奥林匹克2020议程》对奥运会项目提出了两点建议：确定奥运会项目框架从大项封顶管理向小项封顶管理转化。同时会议指出，未来将打破比赛大项限制，允许主办国增加比赛大项。可见，国际奥委会旨在通过控制项目小项来确保奥运会的体量。这将在一定程度上规避"大项"增减的矛盾，同时给予主办国更大的项目设置权。

（二）奥林匹克新格言与国际奥委会的新责任

2001年，雅克·罗格（Jacques Rogge）当选为国际奥委会第8任主席。上任后，罗格的第一项改革措施是修改奥林匹克格言。"更干净、更人性、更团结"不仅是直面奥林匹克运动现实问题的宣言，而且具有更为宽泛的文化释义和社会价值，社会评论称其为道德净化、人性回归和时代需要的集中体现。

在三者之中，罗格认为"更团结"是重中之重，国际奥委会组织内部的合作问题是奥林匹克运动良性发展的根本所在。他曾在《奥林匹克评论》卷首语中写道："保持奥林匹克运动内部的团结将是我任期内最重要的任务，国际单项协会、各国家奥委会和国际奥委会团结在一起将是不可战胜的。"

针对如何使奥运会"更干净"，国际奥委会出台了一系列政策措施。2003年7月，国际奥委会第115次全会正式通过了《世界反兴奋剂条例》。条例规定，任何体育比赛项目的运动员一旦尿检呈阳性将被禁赛两年。同时，国际奥委会要求所有与奥运会相关的国际单项体育联合会、各国（地区）奥委会签署这一协议。不签署者，将被踢出奥运会或永久取消主办奥运会的资格。

现任国际奥委会主席托马斯·巴赫（Thomas Bach）延续了罗格对腐败问题严厉打击的做法，并提出对遵守比赛规则、维护奥运会"公正平等"的运动员予以奖励。《奥林匹克2020议程》中有多达5项建议明确指出：国际奥委会将"增加透明度"并使用2 000万美元的国际奥委会基金来保护"干净"的运动员、褒奖公平竞赛的运动员和加强国际奥委会道德委员会的独立性（图7-12）。

图 7-12　国际奥委会主席巴赫

（三）鼓励发展中国家举办平民奥运会

罗格曾公开表达过对发展中国家举办奥运会的支持："国际奥委会将具有更广泛的普及性，这将表现在内部的管理、新委员的接纳和奥运会主办城市的选择上。尽量弥合发达国家和发展中国家在体育领域的差别是我们的责任。"2008 年北京奥运会的成功举办令国际奥委会对发展中国家承办奥运会信心倍增。2009 年 10 月，巴西里约热内卢获得 2016 年第 31 届夏季奥林匹克运动会的举办权，这也是奥运会首次登陆南美大陆。

2016 年 8 月，时隔 7 年后，巴西奥运会在背负诸多社会问题、国际负面舆论之下如期举行了。尽管奥运会十分节俭，相关费用低于预算，比赛期间也有诸如泳池一夜泛绿、水质遭受质疑等"插曲"出现，但最终奥运会顺利落幕。在闭幕式上，巴赫多次用"经典"来褒奖这届十分不易的奥运会："这届奥运会是基于现实，根植于社会的，它没有因为一些问题而停止组织工作，而是直面社会问题与挑战。""这是一届经典的奥运会，说明奥运会在 GDP 不高的国家举办也是可能的，……我们能准备好面对这些社会问题。"

因此，巴赫以及 2016 年里约奥运会或将开启奥林匹克运动的另一个发展时代，那就是从精英、奢华高调、理想主义向平民、朴实低调、务实主义转型，让奥运会更加接地气，更贴近百姓生活，同时也给予更多发展中国家承办奥运会、展示国家（城市）风采的机会。未来，人们将很可能看到不同国家（地区）的城市联合主办奥运会的情形，这也是奥运会更加平民、更加灵活的一项改革措施。

（四）回归奥林匹克教育的本旨

奥林匹克教育是奥林匹克运动的起点与归宿。1896 年顾拜旦先生指出:"总的来说,大部分重大的国家问题可以归结为教育问题。"① 奥托·西惹密泽克也曾说过:"奥林匹克主义的宗旨在于纯粹追求教育,它的对象不只是那些参加体育运动的人,还包括人民大众。"②

在奥林匹克运动的百年发展历程中,国际奥委会一直致力于教育的传播与推广。自 1961 年国际奥林匹克学院成立至今,国际奥委会陆续在各成员国(地区)设立了 145 个"国家奥林匹克学院"(National Olympic Academies, NOA),其目的就是为各国青年创造学习外语和了解不同民族传统文化的平台,同时提供有关世界环境问题、和平问题、经济、健康和教育等信息。"奥林匹克学院"体系试图通过一系列教育活动激发青年人参与体育活动的热情,并有助于不同国家教育的融合与发展(图 7-13)。③

图 7-13 国际奥林匹克学院教育活动

然而近百年来,科学技术的快速发展所带来的价值多元化、生活方式变革不断冲击着人们故有的道德伦理观念,滋生出诸多社会问题。社会学家认为,几乎所有社会问题都可以从教育中寻找破解答案。这便给奥林匹克教育提出了新的时代要求和挑战。随着奥林匹克运动自身的发展,仅靠"奥林匹克学院"体系已难以满足奥林匹克教育和文化的传播任务。因此,2001 年前国际奥委会主席罗格上任后便将教育问题提到了显著位置,可以

---

① 编写组. 奥林匹克学 [M]. 北京:高等教育出版社,1999:46.
② [美] 奥托·西惹密泽克,何群. 奥林匹克主义、奥林匹克运动和奥运会 [J]. 体育文史,1991 (5):70.
③ National Olympic Academies [EB/OL]. 国际奥林匹克学院官方网站. http://ioa.org.gr/noa/.

说"青年奥林匹克运动会"（The Youth Olympic Games，简称"青奥会"）的发起在一定程度上是奥林匹克教育的回归。

在青奥会的舞台上，青年人经历着不同国家（地区）的运动员齐聚一堂、展现青春活力、升国旗、奏国歌等一系列充满热情、友谊而不乏庄严的仪式，在他们年轻的生命中将会留下深刻的记忆。同时，他们是这个舞台绝对的主人。意气风发、昂首向前，用良好的意志品质和非凡的运动才能战胜对手、维护比赛的公平正义，这一切都是奥林匹克的精华所在。青奥会的使命或许就在于将这一本源、初始的奥林匹克主旨延续下去，使当代的青年人感受到奥林匹克"真善美"的理想与时代价值。

本章小结

进入20世纪，欧洲现代体育在完善教育、军事国防、团队合作、对外交往等方面所具有的特殊价值和时代意义日益凸显，因而，尽管受到战争重创，但在两次世界大战的短暂间隙仍然获得了长足进步。国际体育组织呈现一体化趋势，国际体育竞赛大量举办，国际工人体育运动蓬勃发展，其示范性和影响力波及亚、非、拉美国家，初步形成了以西方体育为主导的现代体育全球格局。第二次世界大战后，在区域性政府合作、经济共同体形成、世界文化融合、互联网和新媒体的渗透、女权运动对妇女体育权利的诉求等时代背景下，现代体育进入全球化持续发展的历史新阶段。其中，以奥林匹克运动为引领的现代体育经历了扩张、危机、改革与创新的发展过程，并在现代国际政治、经济、文化、教育等诸多领域发挥着越来越重要的作用，推动着世界的融合与发展。

问题与思考

1. 简述体育全球化的表现及产生的原因。
2. 第二次世界大战后体育全球化与文化传播有何关系？
3. 简述第二次世界大战后奥林匹克运动的发展状况及其与现代社会的互动关系。

活动建议

1. 围绕主题"体育全球化的利与弊"组织一次课堂辩论赛。

2. 以奥林匹克运动与社会政治（或经济、文化、科技、法律、教育等）的关系，做一个主题演讲。

参考文献

[1] 张晓义. 第二次世界大战后国际体育大发展的国际政治学分析 [J]. 体育学刊, 2010 (1).

[2] 张燕, 尚祚祥. 关于第二次世界大战后资本主义世界经济体系的形成 [J]. 新高考（高三政史地）, 2012.

[3] 陈晋. 体育全球化特征探析 [J]. 山东体育科技, 2010 (3).

[4] 谈毅. 国际区域间经济合作 [M]. 西安：西安交通大学出版社, 2008.

[5] [英] 诺曼·戴维斯. 欧洲史 [M]. 郭方, 刘北成译. 北京：世界知识出版社, 2008.

[6] 罗时铭, 曹守和. 奥林匹克学（第三版）[M]. 北京：高等教育出版社, 2016.

[7] 汤铭新. 奥运百周年发展史 [M]. 中国台湾：中国台北奥林匹克委员会, 1996.

[8] [美] 阿伦·古特曼. 现代奥运会 [M]. 徐元民译. 中国台湾：台北师大书苑, 2001.

[9] 颜绍泸, 周西宽. 体育运动史 [M]. 北京：人民体育出版社, 1990.

[10] 崔乐泉. 奥林匹克运动通史 [M]. 青岛：青岛出版社, 2008.

[11] 编写组. 奥林匹克学 [M]. 北京：高等教育出版社, 1999.

[12] 崔乐泉. 奥林匹克文化丛书 [M]. 北京：世界图书出版社, 2008.

[13] 伍绍祖. 中华人民共和国体育史 [M]. 北京：中国书籍出版社, 1999.

[14] 任海. 奥林匹克运动百科全书 [M]. 北京：中国大百科出版社, 2000.

[15] 国际奥委会. 国际奥林匹克宪章（中英文对照）[M]. 北京：奥林匹克出版社, 2001.

第八章 当代中国体育的发展（1949—2016年）

章前导言

新中国成立以来，中国体育经历了一条曲折而辉煌的道路。纵观当代中国体育的发展历程，可以将其划分为三大阶段。1949—1956年是新中国体育的开创期，"新体育"思想体系的确立为中国当代体育事业确立了基本的发展方向，国家体委的成立确立了以政府为主体的体育管理体制。1956—1978年为当代中国体育的探索与发展时期，我国体育事业随着国家政治经济形势的起伏变幻，充满了曲折与艰辛，但在体育战线和广大人民群众的努力下，克服重重困难，社会体育得以发展，中国特色竞技体育管理体制、竞赛体制、训练体制等在这一时期逐渐形成，为改革开放后我国体育迎来新局面奠定了一定的发展基础。1978年十一届三中全会以后为改革和全面发展时期，中国社会经历了伟大的历史变革，体育事业也取得了大发展、大跨越：重返奥林匹克大家庭，积极参与国际体育事务，主办奥运会；社会体育蓬勃发展；竞技体育水平不断提高；学校体育全面推进；体育产业逐步兴起；体育文化日益繁荣；体育法治化建设初见成效……在取得这些成就的同时，中国体育坚持解放思想，不断改革创新，初步探索出一条符合中国国情的、有中国特色的社会主义体育发展道路。

学习目标

了解当代中国体育的阶段特征，了解中国少数民族传统体育和香港、澳门、台湾地区体育的基本情况。

掌握中国当代体育发展的基本规律，尝试解释符合中国国情的社会主义体育发展道路的形成过程。

熟悉当代中国体育的思想体系、管理体制、发展与改革进程。

第一节 当代中国体育的建立与初步发展
(1949—1956 年)

1949 年新中国成立至 1956 年,"我们党领导全国各族人民有步骤地实现从新民主主义到社会主义的转变。"[①] 社会主义基本制度的确立,奠定了当代中国发展进步的根本政治前提和制度基础,为我国当代体育事业的发展确立了基本的发展方向,奠定了坚实的发展基础。

一、"新体育"思想与体育管理体制的确立

(一)"新体育"思想体系的确立

1949 年 9 月,中国人民政治协商会议制定的《共同纲领》提出:国家"提倡国民体育"。1950 年 7 月,党和国家的最高领导人毛泽东为当时全国第一份体育杂志题写刊名——《新体育》。"新体育"思想成为新中国成立初期我国体育发展的重要理论依据,为社会主义体育方针的确立奠定了基础,标志着中国体育发展史步入了一个崭新的阶段。

1. "体育为人民服务"体现了"新体育"思想的本质

1949 年 10 月 27 日,朱德同志在中华全国体育总会筹备大会上讲话时指出:"过去的体育是和广大人民群众脱离的。现在我们的体育事业,一定要为人民服务,要为国防和国民健康服务。"[②] 这和毛泽东"为人民服务"思想一脉相承,是"新体育"思想本质的体现。概而言之,"体育为人民服务"的思想,是基于要改变"旧体育与广大人民,劳动生产脱离,甚至对立起来,他们为少数统治者服务,并且产生了旧体育工作者许多错误思想"的状况,使体育"为人民的健康,新民主主义建设和人民的国防"服务。[③] 新中国成立初期,"体育为人民服务"思想的传达和贯彻,在配合改造旧的体育思想,树立新的体育思想的过程中,起到了标杆和旗帜

[①] 中共中央关于建国以来党的若干历史问题的决议(中国共产党第十一届中央委员会第六次全体会议一致通过)[EB/OL]. http://www.gov.cn/test/2008-06/23/content_1024934.htm.
[②] 朱德副主席在中华全国体育总会筹备会议上的讲话 [J]. 新体育,1950,(1):7.
[③] 冯文彬. 新民主主义的国民体育 [J]. 新体育,1950 (1):8.

作用。①

2. "发展体育运动 增强人民体质"明确了"新体育"的根本任务

体质的强弱,是中华民族是否自立于世界民族之林的一个重要标志。1952年6月10日,毛泽东为中华全国体育总会成立大会题词:"发展体育运动,增强人民体质",该题词是对"体育为人民服务"思想最经典的诠释,突出强调了增强体质在体育中的重要作用,指明了体育运动的主体是"人民",对社会主义新体育根本任务给予了明确的定位(图8-1)。②

3. "普及和提高相结合"是"新体育"的基本方针

新中国成立不久,就形成了"使体育运动普及和经常化"的体育方针。1951年,青年团中央书记冯文彬在全国篮球、排球比赛大会向全体运动员和体育工作者的报告提纲中,提出了"使新中国的体育运动成为经常的广泛的

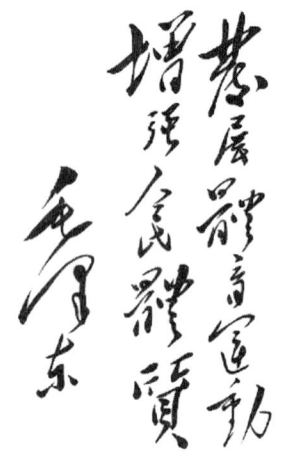

图 8-1 毛泽东题词:发展体育运动 增强人民体质

运动"的指导思想,并把这一思想作为当时开展体育运动的具体工作方针。③ 1952年,中华全国体育总会秘书长荣高棠对这个工作方针作了进一步阐释:"我们今后的工作方针应该是:在现有的基础上,从实际出发并与实际相结合,使体育运动普及和经常化,积极地'发展体育运动,增强人民体质',为加强生产建设和国防建设而服务。"④

为了准备参加第15届奥运会,1952年2月,中共中央组织部和团中央联合发出《选拔各项运动选手集中培养的通知》,明确指出"近几年几次出国参加球赛,水平较低,与今天国家的地位极不相称",这是中国历史上第一次将运动水平与"国家地位"相提并论的官方文件。⑤ 该通知还提出"必须使普及与适当范围内提高体育技术水平相结合,以取得进一步的发展。"1955年1月,国家体委召开的全国体育工作会议指出:"体育工

---

① 崔乐泉,杨向东. 中国体育思想史 [M]. 北京:首都师范大学出版社,2008:15.
② 何叙. 中国近现代体育思想的传承与演变 [M]. 北京:人民出版社,2013:341.
③ 冯文彬. 使新中国的体育运动成为经常的广泛的运动 [J]. 新体育,1951(12):2.
④ 荣高棠. 为国民体育的普及和经常化而奋斗 [J]. 新体育,1952(21):16.
⑤ 谭华. 体育史 [M]. 北京:高等教育出版社,2010:288.

作首先要求普及，绝不是不要提高。没有普及，就没有提高的基础，没有提高，普及就失掉了方向。"① 虽然，当时并未将"提高运动技术水平"作为体育方针被确定下来，但却为1956年后将"普及与提高"作为体育工作基本方针进行了思想和实践铺垫。

4. "新体育"思想强调思想教育和体育的政治性

1949年10月，中华全国体育总会筹备大会的主报告中，讨论体育工作中思想教育问题用了1/3以上的篇幅。1953年11月17日，中央体委党组向中共中央呈报的《关于加强人民体育运动的报告》中指出：体育运动"是培养人民勇敢坚毅、集体主义精神，和向劳动人民进行共产主义教育的重要手段之一。""应加强对体育工作者及运动员的政治思想教育，批判体育工作脱离政治的倾向。"1954年1月8日，中共中央批转了该报告，并做了重要指示，肯定中央体委当时开展体育工作的方针和各项工作是"正确的"，指出："改善人民的健康状况，增强人民体质"是"党的一项重要政治任务"。

"批美学苏"是新体育建设在思想战线上一项重要工作，也是体育政治性的具体体现。第二次世界大战后，世界格局发生了重大变化，形成了以美国为首的资本主义阵营和以苏联为首的社会主义阵营。新中国成立初期，我国受到帝国主义国家的全面封锁，又缺乏建设社会主义的经验。因此，在"批美"、批判旧体育的同时，学习苏联成为当时唯一的选择。体育战线吸收苏联体育的基本理论、管理体制、运动训练、学校体育、群众体育、国防体育等方面的观念，使得新中国体育在"一穷二白"的基础上得到了快速发展。苏联体育思想和发展模式，即使在苏联已经解体的今天，仍然可以在我国体育发展中呈现若干的痕迹。

（二）体育管理制度的建立

新中国成立初期，最早负责管理全国体育工作的是青年团，当时，从团中央到各级团组织都建立了军事体育部。青年团广泛团结全国体育工作者，积极组织社会力量，放手发动群众，建立健全各级体育组织，拟定发展体育活动的各项方针，为新中国成立初期体育发展做出了重要贡献。

为了进一步规范全国的体育管理，1949年10月26—27日，受中共中央和中央人民政府委托，团中央组织召开了中华全国体育总会筹备委员

---

① 国家体委政策研究室. 体育运动文件选编（1949—1981）[M]. 北京：人民体育出版社，1982：18.

会。会议选举冯文彬为主任,马约翰、吴蕴瑞、徐英超、荣高棠为副主任,并由荣高棠兼任秘书长。筹备委员会成立后,首先致函国际奥林匹克委员会和各国际单项体育组织,宣告原中华全国体育协进会已改组为中华全国体育总会,担负着中国奥委会的职能,是代表中国人民的唯一合法的体育组织。此次代表大会以后,开始选调干部,组建了独立的实体办事机构,这标志着新中国体育事业的管理体制正在走上确立和初步发展的轨道。①

经过两年多的工作,1952年6月20—24日,在北京召开了中华全国体育总会成立大会。会议推举朱德为中华全国体育总会名誉主席,选举马叙伦为体总主席,韦悫、肖华、刘宁一、李德全、荣高棠、马约翰为副主席,荣高棠兼秘书长,黄中为副秘书长。马叙伦时任教育部长,这反映全国体育工作由团中央负责管理开始转入由教育部来领导(图8-2)。

图8-2 中华全国体育总会成立大会主席台

1952年11月15日,中央人民政府委员会第19次会议决定成立中央人民政府体育运动委员会,任命贺龙为主任,蔡廷锴为副主任,荣高棠为秘书长,黄中为副秘书长,负责领导、协调、监督全国的体育工作。在当时全国体育总会办事机构和人员的基础上,进一步搭建了中央体委的框架。1954年,在第一届全国人民代表大会第一次会议上,决定将政务院改为国务院,中央人民政府体育运动委员会改为中华人民共和国体育运动委员会。1956年3月23日,国务院常务会议批准了国家体委的《体委组织简则》,规定"国家体委在国务院领导下,负责统一领导和监督全国体育事业,发展体育运动,以增强人民体质,培养人民勇敢、坚毅和集体主义

---

① 汪智. 20世纪的中国·体育卫生卷 [M]. 兰州:甘肃人民出版社,2000:158.

精神，并向劳动人民进行共产主义教育和劳动卫国教育"。随后，各省、自治区、直辖市及其所属的地、市、县也都建立了体委机构。

国务院和各级人民政府中体育行政管理体制的逐步完善，有力地组织领导了新中国体育事业的发展和提高。为了保证整个体育工作的正常运转，在逐步建立新的体育管理体制的同时，体育行政部门开始制定、颁布有关体育事业的规章制度，体育事业走上了有章可循、有据可依的规范管理轨道。

在体育行政机构逐步建立和完善的同时，体育组织也得到较快发展。全国体育总会正式成立后，各大行政区和省市（县），各基层单位中逐步建立了体育协会，逐渐形成了全国自上而下的完整而系统的组织体制。

经过一段时间的努力，由国家行政部门系统、军队系统和社会组织系统组成的体育管理组织体系正式建立。体育管理制度的建立，对于团结全国体育工作者，发展新中国体育事业，特别是尽快使新中国的体育事业与世界接轨、走向国际，发挥了重要作用。

二、学校体育的发展

新中国成立后，党和政府采取一系列措施，加强对学校体育工作的组织和领导，学校体育很快进入了正常的发展轨道。

（一）学校体育工作的组织与领导

学校体育工作是国民体育的基础，新中国成立时，就对学校体育工作的高度重视。1950 和 1951 年，毛泽东先后两次写信给当时的教育部长，提出"健康第一，学习第二"的指示。[①] 1953 年，他又提出"要使青年身体好，学习好，工作好"的要求，他说"青年时期是长身体的时期，如果对青年长身体不重视，那很危险。"1951 年 8 月，中央人民政府政务院发出《关于改善各级学校学生健康状况的决定》，指出："增进学生身体健康，乃是保证学生完成学习任务，并培养出强健体魄的现代青年的重大任务之一。"各级人民政府教育行政部门及各级学校教职员要"立即纠正忽视学生健康的思想和对学生健康不负责任的态度。"《决定》提出了"注意体育娱乐活动"等 6 条措施，特别指出"学生每日体育、娱乐活动或生产

---

① 体育史教材编写组. 体育史 [M]. 北京：高等教育出版社，1996：167.

劳动时间，除体育课及晨操或课间活动外，以 1 小时至 1.5 小时为原则。"要求"活动方式应多种多样，以适应学生不同的年龄、性别和身体状况，并防止锦标主义及运动过度损害健康的倾向"。为了配合这些指示和决定的实施，《新体育》杂志还辟出专栏，开展了"怎样使学校同学每天坚持运动？"的讨论，提高了人们对学校体育工作的认识。①

1952 年，教育部开始设置体育处。1953 年，各省、自治区、直辖市教育行政部门也相继设立相应的机构，负责学校体育的管理，制定和颁布有关学校体育的规定，检查监督学校体育工作的执行情况。学校体育工作领导管理体制初步确立。

（二）学校体育工作的初步规范

随着对毛泽东指示和政务院《决定》的贯彻实施，体育在学校教育体系中的地位和作用逐步得到确立。在学习苏联学校体育和中小学的体育教学的课程结构、教材教法等基础上，我国开始了学校体育的规范化建设。②

1. 确定学校体育的基本目标

1952 年，教育部和中央体委联合颁布《学校体育工作暂行规定》，明确提出我国学校体育工作的基本目标："促进学生身心发展，增强体质，并对学生进行道德品质的教育，使他们能够很好地完成学习任务，从事社会主义建设和保卫祖国。"为了保证学校体育目标的实现，同年，教育部在颁布的《各级各类学校教育计划》中正式规定：从小学一年级至大学二年级，均开设体育必修课，每周两学时。1953 年，教育部发出《关于中学体育成绩暂时考查办法的通知》，指出：体育课是中学课程的一科，其成绩与其他各科成绩相同。

2. 制定颁布学校体育教学大纲

1953 年，教育部组织翻译了《苏联十年制体育教学大纲》，向全国教师进行推广学习。结合学习苏联体育教学大纲，全国有不少省市编写了适合本地区情况的教学大纲、教材或参考书。在总结各地自编体育资料、教材经验的基础上，以苏联十年制体育教学大纲为蓝本，1956 年，教育部制定了我国第一套《小学体育教学大纲（草案）》和《中学体育教学大纲》。同年，还推出了第一个全国统一使用的《高等学校普通体育课教学大纲》。体育教学大纲的颁布，初步建立起我国学校体育教学的课堂常规，使我国

---

① 田国祥，李斌，康彪. 中国学校体育发展史 [M]. 兰州：甘肃人民出版社，2011：224.
② 傅砚农. 中国体育通史（第五卷）[M]. 北京：人民体育出版社，2008：59.

各级各类学校体育教学工作有了统一的规范要求，有效地保证了体育教学质量的提高。

3. 制定与实施"劳卫制"

1951年起，在学习苏联的基础上，我国部分地区和学校，例如北京和上海开始实施或试行与"劳卫制"相仿的《体育锻炼标准》。1954年，中央颁布了《"准备劳动与卫国"体育制度暂行条例》（简称"劳卫制"），这是新中国正式颁布的第一个"国家体育锻炼标准"。《条例》指出："劳卫制"是"中华人民共和国体育教育制度的基础，其目的是向劳动人民进行全面的体育教育，培养人民成为健康的、勇敢的、乐观的祖国保卫者和社会主义建设者。"① 根据体能、技术及当时我国体育发展现况，"劳卫制"划分为预备级、第一级、第二级、第三级；同时，根据性别和年龄，划分为不同的组别；项目分必测和选测，内容涵盖耐力、速度、灵敏、力量等多种身体素质。"劳卫制"推行的重点是学校，教育部和中央体委多次指出：要"在全初、中等以上学校中有准备、有计划地推行'准备劳动与卫国'体育制度……的预备级，并选择其中条件比较好的学校重点试行劳卫制。"② 而考虑到小学生年龄尚小，各种配套条件也不够，故不推行劳卫制。针对"劳卫制"推行过程中出现的问题，1956年，国家对项目标准作了适当的修改，并由国家体委公布了《劳卫制条例实施细则草案》。"劳卫制"的推行，在新中国成立初期的环境下，推动了学校体育和社会体育向着更有利于健康的方向发展。

（三）体育师资培养体系的初步建立

体育事业尤其是学校体育的发展，需要对体育师资培养有一定要求。1952年，在"以培养工业建设人才和师资为重点，发展专门学院和专科学校"的全国高校院系大调整中，新中国第一所体育学院——华东体育学院（现上海体育学院）在上海成立。③ 随后，1953年和1954年，中央体育学院（现北京体育大学）、中南体育学院（现武汉体育学院）、西南体育学院（现成都体育学院）、东北体育学院（现沈阳体育学院）、西北体育学院

---

① 国家体委政策研究室."准备劳动与卫国"体育制度暂行条例//体育运动文件汇编（1949—1981）[M]. 北京：人民体育出版社，1982：218.

② 国家体委政策研究室. 体育运动文件汇编（1949—1981）[M]. 北京：人民体育出版社，1982：217，218，219.

③ 胡绳. 中国共产党的七十年[M]. 北京：中共党史出版社，1991：300.

（现西安体育学院）相继成立，新中国成立初期，我国单科制体育学校的建立和运行主要参照的是苏联模式，苏联专家对这些院校的建设进行了全面帮助。

在建设专门体育学院的同时，还恢复和建立了28个师范院校的体育系科。[①] 体育师资培养体系的初步建立，极大地缓解了新中国成立初期学校体育师资的需求矛盾，促进了对新中国学校体育、竞技体育等体育事业的人才培养。

三、社会体育的兴起

新中国成立初期，为了有效扭转旧社会遗留下来的国民体质普遍偏弱的局面，党和政府着力于发展社会体育的制度、组织建设，组织引导人民群众参与社会体育活动，在各方努力下，社会体育稳步发展。

（一）群众体育的制度供给

1949年9月，中国人民政治协商会议第一次全体会议通过的《共同纲领》中规定："提倡国民体育"，新中国成立时，就将群众体育纳入国家发展的轨道。

1954年1月，中共中央批转了《中央人民政府体育运动委员会党组关于加强人民体育运动工作的报告》的指示，明确指出："改善人民的健康状况，增强人民体质，是党的一项重要政治任务。""各级党委必须予以充分的重视，加强领导"。应建立和充实各级体育运动委员会，"领导和推动各有关部门共同努力，使群众性的体育运动首先在厂矿、学校、部队和机关中切实开展起来"。[②] 中央指示中还要求共青团、工会、军委总政治部等部门具体领导或者重视各自系统内的群众性体育活动。同年，周恩来在《政务院第205次政务会议上的讲话》中指示，"要在工厂、学校和农村中提倡和开展体育运动"。"只要坚持开展体育运动，五年、十年、十五年，中国人民的体质就会大的改变。"[③]

---

① 《当代中国体育》丛书编辑委员会. 当代中国体育［M］. 北京：中国社会科学出版社，1987：15.

② 国家体委政策研究室. 中共中央批转中央体委关于加强人民体育运动工作的报告的指示//体育运动文件选编（1949—1981）［M］. 北京：人民体育出版社，1982：3～4.

③ 周恩来. 为祖国锻炼身体（1954年2月21日）//周恩来选集：下卷［M］. 北京：人民出版社，1984：130~131.

第一节 当代中国体育的建立与初步发展（1949—1956 年）

这一时期，参照苏联经验制定的"劳卫制"影响深远。该制度规定了不同年龄人的锻炼标准，推动了群众性体育锻炼向科学化、标准化、制度化的方向迈进。同时，它也为衡量群众体育锻炼水平设立了一个有形的尺度。这对于社会体育的普及是有力的促进。这一条例几经修改，成为人民体育锻炼的一项基本制度。[①]

我国著名的广播操、工间操制度，也在这个时期建立起来。1951 年 9 月，全国体育总会、教育部、卫生部、人民革命军事委员会政治部、全国总工会、青年团中央、全国妇联、全国青联、全国学联 9 单位发出《关于推行广播体操运动的联合通知》，号召全国的体育工作者、各级人民政府、军事机关和人民团体的文化教育部门积极推行并动员所属单位以及广大人民参加体操活动，为普及国民体育、改善我国人民的健康状况奋斗。同年 11 月，中华全国体育总会和中央广播事业局联合公布了新中国第一套广播体操，受到广大群众的热烈欢迎，在全国各地掀起了做广播体操的热潮。1954 年，政务院发布了《关于在政府机关中开展工间操和其他体育活动的通知》。通知规定："每天上午和下午工作时间中，各抽出 10 分钟做工间操"。这一年，有 70% 的机关干部做工间操。接着，国家体委和有关单位又公布推行了第一套少年广播体操和第一套儿童广播体操，很快成为中、小学生每日必做的早操和课间操。

职工体育方面，1954 年 1 月，中华全国体育总会发出《关于开展厂矿企业中职工群众体育运动的指示》，要求"厂矿企业中的工会组织，必须根据为生产服务、为群众服务的原则，在业余时间内开展职工群众的体育运动，以及有准备有计划地推行劳动前后或工作间隙的体操。"为了厂矿企业职工体育运动健康、正常、有序开展，1955 年 1 月，中华全国总工会制定了《关于开展职工体育运动暂行办法纲要》，提出"积极领导，逐步发展"的方针，并就我国厂矿企业职工体育的方针任务、组织建设、宣传教育、运动竞赛工作、运动场地、设备的修建保管和利用、体育运动经费、奖励 7 个方面提出具体明确的要求。

农村体育方面，新中国成立初期，确立了开展农村体育的基本思路，即"服从生产、坚持业余、自愿原则，开展简单易行的体育活动。"[②] 制定了符合当时农村体育状况的"区别对待、分类指导、普遍提倡、重点扶

[①] 当代中国研究所. 中华人民共和国史稿（第一卷）[M]. 北京：人民出版社，2012：264.
[②] 国家体委. 中国体育年鉴（1949—1991）：精华本上册 [M]. 北京：人民体育出版社，1993：12.

持、以点带面、逐步发展"的农村体育方针。1956年，国家体委和共青团中央在北京首次召开了"全国农村体育工作会议"，肯定了在农村中主要结合民兵训练，利用农闲季节开展体育活动的做法。

军队体育与国防体育方面，1950年，中央军委、总政治部发出"大力加强部队体育活动"的指示。1952年，中央军委决定把体育列为人民解放军正规化训练的一个基本课目，使军队体育的开展与正规化训练结合起来。

（二）群众体育的组织建设

群众体育的发展，需要有一定的组织基础来保障。周恩来就特别重视各级组织在开展群众性体育活动中的作用，他曾要求各级行政部门和社会上各行各业，都应当重视开展体育运动，特别提到教育、卫生部门的责任。[1]

职工体育方面，1954年10月，全国第一次职工体育工作会议的大会报告中提出要加强职工体育的"组织建设工作"。根据这一精神，中华全国体育总会于1955年成立了体育部，专职管理体育工作。此外，铁路、航空、煤矿等部门系统也纷纷成立了行业体育协会，来管理本系统的职工体育工作。

农村体育方面，新中国农村体育工作主要由青年团组织负责。1956年，首次"全国农村体育工作会议"要求迅速建立县一级的体育运动委员，配备一定数量的专职干部，以加强领导。同时还要继续依靠青年团组织领导和开展农村体育工作。在这次会议的带动下，农村体育组织建设出现了前所未有的新气象。据22个省、自治区、直辖市的不完全统计，当时已建立436个县级体委，配备有554个专职体育干部；青年团也在261个县级团委中配备268名专职体育干部；全国共建立30 505个体育协会，发展会员915 150人。[2]

军队体育方面，1950年，军委总政治部明确由各级文化部门负责领导群众性体育活动，而军事体育训练由各级训练部门负责。连队革命军人委员会设立体育委员，负责连队体育工作。团以上单位成立体育运动指导委员会，加强对体育工作的领导。为了加强统一领导，1955年，训练总监部设立了体育局来管理全军体育训练和体育工作队，1957年，群众性体育工

---

[1] 伍绍祖. 热情的关怀　亲切的教诲——为周总理诞辰100周年而作 [J]. 体育文史, 1998 (1): 4~8.

[2] 傅砚农. 中国体育通史（第五卷）[M]. 北京：人民体育出版社，2008：89.

作也划归体育局领导,军事体育形成了正规化的系统管理体制。

国防体育方面,1952年6月,中央国防体育俱乐部成立,隶属于全国体育总会领导。国家体委成立后,该俱乐部改属国家体委领导。1956年,国务院批准设立中国人民国防体育协会,同时批准各省、自治区、直辖市成立相应机构。1958年,中央决定将国防体协和国家体委合并,为了保持对外联系,"国防体协"名义保留。

(三) 群众体育取得的成绩

在强有力的制度供给和组织领导体制建设下,群众体育逐步兴起。

"劳卫制"的推行,极大地促进了社会体育的发展。据统计,截至1956年,已经有83万多人通过了"劳卫制"标准(图8-3)。[①]

图8-3　20世纪50年代颁发的劳卫制证章

职工体育开展如火如荼。1955年10月2—9日,全国第一届工人体育运动大会在北京举行,120万职工参加了层层选拔,1 700多名选手参加大会。这是对新中国成立后职工体育运动成果的一次大检阅。

农村体育充分发挥以点带面的作用。河北省怀安县团委以台寨村为体育试点,组织青年们自己开辟场地,亲手动手制造器材。根据各人的爱好和特长,编成各种运动小组来进行。由团支书、民兵队长负责领导,小学体育教师和复员军人担任技术指导。一些省、自治区、直辖市的团委也采取了类似措施,深入基层,培养出一批典型,形成了一些体育传统。一些地方的农村结合当地的文化传统开展活动,逐渐形成了地方体育特色。例如河南登封武术之乡、广东梅县足球之乡、山西忻县摔跤之乡等。

在各级体育部门的领导下,军队的群众性体育活动开展非常普及且极

---

① 《当代中国体育》丛书编辑委员会. 当代中国体育 [M]. 北京:中国社会科学出版社,1987:15.

具特色。1952年8月2—9日，中国人民解放军在北京举办首届全军运动会，共有1 823人参加了44个项目的角逐，这是对新中国军队体育成果的一次检阅。

四、竞技体育的初步发展

在新中国成立初期的历史条件下，参加国际体育比赛对于维护和提高我国的国际地位，增进与各国人民的相互了解和友谊，打破帝国主义的国际封锁，有着特殊的意义。因此，新中国从一开始就积极参与国际体育交流。

（一）积极参与国际体育比赛活动

1. 与友好国家的体育交流

1950年，苏联男子篮球队来华访问，这是新中国接待的第一个外国体育代表团；1954年匈牙利国家足球混合队访问我国；1956年印度尼西亚网球队、苏联俄罗斯体操队来访。同时我国也积极派队到友好国家进行访问，如1951年解放军八一足球队出访保加利亚和捷克斯洛伐克；1954年国家足球队出访民主德国和罗马尼亚等。特别是1956年中国足球队访问印度，最后一场战胜印度国家队，在亚洲足球界曾引起轰动。

为了尽快提高运动技术水平，我国还先后于1954年、1955年派出国家青年足球、游泳、举重等运动员，分赴匈牙利和苏联等国学习，多次邀请外国专家来华讲学和指导训练工作。

2. 世界赛场初露锋芒

1949年，中国学生篮球队参加了在布达佩斯举行的第二届世界青年与学生和平友谊联欢节及第10届世界大学生夏季运动会，成为新中国第一支出国比赛的代表队。1951年，中华全国体育总会代表团应邀参加了在印度举行的第一届亚洲运动会。1952年，由40人组成的中国体育代表团参加了在赫尔辛基举行的第15届奥运会，这是新中国第一次参加奥运会。因我国代表团受阻迟到，唯有吴传玉赶上参加第二天的100米仰泳预赛，但由于旅途疲劳和时间差，吴传玉没有进入决赛。足球队和篮球队未能参加正式比赛，仅参加了一些表演赛。

1953年，在布加勒斯特举行的第一届国际青年友谊运动会上，我国游泳运动员吴传玉获100米仰泳冠军，这是新中国在重大国际体育赛事上夺得的第1枚金牌（图8-4）。1956年，在上海举行的中国人民解放军和上海市联队同来访的苏联队的比赛中，陈镜开以133千克的成绩，打破最轻量级挺举世界纪录，这是新中国打破的第1个世界纪录。

图 8-4　吴传玉获 100 米仰泳冠军

3. 为参与国际体育组织而积极斗争

新中国成立后，我国积极参与国际体育事务，为加入各种国际体育组织，进行了不懈的努力和斗争。

1951年，中华全国体育总会与国际奥委会联系，要求继续获得承认。1952年2月初，芬兰驻华公使向中国外交部表示，希望中国派出运动员参加7月在赫尔辛基举行的第15届奥运会。随即，中华全国体育总会和国际奥委会中国委员董守义打电报通知国际奥委会，声明中国将参加第15届奥运会。与此同时，芬兰友好协会主席皮可拉及许多芬兰友好人士也发表谈话，敦促国际奥委会邀请中国参加奥运会。2月13日，盛之白代表国际奥委会委员董守义出席在挪威奥斯陆举行的第46届国际奥委会全会，会上再次表达了中华全国体育总会的立场和愿望。

但是，由于国际奥委会某些人对新中国怀有敌意，违背《奥林匹克宪章》规定，故意在中国席位问题上制造事端，拒不邀请我国参加。于是，关于决定我国申请参加奥运会的批准问题就此拖延。中国奥委会（体总）秘书长荣高棠致电国际奥委会主席埃德斯特隆，申明我正义立场和要求，赢得世界舆论、国际奥委会中正义人士及芬兰朋友的广泛支持。国际奥委会于7月17日在赫尔辛基举行全体委员会会议，通过了邀请中国代表团参加的议案。但遗憾的是，它同时也邀请了台湾地区的体育组织参加，并对中国席位问题予以"保留"。

经过不懈努力，截至1956年年底，新中国除了中华全国体育总会被国际奥委会确认合法地位外，还先后被国际业余游泳联合会、国际业余篮球联合会、国际足球联合会、国际乒乓球联合会、国际草地网球联合会、国际排球联合会、国际自行车联合会、国际业余摔跤联合会、国际业余田径联合会、国际射击联合会、国际举重与健身联合会、国际滑冰联合会、国际体操联合会等 13 个国际单项体育组织承认为正式会员。

（二）竞技体育体制初步建立

新中国成立后，在人民军队体育工作经验的基础上，借鉴了苏联等国的模式，初步建立了主要由青少年业余体育学校和省级、国家级常设运动队构成的训练体制和以全国运动会为核心的竞赛体制。

为了培养优秀运动员的苗子，1955 年开始试办青少年业余体育学校。1956 年，国家体委公布了《青年业余体育学校章程（草案）》和《少年业余体育学校章程（草案）》，仿照苏联模式建立了各级青少年业余体校，这是国家优秀运动员的主要培养和储备基地。这两个《章程》在 1959 年改为示范章程，全国各地都遵照执行。

1956 年，国家体委公布了《中华人民共和国运动竞赛制度的暂行规定（草案）》。规定在我国实施竞赛制度的运动项目共 34 个，各项设全国"单项锦标赛"，其中 22 个项目分别每年举行锦标赛一次；足球、篮球、排球实行"全国甲、乙级队联赛"制度，每年举行一次；全国设"综合性运动会"，每 4 年举行一次，在综合性运动会中有比赛的项目，当年不另举行单项的全国锦标赛。此外，对地方的省、市等各级竞赛制度也有明确的规定和要求，从而使全国的各种竞技体育比赛活动都纳入到一个有序的管理系统。

1956 年 4 月，国家体委公布了《中华人民共和国运动员等级制度条例（草案）》和《中华人民共和国裁判员等级制度条例（草案）》，1957 年 3 月 27 日颁布了《关于如何审查与承认省（自治区）、直辖市最高纪录的几点规定》。这些作为运动竞赛制度配套的文件，对运动员技术等级评定和裁判工作、竞赛方法等都做出了具体的规定，促进了中国竞技体育训练、竞赛和管理工作的规范化。

竞技体育体制的初步建立，促进了新中国竞技体育的发展。从 1953—1956 年，我国各地举办了地市以上的运动会 6 000 多次，其中全国性比赛 75 次，是新中国成立前全国比赛次数的 8 倍。① 我国还组建了田径、乒乓

---

① 《当代中国体育》丛书编辑委员会. 当代中国体育 [M]. 北京：中国社会科学出版社，1987：16.

球、羽毛球、排球、游泳、体操等项目的国家队,队员几乎都是从 6 000 多次运动会中选拔出来的业余竞技体育爱好者。①

第二节 当代中国体育的探索与曲折发展（1956—1978 年）

1956 年 9 月,中国共产党第八次全国代表大会在北京成功举行,为新时期社会主义事业的发展和党的建设指明了方向,我国开始转入全面的大规模的社会主义建设。1966—1976 年的"文化大革命",使党、国家和人民遭到新中国成立以来最严重的挫折和损失,1976 年 10 月,粉碎江青反革命集团的胜利,使我国进入了新的历史发展时期,从这时开始到党的十一届三中全会之前的两年中,我国工农业生产得到比较快地恢复,教育科学文化工作也开始走向正常。回顾 1956—1978 年党的十一届三中全会期间,我国体育事业发展随着国家政治经济形势的起伏变幻,充满了曲折与艰辛,但在体育战线和广大人民群众的努力下,我国体育事业克服重重困难,在曲折的道路上探索前行,为改革开放后我国体育迎来新局面奠定了一定的发展基础。

一、计划经济体制下体育发展模式的形成

1956 年底,随着"一五"计划提前完成预定的大部分指标,我国计划经济经济体制基本形成。② 中共党的八大召开后,尤其在 1958 年掀起人民公社化热潮以后,以"一大二公"为标志,我国计划经济体制日渐强化和固化。③ 在 1960—1962 年的经济困难时期,中央确定了"调整、巩固、充实、提高"八字方针,对整个国民经济进行计划性指导和调控,从而最终形成了比较完善的一整套计划经济体制。在此背景下,我国体育事业逐步形成了计划经济指导下发展模式的雏形。

---

① 许敏雄. 竞技体育强国之路 [M]. 北京：光明日报出版社,2012：17.
② 林浣芬. 我国计划经济体制的基本形成及其历史特点 [J]. 党的文献,1995（2）：38~43
③ "一大二公"是 1958 年在"大跃进运动"进行到高潮时开展的人民公社化运动两个特点的简称。具体是指人民公社规模大,人民公社公有化程度高。

(一) 体育"普及与提高相结合"方针的正式出台

1959年4月18日,周恩来在二届全国人大做的《政府工作报告》中明确指出:"在体育工作中,应当贯彻执行普及和提高相结合的方针,广泛开展群众性的体育运动,逐步提高我国的体育水平"。我国体育"普及和提高相结合"方针正式出台。

至此,我国正式形成了"为劳动生产和国防建设服务",以"发展体育运动,增强人民体质"为基本任务,以"普及与提高相结合"为基本方针的体育发展思路。

(二) 竞技体育"举国体制"的形成

在新中国成立初期体育事业发展的基础上,我国政府逐渐加强了对体育的指导和投入。在"普及与提高相结合""国内练兵、一致对外"等思想指导下,20世纪50—60年代,我国逐步形成了以计划经济为基础,以政府直接财政投入和行政管理为保障,以普及体育运动,提高运动水平,在国际赛场上取得优异成绩为主要任务的具有中国特色的竞技体育"举国体制"。这一体制主要包括以各级体育行政部门为中心的管理体制,以国家和省级专业运动队以及县级业余体校为中心的训练体制,以"全运会"为中心的国内竞赛体制。[①]

1. 体育管理体制的确立

自1952年中央体委(1954年改为国家体委)成立开始,至20世纪60年代初期,全国各省、自治区、直辖市和各县级政府都成立了相应的体育管理机构,一个以各级体委为主体,自上而下的体育行政管理体制得以确立。

中央体委成立初期的主要职责是对全国体育工作进行指导,号召国家和社会力量共同办体育。1957年以后,随着国家计划经济体制的完全确立,体育社会组织管理系统的功能和作用逐渐削弱。1960年后,为了应对严重的国民经济困难,全国各个行业在中央"八字方针"的指导下进行调整和收缩,计划经济体制得以加强。在此过程中,各产业体育协会、社会群众体育组织逐渐失去了组织管理竞技体育和群众体育的职能作用。国家体委和各级体委全面接管了国家体育事业各方面的工作。

---

① 郝勤. 体育史 [M]. 北京: 人民体育出版社, 2006: 391.

20世纪60年代，有关我国体育的发展道路、问题仍然沿袭了20世纪50年代后期的指导思想，即一方面推行体育大众化、普及化，另一方面提高运动技术水平。然而，由于国民经济的困难，国家体委不得不收缩战线，将有限的资源优先保证竞技体育的发展。且在竞技体育中，也只能优先保证部分重点项目。为了集中有限的人力、物力、财力，通过统一规划、调配、布置来保证部分重点项目形成突破，国家体委制定了一系列有利于竞技体育快速发展的管理制度和措施，从而形成了计划经济体制下，以中央到地方各级体育行政部门为主体的竞技体育管理模式，即"举国体制"。

2. 专业化训练体制的形成

中国的专业运动队始创于20世纪50年代初，当时称为"优秀运动队"。最初国家体委所属的优秀运动队有篮球、排球、游泳3支。到1959年第一届"全运会"前后，在国家体委下已建立了包括田径、体操、游泳、篮球、排球、足球、乒乓球等主要项目在内的常设国家集训队。同时，全国各省、自治区、直辖市也建立了一定数量的专业运动队。据1959年4月中共中央转批国家体委党组《关于1959年体育工作几个问题的报告》称："各省、自治区、直辖市可根据本地区体育运动发展的情况和特长，建立若干重点项目的优秀运动员队伍。……省以下各级的运动代表队，除为了准备和参加省一级运动会，可进行短期集训以外，一律不应当占用生产和工作时间进行集训。" 1960年3月，经中央转批的《国家体委党组关于1960年体育工作会议情况的报告》又进一步明确指出："优秀运动员的训练由国家体委和省、自治区、直辖市分别举办。"《1961年全国体育工作会议纪要》规定："优秀运动队的设立，除解放军、各产业系统由各有关部门批准建立外，目前只限在国家体委和省（自治区、直辖市）体委两级。"根据以上文件，我国正式确定了中央和省级两级专业运动队模式。

1963年3月31日，《国家体委关于试行运动队工作条例（草案）的通知》下发，这是我国第一部关于专业运动队的正式文件。该条例对我国专业运动队的基本任务、培养目标、管理规范进行了全面阐释，并分章就训练原则、比赛要求、思想政治工作、文化教育、教练员、运动员、后备力量培养、医务监督、行政管理、组织和领导进行了全面的规定与说明。这一条例的出台，标志着中国竞技体育"举国体制"的训练体制与专业运动队体制走上了规范化与建制化轨道。

为了强化对优秀运动队的政治思想管理和行政管理，1964年8月，经中央批准，国家体委颁布了《运动队思想政治工作条例（试行草案）》，决定在体委系统建立政治工作机构。对配备人员政治理论学习的时间、学习和内容以及劳动锻炼的时间、地点，作了很明确和详尽的规定。该条例虽然突出了政治，掺杂了形式主义的内容，但在当时历史背景条件下和计划经济条件下，对加强优秀运动队的管理和思想作风建设起到了一定的积极作用。

建立培养人才的三级训练网。1956年，国家体委《青年业余体育学校章程（草案）》和《少年业余体育学校章程（草案）》颁布后，县区一级的业余体校在各地陆续建立。由于经济困难，1960—1962年，我国对青少年业余体校从数量上进行了压缩。1963年，青少年业余体校在调整的基础上，着重巩固提高并略有发展。根据全国体育工作会议的要求，将全国青少年业余体校的数量控制在350所以内。实际上，全国绝大多数省、自治区、直辖市体委都根据专项优势特点，扩大了业余体校办学规模。1964年，全国体育工作会议上要求各地"要充分运用各种业余训练形式进行训练，尤其要办好青少年业余体育学校，为优秀运动队伍培养后备力量。"

为了使业余体校走入规范化轨道，为提高业余训练质量提供可靠的保证，1964年9月，国家体委颁发了《青少年业余体育学校试行工作条例（草案）》（以下简称《条例》）。《条例》分8章共36条，对举办业余体校的条件、项目、学制、教学训练、思想政治工作、教练员与学生、组织领导、运动保健、设备和经费等方面作了较详尽的规定。根据《条例》的要求和精神，各级体委、体育场、国防体育俱乐部、少年宫、少年之家和条件较好的学校、厂矿等都举办了业余体校。各省、自治区、直辖市体委，主要抓重点业余体校的训练。1965年的全国体育工作会议上，确定采取多种业余训练形式，大力抓好业余训练工作，"广泛建立基层的运动队、代表队、训练点等，办好重点青少年业余体校、中心青少年业余体校"。1965年6月召开的全国群众体育工作会议上，再次提出了"各地都应集中力量办好重点青少年业余体校，一定要源源不断地培养出一些优秀运动员，向专业队输送。有条件的地区可以建一所半天读书、半天训练的中心青少年业余体校，作为专业队的预备队"。从1963—1965年，我国逐渐形成了一个从基层单位业余体校到重点业余体校、中心业余体校和专业运动队，有广泛的普及面、层层衔接的业余训练三级人才培养网络和体系。[①]

"三从一大"的训练原则的确立。1963年，随着国家经济形势的好转，

---

① 伍绍祖.中华人民共和国体育史综合卷（1949—1998）[M].北京：中国书籍出版社，1999：129.

国家体委提出了由休整性训练转入正常的全面训练和必须严格保证训练质量的要求。

1964年12月，国家体委在上海召开了训练工作现场会议，学习和推广了日本女排大松博文教练严格进行大运动量训练的经验。要求各运动员要进一步反对训练中的保守思想、教条主义；坚决贯彻"三从一大"（从难、从严、从实战出发，进行大运动量训练）的原则；在运动队中树立"三不怕"（不怕苦、不怕累、不怕难）和"五过硬"（思想过硬、身体过硬、技术过硬、训练过硬、比赛过硬）的作风；改进训练工作的领导，做到领导、教练员、运动员三结合，实现训练工作的革命化。

"三从一大"原则和"三不怕""五过硬"作风，是我国优秀运动队对多年训练实践进行摸索和总结的结果；是针对我国竞技运动的实际状况，结合专业项目特点，吸取国外先进训练经验，迅速提高运动技术水平，彻底改变我国体育运动的落后面貌，向世界先进水平大踏步前进的需要；是在全国掀起学习解放军热潮的直接促进下形成和提出来的。这些原则和作风成为我国运动员长期克敌制胜的"法宝"。

"国内练兵，一致对外"的竞赛战略模式。1961年，为贯彻中央的"八字方针"，在全国体育工作会议上，强调了要抓好优秀运动队伍的整顿工作，根据"全国一盘棋"的精神，缩短战线，保证重点。1965年1月，在全国体育工作会议上，我国提出了要力争在3~5年内实现由1958年提出的10年左右在10个主要项目上赶上和超过世界水平的奋斗目标。为迎接第二届全国运动会的召开，争取实现在本届全运会上打破一批全国纪录和一些项目的世界纪录，达到促进训练的目的，要求各优秀运动队要树立"国内练兵，一致对外"的思想，加强团结，交流经验，互相学习，共同提高。

从1961—1965年，所有的竞赛实际上都是围绕"国内练兵，一致对外，猛攻尖端"来组织安排的。"国内练兵，一致对外"的思想，成为这一时期指导我国竞技体育发展的一个基本原则。

建立"缩短战线，确保重点"的竞技体育发展模式。针对1958年以后竞技体育"大跃进"造成的战线过长、摊子过大，造成人力、物力、财力极大的分散和浪费，又不利于提高运动技术水平的状况。从1961年开始，在贯彻中央"八字方针"中，提出"缩短战线、确保重点、猛攻尖端"的原则，对运动队进行了精简、调整，以10个主要项目为重点进行了部署，使保留的优秀运动队在物质条件方面有了相对较好的保障。1963—1966年初，很多在调整时期停止训练的运动项目重新恢复训练，以此来带动其他运动项目技术成绩的提高。

3. 建立完善国内竞赛制度和举办全国运动会

为了适应竞技体育的发展需要，国家体委建立和完善了一批有关规章制度。1957年3月13日，国家体委正式公布了《关于各级运动会给奖方法的暂行规定》，从而建立了我国首个运动员奖励制度。1963年，经国务院批准，国家体委下发了《各项运动全国最高纪录审查及奖励制度》，以使对全国最高纪录的审查能规范化、科学化，奖励有章可循，起到鼓励运动员不断提高运动技术水平、创造新纪录、推动竞技体育发展的作用。

1958年，国家体委公布了《中华人民共和国运动员、裁判员等级制度条例（修订草案）》。经过修改和补充，1963年10月10日，国家体委重新公布了《中华人民共和国运动员等级制度》和《中华人民共和国裁判员等级制度》。以上规章制度的建立和完善，对国家体委对竞技体育的完全行政性、计划性管理，起到了很重要的保证作用。

在中国现代竞赛体制的形成过程中，中华人民共和国第一届全国运动会的举办具有重要的地位和作用。1959年9月13日—10月3日，第一届全运会在北京举行，各省、自治区、直辖市和解放军共有29个单位参赛。毛泽东和其他党和国家领导人出席了开幕式。"全运会"是我国国内规模最大、层次最高、从中央到地方政府（省）最为重视的综合性运动会，同时也是世界上规模最大的国内运动会。"全运会"的举办有力地推动了我国竞技体育的普及与发展，促进了运动水平的提高，调动了各地开展竞技体育的积极性（图8-5）。

图8-5　江苏选手崇秀云以13米97的成绩取得铅球项目第1名，并打破1958年13米62的全国纪录

(三) 小型多样的群众体育体制的建立

20世纪50年代，在开展群众体育工作的实践中，我国就提出和采用了在自愿的基础上，引导群众因人、因地、因时制宜开展小型多样活动的方法。但在1958年，为了突出规模大、人数多的跃进景象，常常利用行政手段来组织群众参加体育活动。1959年下半年，国民经济的困难已从各个方面表现出来，事实上已不可能组织大规模的群体活动。因此，在1960年1月召开的全国体育工作会议上，我国就群众体育提出了围绕生产、结合生产、贯彻需要和自愿、因时、因地制宜，充分利用业余时间，开展各种各样体育活动的原则。

1961年初，体育战线开始贯彻中央提出的"八字方针"。在《国家体委关于1961年体育工作的意见》中提出"今年的群众体育工作应根据为生产劳动服务的方针和因地、因时、因人制宜的原则，使群众体育活动的内容和形式更加切合生产劳动、工作、学习的需要，更加有助于劳逸结合，更加有利于逐步增强人民的体质"。经过两年的调整，国民经济状况有所好转，有计划、有步骤地恢复群众体育的问题提到了国家体育工作的议事日程上。1963年，国家体委根据1962年全国体育工作会议上确定的工作安排，要求"各级体委从国家体委起，要加强群众体育工作的领导，使群众体育活动积极切实地开展起来，根据生产（工作、学习）的需要与客观可能，因时、因地、因人制宜，坚持业余、自愿，开展小型多样的活动"。

从1963年以后，体委加强了对群众体育的行政性领导，在"业余、自愿、因时因地因人制宜、小型多样"等开展群众体育方针的指导下，城市、农村、学校和军队形成了各自开展群体活动的模式和特色：农村体育与民兵训练相结合；城市职工体育与备战、生产相结合；部队体育与练兵相结合。

(四) 拨乱反正时期体育制度建设的进一步完善

新中国成立后，我国制定了一系列体育工作条例和制度，反映了发展社会主义体育的客观规律，促进了体育运动的发展，调动了群众投入社会主义体育事业的积极性，虽然很多条例和制度存在缺陷和不足，但总体来说这些条例有助于群众体育的发展。"文化大革命"时期，这些条例成了"修正主义"而被禁止，给体育工作造成了很大的混乱。1977年以后，在恢复和健全各级体育管理机构，重整体育组织管理体系的同时，在调查研究、总结经验的基础上，我国开始了恢复、建立和健全各项规章制度的工作,并于1978年、1979年先后公布了一批经过修订和新颁布的条例和规章制度。

1978年7月11日,国家体委公布了《中华人民共和国运动员技术等级制度(草案)》(1978年1月1日起试行),共7章17条,对认定技术等级的称号和条件、项目和标准、授予技术等级称号的权限和程序、证书和证章,如何取消技术等级称号等方面作了明确规定。

1978年6月5日,国家体委公布《中华人民共和国裁判员技术等级制度(草案)》,并在全国试行,新的裁判员等级制度对提高裁判员水平,提高竞赛质量,促进体育运动的发展,加强裁判队伍的建设,起到了积极的作用。同日,还公布了《体育运动全国纪录申请及审批办法(草案)》,并开始在全国试行。

1963年5月10日,国家体委曾颁布《中华人民共和国教练员等级制度条例(草案)》,但由于种种原因未能施行。粉碎"四人帮"以后,为适应体育事业的发展和需要,充分调动教练员为教学训练工作,迅速提高我国体育运动的技术水平,1979年6月12日,国家体委公布试行了《中华人民共和国教练员技术等级制度(草案)》。[①]

二、学校体育的调整与规范

(一)"左"倾思想对学校体育的干扰与学校体育工作的规范

1957年2月,毛泽东发表了《关于正确处理人民内部矛盾问题》的著名讲演,明确提出:"我们的教育方针,应该使受教育者在德育、智育、体育几方面都得到发展,成为有社会主义觉悟的、有文化的劳动者。"周恩来也指出"我们今后的教育方针,应该是培养有社会主义觉悟的、有文化的、身体健康的劳动者。"在初步探索、整顿和发展中,"三育两有"教育方针指导下的学校体育思想逐步形成。根据这个方针,教育部对学校体育做了进一步的整顿,并全面试行各级学校的"体育教学大纲"。1957年3月,教育部发布了《关于1957年学校体育工作的几点意见》,规定学校体育由教育行政部门统一领导,体委负责"指导、配合、监督。"这种分工从组织上保证了学校体育管理的统一,使学校体育在一段时间内走上了

---

① 熊晓正,钟秉枢. 新中国体育60年[M]. 北京:北京体育大学出版社,2010:161.

有序发展的轨道；出现了良好发展的势头。

1958年的"大跃进"，使教育战线也受到"左"倾思想的干扰，学校正常的教学秩序被打乱。在学校体育工作中，出现以劳动代替体育，盲目追求指标，脱离实际等错误做法，违背了学校教育和学校体育的规律。加上自1960年起我国进入"三年经济困难时期"，学校体育课和课外体育活动被迫减少或停止，学生体质普遍下降。后来在党中央"调整、巩固、充实、提高"的方针指引下，通过及时总结正反两方面的经验，我国学校体育有关部门及时采取措施，进行整顿。

1961年人民教育出版社组织人员编辑出版了中小学体育教材，第一次明确提出学校体育应从增强学生体质出发的指导思想。根据我国国情把教材分为基本教材和选用教材，以满足各地不同的要求，从而促进了体育教学质量的进一步提高。特别是1963年教育部在北京召开了各省、自治区、直辖市教育厅（局）体育干部座谈会。会议讨论了中小学如何开展体育、卫生工作；重点试用中小学体育教材；如何提高教学质量；如何积极开展各种活动和运动竞赛以及如何提高在职教师的业务水平等一系列问题。

1961年，根据中央确定的"八字方针"，教育部门研究制定出《教育部直属高等学校暂行工作条例（草案）》《全日制中学暂行工作条例（草案）》和《全日制小学暂行工作条例（草案）》，并同时下达《关于试行条例的指示》（简称《指示》）。《指示》阐述了条例的主要内容并指出，提高教育质量是一项具有战略意义的任务，应该把这个问题摆在党和政府的重要议事日程上。三个《条例》都对学校体育卫生工作提出了规范性要求，体现了党和国家对学校教育和体育卫生工作的重视和关怀，对学校体育卫生工作的规范化及健康发展，起到了十分重要的作用。①

（二）学校体育体系的初步完善

1963年，国家体委明确指出，群众体育的工作重点要放在学校。国家体委牵头与教育部、全国总工会、共青团中央等有关部门配合，加强了对学校群体工作的领导。在教育和体育主管部门的努力下，学校体育工作逐步恢复正常。

1964年8月，国务院批转了教育部、卫生部、国家体委《关于中、小学学生健康状况和改进学校体育、卫生工作的报告》。《报告》要求学校体

---

① 李晋裕. 学校体育史［M］. 海口：海南出版社，2000：42.

育应面向广大学生，首先上好每周两节课（两课），同时坚持做早操和课间操（两操），安排好每周两次课外体育活动（两活动），然后在广泛开展群众性体育活动的基础上，可适当组织学生的运动竞赛。《报告》还鼓励有条件的学校开始试行《青少年体育锻炼标准》。以"两课、两操、两活动"为中心的学校体育格局初步形成。

（三）学校体育发展的停滞与恢复

"文化大革命"时期学校体育蒙受了极大的破坏。新中国成立以来学校体育所取得的成就被否定，体育课由于受"极左"思潮的影响，普遍被军训和劳动代替，教学工作全面混乱，教师队伍受到冲击和摧残，场地器材受到严重破坏，学校体育基本处于混乱和停滞状态。直至1971年学校体育工作才开始出现转机，特别是周恩来总理在全国体育工作会议上充分肯定了"文化大革命"之前体育工作的成绩，使全国体育教师备受鼓舞。一些体育院校和大学的体育系开始恢复招收体育专业学生，一部分师范院校还开办了体育专业教师培训班，为逐渐恢复教学秩序的中、小学培养体育教师。1972年全国召开了业余体校工作会议，部分学校开始了业余训练。1973年全国初中学生运动会的召开，对学校体育逐步走上正轨起到了推动作用。1974年，中国派出代表团参加了第一届世界中学生运动会，获得了较好的成绩。

1976年10月，长达10年之久的"文化大革命"终于结束，学校体育也进入了一个恢复发展的新阶段。学校体育管理机构逐渐恢复并得到加强，1977年教育部设立了体育司，国家体委恢复了学校体育处，各级教育行政部门和学校陆续设立了体育工作机构。

一系列有利于学校体育发展的政策出台，进一步推动了学校体育工作的规范化。1978年3月5日，中华人民共和国第五届全国人民代表大会第一次会议通过的《中华人民共和国宪法》第13条规定："使受教育者在德育、智育、体育几方面都得到发展，成为有社会主义觉悟的有文化的劳动者。"4月14日，教育部、国家体委、卫生部联合下发《关于加强学校体育卫生工作的通知》。5月12日，国务院在批转1978年全国体育工作会议纪要中明确指出："坚持普及与提高相结合的原则，进一步广泛开展群众体育活动，重点抓好关系两亿青少年健康成长的学校体育工作。"[1]

---

[1] 国家体委. 中国体育年鉴（1949—1991）［M］. 北京：人民体育出版社，1993：221.

三、社会体育的恢复与开展

新中国成立初期,群众体育受到"左"倾思想的深刻影响,发展起起伏伏。

(一) 群众体育的开展

1958年,中央在批转国家体委《关于体育10年规划的报告》中指出:"体育运动的根本任务是增强人民体质,为劳动生产和国防建设服务",体育运动的方针是"大力开展群众性的体育运动,在体育运动广泛开展的基础上,提高技术水平"。[1] 1958年10月25日,国家体委公布实施了经国务院批准的《劳动卫国体育制度条例》,全国迅速兴起了体育锻炼的热潮,先后有4 200多万人达到了劳动卫国制的标准。[2]

为了更好地总结经验,推动群众体育的开展,国家体委在1958年分别召开了全国农村体育工作和职工体育工作现场会,随后又陆续发布了一系列开展群众体育的通知。1960年,国家体委发布《大力开展群众体育活动的倡议》以及《在青少年中大力开展游泳活动的通知》。1965年,《关于青少年体育锻炼标准(草案)的通知》和《大力开展群众性游泳活动》的通知也相继发布。

1958年9月10日,《体育报》创刊,这是我国第一份全国性的体育报纸,它受到了党和国家领导人的关怀及广大人民群众的喜爱,1964年,毛泽东主席亲自为《体育报》题写了刊头。随着《体育报》的发行,更多人了解和认识了体育,对群众体育的开展起到了有力的推动作用。

(二) 群众体育的起伏与恢复

1958年的体育"大跃进"对群众体育工作产生了不良影响,使群众体育活动严重脱离实际,加之自然灾害的影响,群众体育活动很快陷入低潮,几乎陷入停顿状态。

1960年,在中央"调整、巩固、充实、提高"的方针指导下,体委系统及时发现和纠正了工作中的错误。农村结合民兵训练而开展的体育活动

---

[1] 国家体委. 中国体育年鉴(1949—1991) [M]. 北京:人民体育出版社,1993:221.
[2] 当代中国研究所. 中华人民共和国史稿 [M]. 北京:人民出版社,当代中国出版社,2012:284.

逐渐推广，工厂的"钢铁工人操""纺织工人操"等行业体操也开始实施。1963年起，随着国民经济形势的好转，群众体育恢复了生机。1964年，全国大力提倡开展游泳、射击、通讯、登山"四项活动"，到1965年已有近250万人投身其中。① 在这两年中，我国还试行了《青少年体育锻炼标准》，有52万多人达到标准。各类群众体育组织开始恢复或新建。武术等传统体育和少数民族体育以及球类、游泳、登山、射击等运动成了群众体育的重要内容，群众参加体育活动的热情日渐升高。1965年，随着第二届全运会的举办，全国出现了群众体育活动的高潮，近亿人参加各项体育活动，仅乒乓球赛全国就有近9 000万人参加，新中国的群众体育发展迈向了新的高度。

"文化大革命"开始后，我国群众体育整体上呈"畸形"发展局面。1969年，在部分坚持工作的老一辈革命家的努力下，全国许多机关和工厂秩序开始好转，职工开始自发地开展体育活动。1973年，在北京召开了全国职工体育工作座谈会，促进了全国职工体育的恢复，不少大中型厂矿扩建和修整了运动场，城市各行业系统和大型厂矿在节日期间举办以田径、球类项目为主的竞赛活动和运动会。每年一度的游泳活动以及适应"备战"需要的军事体育活动也在职工中普遍开展。这一时期，群众体育发展虽然时起时伏，但在当时特定的历史条件下仍有所收获。例如，从1973—1976年原国家体委开始试行《国家体育锻炼标准》，共有1 300多万人达到及格标准。②

四、竞技体育的发展与反复

新中国成立之初，在普及群众体育的同时，我国党和政府的有关组织就注重抓运动技术水平的提高。特别是随着国民经济形势的好转和群众性体育运动的初步普及，更为运动技术水平的提高提供了一定的基础。1959年和1965年，伴随着第一届和第二届全国运动会的举办竞技体育先后出现了两个高潮。

---

① 中国社会科学院文献中心. 新世纪党政干部理论学习文集第四卷（上册）[M]. 北京：红旗出版社，2004：670.
② 孙葆丽，杨文学，潘建林等."文化大革命"时期的群众体育 [J]. 武汉体育学院学报，1999（6）：6~8.

（一）竞技体育的第一个高潮

在竞赛制度逐步完善化的同时，我国的竞技体育在20世纪50年代后半期有了较大的提高。1957年，游泳运动员戚烈云创造了男子100米蛙泳世界纪录，田径运动员郑凤荣创造了女子跳高世界纪录。1958年和1959年，有40人26次打破举重、游泳、跳伞等18个项目的世界纪录；容国团夺得第25届世界乒乓球锦标赛男单冠军，这是中国体育史上的第一个世界冠军（图8-6）；各项目破全国纪录2 127次。[①] 在1959年5月举行的第二届全军运动大会上，共44人次破18项世界纪录，101人次破50项全国纪录。

图8-6 中国第一个世界冠军容国团

1959年举行的第一届全国运动会，是对新中国十年竞技体育运动成绩的全面检阅，共有10 658人参加，有664人先后844次刷新了106项全国纪录，另有7人打破4项世界纪录，取得了丰硕的成果，出现了新中国第一个竞技体育运动高潮。

（二）竞技体育的低潮

在竞技体育大发展的同时，受"大跃进"的影响，一些潜在的问题也逐渐凸显出来。特别是1958年《体育运动十年规划》中提出的"主要运动项目迅速赶上世界水平"的口号，要求过急，不尊重科学，运动量增加

---

① 姚颂平. 体育运动概论 [M]. 北京：高等教育出版社，2011：42~43.

过快,以致造成运动员伤病严重,影响了后备运动员的训练。

为了应对经济困难,体育活动规模收缩,体育竞赛机会减少,优秀运动员集训次数也随之减少,我国竞技体育一度出现低潮。但低潮中也有亮点:中国登山队首次从北坡登上世界最高峰——珠穆朗玛峰;1961 年 4 月,在第 26 届世界乒乓球锦标赛上,中国队又夺得了男团、男单、女单三项冠军。

(三) 竞技体育的第二个高潮

1963 年起,随着国民经济形势的好转,体育战线又开始恢复了生机,竞技体育发展出现了新局面。1963 年,在有 48 个国家和地区参加的"新兴力量运动会"上,我国选手共获得了 66 个冠军。1965 年,中国乒乓球队在第 28 届世界锦标赛上获得 5 项冠军,扩大了在世界乒坛的优势。同年,中国羽毛球队访问北欧,取得了对羽毛球王国丹麦和瑞典 34 场比赛全胜、包揽丹麦国际邀请赛全部冠军的佳绩,震动国际羽坛。在速度滑冰、游泳和田径等一些项目中,中国运动员也开始向体坛高峰发起冲击。

1965 年 9 月 11—28 日,中华人民共和国第二届全运会在北京举行。在 27 个比赛项目、1 个表演项目(武术)的竞技中,有 24 人 10 次打破 9 项世界纪录,331 人 469 次打破 130 项全国纪录。由此,新中国竞技体育出现了第二个高潮。

(四) 竞技体育的"瘫痪"与转机

"文化大革命"严重冲击了我国竞技体育的发展:专业运动队多数被解散,运动技术水平急剧下降;国际性的竞赛活动几乎被取消。"文化大革命"初期,竞技体育全面"瘫痪"。

1971 年的"乒乓外交"成为竞技体育出现转机的重要契机。出于国际体育交流和比赛的需要,一些专业运动队开始重新组建和恢复,体育场馆重新开放用于训练和比赛,一些省、自治区、直辖市也召开了区域性单项比赛运动会。1972 年 6 月 9 日,全国五项球类运动会在北京隆重开幕,打破了竞技体育沉寂的局面。1974 年,为了迎接第三届全运会和亚运会,国内的比赛活动更加频繁,由国家体委主办的全国性比赛就有 41 次。1974 年有 138 人 277 次打破 75 项全国纪录,有 8 人共 6 次打破 6 项世界纪录。在 1975 年的第三届全国运动会上,共有 4 人 6 次打破 3 项世界纪录,2 人

2次平世界纪录，49队83人197次破62项全国纪录。①

五、体育的对外交流与斗争

当代中国体育在探索与发展时期的对外交流，始终坚持了推行独立自主的外交政策服务的历史主线，在不同历史时期体现了不同的策略特点。

（一）通过体育拓展对外交流空间

1956—1966年，是新中国社会主义建设十年探索时期，在外交战略重心由"联苏反美"转为"既反美又反苏"的情形下，中国体育对外交往主要体现了不怕打压和努力拓展国际体育生存空间的重要特点。

1956年2月6日，毛泽东在中南海接见了来访的南斯拉夫足球队，请他们转达对铁托总统的问候，并提出派中国足球队回访南斯拉夫。随后，铁托也接见了到访的中国足球代表队。两国通过体育互访活动增进了彼此间的了解和友谊。1957年3月，中国乒乓球队参加了在瑞典斯德哥尔摩举行的第24届世界乒乓球锦标赛。通过这些国际比赛，新中国同已经建立外交关系的国家加强了联系，为中国与其他国家建立外交关系打下了基础。

由于国际奥委会在少数人的把持下非法同意台湾当局的"中华体育协进会"参加奥运会，阴谋制造"两个中国"。全国体育总会和有关单项体育运动协会不得不在1958年8月宣布中断与国际奥委会和有关9个国际单项体育联合会的联系。退出国际奥委会以后，中国依然于1961年4月在北京成功举办了第26届世界乒乓球锦标赛，这是中华人民共和国成立以来承办的第一个世界性体育大赛，中国男队获团体冠军，女队获团体亚军。庄则栋和邱钟惠分获男女单打世界冠军，中国乒乓球的运动水平从此进入了世界领先行列。1963年11月，中国参加了在雅加达召开的第一届新兴力量运动会，本次运动会有48个国家和地区的2 404名运动员参赛，中国体育代表团以66枚金牌、56枚银牌和46枚铜牌的成绩获得运动会的团体第一名，并打破了举重和射箭2项世界纪录，向世界显示了新中国的体育实力。1965年，新中国体育外交迎来了最高潮，与53个国家和地区进行了158次体育交流。

---

① 舒盛芳.大国竞技体育崛起及其战略价值研究［M］.上海：上海人民出版社，2015：61.

(二)"乒乓外交"加快了我国重返国际重要体育组织的进程

扫一扫8-1：乒乓外交

1966—1976年，我国社会主义建设遭受严重挫折，我国体育工作对外交流的特点是：在"联美反苏"、推行"一条线"的战略方针下，通过"乒乓外交"，让"小球转动大球"；在"友谊第一、比赛第二"的体育方针下，大力加强与发展中国家的体育交往，特别是对非洲国家的体育援助。

1971年4月10日，美国乒乓球队开始访问中国，受到了周总理的热情接待，这是新中国成立以来首次邀请美国的体育团体来华访问。1972年，中国乒乓球代表团应邀回访美国。"乒乓外交"为中美建交拉开了序幕，打开了中国通往世界的大门，打破了中国在国际体育活动方面几年来与世隔绝的局面，国际交往开始恢复……1973年，在亚洲各国朋友的支持下，亚洲体育联合会通过决议，首先恢复了我国同亚运会的联系。在1974年德黑兰举行的第7届亚运会上，亚洲体联同意中国奥委会作为唯一的合法组织参加亚运会比赛。第7届亚运会后，一些国际单项体育联合会相继恢复了与我国单项体育协会的联系，将我国重新接纳为会员（图8-7）。

图8-7　1971年4月14日，周恩来总理在北京人民大会堂会见来华访问的美国乒乓球代表团

第三节　当代中国体育的改革与全面发展（1978年—今）

改革开放以来，我国社会经历了伟大的历史变革，取得了历史性的成就。体育事业也取得了大发展、大跨越：重返奥林匹克大家庭，积极参与

国际体育事务，主办奥运会；社会体育蓬勃发展；竞技体育水平不断提高；学校体育全面推进；体育产业逐步兴起；体育文化日益繁荣；体育法治化建设初见成效……在取得这些成就的同时，中国体育坚持解放思想，不断改革创新，初步探索出一条符合中国国情的、有中国特色的社会主义体育发展道路。

一、重返奥林匹克大家庭

1971年，我国恢复了在联合国的合法席位，国际地位日益提高。国际体育界中要求恢复中国奥委会合法席位的呼声也愈来愈高。1972年，国际奥委会迎来了新主席——爱尔兰人基拉宁。这位主席对中国人民抱有友善的态度，他曾在自传《我的奥林匹克岁月》中这样写道："使中国回到奥林匹克怀抱是我的最大愿望。接纳中华人民共和国加入奥林匹克运动是我担任国际奥委会主席期间最大的乐事之一。"

国际奥委会意识到，应该尽快恢复中华人民共和国在国际奥委会的合法地位。1977年9月，国际奥委会主席基拉宁同奥委会委员清川正二、技术主任哈利·班克斯一同前往北京，与中华全国体育总会的负责人，就一些实质性问题进行了友好的磋商，为恢复我国在国际奥委会中的合法席位奠定了基础。国际奥委会副主席萨马兰奇也到中国进行了访问，以加深对中国政府的了解。

在1979年4月国际奥委会全会上，中国奥委会代表何振梁明确表示：根据《奥林匹克宪章》，只应该承认一个中国奥委会，即设在北京的中国奥委会；考虑到让台湾的运动员也有参加国际比赛的机会，可允许台湾的体育组织作为一个地方机构，以中国台北奥委会的名义留在奥林匹克运动内，但它的旗、歌和章程等应作相应的变动。这一建议得到了包括国际奥委会主席基拉宁在内的大多数人的赞同。同年11月，国际奥委会全体委员投票，结果以62票赞成，17票反对，2票弃权、通过了国际奥委会执委会于10月25日在日本名古屋做出的有关恢复中华人民共和国在国际奥委会合法席位的决议。名古屋决议指出：中华人民共和国奥委会的正式名称为"中国奥林匹克委员会"，会址北京，中国奥委会在参加奥运会时使用中华人民共和国的国旗和国歌；同时允许台湾作为中国的一个地方性组织在国际体育组织中占有席位，名称是"中国台北奥林匹克委员会"，会址设在台北，新的会旗、会歌和会徽均须经国际奥委会执委会批准。这就是之后所说的"奥运模式"。国际奥委会的这一决定，最终扫清了中国重返奥林匹克大家庭的障碍。

"奥运模式"的最初设立方针是由邓小平同志亲自确定的,是其"一国两制"创造性战略构想在体育领域的生动体现。从此,中国恢复了与奥林匹克运动的正常联系,中国奥委会与国际奥委会建立了良好的、密切的合作关系。这不仅有利于奥林匹克运动在中国的发展,而且也有利于国际奥林匹克运动的健康发展。从 1980 年开始,大陆和台湾地区的运动员也逐步恢复了中断达 30 年之久的体育交往,共同参加国际比赛。1989 年 4 月,中国奥委会主席何振梁和中国台北奥委会秘书长李庆华代表双方签订体育交流和合作协议书,1990 年中国台北奥委会首次派出大型体育代表团参加在北京举行的第 11 届亚运会。

二、新时期体育发展战略的确定

20 世纪 80 年代初期,国家体委开始组织进行我国体育事业的发展战略研究,逐步确定了以青少年为重点的全民健身体育和以奥运会为最高层次的竞技体育协调发展的战略。

(一) 奥运战略的提出

1979 年 2 月,全国体育工作会议正式提出了将工作重点转移到体育业务工作上来,并确定了"普及与提高相结合的前提下,侧重抓提高"的方针政策。

1980 年初,鉴于参加莫斯科奥运会的任务迫在眉睫,国家体委在给中共中央的请示报告中指出,将加速提高我国运动技术的整体水平作为今后一个时期内体育工作的主要任务。这个报告实际形成了中国改革开放以来第一个体育发展战略——奥运战略,即在 20 世纪 80 年代,中国体育的总体战略是以发展高水平竞技为先导,带动体育事业的全面发展。

1984 年,国家体委举行全国体育改革与战略讨论会,会上第一次明确提出中国的奥运战略;1987 年,在全国体育发展战略讨论会上,经过各方面专家集思广益,丰富了中国奥运战略的内涵。主要内容体现为:以奥运会为最高层次的竞技体育战略,以在奥运会上出成绩为竞技体育的最高战略任务,具体包括:

(1) 战略目标是为振兴中华、发展经济这个中心服务的;是为了促进生产力的发展,坚持"四项基本原则",为改革开放和实现"四个现代化",实现第三步战略目标服务的。

（2）实行奥运战略的前提是承认、拥护奥林匹克精神、主义和宗旨，承认奥林匹克章程，并采用奥林匹克标准参加奥林匹克运动；这些与中国近期或长期的奋斗目标在大方向上是一致的。和平、友谊、公正、更快、更高、更强，普遍参与、公正竞赛等都是我们提倡的。

（3）积极参加奥运会，发挥社会主义优越性，把奥运会作为中国竞技体育最高层次的活动，实行举国体制，认真组织好参加奥运会的工作。作为运动员要强化金牌意识；作为体育部门，要创造一个宽松的环境，使广大人民群众对体育有更广泛的认识和群众基础。只有达到了奥林匹克的水平，才能很好地与世界各民族人民交往，才能达到团结的目的。

（二）20世纪90年代的《全民健身计划纲要》和《奥运争光计划》

20世纪90年代初，在国家体委正式提出确立"各类体育协调发展"方针和"社会主义市场经济体制"目标的新形势下，1993年国家下发《关于深化体育改革的意见》。在此基础上，国家体委于1995年分别颁布《全民健身计划纲要》和《奥运争光计划》，成为这一时期体育改革的两项重大举措。

为了进一步增强人民体质，适应我国社会主义现代化建设的需要，采取切实有效的措施，推行全民健身计划，发展群众体育，1995年，国家体委发布的《全民健身计划纲要》提出：到2010年，努力实现体育与国民经济和社会事业的协调发展，全面提高中华民族的体质与健康水平，基本建成具有中国特色的全民健身体系。该纲要的实施，促进了全民健身运动的开展，有利于在全社会形成人人关注和参与体育的良好氛围，对于体育在全社会的普及意义重大。

国家体委制订和实施《奥运争光计划》（1994—2000年）的目的是为了适应社会主义市场经济的发展，顺应国际竞技体育的发展趋势和规律，对我国竞技体育1994—2000年中的发展目标、规模、重点、质量及措施实施全方位、多层次、全过程的系统管理与控制，使竞技体育高效、快速、健康发展。要贯彻以奥运会为最高层次的发展战略，优化运动项目结构，保证重点，合理配置资源；加强对项目布局的宏观调控，集中力量发展现有奥运会的优势项目，大力开发奥运会潜在优势项目。

（三）全民健身战略在新世纪的发展

1. 《全民健身条例》的颁布

2009年8月，国务院制定并公布了《全民健身条例》，该条例包括6

章 40 条，主要涉及 5 个方面的内容：第一，突出了体育权利的观念，明确了公民在全民健身活动中的权利；第二，强调了各级政府及有关部门发展全民健身事业的责任；第三，结合不同人群，进一步规范和促进全民健身活动的开展；第四，利用各类公共场所安排全民健身活动场地，大力推动已有体育设施的开放；第五，规范全民健身服务，保障全民健身安全，推动体育市场和体育产业发展。该文件明确：每年 8 月 8 日为全民健身日，县级以上人民政府及其有关部门应当在全民健身日加强全民健身宣传。

《全民健身条例》是我国第一部专门针对全民健身领域的行政法规，是全民健身工作日益法制化、规范化的重要标志，对于动员广大人民群众积极开展各种健身活动，保障公民个人的健身权利，发挥了十分重要的作用。

2. 全民健身上升为国家战略

2014 年 10 月，《国务院关于加快发展体育产业 促进体育消费的若干意见》发布，《意见》中指出：要"营造重视体育、支持体育、参与体育的社会氛围，将全民健身上升为国家战略"。这是党和国家在新的历史时期，从国家发展、民族振兴、实现两个一百年奋斗目标和中华民族伟大复兴的高度，对体育工作做出的新部署，提出的新要求，将引导全社会树立起全新的社会发展理念，全面开创新时期体育发展的新局面。

（四）奥运战略在新世纪的发展

北京取得 2008 年奥运会举办权后，国家体育总局制定了《2001—2010 年奥运争光计划纲要》和《2008 年奥运争光行动计划》，成立了专门的领导机构，采取了一系列有效措施。通过《奥运争光计划》的实施，举国体制的内涵得到进一步充实；各级政府和各级体育行政部门对国家队在精神和物质等方面给予了大力支持，使得举国体制的基础更加牢固。在此期间，体育总局出台了多项制度和政策，对全运会、城运会等综合性运动会和全国单项竞赛制度进行改革，举国体制的竞赛杠杆作用得到充分发挥；坚持"三从一大"的科学训练原则，不断加强对运动项目制胜规律的研究；推广优势项目的成功训练方法和经验，加大科技对运动训练的指导和支持力度，建立并不断完善科学训练监控服务体系；加强体育后备人才培养，建立国家高水平体育后备人才基地综合评估体系，竞技体育后备人才培养体制基本形成，可持续发展能力大大增强。

中国体育代表团在北京奥运会上取得历史性突破，标志着我国竞技体育圆满完成了《2001—2010年奥运争光计划纲要》的各项任务，进入新的发展阶段。2011年，国家体育总局又制定了《2011—2020年奥运争光计划纲要》，提出如下目标：到2020年，中国特色竞技体育发展模式进一步完善，形成适应我国经济和社会文化发展需要，符合世界竞技体育发展规律和趋势，更加开放、充满活力的现代竞技体育管理体制与运行机制；我国竞技体育的综合实力和国际竞争力显著增强，在奥运会等国际大赛上取得优异成绩，基本实现竞技体育结构更加优化、效益显著提高，各门类均衡发展的新局面，竞技体育综合实力进入世界竞技体育强国行列。

（五）"体育大国向体育强国迈进"战略的提出

2008年9月29日，时任中共中央总书记、国家主席、中央军委主席胡锦涛在北京奥运会、残奥会总结表彰大会上指出，体育是社会发展和人类文明进步的重要标志，是综合国力和社会文明程度的重要体现。成功举办北京奥运会、残奥会，极大地激发了亿万人民的体育热情，极大地推动了我国体育事业发展。我们要坚持以增强人民体质、提高全民族身体素质和生活质量为目标，高度重视并充分发挥体育在促进人的全面发展、促进经济社会发展中的重要作用，实现竞技体育和群众体育的协调发展，继续发展群众体育事业，继续提高体育运动技术水平，继续推进体育改革创新，进一步推动我国由体育大国向体育强国迈进。[①]

三、体育体制改革的启动与全面深化

（一）体育体制改革的启动

20世纪80年代至90年代初，我国开始探索新形势下体制改革的道路。1984年，中共中央下发了《关于进一步发展体育运动的通知》，对发展体育运动作了全面的部署，给中国体育的进一步改革发展指明了方向：一方面，必须坚持普及与提高相结合的方针，采取有力措施，发展城乡体育活动，努力提高人民健康水平，重点抓好学校体育；另一方面，要大力建设好高水平运动队，改革训练和竞赛体制，积极发展体育科学，搞好项目的战略布局，集中力量发展优势项目，争取在今后的重大国际比赛中，

---

① 胡锦涛.在北京奥运会、残奥会总结表彰大会上的讲话［N］.新华每日电讯，2008-9-30.

夺取更优异的成绩。

国家体委于 1984 年 11 月和 1986 年 4 月先后下发了《关于贯彻执行中共中央〈通知〉的意见》《关于体育体制改革的决定（草案）》。以这两个文件为核心，确立了以社会化为突破口、以竞赛和训练改革为重点的新的改革思路与"以革命化为灵魂，以社会化和科学化为两翼，实现体育腾飞"的新的战略指导思想。我国体育事业在管理体制、训练体制、竞赛体制、体育科技体制等方面的改革全面启动。

（二）体育体制改革的进一步深化

20 世纪 80 年代中后期至 90 年代初，我国体育体制改革处于徘徊和停滞状态。不少人对体育体制改革的必要性和必然性认识不足，对于现行体育体制是否需要像经济体制改革那样进行机制转换，产生了激烈的争论。1992 年，11 月中旬，全国体委主任在广东省中山市召开了以学习邓小平视察"南方谈话"和党的十四大报告，探讨体育改革为主题的"换脑筋"座谈会，通过学习与探讨，体育战线进一步用邓小平建设有中国特色社会主义理论武装了思想，转变了观念，统一了认识：深化体育改革，并不是对原有体育体制和运行机制细枝末节的修补，而是对原有体制进行根本性的变革，从总体上讲，就是要使原来适应计划经济的体育体制逐步转移到与社会主义市场经济相适应的符合现代体育运动规律，国家调控、依托社会、自我发展、充满生机与活力的体育体制和良性循环的运行机制上。体育改革的具体目标和基本措施可以归纳为"六化、六转变"。"六化"即体育要实现生活化、普遍化、社会化、科学化、产业化和法制化。为了达到"六化"的要求，体育工作相应要实行"六转变"，即个人的体育费用从福利型向消费型转变，体育活动要从一家办向大家办转变，体育组织形式从行政型向社会型转变，体育干部要从经验型向科学型转变，体育事业从事业型向经营性转变，体育工作从"人治"向"法治"转变。在这些认识的基础上，同年 6 月在北京郊区红山口召开的全国足球工作会议提出了足球率先进行市场化改革的决定，提出"以足球改革为突破口"，探索竞技体育改革的道路，拉开了竞技体育改革的大幕。这次会议对 20 世纪 90 年代以来的中国体育改革和发展产生了深远影响，市场化性质的职业足球联赛由此启动。此后，篮球、排球、乒乓球等项目也先后进行了市场化、职业化改革尝试。

1993 年 4 月，国家体委下发了《国家体委关于深化体育改革的意见》以及《关于运动项目管理实施协会制的若干意见》《关于训练体制改革》

《关于竞赛体制改革》《关于群众体育改革》《关于培育体育市场、加速体育产业化进程的意见》5个文件，确定了以转变运行机制为核心、"面向市场，走向市场，以产业化为方向"的改革发展思路，这些文件成为这一时期中国体育改革的指导性文件。

扫一扫8-2：
国家体委关于深化体育改革的意见(节选)

总体而言，1992年邓小平的"南方谈话"和中共党的十四大后，中国体育改革的方向是按照社会主义市场经济要求和现代体育发展规律来探索中国特色的体育发展道路。其重点：一是探索竞技运动项目职业化的发展道路，二是探索市场经济条件下体育产业开发的模式。尽管这些探索和改革遇到很多新问题甚至挫折，但符合社会主义市场经济的发展方向，为体育改革积累了十分宝贵的经验。[①]

(三) 国家体委改组为国家体育总局

1998年3月，第九届全国人民代表大会一次会议通过国务院机构改革方案和《国务院关于机构设置的通知》（国发〔1998〕5号），国务院于3月24日讨论通过了《国务院机构设置和调整国务院议事协调机构方案》，将国家体委改组为"国家体育总局"，列入国务院直属机构。改组后的国家体育总局与中华全国体育总会一个机构两块牌子。国家体育总局的成立，从组织结构上实现了体育管理方式的转变，保证了体育改革的继续开展。

但在改革中衍生出来负责运动项目管理的"运动项目管理中心"与单项体育协会形成了"两块牌子，一套人马"的架构，这种具有"官民二重性"的项目管理体制，在一定历史时期有存在的价值，但其负面效应越来越突出，成为未来体育体制改革的重要着力点之一。

(四)《2001—2010年体育改革与发展纲要》

在总结体育改革与发展实践的基础上，2000年12月，国家体育总局印发了《2001—2010年体育改革与发展纲要》（简称《纲要》），这是新中国成立以来，首次以政府文件下发的规划新世纪体育改革发展的一个重要文件。《纲要》从体育事业的方针和内容上指明了我国21世纪前10年体育改革与发展的方向：建立与社会主义市场经济体制相适应的、符合体育发展规律的体育体制和运行机制，初步形成有中国特色的社会主义体育组织体系。国民体质主要指标在经济发达地区达到中等发达国家的平均水

---

① 国家体育总局. 改革开放30年的中国体育 [M]. 北京：人民体育出版社，2008：11.

平，在经济欠发达地区达到发展中国家的平均水平；竞技体育的优势项目有所拓展，总体实力进一步增强；体育社会化、科学化、产业化、法制化程度明显提高，为在21世纪中叶基本实现体育现代化打下坚实基础。

（五）体育体制改革的全面深化

党的十八大以来，习近平总书记对体育工作多次发表重要讲话、做出重要批示和指示，对体育工作进行了一系列精辟论述，成为推动体育发展的强大动力。中央全面深化改革领导小组审议通过了《中国足球改革发展总体方案》，足球改革发展的体制机制和政策措施实现了重大突破；国务院颁布实施了《全民健身计划（2011—2015年）》，印发了《关于加快发展体育产业 促进体育消费的若干意见》，体育发展获得重大机遇。

体育各领域改革力度持续加大。实施行政审批制度改革，取消群众性和商业性体育竞赛活动审批。国家体育总局研究制定了《国家体育总局关于推进体育赛事审批制度改革的若干意见》，提出了赛事审批制度改革的主要措施。一是取消商业性和群众性体育赛事审批。二是制定了《全国性单项体育协会竞技体育重要赛事名录》并向社会公开，名录内赛事由全国性单项体育协会主办，一律无须体育总局及内设部门和直属单位审批。三是制定了《在华举办国际体育赛事审批事项改革方案》，对在我国举行的国际体育赛事分A、B、C三类进行管理，审批程序更加公开透明，便捷有序，其中B、C类国际体育赛事下放由地方审批。四是明令禁止利用确定赛事承办单位之机收取任何名目的费用。五是坚持放管并重，加强对体育赛事的服务和监督，完善事中事后监管措施。修订了《全国体育竞赛管理办法（试行）》，对第13届全国运动会、全国冬季运动会，第一届全国青年运动会的设项和参赛规模进一步进行了调整压缩。

大力推进足球改革。2015年3月，国务院印发《中国足球改革发展总体方案》，把发展足球运动纳入经济社会发展规划，提出了调整改革中国足球协会，改革完善职业足球俱乐部建设和运营模式，改进完善足球竞赛体系和职业联赛体制，改革推进校园足球发展，普及发展社会足球，改进足球专业人才培养发展方式，推进国家足球队改革发展，加强足球场地建设管理，完善投入机制，加强对足球工作的领导等改革举措。该方案不仅是中国足球改革与发展的纲领性文件，同时也是中国体育史上一个里程碑式的事件，对整个体育体制改革产生了深远的影响。作为《中国足球改革发展总体方案》落实的重要一环，2015年8月，《中国足球协会调整改革方案》出台；2017年1月，国家体育总局足球运动管理中心正式注销，中国足协与国家体育总局正式"脱离",中国足球"两块牌子、一套人马"的组织构架成为历史。

推动体育社会组织改革,全国性单项体育协会改革试点稳步推进。国家体育总局制定了《以运动项目管理中心和单项体育协会改革试点为突破口,深化体育管理体制改革的方案》,该方案包括6个方面内容:首先是加大中国足球协会作为单项体育协会综合体制改革试点的力度。二是在中国汽车运动联合会、中国摩托车运动协会进行单项体育协会综合体制改革试点,项目中心的职能全部交给协会承担,协会按照社会组织机制运作。三是在中国龙狮运动协会、中国健美协会、中国台球协会进行单项体育协会管办分离和以体育社团机制运行的改革试点;试点期间,凡可以交由协会承担的事务完全交给协会。四是10个奥运项目协会(游泳协会、滑雪协会、滑冰协会、冰壶协会、冰球协会、铁人三项协会、击剑协会、自行车协会、马术协会、高尔夫协会)进行单项体育协会功能优化改革试点;主要内容为探索强化和扩充奥运项目协会在群众体育和体育文化等方面的功能、机制,充分发挥这些协会在群众体育、体育文化发展方面的作用,扩大社会影响力。五是两个非奥运项目协会(风筝协会、信鸽协会),参照国家关于行业协会与行政机关脱钩的做法,进行单项体育协会脱钩改革试点。六是将16个非运动项目协会与行政机关、事业单位脱钩。

扫一扫8-3:
中国足球改革
发展总体方案

全国综合性和单项体育赛事管理制度改革不断深化,新一轮竞赛制度改革全面启动。全运会计分政策和比赛成绩的公布方式进行了重大调整;群众体育项目纳入了2017年举办的第十三届全运会,这是全运会历史上的一个新创举,充分体现了全运会的综合价值和多元功能。

为加强体育改革的研究、统筹、实施,2017年国家体育总局成立了全面深化改革领导小组及改革领导小组办公室,围绕体育改革发展中的突出问题,渐次、深入推进"四梁八柱"性质的改革,确保各项改革取得实效,用改革带动和推动各项体育工作的开展。

四、体育法治建设稳步推进

改革开放以来,随着社会主义法治建设的推进和体育改革的深化,我国体育法治建设稳步推进。

(一)体育法规体系逐步形成

党的十一届三中全会提出了"发展社会主义民主,健全社会主义法制"的历史任务和"有法可依,有法必依,执法必严,违法必究"的社会主义法制建设的方针。随着我国体育事业的社会化发展,原有的行政法规已不能处理市场经济条件下高度社会化的体育事务和日益复杂的各种关系。体育发展亟须法律的指导和保障。

1980年召开的全国体育工作会议上,有关部门专门提出了体育立法的问题。1986年,国家体委下发的《关于体育体制改革的决定(草案)》,提出了建立健全体育法规的任务,要求制定符合我国国情的《体育法》以及加强地方体育立法。此后,《体育法》起草工作正式启动。

1995年8月,全国人大常委会通过《中华人民共和国体育法》,体现了国家发展体育事业的根本意志和坚持依法治体的总体要求。它"填补了国家在体育立法领域的一项空白,结束了我国体育事业无法可依的历史,标志着我国体育工作开始进入依法行政、依法治体的新阶段。这是新中国体育事业发展的一座里程碑。"① 此后,根据体育改革的需要和体育事业的发展实践,《中华人民共和国体育法》于2009年8月和2016年11月进行了两次修改。

扫一扫8-4:
《中华人民共和国体育法》

改革开放以来,在国家立法层面上,除了《中华人民共和国体育法》以外,国务院还颁布了一大批体育行政法规及体育法规性文件。国家体育总局(原国家体委)单独或联合其他部门也出台了一系列部门规章和规范性文件。截至2016年8月1日,我国现行有效的体育行政法规共有8部,部门规章32部,规范性文件143件(其中涉及群众体育19件,竞技体育20件,青少年体育9件,体育经济24件,劳动人事44件,其他27件)。

具体来看,现行体育行政法规(截至2016年8月1日)主要有:《国家体育锻炼标准施行办法》《学校体育工作条例》《外国人来华登山管理办法》《奥林匹克标志保护条例》《公共文化体育设施条例》《反兴奋剂条例》《彩票管理条例》《全民健身条例》。

与此同时,地方体育立法发展迅速,全国绝大部分有地方立法权的省、自治区、直辖市都制定了地方性体育法规和政府规章,而且地方权力机关的体育立法不断增多,近年来很多地方又着手进行体育法规和规章的修改。地方体育立法紧密围绕着体育改革发展的现实需要,反映了各地不同的特色,主要涉及综合性地方体育改革、全民健身、体育场地设施、体

---

① 伍绍祖. 依法行政、以法治体的基本纲领[J]. 求是,1995(23):22.

育市场与经营、体育竞赛管理等方面。

以体育法律法规、部门规章、规范性文件、地方性体育法规和政府规章等组成的体育法规体系逐步形成,为体育改革发展的依法推进奠定了坚实的基础。

(二) 体育立法逐步科学化和系统化

国家体育总局(原国家体委)根据有关的立法法律法规,加强对体育立法工作的组织领导,不断提高体育立法质量和科学化、规范化、系统化水平。1987年,国家体委出台体育法规立法程序的规章,1999年,国家体育总局对其进行了修订。《中华人民共和国立法法》颁布后,国家体育总局于2005年再次发布了《国家体育总局规章制定程序规定》,提高了对制定体育规章的科学性、规范性要求。部分省级体育行政部门也制定了地方体育立法的程序规定。

《体育法》实施后,国家体委逐步建立体育立法的规划和计划制度,于1996年编制印发了《1996—2000年体育立法规划》和《1996—1997年度重点体育立法项目》,保证了当时体育立法工作的顺利进行。在之后制定的体育法制五年规划中,均把体育立法的规划内容作为重点。[①] 根据体育立法的程序规定,国家体育总局(原国家体委)每年还编制年度立法工作计划。各省级体育行政部门也根据需要编制各地方体育立法工作的规划和计划。

(三) 体育执法纳入了依法行政轨道

科学立法是法治前提,严格执法是法治的关键。在体育法规体系逐步完善的同时,是否能够严格执法,将体育执法纳入依法行政的轨道,关系体育法治建设的成败。改革开放以来,我国不断加强体育执法力度,执法行为日益规范。

第一,加强体育执法监督检查。《中华人民共和国体育法》颁布后,其贯彻实施和体育执法监督被越来越多的列为各级人大、政府和体育行政部门的工作内容。为推进和保证《体育法》的贯彻执行,很多地方人大、政府出台了实施《体育法》的地方性法规和规范性文件,开展了多种内容形式的《体育法》执行情况检查和体育执法监督。地方各级体育行政部门

---

① 国家体育总局.改革开放30年的中国体育 [M].北京:人民体育出版社,2008:297.

也不断强化依法行政的意识和职能，单独或联合地方人大、政府有关部门开展体育法规的综合或专项执法检查工作，体育行政执法的地位不断提高。

第二，体育行政执法行为日趋规范。体育行政部门结合贯彻落实行政处罚、行政复议、行政诉讼和国家赔偿制度的需要，加紧完善和强化体育执法监督、检查制度，形成了全国范围内上下衔接、协调有序的体育执法机制。随着《行政许可法》的制定与实施，国家体育总局和地方体育行政部门配合各级政府，积极做好体育行政审批制度的改革。例如，国家体育总局成立了行政审批制度改革领导小组，积极配合国家的行政审批制度改革工作和《行政许可法》的贯彻实施工作。

第三，加强了体育执法制度建设和队伍建设。在执法制度建设方面，主要建立了执法责任制，明确执法责任、完善执法形象、优良执法环境、规范执法程序、提高执法效率、严格过错追究、加强执法保障。在执法队伍建设方面，主要是组织培训、建立资格管理制度等，以提高队伍素质和执法水平。例如，北京市体育局建立了体育系统行政执法人员资格管理制度，制定了体育行政执法人员工作守则，并形成体育执法市体育部门设立督察组、区县体育部门设立督察分组、体育场馆等单位设立督察岗的三级督察网络。[1]

第四，司法逐步介入体育领域。随着各种体育关系日益复杂，体育利益矛盾不断增多，司法介入体育领域的必要性逐渐凸显。20世纪90年代后，我国开始出现有关体育的诉讼案件，体育领域也出现了一些涉及刑事违法事件（如足球领域的假赌黑案）。国家司法的介入对于维护体育事业的发展起到了重要作用。

第五，体育执法重点领域取得了明显效果。如对体育场地设施保护、体育市场监管、奥林匹克标志保护、反兴奋剂等方面，强化执法力度，执法效果比较明显。

（四）法治政府建设全面启动

2016年9月，国家体育总局印发《国家体育总局贯彻落实〈法治政府建设实施纲要（2015—2020年）〉实施方案》的通知，法治政府建设全面启动。《通知》提出，体育部门的法治政府建设要围绕建设中国特色社

---

[1] 田思源. 改革开放三十年我国体育法治建设的回顾与展望[J]. 法学杂志，2009（9）：9~12.

主义法治体系、建设社会主义法治国家的总目标,全面深入推进依法行政,依法治体,促进体育治理体系和治理能力现代化,为建设体育强国提供有力法治保障。《通知》提出了以下主要任务:依法全面履行政府体育职能;完善体育法律制度体系;推进体育依法决策、执法与监督;依法有效化解矛盾纠纷;全面提高体育部门干部法治思维和依法行政能力。

五、社会体育蓬勃发展

改革开放以来,我国社会体育事业蓬勃发展,取得了举世瞩目的成就。

(一) 社会体育得到了党和国家的高度重视

党和国家历来高度重视社会体育的发展。《中华人民共和国宪法》明确规定:"国家发展体育事业,开展群众性的体育活动,增强人民体质。"《中华人民共和国体育法》规定:"体育工作坚持以开展全民健身活动为基础"。《宪法》和《体育法》明确规定社会体育的地位与任务。

1983年10月,国务院下发《批转国家体委〈关于进一步开创体育新局面的请示〉的通知》,通知中指出:各地人民政府、各部委、各人民团体要积极发展城市体育活动,重点抓好学校体育,普遍增强人民体质。1984年10月,中共中央下发的《关于进一步发展体育运动的通知》明确提出,要积极发展城乡体育活动,努力提高人民健康水平……各地要增加群众活动的体育场所。

1995年6月,国务院下发《全民健身计划纲要》,提出到2010年基本建成中国特色全民健身体系的奋斗目标,成为我国群众体育事业跨世纪的纲领性文件。2002年7月,《中共中央国务院关于进一步加强和改进新时期体育工作的意见》(以下简称《意见》)中提出,新时期体育工作的根本目标是增强人民体质,提高全民族整体素质,指明了新时期群众体育事业的发展方向和方针政策。《意见》指出:构建群众性体育服务体系,要抓好"三个环节",建设好群众身边的场地,健全群众体育活动组织,举办经常性群众体育活动。群众性体育服务体系要抓住四个重点,即青少年体育以学校为重点,农村体育以乡镇为重点,城市体育以社区为重点,军队体育以连队为重点。

2002年,党的十六大提出全面建设小康社会的奋斗目标。其中包括"全民族的思想道德素质、科学文化素质和健康素质明显提高,形成比较完善的现代国民教育体系、科技和文化创新体系、全民健身和医疗卫生体系"。这是中国共产党和新中国历史上,第一次将"明显提高全民族健康素质、形成比较完善的全民健身体系"这一群众体育目标,确定为全党、全国各族人民、整个社会发展的奋斗目标。

2003年6月,国务院颁布《公共文化体育设施条例》,对向公众开放开展体育活动的公益性体育设施的规划和建设、使用和服务、管理和保护等做出明确规定。2007年5月,中共中央、国务院下发《关于加强青少年体育 增强青少年体质的意见》,对青少年体育工作做出了全面部署并且提出,"使北京奥运会成为广大青少年积极参与,推动全民健身运动上个新台阶的奥运会"。2008年9月,胡锦涛在北京奥运会、残奥会总结表彰大会上的讲话中进一步要求,要继续发展群众体育事业。2009年,我国第一部专门针对全民健身领域的立法文件《全民健身条例》颁布,全民健身日益法制化、规范化。经国务院正式批准,自2009年起,每年的8月8日为"全民健身日",这是我国第一个全国性体育节日(图8-8)。

图8-8 "全民健身日"标志

2013年8月,习近平总书记会见全国体育先进单位和先进个人代表时强调,要广泛开展全民健身运动,促进群众体育和竞技体育全面发展。2014年12月底,《体育总局关于加强和改进群众体育工作的意见》印发,该文件认为,加强和改进群众体育工作是落实"将全民健身上升为国家战略"的必然要求;加强和改进群众体育工作是建设体育强国的必然选择;加强和改进群众体育工作是推动群众体育工作提档升级的迫切需要。该文件提出,要建立总局系统群众体育工作协同发展机制;拓宽全民健身工作的广度和深度;完善群众体育的服务保障体系。

2017年,国家体育总局提出,要推动全民健身"六个身边"工程(简称"六边工程"),健全群众身边的体育健身组织、建设群众身边的体育健身设施、丰富群众身边的体育健身活动、支持群众身边的体育健身赛事、加强群众身边的体育健身指导、弘扬群众身边的体育健身文化。国家体育总局局长苟仲文提出,要牢牢把握群众体育"六边工程",推动建立覆盖面广、功能完善的全民健身公共服务体系,不断提高全民健身公共服务均等化水平,确保到2020年实现人人享有基本体育健身服务的目标。

（二）社会体育工作成效显著

1. 社会体育设施建设

改革开放以来，国家体育总局和地方各地体育行政部门不断探索建设新形式的群众体育设施，满足人民群众多样化的体育需求。《全民健身计划纲要》颁布实施后，全民健身工程有计划、规模化地开展起来，主要的全民健身工程包括：

全民健身路径工程。指各级体育行政部门利用体育彩票公益金，在社区、村镇、公园、绿地等地建设由室外健身器材组成、占地不多、经济实用、可免费使用的体育健身设施工程。此项目于1997年开始实施，截至2013年年底，国家体育总局已投入体育彩票公益金7.7亿多元，资助地方新建（更新）全民健身路径1.7万余条，带动各地建设健身路径16万条。[①]

雪炭工程。指国家体育总局利用本级体育彩票公益金，在老、少、边、穷等地区实施援建公共体育场地设施的工程。截至2013年年底，国家体育总局已投入本级体育彩票公益金16.7亿元，在全国各地（主要是西部和经济贫困地区）援建"雪炭工程"项目860个。[②]

农民体育健身工程。指通过在农村兴建经济、实用的公共体育场地设施，推动包括体育组织、体育活动在内的农村体育事业全面发展的工程。农民体育健身工程从2006年开始正式实施，截至2013年，已建成48万多个。[③]

全民健身活动中心。指国家体育总局利用本级体育彩票公益金引导建设，以服务大众体育健身为主要任务，综合性、多功能、室内室外体育设施相结合、以室内体育设施为主的公共体育设施。

全民健身户外活动基地。指由国家体育总局命名和资助建设，与公园、绿地、广场和山水等自然条件相结合，具有特色、规模较大、体育设施种类多样的户外运动场地，包括具有特色的户外体育营地、大型体育公园、文体广场等。

青少年户外体育营地。指由政府倡导，由体育彩票公益金资助，依托江河湖海、山地森林、公园景区等自然资源，按照一定标准建设与管理，具有相应服务设施，以户外体育项目活动为主要内容，培养青少年热爱大

[①][②][③] 国家体育总局群众体育司，国家体育总局体育文化发展中心. 群众体育工作手册[M]. 北京：人民体育出版社，2014：117，124，108.

自然、热爱体育活动良好品质的青少年户外体育活动场所。

以"关注民生、保障基本、面向基层、重在西部"为原则,以城乡基层体育健身设施建设为重点,充分发挥全民健身工程在体育健身设施建设中的引导和示范作用。群众体育设施建设成效显著,根据第六次全国体育场地普查数据,截至 2013 年 12 月 31 日,全国共有体育场地 169.46 万个,场地面积 19.92 亿平方米,平均每万人拥有体育场地 12.45 个,人均体育场地面积 1.46 平方米。这有效缓解了群众健身设施匮乏的问题,保障了体育公共服务均等化的顺利推进。

2. 社会体育的组织与指导

以社会体育指导员队伍建设和建立全民健身志愿服务长效机制为重点,全民健身组织建设进一步加强。社会体育指导员是开展全民健身工作的一支重要骨干力量。社会体育指导员是全民健身的宣传者,是科学健身的指导者,是群众活动的组织者,是场地设施的维护者,也是健康生活方式的引领者。1993 年年底,国家体委颁布了《社会体育指导员技术等级制度》,并于 1994 年 6 月正式实施,目前社会体育指导员队伍建设取得了突出成就,截至 2016 年年底,全国拥有社会体育指导员 182 万人;中国社会体育指导员协会机构和工作机制进一步健全,各省(自治区、直辖市)普遍成立社会体育指导员协会,2016 年年底,除国家层面的中国社会体育指导员协会外,全国拥有地方社会体育指导员协会 1 774 个。

2010 年年底,国家体育总局印发了《建立全民健身志愿服务长效化机制工作方案》,文件中提出:要发挥社会体育指导员的骨干带头作用,形成以社会体育指导员队伍为主体,优秀运动员、教练员、体育科技工作者和体育教师、体育专业学生组成的全民健身志愿服务者队伍。除了社会体育指导员这个主体外,大学生和离退休体育爱好者等成为公共体育服务志愿者的主力军,他们广泛活跃于各类群众体育赛事和群众体育活动的组织服务中。

党的十八大以来,我国在发挥体育社会组织作用方面取得突破。特别是高度重视"4+X"模式,即重点支持各级体育总会、社会体育指导员协会、老年人体育协会、农民体育协会四个枢纽型体育社会组织和单项体育运动协会的作用,充分发挥它们在全民健身工作中的综合作用。

网络、草根、民间等非政府形态的体育社会组织在全民健身中发挥着越来越重要的作用。比如"一起走全民健身网络互动平台""黎明脚步"等非常火爆。2014 年年底,发起于河南省的"黎明脚步"在全国的团队已有 20 多个,几乎每月都有主题跑步活动。这些民间组织深受群众喜爱，对推动全民健身工作有实实在在的作用，但由于缺乏科学必要的风险评估，今后应主动加强研究、正面引导，进一步发挥更为积极的作用。

3. 社会体育活动发生深刻变化

20世纪90年代以后，特别是进入21世纪后，我国社会体育和群众性健身活动发生了深刻变化。一方面，广大人民群众的健康意识极大提高，参与健身运动，参加体育活动正在成为一种普遍的共识和生活方式。体育消费已逐渐成为家庭和个人消费的基本组成部分。跑步、登山、自行车骑行、广场舞、健美操、乒乓球、武术、气功、瑜伽等各种花费不多又简便易行的体育活动成为在我国大众中最为普及的运动项目。

另一方面，我国社会体育已逐步摆脱以往"国家出钱，群众健身"的被动局面，社会体育的资金来源和投资渠道已经发生了结构性改变，国家投资、体育彩票、民营资本等在内的新投资渠道取代了以往单一的国家包办体育的状况。社会体育活动已经形成国家投资和社会力量共同举办的新格局。

总体而言，进入21世纪以来，我国公共体育服务体系建设速度加快，全民健身意识极大增强，组织网络日趋完善，活动形式呈多样化，包括青少年在内的群众体育蓬勃发展。截至2014年年底，全国经常参加体育锻炼的人数比例达到33.9%，城乡居民达到《国民体质测定标准》合格以上的人数比例是89.6%。

六、竞技体育成就辉煌

我国改革开放政策的实行以及我国恢复在国际奥委会的合法席位，全面回归国际体育大家庭，促进了中国竞技体育的崛起和腾飞。中国竞技体育在发展中坚持和完善举国体制，实施奥运战略，形成了具有鲜明中国特色的竞技体育发展模式，取得了辉煌的成就。

（一）竞技体育成绩大幅度大面积提高

改革开放以来，我国运动员无论在国内还是国际大赛中，竞技水平大幅度快速提高，在优势项目上获得国际大赛冠军，打破世界纪录成为常态，潜优势和落后项目也不断有新的突破。

1979年，在由"拨乱反正"转入以经济建设为中心的重要节点，第4

届全运会在北京举行，这是新中国成立以来规模最大的一届全国运动会，具有重大的政治意义和现实意义。本届全运会上有 5 人破 5 次世界纪录，3 人 3 次平 3 项世界纪录，12 人 24 次破 8 项实际纪录。展示了我国竞技体育蓬勃向上的发展势头。

1981 年 3 月 20 日，中国男排获得第 4 届世界杯亚洲区预选赛出线权，大学生们在庆祝活动中喊出了"团结起来，振兴中华"的响亮口号，全国人民群情振奋。1981 年 4 月，中国乒乓球队在第 36 届世界乒乓球锦标赛上囊括全部 7 项冠军，这是世界乒乓球史上第一次由一个国家夺得全部 7 项冠军。1982 年，在第 9 届亚洲运动会上，中国体育健儿夺取 61 枚金牌，获得金牌总数第一，结束了日本称雄亚洲 31 年的历史，这是中国竞技体育历史性的突破和重大转折。1981—1986 年，中国女排实现了第 3 届世界杯、第 9 届世界锦标赛、第 23 届奥运会、第 4 届世界杯、第 10 届世界锦标赛"五连冠"，作为中国三大球中第一个夺得冠军的集体，中国女排成为改革开放后中国竞技体育全面进军世界体坛的一个标志，孕育出的"女排精神"成为体育战线的一面旗帜。1984 年，中国代表团在洛杉矶奥运会上取得了优异成绩，射击运动员许海峰实现了中国运动员奥运金牌"零"的突破，开创了中国竞技体育的新时代。1980—1988 年 9 年间，我国运动员共获得 312 个世界冠军；1980—1990 年，我国运动员在各类比赛中创世界纪录 242 次。20 世纪 80 年代，中国运动员在国际重大比赛中取得的历史性成就极大地振奋国民热情，培养了民族精神，在国内形成了"体育热"。

20 世纪 90 年代，我国竞技体育继续保持良好的发展势头，先后参加了巴塞罗那、亚特兰大奥运会，保持在第二集团的领先优势。在历次亚运会上，中国持续保持金牌总数第一的优势，标志着我国已经跻身亚洲体育强国。据 2000 年 12 月 30 日《中国体育报》公布的数据，从 1949 年新中国成立到 2000 年，我国运动员共取得世界冠军 1 408 个，创世界纪录 1 042 次。从 1978 年十一届三中全会召开到 2000 年，中国取得世界冠军 1 378 个，占新中国成立以来冠军总数的 97.87%；创世界纪录 865 次，占新中国成立以来破纪录总数的 83.01%。

进入 21 世纪后，我国竞技体育改革稳步推进，管理体制和运行机制不断完善；以全运会为龙头的竞赛体制改革取得显著成效；奥运会等重大赛事备战的组织水平和运动训练科学化水平进一步提高。竞技体育实力全面提升，成绩显著。

"十五"期间，我国共获得世界冠军 493 个，创超世界纪录 98 次。2002 年盐湖城冬奥会实现冬季项目金牌"零"的突破；2004 年雅典奥运会也以 32 枚金牌实现了新的历史性突破，首次进入奥运金牌榜前三；跻身奥运金牌榜第一集团；2001 年，北京成功申办 2008 年奥运会，极大地推动了民众参与体育的热潮。

"十一五"期间，我国运动员圆满完成了奥运争光任务。5 年间共获得世界冠军 634 个，创造世界纪录 88 次。中国体育代表团在第 29 届北京奥运会上获得 51 金（后修正为 48 枚）21 银 28 铜，位列奥运会金牌榜第一位；在第 20 届都灵冬奥会上成绩稳中有升；在第 21 届温哥华冬奥会上获 5 金 2 银 4 铜，实现了历史性突破；在第 15 届多哈亚运会、第 16 届广州亚运会分别获得 165 枚、199 枚金牌，第 7 次、第 8 次蝉联金牌榜第一的位置。同时我国在这期间成功举办了第 6 届全国城市运动会和第 11 次全国运动会等国内综合性赛事。

"十二五"期间，我国综合实力和国际竞争力进一步提高。5 年间，共获世界冠军 596 个，创超世界纪录 57 次。在 2012 年伦敦第 30 届夏季奥运会上，中国体育代表团共获得奖牌 38 金 27 银 23 铜，位列奥运会金牌榜和奖牌榜第 2，取得了境外参赛的最好成绩；在 2014 年索契冬奥会上，我国共获得奖牌 3 金 4 银 2 铜，进一步展示了中国冬季项目的发展水平；在南京举办的第 2 届青奥会上，中国体育代表团共获得奖牌 37 金 13 银 13 铜，位列金牌榜和奖牌榜第一位，加强了与各国青少年的交流，展现了良好的精神风貌；2014 年第 17 届仁川亚运会上，我国保持了整体优势，为里约奥运会锻炼了队伍，在项目结构有所优化，潜优势项目、田径、游泳基础大项、冬季项目等取得突破和新的进展。此外，"十二五"期间，我国还成功举办了各类国际、国内重大比赛：认真筹备、精心组织了 2011 年第 7 届全国城运会、2012 年第 12 届全国冬运会、2013 年第 12 届全运会、2013 年天津第 6 届东亚运动会、2013 年南京第二届亚青会和 2014 年南京第二届青奥会、2015 年第一届全国青年运动会、2015 年世界田径锦标赛等综合性运动会和重要国际单项赛事。成功申办了 2022 年北京第 24 届冬奥会、2022 年杭州第 19 届亚运会、2019 年男子篮球世界杯赛等重大国际赛事。

(二) 奥运赛场上的辉煌

1. 参加冬季奥运会概况

1979年11月27日，中国奥委会主席钟师统宣布，中国奥委会决定接受国际奥委会的决议，并将参加1980年举行的冬季和夏季奥运会。至此，中国走向奥林匹克的大门完全打开了。

1980年第13届冬季奥林匹克运动会在美国普莱西德湖举行。中国奥委会共派出28名选手参加滑冰、滑雪、现代冬季两项等18个单项的比赛。由于阔别世界体坛已久，与世界先进水平差距较大，中国运动员无一人进入前6名。

1984年萨拉热窝第14届冬奥会，中国运动员第2次参加冬奥会，37名选手参加了速度滑冰、花样滑冰、越野滑雪、高山滑雪、现代五项5个大项的比赛，团体总分仅列在49个参赛代表团中的第23位。中国台北队也派出14名选手参加本届奥运会，这是大陆与台湾地区选手第一次同场参加奥运会。

1988年卡尔加里第15届冬奥会，中国队派出了20人的代表团，参加了速度滑冰、花样滑冰和越野滑雪3大项18个小项的比赛，但成绩与世界一流水平相差较大，最好名次仅为第14名。值得一提的是，在本届冬奥会上，中国女将李琰在女子短道速滑表演赛夺得一枚金牌（1 000米）和两枚铜牌（1 500、500米），并打破了两项世界纪录，中国女子速滑选手在世界冰坛开始崭露头角。

1992年阿尔贝维尔第16届冬奥会，参加比赛的34名运动员一共获得了3枚银牌，两个第4名。叶乔波夺得了女子速滑500米和1 000米两枚银牌，结束了我国冬奥会正式比赛无奖牌的历史。

1994年利勒哈默尔第17届冬奥会，中国派出了27名运动员（其中女选手19名），参加了速度滑冰、短道速滑、花样滑冰、冬季两项和自由滑雪等大项的比赛，运动员在比赛中基本发挥出了水平，3名女选手获得奖牌，张艳梅获得500米短道速滑银牌、叶乔波获得1 000米速滑铜牌、陈露获得花样滑冰女子单人滑铜牌。

1998年长野第18届冬奥会，中国代表团参加了滑冰、冰球、滑雪、冬季两项四大项40个小项的比赛，在男女6个项目中均有奖牌进账。

2002年盐湖城第19届冬奥会，中国代表团实现金牌"零"的突破，杨扬一人独得女子500米短道速滑和1 000米短道速滑2枚金牌，此外，中国代表团还获得了2枚银牌和4枚铜牌。金牌"零"的突破，为中国冬季项目的发展迎来了春天（图8-9）。

2006年意大利都灵第20届冬奥会，中国共获得了2金4银5铜，获得奖牌的覆盖面有所扩大，在短道速滑、自由式滑雪、速度滑冰、花样滑冰4个项目的比赛中均有奖牌斩获。本届冬奥会，中国雪上项目的参赛人数首次超过了冰上项目，中国大幅度增加雪上项目参赛规模，显示出全面进军冬奥会的初衷和姿态。韩晓鹏在自由式滑雪男子空中技巧的比赛中获得金牌，实现了我国雪上项目运动成绩的历史性突破，这既是我国在冬奥会雪上项目获得的首枚金牌，同时也是在冬奥会男子项目上获得的首枚金牌。

图8-9　实现中国冬奥会金牌"零"的突破的运动员杨扬

2010年温哥华第21届冬奥会，中国代表团获得5枚金牌、2枚银牌和4枚铜牌，金牌总数创造了历史最高。已是第四次参加冬奥会的花样滑冰双人滑搭档申雪/赵宏博以纯熟的技艺圆了冬奥会夺金的梦想。在短道速滑项目上，中国女队包揽了全部4个单项的金牌，展示强大的综合实力。其中，王濛不仅成功卫冕500米冠军，还夺得了1 000米和3 000米接力的金牌，成为第1位在一届冬奥会获得3枚金牌的中国运动员。

2014年索契冬奥会，中国代表团赢得3金4银2铜，其中速度滑冰选手张虹夺冠，帮助中国队在大道速滑实现了突破。

2. 参加夏季奥运会概况

1980年7月，第22届奥运会在莫斯科举行。由于苏联为了谋求霸权，出兵入侵阿富汗。为了正义、和平，也为了奥林匹克精神的神圣和纯洁，中国奥委会加入了由62个国际奥委会成员国组成的抵制队伍，最后没有派代表团参加这次奥运会。

1984年，第23届奥运会在美国洛杉矶举行。中国体育代表团由353人（其中运动员225人）组成。中国台北也派出了67名运动员参加了本届奥运会。这是海峡两岸炎黄子孙首次在夏季奥运会上相逢，具有重要的历史意义。中国射击运动员许海峰夺得本届大会首枚金牌，打破了中国在奥运会上金牌"零"的记录（图8-10）；射击冠军吴小旋成为中国第一个获得奥运会金牌的女选手；在体操比赛中，李宁一人独得6块奖牌（3金、2银、1铜），成为本届奥运会获得奖牌最多的运动员，被人们誉为"体操王子"。中国代表团最终以金牌 15 枚、银牌 8 枚、铜牌 9 枚的成绩列奖牌排名榜第四,令世界瞩目。

1988 年,第 24 届奥运会在韩国首都汉城举行。中国奥委会派出了由 301 名运动员组成的庞大队伍参加 21 个项目的比赛。最终以 5 枚金牌、11 枚银牌、12 枚铜牌的成绩落至排名榜第 11 名。第 23 届奥运会由于世界体坛霸主苏联为首的东欧集团的抵制,使得中国运动员失去了与许多世界体育精英较量的机会,汉城奥运会的成绩比较客观地反映了中国体育的真实水平,它促使中国体育工作者清醒地认识到自身的不足。

图 8-10　实现中国奥运会金牌"零"的突破的运动员许海峰

1992 年,第 25 届奥运会在西班牙巴塞罗那举行。中国共有 250 名体育健儿参加了本次大会 20 个项目的比赛,共获得 16 枚金牌、22 枚银牌、16 枚铜牌,向世界竞技体育强国又迈出了坚实的一步。本届奥运会对中国体育来说具有里程碑式的意义,中国游泳和田径均实现历史性突破:庄泳获得我国第 1 枚奥运会游泳金牌;陈跃玲在女子 10 千米竞走中为中国赢得首枚田径奥运金牌。

1996 年,第 26 届奥运会在美国亚特兰大举行,本届奥运会实现了奥运家庭的大团圆。金牌榜上,美国、俄罗斯、德国分获前三名,中国代表团团结拼搏,获得了 16 金 22 银 12 铜,金牌、奖牌均列第 4 名,实现了冲击第二集团首位的预定目标。中国代表团 4 次打破 4 项世界纪录,3 人 6 次创 6 项奥运会纪录,6 人 13 次创 12 项亚洲纪录,7 人 15 次创 12 项全国纪录,乒乓球囊括 4 金。这个成绩基本反映了我国竞技体育的发展水平和在国际体坛的地位。

2000 年,第 27 届奥运会在澳大利亚悉尼举行。本届奥运会的竞争格局发生了新的变化。除美国、俄罗斯代表团依然显示出雄厚的整体实力,继续处在第一集团外,中国体育代表团在悉尼奥运会上共夺得 28 枚金牌、16 枚银牌和 15 枚铜牌,在金牌榜和奖牌榜上均排在第 3 位。中国首次进入奥运会金牌榜前 3 名,取得了历史性的突破。中国运动员共有 3 人 12 次创 8 项世界纪录,6 人 11 次创 11 项奥运会纪录,奥运会成绩比前四届奥运会有了大幅度的提高。

2004 年,第 28 届奥运会在希腊雅典举行。中国代表团共派出了包括

407 名运动员参加了除棒球和马术外的其他所有 26 个大项的比赛,以金牌 32 枚、银牌 17 枚、铜牌 14 枚,奖牌总数 63 枚的优异成绩一举登上了奖牌榜的第 2 位(其中奖牌总数列第 3 位),金牌数和奖牌总数两项指标都创下了自参加奥运会以来的单届最高纪录而且获得金牌的项目增加至 13 个大项。在田径赛事中,男子 110 米跨栏选手刘翔在决赛中以完美的一跑,不仅追平了已保持 11 年之久的世界纪录,打破了奥运会纪录,还开创了多项第一。他不但为中国夺取了第一个田径男子项目的奥运会冠军,还成为第一位获奥运会田径男子短跑项目冠军的亚洲人以及第一位获得奥运短跑项目冠军的黄种人。中国台湾选手也在本届奥运会上取得了历史性的突破,首次夺取奥运会金牌。跆拳道比赛开赛的第一天,陈诗欣在女子 49 公斤级、朱木炎在男子 58 公斤级中就先后包揽了全部 2 枚跆拳道金牌。

2008 年,第 29 届奥运会在北京举行。在金牌榜上,作为东道主的中国体育代表团历史性地超越美国,升至金牌榜首位,共夺得了 51 枚金牌(2017 年初,国际奥委会在其官方网站上发布信息,确认 2008 年北京奥运会样本复检中查出的我国女子举重队 3 名运动员兴奋剂违规成立,做出取消上述运动员北京奥运会成绩,收回金牌等处罚,因此本届奥运会中国夺金数修正为 48 枚)、21 枚银牌和 28 枚铜牌。从项目分布上看,乒乓球、羽毛球、体操、射击、跳水和举重 6 个项目表现抢眼,其他项目也取得了突破,中国队共在 7 个大项 10 个小项上首次获得奥运金牌。

2012 年,第 30 届奥运会在伦敦举行。中国代表团共获得 38 金、27 银、23 铜,奖牌总数 88 枚,排名金牌榜第二和奖牌榜第二,创 6 项世界纪录、6 项奥运会纪录。从项目分布来看,中国代表团在 11 个大项上获得了金牌,在 17 个大项 73 个小项上获得了奖牌,取得了境外参赛奥运会的最好成绩。

2016 年,第 31 届奥运会在里约热内卢举行。中国代表团在本届奥运会上一共获得 26 金、18 银、26 铜,共 70 枚奖牌,在金牌榜上位列第三位。以往强势的体操、射击和羽毛球都呈现出下滑的趋势,但跳水、乒乓球、举重等项目表现依然强势。中国女排夺得冠军,成为本届奥运会最令中国人民振奋的新闻之一。

七、学校体育工作全面推进

改革开放以来,党和国家高度重视青少年的健康成长,把加强学校体育作为贯彻党的教育方针、实施素质教育和提高教育质量的重要举措。多年来，我国不断完善和落实学校体育发展的各项政策措施，有力地推进学校体育的改革发展。

(一)"扬州会议"的召开

1979年5月15日—22日，由教育部、国家体委、共青团中央联合在江苏扬州召开了全国体育卫生工作经验交流会。会议主要明确了以下几个问题：

第一，明确了学校体育的重要地位。会议认为："学校开展体育、卫生工作的根本目的在于增强学生的体质，要从实际出发，认真上好体育课；抓好每天一小时的锻炼，建立、健全业余训练制度，坚持普及与提高相结合；加强学校卫生工作，注意体育和卫生相结合。"并指出："我们必须坚持'三好'的方针，正确处理好德、智、体三者的关系。"

第二，加强了学校体育卫生工作的组织领导与队伍建设。扬州会议上对恢复和重建学校体育的各级组织和教育人员配备进行了规定，还对体育、卫生教师和课任教师对于促进学生健康发展做了具体的要求。在队伍建设方面，扬州会议强调："要大力培养一支又红又专的体育教师和卫生人员队伍。注意落实知识分子政策，充分发挥老教师、老医师的作用。要提高体育教师和学校卫生人员的社会地位。"

第三，完善学校体育卫生工作的制度建设。扬州会议上讨论和制定了《中小学体育工作暂行规定（试行草案）》《高等学校体育工作暂行规定（试行草案）》《中小学卫生工作暂行规定（草案）》《高等学校卫生工作暂行规定（草案）》。随后，这些规定先后分别由教育部与国家体委、教育部与卫生部联合颁布实施。这是新中国成立以来第一个较为系统的学校体育卫生工作专门法规，对学校体育卫生的任务、教学、课外体育与训练、师资队伍、经费、领导、管理等做出的规定，为新时期学校体育、卫生工作的制度化管理打下了初步基础。

"扬州会议"是学校体育、卫生工作在思想认识、组织领导、教学研究、实施管理等多方面的一次全面"拨乱反正"的重要会议，标志着我国学校体育、卫生工作步入了法制化建设和管理的新阶段。"扬州会议"也开启了我国学校体育思想多元化发展的新局面，各种国外的体育教学思想、教学理论与教学方法，开始在学校体育界广泛传播和实验。

(二)《学校体育工作条例》的颁布

1990年3月12日，经国务院批准，国家教委颁布了《学校体育工作条例》，同时废止了教育部、国家体育运动委员会1979年10月5日发布的《高等学校体育工作暂行规定（试行草案）》和《中、小学体育工作暂行规定（试行草案）》。《学校体育工作条例》（以下简称《条例》）共分9章31条，分别为：总则、体育教学、课外体育活动、课余体育训练与竞赛、体育教师、场地器材设备和经费、组织机构和管理、奖励与处罚、附则。《条例》明确规定学校体育的基本任务是：增进学生身心健康，增强学生体质；使学生掌握体育基本知识；培养学生体育运动能力和习惯；提高学生运动技术水平，为国家培养体育后备人才；对学生进行品德教育；增强组织纪律性，培养学生的勇敢、顽强、进取精神。《条例》进一步确立了学校体育在教育工作中的地位，加强了学校体育的组织管理，标志着我国学校体育工作进一步走向法治轨道。

（三）各级学校体育合格标准的实施

为了保证国家教育方针的全面贯彻，引导和督促学生上好体育课，积极参加体育锻炼，国家教委于1987年9月颁发了《中小学体育合格标准的试行办法》，规定了身体发育正常的学生应当达到体育合格标准的内容，同时还规定了凡未达到体育合格标准的学生，不予毕业，不准报考高一级的学校。这是全面贯彻国家教育方针的一项重大措施，引起了社会各界的普遍关注。1991年5月，国家教委在原有的《中小学体育合格标准的试行办法》基础上，颁布了《中学生体育合格标准实施办法》。1990年10月，国家教委制定并颁布了《大学生体育合格标准》和《大学生体育合格标准实施办法》。1992年2月，《小学生体育合格标准实施办法》颁布实施。至此，全国各级学校的体育合格标准已全部配套并实施。

（四）21世纪的体育课程改革

1999年6月，《中共中央国务院关于深化教育改革全面推进素质教育的决定》颁布，以全面实施素质教育为核心，启动了新一轮体育课程改革。2001年6月，教育部颁发了《基础教育课程改革纲要（试行）》，同时发布小学和中学各学科《课程标准》。《体育（1—6年级）·体育与健康（7—12）年级课程标准（实验稿）》于2001年9月开始在全国范围内进行实验。2003年《普通高中体育与健康课程标准》颁布实行，同年开始组织课程标准修订工作。

与以往体育教学大纲不同，新的课程标准在课程的名称、指导思想、目标体系、学段划分、内容标准、教学时数、评价方法等许多方面，均发生了重要的质的变化，体现了将素质教育的理念落实在课程标准之中的极大努力，表现出体育课程的新特征：（1）坚持把"健康第一"作为体育课程最高目标；（2）力图突破学科中心，关注学生的全面发展而不是体育学科知识体系的完整传授，强调学生体育兴趣和体育实践能力的形成，为终身体育打下基础；（3）强调学生体育认知经验的重要性，关注学生体育经验、能力、情感、态度、价值观和健康状况的变化，而不仅仅是知识、技能和体质目标的达成。努力改变传统体育课程过于注重运动技能传授的倾向，使获得基础知识与基本技能的过程同时成为学会学习和形成正确体育价值观的过程；（4）构建弹性化的课程内容结构，以适应多元化的体育需求；（5）强调以学生发展为核心的学习评价改革，改变传统课程评价中过分强调运动成绩、过于注重甄别与选拔功能的倾向；（6）强调课程的分级管理和教师在体育课程建设与实施中的作用。

课程标准的修订工作于2011年3月基本完成。为了强化"健康第一"的指导思想，新颁布的《义务教育体育与健康课程标准（2011年版）》将义务教育阶段体育课统一取名为体育与健康课程。修订后的《标准》既体现了国家对新时期转变培养观念与模式的新要求，也坚持了自2001年以来基于素质教育的体育课程改革的正确方向。

新课程标准明显提高了学生学习的积极性，学生对技能的掌握和运用明显提高。但在改革中存在诸如场地设施不足、体育师资不足、部分教师对新课程标准接受度差等问题，使新课程改革遇到了不少阻力。

（五）加强学校体育工作系列意见的颁布

进入21世纪以来，我国青少年体育事业蓬勃发展，学校体育工作取得很大成绩。但是，必须清醒地看到，学校体育仍是整个教育事业相对薄弱的环节，对学校体育重要性认识不足、体育课和课外活动时间不能保证、体育教师短缺、场地设施缺乏等问题依然突出，学校体育评价机制亟待建立，社会力量支持学校体育不够，学生体质健康水平仍是学生素质的明显短板。为了应对挑战，进一步推动体育改革发展，促进学生身心健康、体魄强健，党和政府出台了一系列意见来规范、促进学校体育的发展。

2007年5月，中共中央国务院制定下发了《关于加强青少年体育增强青少年体质的意见》，要求认真落实"健康第一"的指示思想，把增强学生体质作为学校的基本目标之一，建立健全学校体育工作机制，充分保证学校体育课和学生体育活动，广泛开展群众性青少年体育活动和竞赛，加强体育卫生设施和师资队伍建设，全面完善学校、社区、家庭相结合的青少年体育网络,培养青少年热爱体育、崇尚运动、健康向上的良好风气和全社会珍视健康,重视体育的浓厚氛围。

2012年,国务院办公厅转发教育部等部门《关于进一步加强学校体育工作若干意见》。《意见》提出:当前和今后一个时期,要以中小学为重点全面加强学校体育,深入推进学校体育改革发展,力争到"十二五"时期末,学校体育场地设施总体达到国家标准,初步配齐体育教师,基本形成学校体育持续健康发展的保障机制;学生体质健康监测制度更加完善,基本建成科学规范的学校体育评价机制;各方责任更加明确,基本形成政府主导、部门协调、社会参与的学校体育推进机制。

2016年,国务院办公厅颁布了《关于强化学校体育促进学生身心健康全面发展的意见》,提出了坚持课堂教学与课外活动相衔接,坚持培养兴趣与提高技能相促进,坚持群体活动与运动竞赛相协调,坚持全面推进与分类指导相结合的基本原则。确定的工作目标是:到2020年,学校体育办学条件总体达到国家标准,体育课时和锻炼时间切实保证,教学、训练与竞赛体系基本完备,体育教学质量明显提高;学生体育锻炼习惯基本养成,运动技能和体质健康水平明显提升,规则意识、合作精神和意志品质显著增强;政府主导、部门协作、社会参与的学校体育推进机制进一步完善,基本形成体系健全、制度完善、充满活力、注重实效的中国特色学校体育发展格局。

八、体育产业生机勃发

我国明确提出发展体育产业是在1992年的全国体育工作会议,也就是"中山会议"上。但是,发展体育产业的实践始于党的十一届三中全会之后。整体来看,我国体育产业的发展大体上可分为三个阶段。

(一)体育产业的萌芽起步(1978—1992年)

该阶段是我国改革开放、探索实践社会主义道路的重要阶段。这一阶段虽然并未明确提出体育产业的概念,但在实践中已经出现了以开展体育经营活动为标志的体育产业业态。伴随着社会经济,特别是制造业的发展,以体育用品制造业、体育竞赛表演业为代表,我国体育产业的发展开始起步。

党的十一届三中全会以后,随着改革开放的逐步深入,原有体制下那种过分集中于体委办体育,各级体委对体育事业的领导、协调、监督作用未得到充分体现等种种弊端逐步暴露出来;体育事业发展资金供给不足的矛盾也日益突出。在这种形势下,中共中央做出了关于进行体育体制改革的决定。1984年,中共中央颁布了《关于进一步发展体育运动的通知》;1986年,国家体委颁布了《关于体育体制改革的决定(草案)》。这两个重要文件的出台,推动了体育社会化、科学化改革。

体育体制改革从两个方面加速了我国体育产业的初步形成。一是鼓励体育系统有条件的事业单位开展多种经营,扩大服务范围,积极增收节支,推动了体育场馆"以体为主、多种经营"方针的形成。国家体委提出"在优先保证发展体育事业的前提下,逐步实现场馆面向群众、面向社会,并由行政管理型向经营管理型过渡;在保证体育活动的前提下,发展多种经营,广开财路,提高场馆使用率,逐步做到自负盈亏、以场馆养场馆"。同时,各省、自治区、直辖市体委都在不同程度上将一部分非经营性资产转为经营性资产,并相继成立了一些体育经营实体,如体育服务公司等。二是促进了我国竞技体育的社会化。鼓励专业运动队与企业合作,提倡体育竞赛与经营活动联合进行,形成了"内引外联""体育搭台、经贸唱戏"的社会化特色。这一改革开拓了运动队赞助企业的局面,促使了上海虹口体育场、南京五台山体育中心、广州白云足球队、万宝路广州网球精英赛等体育经济实体的不断涌现。

总体而言,该阶段的主要特征是"以体育场馆改革为龙头,带动运动队和体育竞赛活动吸引社会资金",它是我国进行体育经营性活动的初步尝试。

(二)体育产业的探索发展(1992—2010年)

该阶段是我国社会主义市场经济体制建立和社会快速发展的重要阶段。期间,我国体育事业发生了翻天覆地的变化,体育产业在探索中不断发展。

随着我国社会主义市场经济体制目标的确立,体育事业发展的社会经济环境发生了巨大变化。体育战线为建立与社会主义市场经济体制相适应的、符合现代体育运动发展规律的、国家调控、依托社会、充满生机与活力的体育体制和运行机制,加大了改革的力度。1992年6月,中国足协在北京西郊红山口(原八一体工大队所在地)召开工作会议(史称"红山口会议"),会议以改革为主题,决定把足球作为体育改革的突破口,确立了中国足球要走职业化道路的改革方向。1992年11月,国家体委在中山召开了全国体委主任座谈会(史称"中山会议"),学习邓小平"南方讲话"

和党的十四大报告,探讨体育改革。在这次对体育改革发展具有转折性、历史性意义的会议上,把体育产业问题作为深化体育改革的一项重要内容列入议事日程。

1993年,全国体委主任会议上制定了《关于培育体育市场,加快体育产业化进程的意见》,提出体育事业要"面向市场,走向市场,以产业化为方向"的基本思路;1994年召开的体育经济问题研讨会和1995年全国体委主任会议,都把发展体育产业作为主题;1995年,国家体委下发了《体育产业发展纲要(1995—2010年)》,指出我国体育产业的3个类别,即体育主体产业、体育相关产业和体办产业;1996年全国人民代表大会八届四次会议通过的《国民经济和社会发展"九五"计划和2010年远景目标纲要》进一步明确了体育要走"社会化、产业化的道路"。在上述改革目标和基本思路的指导下,国家体委陆续推出了全国性单项协会实行实体化或项群管理、推进俱乐部的职业化、举办中国体育用品博览会以及开放体育竞赛市场、发行体育彩票、成立体育基金会等具体措施。到2000年,我国体育已经突破了单纯创收增资和体育总局一家独办的模式,开始进行面向社会、多方位的产业化开发,体育产业的格局初见端倪,形成了竞赛表演、健身娱乐等多种业态共同发展的态势。

2001年,北京获得第29届奥林匹克运动会主办权,我国体育产业发展迎来了重大发展机遇。国家体育总局于2005年和2007年先后召开了两届全国体育产业工作会议,分别提出了"体育产业跟群众体育、竞技体育,都是我国体育事业重要组成部分"以及"体育产业绝不仅仅是体育部门自身所办的产业,而是作为社会经济生活一部分,是全社会的体育产业"等重要发展思路。2006年7月,国家体育总局颁布的《体育事业"十一五"规划》中明确提出"十一五"时期我国体育产业的发展目标即"初步建成与大众消费水平相适应,以体育服务业为重点,多业并举、门类齐全、结构合理、规范发展的体育产业体系,形成多种所有制并存、全社会共同参与、共同兴办的格局"。这标志着我国体育产业发展已进入新的战略机遇期。与此同时,国家体育总局还开展了体育服务认证、全运会市场开发、体育服务标准化、体育产业统计、国家体育产业基地建设等多项体育产业相关工作,其中,2008年,国家统计局和国家体育总局印发《体育及相关产业分类(试行)》,体育产业统计制度开始建立。

据有关数据统计,2007年全国体育及相关产业从业人员283.74万人,实现增加值1 265.23亿元,占当年GDP的0.49%,比2006年增长22.83%;2008年全国体育及相关产业从业人员为317.09万人,实现增加值 1 554.97 亿元，占当年 GDP 的 0.52%，比 2007 年增长 16.05%。在 2007 年全国体育及相关产业各领域增加值的构成中，体育用品、服装鞋帽制造占 70.98%，体育用品、服装鞋帽销售占 8.82%，体育组织管理活动占 7.06%，体育健身休闲活动占 4.65%，体育场馆建筑占 3.53%，体育彩票占 2.34%，体育场馆管理活动占 1.82%，体育培训活动占 0.63%，体育中介活动占 0.24%。这些数据显示我国体育产业已初具规模，发展较快。①

总体而言，此阶段，一方面伴随着社会主义市场经济建设和体育体制改革的逐步深化，政府通过加快职能转变、建立与完善体育产业管理体制、规范体育市场、优化发展环境等方面促进了我国体育产业的发展；另一方面，在 2008 年举办北京奥运会的积极推动下，通过体育竞赛表演业的发展，带动了体育健身休闲、体育中介、体育培训、体育用品等市场的发展，初步构建了面向大众、以服务消费为主的体育市场体系。体育产业作为我国国民经济新增长点已初见端倪。

（三）体育产业的快速发展（2010 年—今）

这个阶段迎来了我国全面深化改革的新时期。我国在坚持体育事业公益性、加快发展体育事业的同时，对发展体育健身市场、开发体育竞赛和体育表演市场、发展体育用品业等体育产业进行了积极探索，社会力量参与体育的热情不断高涨，国家也更加重视体育产业的发展，体育产业进入了由国家层面指导和引领的快速发展阶段。2010 年，国务院办公厅印发《关于加快发展体育产业的指导意见》，提出了大力发展体育健身市场，努力开发体育竞赛和体育表演市场，积极培育体育中介市场，做大做强体育用品业，大力促进体育服务贸易，协调推进体育产业与相关产业互动发展等 6 项重点任务，并制定了 7 项发展措施，有力地引导和推动了体育产业的发展。2012 年，国家体育总局印发《关于鼓励和引导民间资本投资体育产业的实施意见》，制定了 14 项吸引民间资本投资体育产业的政策措施，积极推动了体育产业的市场化、社会化。

2014 年 10 月，国务院《关于加快发展体育产业　促进体育消费的若干意见》出台（以下简称《意见》），这是我国体育产业发展的里程碑事件。《意见》以满足群众健身需求，提高全民族身体素质为出发点和落脚点，向改革要动力，向市场要活力，将全民健身上升为国家战略，倡导健

---

① 贾海红，邓宇，李雯.数字解读中国体育产业［N］.中国体育报，2010-4-28.

康生活,助力经济发展,系统阐述了发展体育产业,促进体育消费的指导思想、基本原则、发展目标、主要任务和政策措施。《意见》的出台,为体育产业的发展指明了方向,提供了保障。此后,各地也纷纷制定了相应的实施意见,在全国掀起了发展体育产业的高潮。

扫一扫8-6:
《关于加快发展体育产业促进体育消费的若干意见》

国务院《关于加快发展体育产业 促进体育消费的若干意见》出台后,涉及体育产业发展的相关规范性文件相继出台,发展体育产业的政策体系日益完善。2015年,国家统计局、国家体育总局印发了《国家体育产业统计分类》,将体育产业界定为"为社会公众提供体育服务和产品的活动以及与这些活动有关联的活动的集合";将体育产业分为11大类、37个中类、52个小类,较为全面地涵盖了体育产业各个领域,着力体现了体育产业与旅游、互联网、金融、信息服务、传媒、民族特色文化保护等业态融合发展的新趋势。2016年,国务院办公厅印发《关于加快发展健身休闲产业的指导意见》;国家旅游局、国家体育总局共同印发了《关于大力发展体育旅游的指导意见》;中共中央、国务院印发了《"健康中国2030"规划纲要》,其中设有专门章节论述"积极发展健身休闲运动产业"的措施。不断完善的制度体系,有力地保障和促进了体育产业的快速发展。

《国家体育总局 国家统计局联合发布2015年国家体育产业规模及增加值数据的公告》显示,2015年,国家体育产业总产出(总规模)为1.7万亿元,增加值为5 494亿元,占同期国内生产总值的比重为0.8%。从国家体育产业11个大类看,体育用品和相关产品制造业总产出和增加值最大,分别为11 238.2亿元和2 755.5亿元,占国家体育产业总产出和增加值的比重分别为65.7%和50.2%;体育服务业(除体育用品和相关产品制造业、体育场地设施建设外的其他9大类)总产出和增加值分别为5 713.6亿元和2 703.6亿元,占比分别为33.4%和49.2%。2015年体育及相关产业总产出比2014年增长26.02%,"十二五"期间平均增长率为21.12%,产业增加值比2014年增长35.97%,"十二五"期间平均增长率为19.87%,产业增加值占GDP的比重由2014年的0.64%增长至0.8%。此次发布的数据反映出,体育产业在各个领域和业态都呈现出良好的发展态势,对经济的贡献率进一步扩大。

扫一扫8-7:
国家体育产业统计分类

总体而言,伴随着全面深化改革的推进,围绕体育产业发展,出台了一系列具有标志性意义的改革举措,体育产业迎来了重大的战略机遇。综合国际上各国体育产业的发展经验和我国经济社会发展水平,随着供给侧结构性改革的不断深入、科技革命和产业变革的不断发展和"健康中国"

战略的逐步实施，我国体育需求将从低水平、单一化向多层次、多元化扩展，体育消费方式将从实物型消费向参与型和观赏型消费扩展，体育产业将从追求规模向提高质量和竞争力扩展，我国体育产业的前景广阔，潜力巨大，有望成为经济发展的新动力和消费升级的新动能。

九、体育文化繁荣发展

体育文化是我国社会主义文化的重要组成部分，加强体育文化工作是从体育大国迈向体育强国的必然要求。多年来，在全国体育工作者和广大人民群众的共同努力下，体育文化日益繁荣，为体育事业的可持续发展提供了强有力的支撑。

（一）体育文化工作日益受到重视

改革开放以来，体育文化工作越来越受到重视。特别是中共党的十七大提出"推动社会主义文化大发展、大繁荣"和十七届六中全会做出《中共中央关于深化文化体制改革推动社会主义文化大发展大繁荣若干重大问题的决定》后，对体育文化工作的重视程度达到一个前所未有的高度。

2009年12月，在浙江绍兴召开的全国体育发展战略研讨会上，时任国家体育总局局长刘鹏在报告中首次将"体育文化"与全民健身、竞技体育和体育产业并列为建设体育强国的重要工作与任务。2011年公布的《体育事业发展"十二五"规划》提出："加强体育文化建设，深入挖掘体育的文化内涵，夯实体育发展的社会基础和文化根基，提升中国体育的软实力。"2011年7月，国家体育总局在四川成都召开了全国体育文化工作会议，这是我国首次召开专门研究体育文化发展建设的全国性会议，会上提出：加强体育文化建设是建设体育强国的内在要求，体育文化要与群众体育、竞技体育和体育产业形成合力，共同促进体育强国建设。

党的十七届六中全会召开后，为了深入贯彻党中央推动社会主义文化大发展大繁荣的精神，促进体育事业全面、协调、可持续发展，推动我国由体育大国向体育强国迈进，2012年4月，国家体育总局下发《关于加强体育文化工作的通知》，明确了加强体育文化工作的指导思想和目标，提出了要做好几项具体工作：切实加强对体育文化工作的领导；加大对体育文化工作的资金投入；加强体育队伍综合素质建设，加快体育文化人才培养；加强体育文化阵地建设；鼓励和繁荣体育文艺创作，积极开展各类体育文化系列展示、评选活动；积极挖掘、整理和传承优秀体育文化遗产；发展体育产业，推动体育文化建设；进一步扩大对外体育文化交流。为了加快贯彻落实，2014 年，国家体育总局又下发了《关于进一步做好体育文化工作的通知》，要求各地体育局和直属单位提高对体育文化工作重要性的认识，尽快建立体育文化工作机制，在人力、物力和经费方面给予保障，做到领导有分管、干部有专职、经费有专项。

为了进一步促进竞技体育、群众体育、体育产业和体育文化协调发展，挖掘体育文化内涵，弘扬中华体育精神，促进以运动项目文化为核心的体育文化建设。[1] 2015 年 12 月，国家体育总局印发《关于进一步做好运动项目文化建设的通知》，要求相关部门进一步转变运动项目发展和办赛思路，在提升竞技体育成绩的同时，注重运动项目文化的打造；要以赛事为平台，宣传和推广运动项目文化；主动总结运动项目文化特点，提炼运动项目体育精神；推出体育明星，树立运动员和运动项目积极正面的社会形象；做好运动项目历史资料留存工作；主动开展针对青少年的运动项目文化教育和推广工作；弘扬优秀中国传统体育项目，加强挖掘、整理和推广工作，加强对外交流，积极推动优秀中国传统体育项目"走出去"。

（二）体育文化的衍生形态日益多元和繁荣

改革开放以来，体育在其他文化形态中的不断延伸，如文学、出版、新闻、广播、电视、网络、音乐、舞蹈、美术、雕塑、建筑、会展、服饰等被越来越多的用于体育主题或题材的表达。

例如，改革开放以来，我国体育电影呈现出繁荣发展的局面。1978—1989 年是我国体育电影发展的黄金时期，体育电影逐渐步入审美道路，代表性作品有：《乳燕飞》《高中锋，矮教练》《五虎将》《帆板姑娘》《加油——中国队》《现代角斗士》《美人鱼》《棋王》《京都球侠》《拳击手》《少林寺》《自古英雄出少年》《候补队员》等。1990—2000 年，体育电影步入了一个共享、整合与有序的发展阶段，在重构主旋律的旗帜下再度创业。代表作有：《我的九月》《挑战》《来吧，用脚说话》《球迷心窍》《滑板

---

[1] 新中国成立以来，特别是改革开放以来，中国体育在发展中创造极为宝贵的精神财富，其精髓就是"为国争光、无私奉献、科学求实、遵纪守法、团结协作、顽强拼搏"为主要内容的中华体育精神。

梦之队》《黑眼睛》《我也有爸爸》《冰与火》和《女足9号》等（图8-11）。进入21世纪以来，中国体育电影也同其他题材的电影一样，在商业化发展的道路上挺进，代表这一时期的体育电影有《功夫》《少林足球》《大灌篮》《扣篮对决》等。

图8-11　电影《女足9号》海报

进入21世纪，以体育文化为题材的会展业取得了长足的发展。2007年在上海举办第一届中国体育旅游博览会。2011年在北京举办了首届中国体育文化博览会。从2013年开始体育文化博览会和体育旅游博览会合并一起举行，改称为中国体育文化·体育旅游博览会。截至2016年，我国已经成功举办6届体育文化博览会和10届体育旅游博览会。

体育雕塑创作的盛行与体育运动比赛密不可分。1990年北京亚运会时，中国雕塑家创作了一系列体育雕塑作品。随后，1997年上海、2001年广州的全国运动会都结合体育场馆的环境创作了大批雕塑。为配合申奥，2001年5月19日在北京举办了"新北京、新奥运——体育雕塑展"。2014年为配合南京夏季青年奥林匹克运动会，举办了"青春的力量——南京·国际体育雕塑大赛"。

（三）体育文化遗产保护力度逐渐加大

坚持"发掘、整理、研究、展示、推广"的十字方针，以体育非物质文化遗产为代表的我国体育文化遗产的保护工作取得了长足的进展。

在非物质文化遗产保护理念传入之前，我国传统体育类活动已经受到各方重视，部分项目也比较活跃。例如，享誉世界的少林功夫早已成为中国的一张名片。1984年开始的四年一届的全国少数民族运动会，使不少特色鲜明的少数民族体育竞技项目得以发扬光大。

2004年以后，随着国家对非物质文化遗产保护工作的重视，传统体育类物质文化遗产项目得到了更好的传承。我国体育非物质文化遗产的保护和推广工作主要由国家体育总局体育文化发展中心负责实施，为了做好这项工作，该中心于2013年制定了《中国体育非物质文化遗产保护与推广管理办法》，明确了体育非物质文化遗产的范畴、分类、命名形式、推进工作的方针，并就申报条件、申报程序、评审程序、项目与单位（城市）建设、管理与考核等做出了规定。

在体育文化遗产的保护、整理、研究与展示方面，体育博物馆成为一个重要的载体。1990年9月，我国第一个体育博物馆——中国体育博物馆（奥林匹克博物馆）建成。随着国家对体育文化工作的重视，我国体育类博物馆的建设与发展呈现出蓬勃发展之势，截至2016年年底，我国已拥有体育类博物馆100余家（包括筹建、在建项目）。2017年4月，由国家体育总局体育文化发展中心和成都体育学院共同主办的"全国首届体育类博物馆发展建设研讨会"在成都举行，会上举行了成立全国体育类博物馆联盟的倡议发起仪式。

（四）体育文化研究势头良好

伴随着20世纪80年代初出现的"文化热"，我国体育文化研究应运而生。以1986年在成都体育学院举办的"全国首届体育与文化研讨会"为标志，学术界开始提出"体育文化"的概念。20世纪80年代后期，一批经历过社会科学正规训练的中青年人进入体育界并逐步成为体育文化研究的主力，不断取得重要成果，在一定的范围内引发了一场体育文化研究的热潮。与此同时，一些体育期刊也开办了体育文化研究专栏，国家体委主办的《体育文史》（后改名为《体育文化导刊》）成为体育文化研究的主要阵地之一。

20世纪90年代后期，我国政府首次明确地将文化放在与经济、政治同等重要的地位来进行宏观构架，我国又呈现出"文化研究热"的繁荣景象。体育文化研究随之进入深入发展阶段，此时已经基本具备了将体育文化学作为一门独立学科进行研究的条件，我国体育文化学的学科体系与研究框架被逐渐建构出来。

2008年北京奥运会后，中国体育事业发展进入了一个新阶段，体育文化研究迎来新契机。特别是十七届六中全会后，我国体育史学界和文化学界因势而动，把握机遇，通过各类社科课题基金立项，引入新的研究方法，建立新学科等，使我国体育史学与体育文化学研究开始显示出新的前景与希望。为了推动体育文化研究,国家体育总局体育文化发展中心与各地高校合作建立体育文化研究基地,截至 2012 年,全国已建成 73 个体育文化研究基地。

十、中国体育走向世界

改革开放以来,中国以竞技体育为先导,与世界各国和各国际体育组织密切联系,在体育的各个领域展开全方位的国际交流与合作,取得了突出成就,使中国体育走向了世界。

(一) 积极参与奥林匹克运动

1979 年,中国以"奥运模式"重返奥林匹克大家庭,开创了中国参加国际体育的新局面。之后,我国参加了 1980 年以来的历届冬奥会和 1984 年以来的历届夏季奥运会,并且取得了优异成绩,极大振奋了中国人民和海外华人,提高了中国体育的国际地位。

1990 年,北京克服种种困难,成功举办了第 11 届亚运会。此后,中央决定支持北京申办 2000 年奥运会,但由于当时中国面临着国际政治较量的巨大压力以及自身的准备不足,最终以微弱的 2 票劣势输给悉尼。

申办失利并没有影响我国参与奥林匹克事务的决心,1998 年,中央决定由北京再次申办 2008 年奥运会,并响亮地提出了"新北京,新奥运"的申办口号,赋予了北京和奥运会丰富的内涵。2001 年 7 月 13 日,国际奥委会做出决定,将第 29 届奥运会举办权授予中国北京(图 8-12)。

图 8-12 2008 年北京奥运会会徽

2008 年 8 月 8—24 日,北京奥运会成功举办。204 个国家及地区的 11 438 运动员参加了比赛,共创造 43 项新世界纪录及 132 项新奥运纪录,共有 87 个国家和地区在赛事中取得奖牌,中国代表团居金牌榜首名,成为奥运历史上首个登上金牌榜首的亚洲国家。北京奥运会的成功举办,充分体现出我国坚决贯彻绿色奥运、科技奥运、人文奥运理念,这是北京奥运会最鲜明的特色,是北京奥运会成功举办的关键;坚持发挥举国体制作用,同心同德、同舟共济；坚持依靠广大人民群众，充分彰显了中华民族的强大凝聚力和向心力；坚持开展国际交流合作，顺应和平与发展的时代潮流，提出"同一个世界、同一个梦想"的响亮口号，把中国人民和世界各国人民的共同愿望连接在携手办好北京奥运会这个聚焦点上。北京奥运会让世界各国人民相聚北京、相聚在五环旗下，成为世界各国人民加强交流、加深理解、增进友谊的盛会，使世界进一步了解了中国，也使中国展示给了世界。

2015年7月31日，北京获得2022年第24届冬季奥林匹克运动会主办权，成为第一个既举办过夏季奥运会奥会，又举办冬季奥运会的城市。

扫一扫8-8：
2008年北京奥运会三大理念

（二）"海外军团"现象及中国竞技体育体育人才的海外输出

所谓"海外军团"主要是指在20世纪80年代开始的出国热潮中，有一批优秀运动员，因为他们杰出的运动成绩或社会知名度，使他们获得了国外留学或俱乐部聘用的机会，并逐渐以此形成了一个庞大的海外中国运动员和教练员群体。它是改革开放后发生在中国体育界的一种特有的文化现象。[①]"海外军团"一般都是我国优势项目的优秀选手，并主要集中在乒乓球、体操、跳水、排球等项目中。资料显示，仅乒乓球一项"海外军团"就已达到300多人。

"海外军团"现象给中国体育的发展带来了挑战。其一，在一些重大比赛中，一些仍保持着重要实力的海外运动员直接向昔日的队友发起冲击，加大了中国队争金夺银的压力。例如，在1994年广岛亚运会上，代表日本参赛的前乒乓国手何智丽，最终战胜了中国选手，获得女子单打的金牌；其二，海外军团带走了许多中国培养优秀运动员的成功经验和做法，加大了中国竞技体育在今后发展道路上的潜在威胁，使中国竞技体育在国际上所面临的竞争更趋激烈。

就发展机遇而言，"海外军团"现象凸显了中国坚持改革开放的历史形象，显示出中国某些优势运动项目在国际体育界的重要地位。此外，"海外军团"在给所在国家和地区带去中国优势项目技术和训练方法的同时，也把中国的优秀文化、中国人民的友好情谊传播到了异国他乡，无形中成了沟通中外友谊的使者。

随着中国国内职业联赛水平的提高，中国运动员也开始登陆国外高水

---

① 罗时铭. 改革开放以来中国体育的对外交往［J］. 武汉体育学院学报，2008（1）：22~25.

平的职业联赛。与"海外军团"代表他国或地区比赛不同，登陆国外职业联赛的运动员并不改变国籍，他们在海外职业赛场上，不仅可以展示自身能力，也可以将在联赛中累积的比赛经验带回国内，提高中国在国际比赛中的竞争力。登陆海外高水平职业联赛已逐渐成为中国竞技体育人才海外输出的主要路径之一。以我国篮球运动员进入世界最高水平篮球职业联赛——美国职业篮球联赛（NBA）为例，1999年，王治郅成为第一位在NBA打球的中国球员，之后，巴特尔、姚明、易建联、孙悦等中国球员相继登陆NBA。

（三）深入参与国际体育组织管理

国际体育的快速发展使国际体育组织的重要性不断提高。一个国家在国际体育组织中发挥作用的大小，既与该国经济实力、体育发展水平有关，同时也将直接影响到一个国家体育事业发展速度和全面走向世界的进程。随着我国体育和社会经济的发展，我国越来越深入地参与到国际体育组织管理中。

至2001年，中国人已经在国际体育组织中担任105个职务，在亚洲以及区域性体育组织中任职141人。自2002年以后，我国在国际体育组织中的任职数有了进一步提高，在国际组织本级机构中任职的人数由2002年的56人升至2007年的86人，在国际组织下属委员会中任职的人数由2002年的88人上升至2007年的126人。[1] 在任职人数不断增长的同时，我国在国际体育组织中担任重要职务的数量也在逐步增长，在奥运会项目中，已经有一半以上的国际单项体育联合会中有中国人担任执行委员以上的职务。20世纪80年代开始，截至2016年，我国共有何振梁、吕圣荣、于再清、李玲蔚、杨扬、徐亨（中国台湾）、吴经国（中国台湾）、霍震霆（中国香港）8人担任过国际奥委会委员。

（四）举办大型国际赛事

改革开放以来，我国政治稳定，经济繁荣，人民生活水平不断提高，体育事业取得了巨大的成就，这些成就极大地提高了我国在国际上的地位，为我国成功举办大型国际体育赛事创造了条件。

除了成功举办2008年北京奥运会和筹办2022年冬奥会外，我国在改

---

[1] 国家体育总局. 改革开放30年的中国体育［M］. 北京：人民体育出版社，2008：325.

革开放后还举办了一系列大型国际赛事。

1990年，第11届亚洲运动会在北京举行，这是新中国成立以来第一次举办大型综合性国际运动会。来自亚奥理事会成员37个国家和地区的体育代表团共6 578人参加了这届亚运会，代表团总数和运动员数都超过了前10届。中国派出636名运动员参加了全部27个项目和2个表演项目的比赛。时隔12年后，中国台北作为中国一个地区的代表队重返亚运大家庭。

1993年5月，上海举办了首届东亚运动会，来自东亚地区8个代表团的1 200多名运动员参赛。这届运动会也对我国社会主义市场经济条件下举办大型国际体育运动会的新模式，做了一次有益的探索。举办东亚运动会，全部经费靠集资解决，运动会组委会依靠中国人民的爱国热情和市场机制带来的种种活力，圆满地完成了任务。

2001年，第21届世界大学生运动会在北京举行，这是中国首次举办全球性大型综合运动会。169个国家和地区的6 800名运动员、教练员和官员参加了运动会，创造了新纪录。由于北京出色的组织工作，国际大体联决定，从本届大运会开始，为成功举办大运会的东道主国家领导人及做出突出贡献的组委会领导人颁发荣誉勋章。

2007年，第6届亚洲冬季运动会吉林长春成功举办，注册总人数达3 071人，来自26个国家和地区的802名运动员参加了冰上和雪上项目的比赛。在短道速滑、速度滑冰两个项目上共有5个队36人66次超12项亚洲纪录，从而成为亚洲冬季运动史上成绩最好、规模最大、参加国家和地区最广、参赛运动员和观众人数最多的一届冰雪体育盛会。

2010年，第16届亚洲运动会于广州举行，广州也成为中国第二个取得亚运会主办权的城市。广州亚运会设42项比赛项目，是亚运会历史上比赛项目最多的一届。

2011年，第26届世界大学生运动会在深圳举办，本届大运会的口号为"从这里开始"（StartHere），参赛国家及地区152个，参赛运动员7 865人，共设306项（24个大项）比赛项目。

2014年，第2届青年奥林匹克运动会在南京举行，这是继北京奥运会后中国的又一项重大奥运赛事，是我国首次举办的青奥会，本届青奥会共设28个大项、222个小项，有204个国家的3 787名运动员参加比赛。

近年来，我国举办的国际赛事愈加频繁。据一份统计数据显示，2007—2018年，我国承办的各类赛事数量全球最高，且不乏重量级赛事。

对外体育交往大大促进了我国体育的发展，使我国体育从改革开放前的封闭落后状态，逐步融入世界体育的发展潮流。中国体育走向世界，对世界体育格局产生了重要且广泛的积极影响。

第四节　当代中国少数民族传统体育

我国是个多民族的国家，除汉族以外，还有 55 个少数民族。各民族在自身发展的历史过程中都创造了光辉灿烂的文化，其中丰富多彩的民族传统体育，更是表现了浓郁的民族风格和民族传统文化特色。中华人民共和国成立之后，体育主管部门和国家民委积极领导，始终坚持"积极提倡，加强领导，改革提高，稳步发展"的工作方针，使我国少数民族传统体育活动得到了普及和发展。

一、当代少数民族传统体育的发展

（一）新中国成立初期少数民族传统体育的挖掘与整理

少数民族体育的发展，是增强体质、造福少数民族人民的一项重要工作，是贯彻民族政策、增进民族团结的一项重要任务。

为了推动少数民族地区体育事业的发展，新中国成立初期有关部门通过体育学院和各种形式的培训班，培养了一批少数民族体育专业人才，调拨了一定的体育经费和运动器械，修建了一些体育场地。1953 年 11 月 8—12 日，为了交流经验，示范和推广民族传统体育，我国在天津召开了规模盛大的"全国民族形式体育表演及竞赛大会"，这是有史以来我国第一次民族体育的大检阅，也是民族形式体育界第一次大会师。这次运动会的举办对我国少数民族传统体育的发展起到了巨大的推动作用。

武术是我国民族传统体育的重要组成部分。在 1953 年全国民族形式体育表演及竞赛大会上，武术成为主要内容，仅拳术就有罗汉拳、八极拳、猴拳、绵拳、查拳、八卦拳、太极拳、通臂拳、螳螂拳等 139 项。大会还进行了散手和短兵的比赛，在武术对抗项目的竞赛上作了尝试。

不仅汉族有武术的传承，相当多的少数民族也有自己的武术流派，例如，从 20 世纪 50 年代开始，山东、河北等地的回族人民，在清真寺内成立"武术研究所"或各种武术协会，广泛开展群众性武术活动。他们请老一辈武术大师挖掘整理濒临失传的传统技艺，八卦拳、劈挂拳、查拳、华拳、二郎拳、弹腿等各门派的拳师纷纷收徒授艺。一代武林新秀茁壮成长，一批回族武术健将出现在全国各级武坛。

（二）改革开放初期少数民族传统体育的迅速发展

改革开放之初，各级地方党委和政府就十分重视少数民族传统体育工作，我国少数民族传统体育事业迅速发展。

1981年9月，由国家体委、国家民委联合主持的全国少数民族体育工作座谈会在北京召开，来自全国21个省、自治区、直辖市的29个民族代表以及中央和北京市有关单位、新闻界的180多人参加了座谈会。这是新中国成立以来第一次召开专门研究少数民族体育工作的会议。时任国家体委主任李梦华在报告中阐述了民族传统体育的特点和它在增进健康、巩固国防、保卫和发展生产、活跃群众文化生活、造就人才和加强民族团结等方面的作用。座谈会指出新的历史时期少数民族体育工作的任务是："贯彻落实党的民族政策，积极开展民族传统体育和近代体育活动，提高少数民族健康水平和体育运动技术水平，建设社会主义精神文明，活跃群众文化生活，促进民族团结，为社会主义现代化服务。"为了完成上述任务，使民族传统体育健康发展，会议提出了工作开展的方针："积极提倡，加强领导，改革提高，稳步发展。"与会者一致认为，少数民族体育内容十分丰富，它既有在本民族广泛开展的、历史悠久的、具有浓厚民族风格的传统体育项目，又有世界通行的、由国际奥委会等国际体育组织所倡导的近代体育项目。民族传统体育项目的开展还具有特殊性。它是各民族优秀文化传统的一部分，和各民族的风俗习惯紧密相连。尊重各民族风俗，开展好民族传统体育工作，有益于坚持民族平等，加强民族团结。因此，它既是一项体育工作，又是民族工作的一部分。会议指出：对待民族传统体育项目，要和对待其他文化遗产一样，必须继承和发展。继承，就要努力提倡，积极支持，防止失传；发展，除了要有深度、规模和水平外，还包括改革提高，去其糟粕，取其精华，不断地在量和质两个方面得到发展。

民族平等是制定一切民族政策的基本原则。坚持民族平等，同样是我国民族体育政策的基本原则。1984年中共中央发出的通知中指出："体育是全民族性的群众活动，全党、全社会都要重视和加强体育工作，进一步发展全民族体育运动。"这里所指的"全民族性"，实际上就是包括汉族和55个少数民族在内的中华民族的整体概念，是民族平等政策在国家体育发展政策中的具体体现。

20世纪80年代以后，我国少数民族传统体育开展得日益广泛，规模比较大的有在蒙古族、藏族、维吾尔族、苗族、满族、白族、哈萨克族、裕固族、柯尔克孜族、水族、纳西族、达斡尔族、塔吉克族、鄂温克族、保安族和鄂伦春族等少数民族中开展的赛马项目；在云南、西藏、台湾地区等少数民族聚居的地方开展的放风筝活动；在蒙古族、彝族、朝鲜族、满族、侗族、哈尼族、哈萨克族、达斡尔族、佤族、羌族、独龙族、壮族、维吾尔族、瑶族、基诺族、裕固族、怒族、普米族和锡伯族等民族中开展的摔跤；在汉族、傣族、布依族、白族、苗族、水族、土家族、高山族和壮族等民族中开展的赛龙舟活动等。1988年，我国以傣族运动员组成的中国少数民族堆沙队，首次参加了在我国香港举行的堆沙国际比赛，并以佛塔造型获得好评。

（三）少数民族传统体育的普及与提高

20世纪90年代以后，少数民族传统体育进入普及与提高阶段。主要表现在：

第一，对一些少数民族传统体育项目进行改革和综合创新。北京民族体育协会根据中国古代蹴鞠的竞赛方法，结合流传于我国民间的一些球类活动游戏，整理挖掘出一项新兴的民族传统体育项目——蹴球。1995年第5届民族运动会上，蹴球被列为表演项目，但在表演过程中却没有统一的规则，场地、器材也没有统一的要求，运动员在场上随意踢、蹦。1996年国家体委、国家民委开始蹴球项目的研究和整理工作交给了北京体育大学，该校科研处组织有关专家对蹴球进行了为期3年的研究和整理，通过大量的实践和比赛，经过反复的修改，为蹴球项目制定了比赛规则，成为第6届民运会的正式比赛项目。

第二，对一些少数民族传统体育活动中存在的陋习进行了革除。如傈僳族的"东巴跳"，经过提炼改革，摒弃封建文化的糟粕，弘扬健身和艺术的价值，成为一项独具特色的民族体育活动。再如流行于江浙一带的龙舟竞渡活动，具有极强的民族特色，蕴涵着我国丰富的传统文化，但其中迷信成分也占有很大的比重，经过改进，这项运动革除了陈俗陋习，成为深受全国各地民众欢迎的一项传统体育活动。

第三，少数民族传统体育活动逐步走进校园。2000年以来，中央民族大学等一批民族高等院校和普通学校，开设了少数民族体育课程。如中央民族大学的珍珠球、花炮、陀螺、木球等课程，新疆大学将打毛线球、叼羊、帕普孜球和趴地拔河等引进体育课。北京、上海、吉林、河北、贵州等省、自治区、直辖市的中等民族学校也开设了民族体育课程。2006年，广西南宁市将民族传统体育项目抛绣球、踢毽子、武术3个项目列入中考体育考试。湖北省长阳土家族自治县制定了《长阳土家族自治县中小学少数民族传统体育发展规划》等。

第四，独具特色的少数民族传统体育开始走出国门，走向世界。随着改革开放的不断深入，很多少数民族传统体育项目，不仅在本民族流行，而且走出村寨，走向城市，走向全国，甚至走出了国门。随着1990年国际武术联合会的成立，中国传统的武术运动在全世界得到了进一步的普及。再如，被称为"东方迪斯科"的体育健身舞——长阳巴山舞，走出了大山，成为2001年第1届宜昌市运动会的比赛项目。在2001年和2002年的第2届、第3届中国宜昌三峡国际龙舟拉力赛闭幕式的"巴山舞之夜"联欢活动中，包括美国、英国、澳大利亚、马来西亚等十多个国家和地区的数千人同跳巴山舞。

第五，全国少数民族运动会促进了民族传统体育文化的挖掘和弘扬。1982年我国少数民族传统体育运动大会制定了每4年举行一次的规定，由于国家的支持和各省的共同努力，该项赛事为挖掘整理各民族传统体育，弘扬民族体育文化，发展民族体育事业和全民健身运动，提高各民族人民身体素质，促进各民族团结等方面做出了积极的贡献（图8-13）。

图8-13　第5届全国少数民族运动会开幕式

第六，从政策上肯定了少数民族体育在全民健身计划中的作用。在1995年国家体委颁布的《全民健身计划》中，把少数民族体育作为在少数民族地区贯彻全民健身计划的重要形式。

总之，在挖掘、整理、研究和提高方针的指导下，少数民族传统体育项目得到进一步普及与提高，并通过各种形式的运动会和活动，增强了各民族之间的相互了解、相互学习和相互促进。

二、少数民族传统体育运动会的发展

少数民族传统体育竞赛是各个少数民族展示自身传统体育活动的舞台。为了推动少数民族传统体育的发展，各地都定期或不定期举办少数民族传统体育运动会。1982年，全国25个省、自治区、直辖市举办了少数民族传统体育运动会。1985年，全国122个地州市、312个县召开了少数民族传统体育运动会，参与总数超过了民族自治县的50%以上。而最具特点和影响最大的，则是全国少数民族传统体育运动会。

全国少数民族传统体育运动会是全国较有影响的大型综合性体育运动会之一。该运动会是在1953年举办的全国民族形式体育表演和竞赛大会（1984年，国家体委、国家民委将这次"全国民族形式体育表演及竞赛大会"定为第1届全国少数民族传统体育运动会）的基础上发展而来的。它由国家民族事务委员会和国家体育行政部门联合主办，每4年举行一届。赛事以其民族性、广泛性和业余性等特色，已成为展示中国少数民族传统体育的最大平台，参赛民族涵盖了我国的55个少数民族。

2016年，我国全国少数民族传统体育运动会已经举办了10届，举办地涵盖内蒙古、新疆、西藏等自治区以及北京、天津、广州等经济发达地区。从1953年的5个竞赛项目、22个表演项目到1999年的13个竞赛项目和161个表演项目，再到2015年的17个竞赛项目和140个表演项目，民族运动会沿着继承革新、继往开来的方向迈进，发掘了一大批新项目，并在探索普及与提高结合、群众性与专业化结合、传统体育与现代体育结合、民族性与世界性结合的道路上取得了可喜的进步，使少数民族传统体育走上了普及、提高、规范、科学的道路（图8-14）。[①]

---

① 李蓉.我国少数民族传统体育运动会的发展趋势［J］.重庆科技学院学报（社会科学版），2011（3）：143~145.

图 8-14　第 10 届全国少数民族运动会开幕式

第五节　香港、澳门、台湾体育概况

一、香港体育概况

香港，简称"港"，全称为中华人民共和国香港特别行政区，全境由香港岛、九龙半岛、新界 3 大区域组成，管辖陆地总面积 1 104.32 平方千米，截至 2014 年年末，总人口约 726.4 万人。香港自古以来就是中国的领土。1842—1997 年间，香港曾受英国殖民统治。1997 年 7 月 1 日，中华人民共和国正式恢复对香港行使主权。一国两制、港人治港、高度自治是中国政府的基本国策。

（一）体育体制

1997 年中国政府对香港恢复行使主权之前，由于长期受英国的殖民统治，香港体育深受英国影响，不设专门的体育管理部门，体育主要由民间社团组织推动。1950 年 11 月 24 日，香港体育界的 26 位知名人士发起成立"香港业余体育协会"，1951 年国际奥委会承认该协会，正式命名为"香港业余体育协会暨奥林匹克委员会"，1997 年香港回归后称"中国香港业余体育协会暨奥林匹克委员会"，1999 年 3 月，该协会正式易名为"中国香港体育协会暨奥林匹克委员会"。该组织是国际奥委会、亚奥理事会及东亚运动会联合会会员,负责筹组香港代表团参加世界性大型运动会,包括奥运会、亚运会、东亚运动会及全国运动会。

香港回归之前,没有"体育法"。香港区政府主要以其体育政策、经费投入对体育的发展施加调控和影响。1973年香港成立"康乐体育局",负责拨款给各个体育总会;该局下设康乐体育委员会作为政府的咨询机构。1990年4月,在康乐体育局基础上,香港政府主管体育工作的一个法定半官方体育行政机构——香港康体发展局(以下简称"康体局")在政府立法及资助下成立,其使命是推动香港体育发展,工作范围涉及政府、学校及体育总会等多个层面。1991年,康体局制定了第一份整体发展规划书。1994年,香港体育学院(1991年成立)划归康体局管辖,以加强精英运动员培训和科学研究。

香港回归后,按《基本法》规定:"香港特别行政区政府可自行制定体育政策。民间体育团体可依法继续存在和发展。"1998年,香港特区政府对康体局架构进行精简,将总部迁至香港体育学院。2000年1月,特区政府成立康乐及文化事务署,涉及体育的职能是:与体育、文化及社区团体紧密合作,发挥协同效应,以加强香港的艺术和体育发展动力。2003年10月,特区政府成立社区体育事务委员会和大型体育活动事务委员会;2004年4月,香港成立精英体育事务委员会;2004年,康体局被特区政府解散,香港体育学院更名为香港体育学院有限公司,实行董事会管理体制,协助政府执行精英体育培训。2015年1月,社区、大型、精英三个体育事务委员会整并,成立了由特区首脑委任的政府咨询组织——体育委员会,负责执行督导和统筹香港体育发展的事务。至此,香港体育管理架构重组完成。

(二)学校体育

香港教育深受英国影响,学校教育中,体育一直未规定为必修课,学生的体育运动参与主要是在课余时间,由学生团体自己组织体育活动和竞赛活动,教师予以指导。

在受英国殖民统治时期,香港很多学校的体育师资长期处于短缺状态,体育场地设备配备较差,学生体质和健康水平不佳,常为社会和媒体所批评。20世纪80年代以来,香港学校体育有了很大的改观。中小学开始重视体育,体育课开始在一些学校成为必修课。在大学教育中,香港中文大学和浸会大学主张对学生进行全面教育,先后将体育列为必修科目,还有部分高校将体育列为选修科目。1991年,香港考试局首次举行中学体育会考。这些措施大大地推动了香港学校体育的发展。

香港课余体育训练和竞赛开展情况较好。1997 年香港回归后，成立了香港学界体育联合会，以取代之前的学界体育理事会等所有学界体育组织，负责全港中小学校际运动比赛及对外运动比赛的组织。香港大专体育协会成立于 1961 年，负责提供有组织的体育活动和竞赛，选派代表参加世界大学生运动会。香港回归后，该组织还负责组队参加全国大学生运动会。

（三）社区体育

香港的大众体育通常称为社区体育。20 世纪 60 年代后期，政府开始关注市民的康乐问题，大力鼓励和开展社区的体育活动和各类比赛。20 世纪 70 年代，随着香港经济迅速攀升，民众生活水平的迅速提高，参与体育活动和健康娱乐成为民众的自发需求。

1958 年起，香港业余体育协会暨奥林匹克委员会（现中国香港体育协会暨奥林匹克委员会）开始组织一年一度为期超过两个月的体育节。至 2016 年，已经举办了 59 届，其规模越来越大，对社区体育发展的推动作用也愈加深远。2016 年 3—6 月举行的第 59 届体育节上，香港体育协会暨奥林匹克委员会与 60 多个体育总会在全香港各区面向不同年龄和性别的市民，举办了约 80 项多元化的体育活动，全面实现了推广"全民运动"的目的（图 8-15）。

图 8-15　香港第 59 届体育节

为提升地区层面的体育水平以及鼓励市民终身参与体育运动,香港康乐及文化事务署自 2001 年起协助体育总会在全港 18 个区成立社区体育会,并资助这些非盈利的社区体育会为不同年龄和技术水平的运动爱好者举办训练课程和比赛。社区体育会发展迅速,2001—2002 年仅成立 84 个,到 2007 年,已增加至 290 个,会员人数也大幅上升至 3 万人。

(四) 竞技体育

香港地区由于受英国体育文化影响较深,足球、网球、曲棍球、板球、羽毛球、田径等项目较为普及。其中足球运动十分流行,有自己的足球联赛。另外,香港的赛马运动历史十分悠久,还有最受公众欢迎的体育博彩业。

香港地区从 1954 年开始参加第 2 届亚洲运动会,以后历届均派队参赛,总体水平居中下游。香港地区运动员从 1952 年起参加了除 1980 年以外的历届奥运会,但在 20 世纪 90 年代之前均未能取得名次。在 1996 年亚特兰大奥运会上,香港选手李丽珊获得了女子帆板米式特拉金牌,这是香港地区有史以来获得的第一枚金牌。香港还承担并圆满完成了 2008 年北京奥运会马术比赛的任务。

1997 年,香港回归祖国,第一次派出代表队参加在上海举行的第 8 届全国运动会,黄金宝在自行车项目为香港特区获得了第一枚全运金牌。此后,香港特区代表队参加了历次全国运动会,虽时有金牌入账,但总体表现一般。

二、澳门体育概况

澳门,全称为中华人民共和国澳门特别行政区,由澳门半岛、氹仔岛和路环岛三部分组成,管辖陆地面积 32.8 平方千米,截至 2015 年年末,总人口约 58.76 万。1553 年,葡萄牙人取得澳门居住权,1887 年 12 月,葡萄牙通过签订《中葡和好通商条约》占领澳门,使得澳门长期受殖民统治。1999 年 12 月 20 日中国政府恢复对澳门行使主权,设立澳门特别行政区。在"一国两制、澳人治澳、高度自治"的大政方针指引下,澳门各项事业在原有的基础上稳步发展。

（一）体育体制

澳门是现代体育运动项目最早进入中国的地区之一，但长期没有专门的体育管理机构。这种情况于20世纪80年代得到改变。1987年5月，澳门体育总署成立，这使澳门有了第一个负责管理和统筹所有体育运动事务的官方机构。1987年10月，澳门奥林匹克委员会成立。1989年，澳门奥委会被亚洲奥林匹克委员会接纳为成员。体育总署和奥委会的成立，有力地推动了澳门地区体育运动的开展。

澳门回归祖国后，澳门体育总署于1999年12月更名为澳门特区体育发展局。其职权范围是：指引、鼓励、辅助及促进澳门体育运动；向市民宣传体育锻炼的益处；制定年度及多年度体育发展方案与计划；促使各体育社团制订规章，对各单项体育总会行使法律规定之权限；制订各体育项目体育设施计划，并监督执行；设计、建议及辅助执行体育人员的培训和进修；与公立或私立教育机构合作培训体育人才；与市政厅合作发展群众体育运动，提高居民福利与健康；促进设立体育人员保险并确保其运作；推动辅导与其他国家和地区的体育交流；管辖澳门35个单项体育组织。

2008年9月，澳门奥林匹克委员会易名为澳门体育暨奥林匹克委员会，成为唯一对外及对内联络的体育总会机构。

（二）学校体育

澳门的体育法令对学校的体育教学没有制订具体的规定，澳门没有统一的教学大纲，体育教学由各校自行安排。体育课从小学三年级开始，每周两节。教学内容因地制宜，以篮球、排球、田径（跑、跳为主）、乒乓球、羽毛球较为普遍。除个别较具传统、较具规模的学校外，多数是不安排早操的。[1]

1979年，澳门政府行政教育青年事务司下属的青年厅为了管理和开展学校的体育活动，下设青年厅体育处，积极鼓励和大力资助学校开展各项体育活动及课余训练工作，大多数学校也积极响应和紧密配合行动，使许多体育运动很快在澳门的学校普遍开展起来。

---

[1] 李克，杨萍. 初探澳门体育［J］. 学习论坛，1999（12）：29~30.

澳门中华教育会于1957年举办了第1届澳门学生运动会。后来由于某些原因，又断断续续地举办了几届，直至1977年才停办，这为澳门体育运动的发展打下了一定的基础。1978年起，澳门教育厅（后由教育青年事务司青年厅接办）开始举办每年一届的"学界田径比赛"。

（三）社会体育

在受殖民统治时期，澳门政府对社会体育活动毫不关心，更谈不上支持和推动和发展体育运动。政府部门和一些葡萄牙人的社会组织只是为了提高派驻澳门军人体能训练的士气和加强与社会各界团体的接触，才不定期地组织一些体育竞赛活动。这些体育活动的开展虽然有很大的局限性，参加对象绝大多数是葡萄牙人或他们的后裔，但仍然对本地居民认识和参与体育活动起到了一定的启蒙作用。

20世纪80年代以后，随着澳门社会经济的不断发展以及相关社团的法例的修改，澳门的体育社团进入迅速发展的状态，许多成立很早的社团在经历了长时间的艰难曲折后，终于焕发出新的发展势头。到澳门回归之前，获得澳门体育总署承认的体育总会有45个之多。

20世纪90年代以来，澳门社区体育开始得到迅速发展，各级社区体育组织通过开展社区体育活动，在向居民提供社区体育服务的过程中，促进了社区的建设与社区居民生活质量的改善。在社会体育发展过程中，澳门的各民间体育团体起到了积极的促进作用。

（四）竞技体育

尽管澳门是引进和开展现代体育运动项目较早的地区之一，但由于社会各种因素的影响，长期以来，澳门地区的竞技体育运动发展较为缓慢，水平相对较低。

20世纪80年代以后，随着澳门社会经济发展，加之澳门在各个领域的对外交流日益增多，促进了澳门竞技体育运动的发展。1990年澳门首次派出体育代表团，参加了在北京举行的第11届亚洲运动会，并夺得武术男子南拳铜牌。此后，澳门参加了历届亚洲运动会，但成绩一般。回归祖国后，澳门开始组团参加全国运动会，2001年，澳门首次以特区身份参加了在广州举行的第9届全运会。2005年，澳门作为东道主，举办了第4届东亚运动会。其后，澳门参加全国性运动会逐渐成为常态（图8-16）。

图 8-16　澳门体育代表团在 2012 年的第 12 届全国冬季运动会开幕式上

三、台湾体育概况

台湾自古以来就是中国的领土，面积约 3.6 万平方千米，截至 2015 年年底，共有人口约 2 349 万。1895 年清政府以《马关条约》割让台湾及其附属岛屿、澎湖列岛与日本，1945 年抗战胜利后回到祖国的怀抱；1949 年国民党政权在内战失利中退踞台湾。

（一）体育体制

1949 年国民党政权退踞台湾后，将在大陆原有的体育体制和机构基本保留下来。在此基础上，逐渐形成了台湾的体育体制和发展模式。

20 世纪 50—60 年代，台湾体育运动的主要领导机构是"体育委员会"。该会由台湾地区有关单位主管人员、体育学者、专家和有关体育的教育主管人员组成，采用聘任制，人数为 23 人，聘期两年。主要任务是体育政策的拟定，体育活动的指导、协调、咨询、研究等事项。1973 年 10 月，为了加强官方对体育事务的指导，台湾教育事务主管部门下设"体育司"。台湾教育事务的行政决策和管理部门通过"体育司"和设立"体育委员会"等机构贯彻执行有关政策措施，负责台湾地区体育活动的规划、辅导、考核等事宜。"体育司"下设学校体育、国际体育等科室。"体育司"成立之后，原有的"体育委员会"成为一个研究和咨询性的机构。

1997 年，台湾地区相对独立的体育行政组织——"体育委员会"正式挂牌运作，但在之后的组织机构调整中，又被整编回教育事务主管部门。2012 年后，台湾地区体育事务主管部门下设综合规划组、学校体育组、全民运动组、竞技运动组、国际及两岸体育组、运动设施组、秘书室、人事室、主计室、政风室等10个单位，统筹负责台湾地区体育各领域事务的行政决策和管理。

台湾地区的体育团体，最重要的是设在台北的地区性奥林匹克组织——中国台北奥委会。该组织由原"台湾体育协进会"改组产生。1979年，中华人民共和国恢复在国际奥委会的合法席位后，该组织在改变会旗、会歌和会徽的情况下，以"中国台北奥委会"的名义成为国际奥委会承认的地区奥林匹克组织。1989年，该组织改组为两个组织，一个是"台湾运动总会"，下有23个单项运动总会，负责综合协调台湾地区内部体育活动与竞赛；另一个即为"中国台北奥林匹克委员会"，会址设在台北，负责参加奥运会、亚运会和一些世界性或亚洲地区的比赛及会议。

（二）学校体育

台湾地区学校体育教育化趋势始于20世纪60年代。1962年，台湾地区修订了中小学的体育课程标准，其体育目标中包含德、智、体、群四育的教育目标；1968年，台湾地区实施九年"国民"教育，提倡"德、智、体、群四育得以均衡发展，身、心、手、脑得以健全"的教育政策，学校教育政策取向转为教育化。[1]

1970年，台湾地区颁布《各级学校体育实施方案》，提出了身体的发展、社会的规范、运动的技能及休闲的生活四种主要体育目标，教材内容分为必授（游戏、体操、球类、舞蹈、武术等）和选授（游泳、自卫活动、民俗运动等）两类。

1986年，台湾地区教育事务主管部门新颁布的《各级学校体育实施办法》中，体育目标为有机体的发展、道德的规范、体育的认知、运动的技能、运动的习惯及爱美的情操等，将德、智、体、群、美五育均涵盖在内。

台湾地区比较重视学校体育的组织管理。2012年后，台湾地区各级学校设有体育行政单位，负责体育教学与活动的推动，小学至专科学校常于学务处下设体育组，大学院校则设有体育室（处、组或相关单位）。推动各级学校体育的体育社会组织则有大专院校体育总会、高级中等学校体育总会、县市中等学校体育促进会及小学体育促进会等。

---

[1] 徐元民. 体育史 [M]. 台北：品度股份有限公司，2010：329.

在体育课程方面，台湾地区中小学及大学体育课时数，分别依据《中小学九年一贯课程纲要》《普通高级中学课程纲要》及《大学法》规定办理。台湾地区教育事务主管部门2013年出版的《学校体育统计年报》数据显示，小学体育课每周平均约74.8分钟；初中体育课每周平均约91.8分钟；高中职体育课每周平均约110分钟；大学院校每周约有100分钟体育课，其中大部分学校为大一、大二必修，大三、大四选修。

在体育教学方面，台湾地区各级学校体育教学，除小学多由非体育专长任课教师授课外，其余由体育专任教师授课居多。教学的方式，小学至高中主要以原班上课为主，大学院校则以兴趣选修上课居多。授课教材与教法通常由体育教师决定，教学内容则受学校运动场馆与设施影响较大，球类是最主要的授课运动项目。

(三) 社会体育

随着台湾地区经济的发展，20世纪七八十年代，民众逐渐具有了消费与休闲的观念，运动观念开始深入人心。1973年，台湾当局在其拟定的发展体育五年计划中，提出了社会体育的目标：健全各级民间运动组织、扩建体育运动场所、辅导举办竞赛活动、培养优秀运动人才，即积极推进全民体育运动。[①]

1997年，台湾提出了"阳光健身计划"，针对民众需求及不同年龄层次，筹办运动联赛、青少年休闲运动、社区休闲运动、职工体育活动、民俗体育活动等多样化活动。计划推出当年就举办了5万多项活动，吸引185万多人参加。

台湾地区在社会体育发展方面，注重与社区结合，构建社区运动组织网络，落实生活与运动结合的生活文化。2001年核发经费至各运动休闲中心，积极开展各项社区体育休闲运动。计划推出当年，即办理活动900多项次，参与运动人数140多万。

在"阳光健身计划"之外，台湾地区还推动了"运动人口倍增计划"和"打造运动岛"等发展社会体育的计划。在这些计划的带动下，台湾地区的官方机构、民间组织、各级学校、机关团体与个人，积极投入以普及民众运动参与为诉求的休闲运动，民众对休闲运动的认知、需求和参与也逐年提升。2012年的调查报告显示，台湾地区的规律运动人口比例已提升至30.4%。

---

① 张妙瑛，林玫君. 台湾体育史 [M]. 台北：五南图书出版股份有限公司，2009：86.

（四）竞技体育

国民党政权退踞台湾后，台湾地区竞技体育发展受日本殖民统治时期和国民党政权在大陆采用的模式影响较大。1960年代末崛起的红叶少年棒球队，激起了台湾竞技体育界的热情，为后续台湾地区棒球队夺得1992年巴塞罗那奥运会银牌打下了基础。

1949年后，台湾地区多次参加亚运会，但在20世纪70年代后，因亚体联承认了中华人民共和国的合法席位，台湾地区未派团参加第7—10届亚运会。1986年，台湾又提出参加亚奥理事会的申请，并表示同意按照奥林匹克模式入会。在重新成为亚奥理事会成员后，按照奥运会模式，台湾地区派代表团参加了自1990年第11届北京亚运会之后的历届亚运会。在亚运会上，台湾的竞技实力展示了一定的水准。

在1979年中国恢复在国际奥委会中的合法席位之前，台湾地区运动员曾参加1956年、1960年、1964年、1968年夏季奥运会以及1960年、1972年、1976年冬奥会。获得的主要成绩有：1960年罗马奥运会上，杨传广获田径十项全能比赛银牌，这是中国运动员首次在奥运会上获得奖牌（图8-17）；1968年墨西哥城奥运会，女子运动员纪政在女子80米栏比赛中平奥运会纪录，获得铜牌，这是中国女运动员首次获得奥运会奖牌。

图8-17 首次参加奥运会的中国台湾十项全能运动员杨传广

中国恢复在国际奥委会合法席位后，台湾地区以"中国台北"的名义保留了在国际奥委会的资格。2004年雅典举行的第28届奥运会上，中国台北选手陈诗欣在女子49公斤级跆拳道决赛中夺冠，这是中国台北代表团首次获得奥运会金牌；随后朱木炎摘得男子跆拳道男子58公斤级金牌，也成为中国台北代表团在奥运会上获得的首枚男子项目金牌。

本章小结

当代中国体育经历了曲折而辉煌的发展历程，走出了一条有中国特色的社会主义体育发展道路。总结当代中国体育的发展，可

> 以得出以下结论：社会稳定和经济发展是体育发展的基本前提；正确的指导思想是中国体育持续健康发展的保证；体育发展必须符合国家利益，为社会主义建设服务；加强对外开放，积极参与国际体育事务是中国体育发展的重要动力；各类体育事业的协调发展是中国体育发展战略的核心面向；能否处理好政府与社会的关系，关系到体育改革与发展的成败。应认真总结我国体育发展过程中的经验和教训，面向未来，勇于改革，推动我国由体育大国向体育强国迈进。

问题与思考

1. 当代中国体育发展各阶段都有哪些主要特征？符合中国国情的社会主义体育发展道路是如何形成的？

2. 请结合现实状况思考竞技体育与全民健身各自在中国体育发展战略中的地位及两者之间的关系。

3. 请结合中国全面深化改革的大背景，思考中国体育改革的未来走向。

活动建议

1. 请各位同学结合当前的形势与政策学习，展开中国体育改革走向的大讨论。

2. 选择一部比较有代表性的反映当代中国体育发展的电视纪录片，组织同学们观看，并进行讨论。

参考文献

[1] 崔乐泉，杨向东. 中国体育思想史［M］. 北京：首都师范大学出版社，2008.

[2] 国家体育总局. 改革开放30年的中国体育［M］. 北京：人民体育出版社，2008.

[3] 何叙. 中国近现代体育思想的传承与演变［M］. 北京：人民出版社，2013.

[4] 编写组. 体育史［M］. 北京：高等教育出版社，1996.

[5] 田国祥，李斌，康彪. 中国学校体育发展史［M］. 兰州：甘肃人民

出版社，2011.

［6］崔乐泉. 中国体育通史（第五—八卷）［M］. 北京：人民体育出版社，2008.

［7］《当代中国体育》丛书编辑委员会. 当代中国体育［M］. 北京：中国社会科学出版社，1987.

［8］许敏雄. 竞技体育强国之路［M］. 北京：光明日报出版社，2012.

［9］张金桥. 奥林匹克运动［M］. 西安：陕西人民体育出版社，2006.

［10］汪智. 20世纪的中国·体育卫生卷［M］. 兰州：甘肃人民出版社，2000.

［11］伍绍祖. 中华人民共和国体育史（1949—1998年）综合卷［M］. 北京：中国书籍出版社，1999.

［12］熊晓正，钟秉枢. 新中国体育60年［M］. 北京：北京体育大学出版社，2010.

［13］李晋裕. 学校体育史［M］. 海口：海南出版社，2000.

［14］徐元民. 体育史［M］. 台北：品度股份有限公司，2010.

郑重声明

高等教育出版社依法对本书享有专有出版权。任何未经许可的复制、销售行为均违反《中华人民共和国著作权法》,其行为人将承担相应的民事责任和行政责任;构成犯罪的,将被依法追究刑事责任。为了维护市场秩序,保护读者的合法权益,避免读者误用盗版书造成不良后果,我社将配合行政执法部门和司法机关对违法犯罪的单位和个人进行严厉打击。社会各界人士如发现上述侵权行为,希望及时举报,我社将奖励举报有功人员。

反盗版举报电话　（010）58581999　58582371
反盗版举报邮箱　dd@hep.com.cn
通信地址　北京市西城区德外大街4号
　　　　　高等教育出版社法律事务部
邮政编码　100120